SEGURANÇA DE COMPUTADORES E TESTE DE INVASÃO

Dados Internacionais de Catalogação na Publicação (CIP)
(Câmara Brasileira do Livro, SP, Brasil)

Basta, Alfred
  Segurança de computadores e teste de invasão /
Alfred Basta, Nadine Basta e Mary Brown ; tradução
Lizandra Magon de Almeida. - São Paulo : Cengage
Learning, 2014.

Título original: Computer security and penetration
testing.
2. ed. norte-americana
Bibliografia
ISBN 978-85-221-1799-4

   1. Rede de computadores - Medidas de segurança
2. Segurança de computadores 3. Segurança de dados
I. Basta, Nadine. II. Brown, Mary. III. Título.

14-09144   CDD-005.8

Índice para catálogo sistemático:

1. Teste de invasão : Segurança de computadores :
   Processamento de dados 005.8

SEGURANÇA DE COMPUTADORES E TESTE DE INVASÃO

Tradução da 2ª edição norte-americana

Alfred Basta

Nadine Basta

Mary Brown

Tradução
Lizandra Magon de Almeida

Revisão técnica
Dr. Ronaldo Augusto de Lara Gonçalves
Professor Associado do Departamento de Informática
da Universidade Estadual de Maringá – PR

Segurança de computadores e teste de invasão
Tradução da 2ª edição norte-americana
Alfred Basta, Nadine Basta e Mary Brown

Gerente Editorial: Noelma Brocanelli

Editora de Desenvolvimento: Salete Del Guerra

Supervisora de Produção Gráfica: Fabiana Alencar Albuquerque

Título original: Computer security and penetration testing, 2th edition
ISBN 13: 978-0-8400-2093-2
ISBN 10: 0-8400-2093-7

Tradução: Lizandra Magon de Almeida

Revisão técnica: Ronaldo Augusto de Lara Gonçalves

Copidesque: Mateus Erthal e Vero Verbo Serviços Editoriais

Revisão: Marisa Rosa Teixeira

Diagramação: Triall Composição Editorial Ltda.

Capa: MSDE/MANU SANTOS Design

Imagem da capa: Andrew Buckin / Shutterstock

Indexação: Casa Editorial Maluhy & Co.

© 2014, 2008 Cengage Learning. Todos os direitos reservados.
© 2015 Cengage Learning Edições Ltda.

Todos os direitos reservados. Nenhuma parte deste livro poderá ser reproduzida, sejam quais forem os meios empregados, sem a permissão, por escrito, das editoras. Aos infratores aplicam-se as sanções previstas nos artigos 102, 104, 106 e 107 da Lei nº 9.610, de 19 de fevereiro de 1998.

As editoras não se responsabilizam pelo funcionamento dos links contidos neste livro que possam estar suspensos.

Para informações sobre nossos produtos, entre em contato pelo telefone
0800 11 19 39
Para permissão de uso de material desta obra, envie seu pedido para
direitosautorais@cengage.com

© 2015 Cengage Learning. Todos os direitos reservados.

ISBN 13: 978-85-221-1799-4
ISBN 10: 85-221-1799-3

Cengage Learning
Condomínio E-Business Park
Rua Werner Siemens, 111 – Prédio 11 – Torre A – conjunto 12
Lapa de Baixo – CEP 05069-900 – São Paulo –SP
Tel.: (11) 3665-9900 – Fax: (11) 3665-9901
SAC: 0800 11 19 39

Para suas soluções de curso e aprendizado, visite
www.cengage.com.br.

Impresso no Brasil
Printed in Brazil
1 2 3 4   17 16 15 14

Sumário

INTRODUÇÃO XVII

CAPÍTULO 1
Ética de raqueamento e craqueamento 1

   O impacto do raqueamento antiético 1
   Comunidades de hackers 2
      Categorias de chapéus 2
      Perfil do hacker 3
      Motivações dos hackers 5
      Raqueamento ético 6
      Evolução do raqueamento 7
      Certificações de segurança de fornecedores neutros 8
      Certificados de segurança específicos de fornecedores 11
      O que precisa ser assegurado 11
   Resumo do capítulo 13
   Questões de revisão 13
   Projeto prático 15

CAPÍTULO 2
Reconhecimento 17

   Introdução ao reconhecimento 17
      Reconhecimento legal 18
      Reconhecimento questionável 19
      Reconhecimento ilegal 19
      Impacto do contexto em reconhecimento 19
   Engenharia social 20
      Técnicas de engenharia social 20
      Intrusão física 22
      Meios de comunicação 23
      Combatendo a engenharia social 26
   Mergulho no lixo 26
      Importância do descarte apropriado do lixo 27
      Prevenção contra mergulho no lixo 27

Rastreio de pegadas na internet.. 28
    Redes sociais 28
    Busca na web 28
    Enumeração de rede.. 30
    Reconhecimento baseado no Sistema de Nomes de Domínio (DNS) 33
    Reconhecimento baseado em rede 36
Resumo do capítulo 39
Questões de revisão... 40
Projetos práticos.. 41

CAPÍTULO 3
Ferramentas de escaneamento 43

Introdução.. 43
Evolução dos escaneadores 44
Como os escaneadores funcionam 45
Tipos de escaneamento.. 45
    Escaneamento de conexão TCP 46
    Escaneamento semiaberto.. 46
    Escaneamento de UDP... 46
    Escaneamento de protocolo IP 47
    Escaneamento de ping 47
    Escaneamento discreto 47
Revisão da tecnologia do escaneador 47
    Descoberta... 48
    Reconhecimento 50
    Identificação de vulnerabilidade 53
    Exploração 56
Resumo do capítulo 59
Questões de revisão... 60
Projetos práticos.. 60

CAPÍTULO 4
Farejadores 63

Tipos de farejador 63
    Farejadores embutidos... 63
    Farejadores comerciais.. 64
    Farejadores livres... 64
Funcionamento do farejador 65
    Componentes do farejador... 66
    Posicionamento do farejador... 67
    Endereços MAC... 69
    Transferência de dados em uma rede 70
    Papel do farejador em uma rede 72

Programas farejadores..73
   Wireshark (Ethereal)...73
   tcpdump/WinDump...74
   Snort..75
   Network Monitor 77
   Cain & Abel 77
   Kismet...78
   Analisadores de protocolo da Fluke Networks 78
Detectando um farejador..79
   Teste de DNS 80
   Testes de latência de rede..80
   Teste de ping..80
   Método rota do remetente 80
   Método armadilha 81
   Comandos...81
   Método Reflectometria no Domínio do Tempo (TDR) 82
Proteção contra um farejador...82
   Camada de Sockets Segura (SSL)...83
   Privacidade Muito Boa (PGP) e Extensões de Correio da Internet de Multipropósito e Segurança (S/MIME)..83
      Shell Seguro (SSH)...83
   Mais proteção 84
Resumo do capítulo 84
Questões de revisão..85
Projetos práticos..85

CAPÍTULO 5
Vulnerabilidades do TCP/IP 89

Introdução às vulnerabilidades do TCP/IP..89
   Encapsulamento de dados...90
   Protocolo da Internet (IP) 91
   TCP...92
   Estabelecimento e liberação de conexão..95
   Temporizadores de TCP/IP 96
Vulnerabilidades do TCP/IP..97
   Falsificação de IP...97
   Roteamento do remetente 98
   Sequestro de conexão..98
   Ataques de ICMP..98
   Ataques TCP SYN..98
   Ataques de RIP..99
Protegendo o TCP/IP..99
Arquitetura de Segurança de IP (IPSec) 100
Resumo do capítulo 101

Questões de revisão..101
Projetos práticos..102

CAPÍTULO 6
Criptografia e craqueamento de senhas **107**

Introdução a criptografia e craqueamento de senhas.. 107
    Criptografia 108
Criptografia de chave simétrica e assimétrica... 110
    Criptografia de chave simétrica...110
    Algoritmos de chave assimétrica...111
    Criptoanálise..112
Descrição de cifragens populares.. 112
    Cifragens de chave simétrica 112
    Cifragens de chave assimétrica...113
    Funções criptográficas de hash...114
Ataques a senhas 115
    Ataques de dicionários..115
    Hibridização 116
    Ataques de força bruta 117
    Observação 117
    Keyloggers...117
    Engenharia social..118
    Métodos de farejamento..118
    Roubo de arquivo de senha...118
Programas de craqueamento de senhas... 118
    Aircrack...119
    Cain & Abel 119
    John the Ripper...120
    THC Hydra..120
    L0phtCrack e LC6...120
Resumo do capítulo 121
Questões de revisão...121
Projetos práticos...122

CAPÍTULO 7
Falsificação **127**

O processo de um ataque de falsificação de IP 128
Custos da falsificação.. 133
    Tipos de perda tangível...134
Tipos de falsificação.. 135
    Falsificação cega...135
    Falsificação ativa..136
    Falsificação de IP 136
    Falsificação de ARP...136

Falsificação de web 136
Falsificação de DNS 137
Ferramentas de falsificação 138
    Mausezahn 138
    Ettercap 138
    Arpspoof 141
Prevenção e atenuação 141
Resumo do capítulo 142
Questões de revisão 142
Projetos práticos 143

CAPÍTULO 8
Sequestro de sessão 145

Sequestro de sessão TCP 145
    Sequestro de sessão – O ponto de vista do hacker 146
    Sequestro de sessão TCP com bloqueio de pacotes 148
    Métodos 149
Ferramentas de sequestro de sessão 155
    Hunt 155
Sequestro de UDP 156
Prevenção e atenuação 156
    Criptografia 156
    Escuta de tempestade 157
Resumo do capítulo 157
Questões de revisão 158
Projeto prático 159

CAPÍTULO 9
Raqueamento de dispositivos de redes 161

Servidores proxy 162
    Categorias de ataques 163
    Identidade oculta 163
Roteadores e switches 164
    Ataques a roteadores e switches 166
    Explorações de roteador 166
Firewalls 168
    Limitações dos firewalls 169
    Tipos e métodos de ataques de firewall 170
VPNs 173
    Ameaças via VPN 174
    Formas de proteger uma rede de ataques via VPNs 174
Resumo do capítulo 175
Questões de revisão 176
Projetos práticos 176

CAPÍTULO 10
Cavalos de Troia 179

   Como os cavalos de Troia funcionam 180
      Instalação..180
      Funções de um ataque de cavalo de Troia 181
      Cavalos de Troia famosos..182
      PC-Write (1986) 182
      AIDS.exe/PC Cyborg (1989) 182
      Back Orifice (1998)..182
      Pretty Park (1999) 183
      Net Bus (2001)...183
      SubSeven (1999)..184
      BO2K (2000)..185
      Zeus (2007)..185
   Detecção e prevenção de cavalos de Troia.. 185
      Detectando cavalos de Troia 188
      Distribuindo cavalos de Troia..189
   Resumo do capítulo 190
   Questões de revisão...190
   Projetos práticos..191

CAPÍTULO 11
Ataques de negação de serviço...193

   Causas de ataques DoS.. 193
   Tipos de ataques DoS 195
      DoS evitável 195
      DoS não evitável..195
      Ataques por inundação...195
      Ataques de software..198
      Ataques isolados..201
      Ataques distribuídos...201
   Ataques DoS conhecidos 202
      TCP SYN 202
      SMURF..203
   Ataques DDoS conhecidos... 205
      Trinoo 205
      Stacheldraht 205
      Botnets...206
   Prevenção e atenuação de ataques DoS e DDoS...................................... 206
      Métodos de prevenção 206
      Atenuação de ataques DoS e DDoS 208
   Resumo do capítulo 208
   Questões de revisão...209

Projetos práticos 209

CAPÍTULO 12
Estouro de buffer 211

Execução padrão de um programa em C 212
Tipos de estouro de buffer 214
    Estouro de pilha 214
    Processo de exploração de um estouro de pilha 216
    Estouro de heap 217
Mais métodos para causar um estouro de buffer 218
    Codificação conjunto-de-caracteres 218
    Compressão nybble-to-byte 222
Estouro de buffer: detecção e prevenção 222
    Detectando estouros de buffer 222
    Prevenindo estouros de buffer 223
Resumo do capítulo 224
Questões de revisão 225
Projeto prático 225

CAPÍTULO 13
Explorações de programação 227

C e C++ 229
    Vulnerabilidades das linguagens de programação C e C++ 229
    Medidas de segurança de C e C++ 230
Plataforma .NET 231
    Vulnerabilidades da plataforma .NET 231
    Combatendo as vulnerabilidades da plataforma .NET 232
HTML5 232
    Vulnerabilidades em HTML5 233
    Combatendo as vulnerabilidades do HTML5 234
Java e JavaScript 234
    Java 234
    JavaScript 235
    Vulnerabilidades de segurança em Java 236
    Vulnerabilidades em JavaScript 236
    Combatendo vulnerabilidades em Java e JavaScript 237
Resumo do capítulo 237
Questões de revisão 239
Projetos práticos 239

CAPÍTULO 14
Vulnerabilidades de e-mail 241

Principais protocolos de e-mail 242
    Protocolo de Transferência de Correio Simples (SMTP) 242

Protocolo de Agências de Correio (POP) 245
Protocolo de Acesso a Mensagens da Internet (IMAP) 246
Vulnerabilidades de aplicações de servidor 247
Servidor Microsoft Exchange 247
IBM Lotus Domino Notes 247
Ataques a e-mails 248
Ligação de listas 248
Bombardeio de e-mails 248
Envio de spams 250
Farejamento e falsificação de e-mail 251
Anexos de e-mail 251
419s, golpes e phishing 251
Vulnerabilidades com base em navegadores 252
Microsoft Outlook 2010 252
Mozilla Thunderbird 15 253
Correio do Opera 253
Proteção 253
Medidas pessoais de segurança para e-mails 253
Medidas corporativas de segurança para e-mails 255
Resumo do capítulo 257
Questões de revisão 257
Projetos práticos 258

CAPÍTULO 15
Vunerabilidades de aplicações web **265**

Por que a web é vulnerável 267
Senhas fracas 268
Configurações inseguras de software 268
Facilidade de distribuição de informações 269
Disponibilidade de ferramentas de raqueamento 269
Aumento de oportunidades para atividades criminosas relacionadas à internet 270
Vulnerabilidades de servidores web 270
Redes inseguras 271
Hardware inseguro 271
Ameaças de pessoas internas 271
Falhas nas ferramentas de administração dos sites 271
Falhas na aplicação ou no desenvolvimento de protocolos 272
Falhas no software do sistema operacional 272
Vulnerabilidades de codificação 274
Vulnerabilidades de implementação 275
Proteção contra vulnerabilidades de aplicações web 276
Mantendo o sistema operacional e o servidor web em segurança 276
Monitorando o servidor para atividades suspeitas 276
Controlando o acesso a documentos confidenciais 277

Configurando facilidades remotas de autoria e administração 277
Protegendo o servidor web em uma LAN 277
Verificando problemas de segurança 277
Vulnerabilidades dos navegadores web 278
Arquivo cache 278
Arquivo de histórico 278
Favoritos 278
Cookies 279
Localização da cache de arquivos da web 280
Informação do navegador 281
Explorações de ID de sessão 281
Proteção de navegador web 282
Resumo do capítulo 283
Questões de revisão 284
Projetos práticos 285

CAPÍTULO 16
Vulnerabilidades do Windows 287

Sistemas operacionais Windows 287
Windows XP 288
Windows Vista 288
Windows Server 2008 288
Windows 7 288
Windows 8 289
Vulnerabilidades no Windows Server 2008/XP/Vista/7/8 289
Senhas 289
Contas padrão 290
Compartilhamento de arquivos 291
Registro do Windows 291
Relações de confiança 291
Estouro de buffer do visualizador do Windows Server 2008 292
Vulnerabilidades para obter ou elevar privilégios 292
Falha de serviço RPC 293
Vulnerabilidade do registro MX no SMTP 293
Vulnerabilidades de execução de código 293
Resumo do capítulo 294
Questões de revisão 294
Projeto prático 295

CAPÍTULO 17
Vulnerabilidades do UNIX/Linux 297

Introdução 297
Sistemas operacionais baseados em UNIX 297
Sistemas operacionais Linux 298

Vulnerabilidades da instalação padrão 299
    Explorações básicas 299
    Senhas de login...299
    Más práticas de administração de sistemas..300
    Vulnerabilidades de utilitários..302
    Vulnerabilidade do Protocolo de Transferência de Arquivos Trivial (TFTP) 303
    Vulnerabilidade do kernel..303
    Vulnerabilidade de impressão...303
    Vulnerabilidade da função mem_write..303
    Vulnerabilidade de estouro de inteiro 304
    Vulnerabilidade de estouro de buffer 304
    Vulnerabilidade no UseLogin do OpenSSH..304
Explorações de wu-ftpd 304
    Exploração BIND 305
Resumo do capítulo 305
Questões de revisão..306
Projetos práticos..307

CAPÍTULO 18
Tratamento de incidentes..309

Introdução 309
    Necessidade de tratamento de incidentes..310
    Tipos de incidentes...311
    Abordagem de detecção de incidentes 314
    Ferramentas de detecção 314
Fases do tratamento de incidentes 314
    Preparação..316
    Classificação de incidentes 317
    Determinação do impacto..318
    Definição da probabilidade...318
    Avaliação 319
Relatando e comunicando incidentes... 320
    Relatando o incidente...320
    Comunicando o incidente..320
Eliminando o problema 321
    Corrigindo o problema raiz...321
    Identificando e implementando os passos para resolver o problema 322
    Ataques de negação de serviço...323
Recuperando-se 323
    Reinstalação...323
    Reautenticação 324
    Escaneamento..324
    Reinício do trabalho...324
Pós-morte.. 324

       Identificando a causa raiz do problema 324
       Identificando mudanças em curto e longo prazo 325
       Identificando ações para qualquer incidente imprevisível......................................325
       Implementando o aprendizado 325
   Rastreando hackers.. 325
       Genérica-específica..326
       Específica-genérica-específica 326
   Passos de emergência 327
   Resumo do capítulo 328
   Questões de revisão..329
   Projeto prático..330

GLOSSÁRIO 331
REFERÊNCIAS... 339
ÍNDICE REMISSIVO.. 341

Introdução

Este texto foi escrito com o objetivo de oferecer material para um estudo mais aprofundado aos interessados que desejam uma introdução precisa e interessante ao mundo fascinante da segurança de redes.

Destina-se a fornecer a estudantes, profissionais e entusiastas exemplos precisos e bem fundamentados de tópicos atuais de segurança. A área de segurança da informação muda rapidamente, e este texto foi formulado para oferecer uma base sólida que permita ao leitor compreender e diferenciar boatos de fatos. Os leitores conhecerão os conceitos e a história do desenvolvimento de redes e de segurança de redes conforme forem avançando. Essa plataforma se baseia em exemplos e técnicas do mundo real para compilar as informações mais úteis da internet. Sua intenção é destruir o misticismo, esclarecer o leitor sobre como e por que as pessoas atacam computadores e redes e prepará-lo com as técnicas corretas para começar a vencer o jogo da segurança de redes.

Este texto é direcionado principalmente a estudantes de segundo e terceiro anos de cursos como:

- Tecnologia da informação.
- Segurança de redes.
- Engenharia de redes.
- Ciência da computação.

É também um instrumento valioso para melhorar a gestão de pequenas empresas que não contam com departamentos de TI e pretendem atualizar os profissionais da área sobre os conceitos de segurança mais recentes.

Organização e abrangência

Segurança de computadores e teste de invasão introduz os alunos na ampla gama de tópicos relacionada a questões de segurança da computação.

O Capítulo 1 oferece uma visão geral de raqueamento e craqueamento e discute aspectos éticos que cercam essas atividades muitas vezes mal compreendidas.

Os Capítulos 2 a 6 dão uma ampla visão dos conceitos básicos que são fundamentais para a prática do raqueamento ético. O Capítulo 2 começa com o reconhecimento de técnicas e compara técnicas legais e ilegais utilizadas pelos hackers para adquirir as informações necessárias para disparar ataques. Os Capítulos 3 e 4 cobrem o uso de ferramentas de escaneamento e farejadores, ferramentas críticas nos arsenais tanto de crackers como de profissionais da segurança de computadores. Os Capítulos 5 e 6 abordam as redes TPC/IP, assim como criptografia e craqueamento de senhas – tópicos que qualquer profissional de segurança não pode se dar ao luxo de desconhecer.

Os Capítulos 7 a 13 focam tipos específicos de ataques e contra-ataques, incluindo falsificação, sequestro de sessões, raqueamento de equipamentos de rede, cavalos de Troia, ataques de negação de serviço, estouro de buffer e exploração de programação.

Nos Capítulos 14 a 17, a discussão se volta para as vulnerabilidades conhecidas em softwares existentes. Os Capítulos 14 e 15 cobrem as vulnerabilidades nos protocolos e nas implementações de software utilizados por servidores web e de e-mail da internet. Os Capítulos 16 e 17 focam dois sistemas operacionais populares – Windows e Linux – e descrevem algumas vulnerabilidades inerentes a esses sistemas, assim como as vulnerabilidades resultantes de erros do usuário ou de má configuração.

Finalmente, o Capítulo 18 aborda o importante tópico de tratamento de incidentes – quais passos e políticas seguir quando um incidente ligado à segurança é detectado em uma rede.

Características

Leia antes de começar

Considerações e suposições técnicas sobre hardware, software e configurações de laboratório são listadas na página seguinte para economizar tempo e evitar surpresas mais adiante.

Objetivos dos capítulos

Cada capítulo começa com uma lista de conceitos a serem trabalhados. Ela fornece uma referência rápida do conteúdo do capítulo e serve como recurso de estudo.

Dicas

As dicas oferecem informações adicionais, como informações de fundamentos sobre determinada tecnologia, erros para observar ou recursos web sobre os quais os usuários podem obter mais informação.

Resumo dos capítulos

No final de cada capítulo, há um resumo do conteúdo-chave coberto, ferramenta útil para estudar e reforçar as principais ideias apresentadas.

Termos-chave

Todos os termos do livro, introduzidos em negrito, estão reunidos no *Glossário*, no final do livro. Ele permite uma compreensão mais completa dos conceitos-chave e é uma referência útil.

Questões de revisão

Cada avaliação final começa com questões de revisão que reforçam os principais conceitos e técnicas abordados no capítulo. Responder a essas questões contribui para você dominar os tópicos importantes.

Projetos práticos

Os projetos no fim de cada capítulo conferem aos leitores interessados a capacidade de aplicar alguns dos conceitos lidos. A capacidade de "aprender fazendo" ajuda a solidificar a compreensão do material.

Convenções textuais e gráficas

Dicas oferecem informações extras sobre recursos e como resolver problemas.
DICA

Esta edição de *Segurança de computadores e teste de invasão* traz a Trilha, uma solução digital com alternativas de estudo para o aluno e recursos para o professor utilizar em sala de aula. O terá acesso a atividades envolvendo exercícios, com os quais poderá rever e estudar conceitos e definições e verificar seu aprendizado. As respostas das *Questões de revisão* do final de cada capítulo são fornecidas.

Para o professor, estão disponíveis *slides* em PowerPoint®, que poderão auxiliá-lo em sala de aula, além do manual do professor. O manual do professor está disponível em inglês. Acesse o link http://cursosonline.cengage.com.br

Leia antes de começar

Este livro parte do princípio de que o leitor terá acesso a um PC ligado em rede executando uma versão atual do Linux. O computador deve ter acesso à internet. Nos *Projetos práticos* no fim do Capítulo 1, instruções gerais são dadas para configurar um PC para ser usado com este livro. Observe que as exigências listadas, específicas de máquina, são uma sugestão e que outras configurações também podem ser aplicadas. Em geral, qualquer versão atual padrão do Linux deve funcionar.

Ao longo do livro, pode ser necessário baixar software da internet e instalá-lo. Instruções específicas são dadas quando necessário. O texto também se refere a um "Servidor Linux central" que o instrutor pode querer configurar para fornecer uma localização central de onde os alunos podem acessar software ou arquivos. (No Capítulo 6, por exemplo, o professor precisará fornecer aos alunos um arquivo "passwd" de amostra que eles poderão usar para praticar o uso de software de craqueamento de senha.) Esse servidor central não é obrigatório, e o instrutor pode escolher distribuir arquivos ou software usando outros métodos.

Algumas partes do texto – por exemplo, o *Projeto prático* 10.3 – foram escritas considerando que o leitor tem acesso a um computador com Windows. Se uma máquina com Windows não estiver disponível, essas seções poderão ser lidas sem o uso do computador associado.

Finalmente, em certos momentos será necessário que os leitores tenham acesso a outros computadores do laboratório, por exemplo. No caso do projeto no fim do Capítulo 8, o instrutor deve criar uma sessão TCP entre dois computadores para que os alunos possam observar a sessão usando um farejador. A critério do instrutor, software de virtualização como VMware pode ser usado se máquinas físicas não estiverem disponíveis.

Sobre os autores

Alfred Basta, Ph.D., é professor de matemática, criptografia e segurança da informação. Palestrante profissional sobre temas de segurança da internet, redes e criptografia, é membro de diversas associações, como a Mathematical Association of America. Entre suas publicações, destacam-se *Mathematics for information technology*, *Linux operations and administration* e *Database security*.

Nadine Basta, MS, é professora de ciência da computação, tecnologia da informação e segurança. Suas numerosas certificações incluem MCSE, MSDBA, CCDP, NCSE, NCTE e CCA. Consultora e auditora de segurança, ela mescla forte experiência de campo com formação acadêmica. É coautora de *Mathematics for information technology* e *Linux operations and administration*.

Mary Brown, CISSP, CISA e Ph.D., é a professora responsável por especializações nas áreas de segurança e garantia da informação (IAS) e informática na saúde na Capella University. Ela gerencia os currículos desses programas e trabalha com a NSA para manter Capella como um centro de excelência em IAS, incluindo o gerenciamento de um website e de um blogue. Também é membro do conselho consultivo de TI Avançada, que promove TI em Minnesota, assim como membro de várias associações profissionais, entre elas a Information Systems Security Association. Suas publicações incluem *The HIPAA – Program reference handbook* e *Ethical issues and security monitoring trends in global healthcare: technological advancements*.

Agradecimentos

De Alfred Basta:

À minha esposa, Nadine:

"Esta é a sinfonia incessante de seus pensamentos amorosos, ações carinhosas e apoio contínuo, que se destaca como a música de minha vida."

A nossa filha, Rebecca, e nosso filho, Stavros:

"Unam seus corações a Deus e amem-no com todas as suas forças, pois sem isso ninguém pode ser salvo nem ter qualquer valor. Desenvolvam em vocês urgência por uma vida de valores nobres. Vocês são como pequenos pássaros que logo abrirão suas asas e voarão."

À minha mãe:

"Você é a melodia interminável de bondade e gentileza. Não há outra igual no mundo."

E à memória de meu pai:

"Se uma pessoa é avaliada pelos presentes que dá, seus valores vão além de qualquer estimativa."

De Nadine Basta:

Em primeiro lugar, gostaria de agradecer a Deus por me dar a chance de concluir este trabalho. Todo dia o agradeço por meus três presentes preciosos: Alfred, Becca e Stavros.

Ao meu adorado esposo, Alfred:

Obrigada por seu amor e apoio constantes ao longo dos 17 maravilhosos anos que estamos juntos.

A nossos filhos, Rebecca e Stavros:

Vocês são a verdadeira alegria de nossas vidas e nossas maiores bênçãos. Rezamos por vocês todos os dias para que tenham uma vida que honre e glorifique a Deus. Unam seus corações a ele e amem-no com todas as suas forças.

CAPÍTULO 1

Ética de raqueamento e craqueamento

Depois de ler este capítulo e realizar os exercícios, você será capaz de:

- Explicar por que o raqueamento antiético de computadores é crime.
- Identificar os vários grupos e tipos de hackers e crackers.
- Identificar as diversas motivações de hackers e crackers.
- Explicar as diferenças entre os certificados da área de segurança da informação.
- Descrever a origem e a evolução do raqueamento de computadores.
- Reconhecer questões importantes relacionadas ao raqueamento ético.

Raqueamento e craqueamento são temas de muito interesse para estudantes de segurança da informação, assim como para entusiastas e outros. Este capítulo introduz o leitor nesse tema e o ajuda a compreender as características e as motivações por trás das atividades de raqueamento ético e antiético. Também explora a ampla variedade de certificações da área disponíveis para quem se interessa pela carreira de hacker ético. Muitas dessas certificações contêm um componente profissional ético – uma barreira potencial àqueles que escolhem começar suas carreiras envolvendo-se em atividades de computação questionáveis.

O impacto do raqueamento antiético

Craqueamento é o termo utilizado para o raqueamento ilegal de um sistema de computador sem a permissão de seu proprietário. **Raqueamento** é o termo frequentemente utilizado no lugar de "craqueamento", mas alguns hackers o consideram ofensivo. No início da computação, indivíduos muito especializados em codificação e na criação de soluções com o uso de computadores eram conhecidos como **hackers**. Essa era uma maneira típica de reconhecer as realizações da pessoa. Ao longo dos últimos 30 ou 40 anos, porém, "hacker" se tornou um termo mais pejorativo, que se refere a alguém que usa suas habilidades técnicas de forma ilegal ou antiética. Os hackers legais que queriam manter o termo "hackers" responderam a essa tendência divulgando o termo **cracker** para caracterizar quem está do "lado obscuro" da computação. A comunidade de segurança da informação hoje adotou amplamente essa distinção; entretanto, fora do grupo que tem certo nível de conhecimento e discernimento, os dois termos continuam a ser empregados indiscriminadamente.

Quaisquer que sejam as motivações do cracker – paixão por desafios, curiosidade, patriotismo, desejo de reconhecimento, ganho financeiro ou vingança –, craquear um sistema é crime. No passado, os crackers não costumavam ser processados; isso ocorria porque os crimes eram internos, e as empresas não queriam colocar em risco a confiança de seus consumidores. As empresas também podiam não ter certeza do nível de sua vulnerabilidade e não queriam divulgar isso a outros crackers. A tendência nessa área hoje é processar imediatamente e aplicar sentenças mais duras a quem é pego comprometendo máquinas de outros. Pelo aumento do craqueamento de computadores, muitas empresas hoje estão contratando mais funcionários com habilidades de hackers capazes de identificar crackers e proteger suas redes.

Na pesquisa sobre Segurança e Crime de Informática, do Instituto de Segurança de Computadores (CSI), de 2010/2011, quase metade das organizações que responderam à pesquisa indicou que tinham sido vítimas de pelo menos um ataque.[1]

Mais de dois terços tinham passado por uma **infecção por malware**, o modo de ataque mais frequente. Da mesma forma, no relatório de Investigações sobre Violação de Dados, da Verizon, de 2012, 69% das violações informadas envolviam o uso de malware.[2] O interessante é que 79% das vítimas eram alvo de oportunismo, o que indica que as empresas precisam de melhor supervisão quanto a suas políticas de segurança. Ambas as pesquisas focaram os números de comprometimentos registrados (informados em milhões de registros) em vez de focar os resultados das perdas financeiras. A pesquisa do CSI indica que as empresas estão cada vez mais relutantes em compartilhar informações sobre perdas financeiras nas pesquisas anuais, o que torna cada vez mais difícil avaliar o impacto financeiro.

Este texto foi produzido para habilitá-lo combater crackers de computadores.

Comunidades de hackers

Há grupos distintos de hackers, porém a participação não se limita a um único grupo, nem há uma participação consistente nos grupos ao longo do tempo. Há duas formas comuns de categorizar os grupos mais abrangentes de hackers:

- Chapéu Branco (hackers do bem) e Chapéu Preto (hackers do mal).
- Por meio de perfis psicológicos, que buscam entender as motivações dos hackers.

Categorias de chapéus

O modelo Chapéu Branco/Chapéu Preto deriva dos antigos filmes de Western, nos quais os "bonzinhos" sempre usavam chapéus brancos e os "bandidos", chapéus pretos. A ideia é que tudo o que os caras do bem fazem é correto, legal e justificado, enquanto tudo o que os caras do mal fazem é errado, ilegal e corrupto. Como costuma acontecer na vida, esse modelo simplifica demais a realidade, mas ajuda a dar parâmetros para a discussão entre as pessoas que se preocupam com a importância do comportamento ético na indústria de segurança da informação. Muitos profissionais de segurança da informação têm a forte sensação de que os crackers violam a ética profissional e são, essencialmente, desqualificados para participar do setor; outros fazem concessões a indiscrições da juventude; e alguns ainda admiram e correm atrás de crackers como possíveis funcionários, com a crença de que estão em melhor posição por "conhecer o inimigo". Qualquer que seja a crença, a ideia de que há uma distinção entre legal e ilegal, entre ético e antiético, está na base de como hackers e crackers são classificados e categorizados.

A Figura 1.1 apresenta a variedade de motivações dos hackers/crackers de Chapéu Branco/ Chapéu Preto.

	Hackers de Chapéu Branco	Hackers de Chapéu Cinza	Hackers de Chapéu Preto
Motivação e objetivos	Aprender coisas novas, proteger a rede sob sua responsabilidade contra invasão ou danos, manter o *status quo*. Trabalhar com a sanção das organizações oficiais.	Fama, crédito por resolver quebra-cabeças de rede desafiadores. Mais interessados em danos do que em pilhagem. Os hacker-ativistas que alteram sites e redes de "malfeitores" alvo (p. ex., corporações envolvidas no comércio de peles, venda de tabaco, aborto) fazem parte desse grupo.	Pagamentos em dinheiro, ofensas. Podem roubar segredos comerciais, números de cartão de crédito, listas de clientes, listas de funcionários. Querem toda informação que puderem conseguir para gerar lucro. Trabalham sem a sanção de organizações oficiais ou extraoficiais.

▶ **Figura 1.1** Modelos dos Chapéus Branco e Preto.
© Cengage Learning 2014

Perfil do hacker

Raqueamento – assim como perícia criminal ou artes marciais – exige que o praticante seja intimamente familiarizado com as técnicas de seu oponente. Para ser bem-sucedido como um hacker ético e especialista em segurança de redes, a pessoa deve saber não só como proteger uma rede, mas do que e de quem protegê-la. Os materiais de leitura e as técnicas utilizadas por hackers éticos e antiéticos são os mesmos; o que diferencia os dois grupos é simplesmente a permissão do proprietário da rede e a escolha do que defender ou atacar. A Figura 1.2 apresenta uma lista de perfis de hackers desenvolvida pelo ex-detetive policial e especialista em perícia de computadores Marcus Rogers.[3] Apesar da visão popular de que os hackers são adolescentes antissociais, eles não formam um grupo monolítico, mas representam uma ampla variedade de estilos de vida. Não se pode apenas apontar para a pessoa com mais cara de *nerd* em uma fila e dizer: "Aí está ele!"

Independentemente da forma como uma pessoa escolha agir, de acordo com as normas atuais ou não, segundo a política da empresa ou não, eticamente ou não, para ser um hacker ou cracker bem-sucedido é preciso investir tempo e recursos consideráveis para manter o conhecimento suficiente de ameaças, vulnerabilidades, ferramentas e tendências atuais. Entre os oito tipos de hackers descritos na Figura 1.2, a maioria é capaz de encontrar formas de justificar suas atividades. Algumas se relacionam a comportamentos, como divulgar uma vulnerabilidade potencial, que pode ser vista de forma antiética ou válida. O tema da ética é suficientemente amplo e complexo e merece um livro inteiro; basta dizer que a ética tem papel importante na profissão de hacker e deve ser bem integrada ao planejamento do projeto e à implementação. Novatos com as melhores intenções podem perder o controle da situação e, sem querer, causar milhares de dólares de prejuízo e perdas por não entenderem bem o que estão fazendo.

Perfil do hacker	Descrição
Novatos	Habilidades limitadas de computação e programação. Confiam em *kits* de ferramentas para fazer seus ataques. Podem causar muitos danos a sistemas porque geralmente não entendem como os ataques funcionam. Buscam atenção da mídia.
Punks cibernéticos	Capazes de escrever o próprio software. Possuem uma compreensão dos sistemas que estão atacando. Muitos estão envolvidos em roubos de números de cartão de crédito e fraudes nas telecomunicações. Têm a tendência a se gabar de seus feitos.

Internos	a) Funcionários e ex-funcionários descontentes
	    Podem estar envolvidos em cargos relacionados a tecnologia.
	    São auxiliados pelos privilégios que têm ou dos quais são encarregados como parte de seu trabalho.
	    Esses hackers oferecem maior ameaça de segurança.
	b) Ladrões menores
	    Incluem funcionários, terceirizados, consultores.
	    São motivados por ganância ou necessidade de sustentar hábitos como drogas e jogo.
	    Oportunistas; tiram vantagem da segurança interna fraca.
	    São conhecedores de computação.

Hackers da velha-guarda	Parecem não ter intenção criminosa. Desrespeito alarmante pela propriedade particular. Parecem estar interessados no desafio intelectual.
Codificadores	Agem como mentores dos novatos. Escrevem scripts e ferramentas que outros usam. Motivados por um senso de poder e prestígio. Perigosos; têm motivações ocultas, usam cavalos de troia.
Criminosos profissionais	Especializados em espionagem corporativa. Bandidos de aluguel. Altamente motivados, altamente treinados, têm acesso a equipamentos de ponta.
Guerreiros da informação/ terroristas-cibernéticos	Aumento do número em atividade desde a queda de muitas agências de inteligência do bloco oriental. Possuem muitos recursos. Misturam retórica política com atividade criminosa. Ativistas políticos.
Hack-ativistas	Trabalham para erradicar ou prejudicar entidades ou causas que consideram malignas. Misturam retórica política com atividade criminosa. Ativistas políticos. Envolvidos em hack-ativismo.

Figura 1.2 Perfis de hackers.
© Cengage Learning 2014

Como o notável hacker Kevin Mitnick escreveu certa vez: "Os hackers são uma ameaça? O nível de ameaça apresentado por qualquer conduta, legal ou ilegal, depende das ações e das intenções do indivíduo e do mal que causam".[4]

Existe uma conferência popular chamada "Black Hat Briefings", lançada pela primeira vez em 1997, em Las Vegas. O propósito explícito dessa conferência e do site é "destacar pesquisas de segurança recentes enviadas por profissionais corporativos de ponta, especialistas governamentais e membros da comunidade hacker oculta".[5]

Certificações de segurança da informação incluem certificações de segurança ligadas a gestão, como as certificações Profissional Certificado de Segurança de Sistemas de Informação (CISSP) e Gerente Certificado de Segurança de Informação (CISM), patrocinadas pelas organizações ISC2 e

ISACA, respectivamente. Organizações como o Instituto SANS (Administração de Sistemas, Redes e Segurança) e o EC-Council promovem mais certificações específicas de tecnologia. Cada um desses grupos certificadores oferece padrões éticos para manter seus membros no mundo do comportamento adequado. Essa atenção à ética é especialmente importante em relação ao raqueamento, no qual a permissão do proprietário e as intenções do hacker em geral são as únicas coisas que separam o que é ético do que não é.

Os próprios hackers tendem a discordar quanto ao que é ou não ético. Muitos hackers acreditam que craquear um dispositivo ou equipamento de rede é como cortar caminho pelo gramado do vizinho. Desde que não cause nenhum dano, o ato não é uma invasão da privacidade do vizinho ou dos direitos à privacidade. Os tribunais, em geral, julgam que passos preliminares de testes de invasão, como enumeração e escaneamento, não são atividades ilegais porque não resultam em danos reais. Contudo, os padrões profissionais tendem a ser mais severos; deixar de obter a permissão do proprietário da rede antes de se envolver nessas atividades provavelmente será visto como comportamento antiético.

Motivações dos hackers

Independentemente de seus perfis, conhecimentos ou habilidades, os hackers em geral são motivados por uma combinação das seguintes características:

- Curiosidade.
- Paixão por quebra-cabeças.
- Desejo por reconhecimento ou fama.
- Vingança.
- Ganho financeiro.
- Patriotismo e outras causas.

Curiosidade

Talvez a motivação mais forte seja a curiosidade: "O que acontece se eu fizer isso?" ou "Como essas medidas de segurança funcionam?" Somos treinados desde a infância para ser curiosos, abertos e colaborativos. Os crackers direcionam sua curiosidade inata para encontrar pontos cegos nos sistemas de redes que construímos.

Paixão por quebra-cabeças

Os hackers obtêm grande satisfação ao descobrir as soluções para quebra-cabeças complicados. Um hacker tem de controlar muitas variáveis e dominar muitas técnicas para craquear sistemas com sucesso. Esses mesmos desafios motivam chaveiros e ladrões no mundo da segurança física. Senhas fortes, como "Tr34$>l drU", podem ser inventadas para bloquear a maioria das tentativas de ataque, e travas podem receber chaves com combinações de pin como "024642" que são quase indetectáveis. Pense em quão divertido é descobrir como resolver esses quebra-cabeças!

Desejo por reconhecimento ou fama

Quase todos os hackers são motivados por uma necessidade de aceitação, reconhecimento e fama – pelo menos entre seus pares. Uma pessoa de inteligência mediana precisa de muitos anos para se tornar um hacker fraco. Ser *expert* é algo raro e maravilhoso de um modo pouco compreendido por quem não é da área.

É verdade que os hackers podem ser deficientes em termos de habilidades sociais ou senso de moda, mas são tão suscetíveis ao apelo da fama quanto qualquer outra pessoa. Como membros de um grupo de elite que possui habilidades técnicas específicas, eles acreditam que merecem reconhecimento. Hackers éticos podem acreditar que são simplesmente a última linha de defesa contra indivíduos maliciosos, mas os **script kiddies** (hackers com pouco conhecimento ou experiência que usam scripts escritos por outras pessoas) e os crackers de Chapéu Preto na verdade desfrutam de suas conquistas e da notoriedade que elas trazem.

Vingança

As pessoas que sentem que foram enganadas, ou cuja causa ou grupo foi enganado, facilmente podem se convencer a praticar atos antiéticos ao usar a noção simplista de que uma pessoa, empresa ou governo que se comportam mal merecem ser tratados da pior maneira possível. É o jeito de o cracker se vingar. Grupos como o Anonymous, um grupo internacional pouco organizado de crackers que se envolveu em uma série de ataques de alta visibilidade contra alvos políticos em 2011, aumentaram a atenção do público para o potencial crescente de ataques cibernéticos em reposta a eventos que esses grupos achavam ofensivos. Pouco se sabe sobre o Anonymous, exceto que parece ser muito fluido e basicamente sem líderes e que seus integrantes se reúnem em grupos distintos para uma ação específica e então não conseguem se juntar para a ação seguinte.

Ganho financeiro

Dinheiro é uma motivação muito comum para todos os tipos de hacker, de especialistas em segurança contratados ou assalariados até script kiddies que roubam e vendem informações de cartões de crédito. Claramente, como o estudo exigido e o tempo gasto para aprender o ofício têm seu preço, faz sentido haver alguma expectativa de remuneração. Apesar de alguns hackers fazerem seu trabalho de graça, em concordância com a Ética Hacker de que informação deve ser disponibilizada e livremente compartilhada para todas as partes interessadas, muitos outros estão no jogo por dinheiro.

Patriotismo e outras causas

Alguns hackers, conhecidos como **hack-ativistas**, são motivados por patriotismo, nacionalismo e outras causas. Seu objetivo pode ser garantir a segurança de uma rede contra criminosos cibernéticos. Eles também podem querer atacar uma rede para atrapalhar os serviços, causando assim medo entre populações e comunidades de "inimigos" específicos.

Governos também podem se envolver em raqueamento. O **Stuxnet**, um verme de computador que tornou drives USB infectados com malware em carros estacionados em frente a usinas nucleares no Irã, é um dos exemplos mais conhecidos de raqueamento patrocinado pelo Estado. No caso, o objetivo era invadir as centrífugas das usinas. Em um artigo escrito para publicação no U.S. Army War College, Timothy Thomas sugeriu que a China tem várias escolas patrocinadas pelo governo que treinam alunos para se tornarem especialistas na arte do terrorismo cibernético.[6] Brodsky destacou a crescente dependência sobre os sistemas **SCADA (Controle Supervisionado e Aquisição de Dados)** para a execução de infraestrutura crítica, o que os torna alvos potenciais do terrorismo cibernético.[7]

Raqueamento ético

A maioria dos profissionais tem códigos de ética que relacionam seus membros a um conjunto de valores compartilhados e os ajuda a angariar respeito do público. A profissão de segurança de redes não é exceção, mas ainda está emergindo de um conjunto de valores conflitantes que surgem a partir de duas comunidades das quais derivou: a de estudantes/robistas e a de profissionais de TI. Muitos indivíduos envolvidos na profissão, especialmente aqueles que vêm de áreas de negócios, em vez de ter formação em tecnologia, acreditam que precisam se distanciar das comunidades de onde vêm (e da maioria das melhores ferramentas de invasão). Essa é uma das causas no âmbito da profissão: diferenciar os maus hackers que ameaçam as redes dos bons hackers que são pagos para protegê-las. Conhecer o conjunto de distinções que separa o hacker ético do cracker antiético vai ajudar o profissional de segurança de redes a apresentar ao mundo os benefícios que ele traz para a sociedade.

Evolução do raqueamento

Nos anos 1940, universidades, governo e grandes empresas começaram a usar computadores, mas poucas pessoas tinham conhecimento de fato sobre eles. Não havia alunos de ciência da computação. A maioria dos profissionais que trabalhavam com computadores usava-os para resolver problemas matemáticos. O conceito moderno de raqueamento começou no fim dos anos 1950, quando estudantes do Instituto de Tecnologia de Massachusetts (MIT) começaram a acessar o mainframe IBM do MIT para trabalhar em novas linguagens de programação e em outros experimentos fora da sala de aula convencional. Não se tratava de um comportamento antissocial ou ilegal, mas os alunos, enquanto desenvolviam suas habilidades, tornaram-se uma comunidade de hackers também. Nos anos 1950, "hacker" era uma palavra aplicada a entusiastas de qualquer área técnica.

Os alunos utilizaram seu tempo sem supervisão no computador para fazer testes, descobrir novas formas de resolver problemas e inventar aplicativos que fizessem as coisas de maneira informatizada. Esses primeiros hackers não tinham más intenções. Eles simplesmente acreditavam que havia sempre espaço para melhorar. E então, quando uma solução nova, mais simples e mais elegante era encontrada, ela era divulgada amplamente e testada por muitos. Havia pouca estrutura predefinida quanto à experimentação. Muitos alunos tinham tanto orgulho de suas soluções colaborativas como de suas realizações pessoais. Pelo acesso aberto e pela liberdade que tinham, muitos deles se permitiram fazer brincadeiras de programação ou descobrir formas de acessar arquivos pessoais de outros para editar seu código. Essas brincadeiras, porém, eram publicadas de maneira tão ampla quanto os resultados socialmente mais aceitáveis.

As primeiras quebras de senha surgiram como uma resposta ao Sistema de Tempo Compartilhado Compatível (CTSS), desenvolvido no início dos anos 1960 e carregado em primeiro lugar em um mainframe da IBM, mais uma vez no MIT. Essa aplicação permitia o compartilhamento seguro de tempo do computador por diferentes usuários de modo que todos os ciclos do processador fossem utilizados e não houvesse tempo ocioso. Nomes de usuários e acesso logado evitavam que as pessoas acessassem o computador anonimamente, mas isso ia contra a liberdade de que os estudantes antes desfrutavam. Alguns reagiram tentando adivinhar os nomes de usuários e as senhas. Finalmente, invadiram o sistema CTSS.

Nos anos 1970, um novo tipo de hacker, o cracker de telefone, surgiu. Os crackers de telefone usavam vários métodos, chamados juntos de **craqueamento de telefone**, para acessar redes de telefonia a fim de fazer ligações de graça sobre telefones pagos. No fim, eles começaram a combinar as ferramentas tradicionais de craqueamento de telefone com linguagens de programação de computadores. Um programa popular de craqueamento de telefone era o Blue Beep. Ele funciona com MS-DOS e na linha de comando do Windows, usando PASCAL e outras linguagens de montagem. Entre suas características estão a criação de tons digitais, o controle de linhas-tronco e o escaneamento de trocas telefônicas.

Nos anos 1980, os crackers descobriram que qualquer servidor com modem podia potencialmente ser invadido. **War dialers** foram desenvolvidos para procurar modems abertos. Assim que o hacker conseguia acesso a um servidor, normalmente era possível acessar outro servidor por meio das linhas dedicadas que ele compartilhava. Essa era uma forma de acessar a internet inicial e suas precursoras – isto é, as BBS administradas pela CompuServe e pela AOL.

Conforme o preço dos computadores caiu e os usuários se tornaram mais frequentes, as comunidades de hackers cresceram, e o termo "raqueamento (hacking)" começou a ganhar nova conotação. Os hackers já não eram apenas homens jovens sem habilidades sociais com curiosidade insaciável sobre computadores. Uniram-se a indivíduos maliciosos que tentaram invadir e danificar redes corporativas e governamentais suscetíveis, que eles acessavam com o uso de modems.

Como a automatização era a razão de ser inicial dos computadores, não é surpresa que, nos anos 1980, as pessoas tenham começado a criar aplicações que podiam se espalhar automaticamente (ou quase) pela internet e pelos sistemas de e-mail. Vírus, vermes e cavalos de troia começaram a aparecer em 1988. A sensação de ter códigos tão simples que destruíam servidores e estações de trabalho era intoxicante, e os hackers continuaram a desenvolver vírus e vermes até hoje. Na verdade, eles se voltaram para códigos ainda mais prejudiciais ao longo do tempo porque é fácil encontrar recursos que já existem e precisam apenas de pequenas modificações e de pouca habilidade para que sejam alterados e enviados de volta. Exemplos desses vírus são Bagel (que tem dezenas de variedades), Nimda e Code Red.

A existência de recursos e ferramentas para criar malwares é um problema de longo prazo que parece pouco provável de ser resolvido em um futuro próximo. Os vírus são indiscriminados em seus efeitos deletérios, e qualquer script kiddie pode lançar um. Além disso, o código dos vírus está disponível na internet, e crackers qualificados podem usar esses códigos como ponto de partida para desenvolver melhores formas de invadir alvos mais específicos.

As ações antissociais dos hackers por fim tornaram difícil ater-se à definição original de "raqueamento"; as pessoas começam a usar o rótulo "hacker" para descobrir especialistas em computação que trabalham com más intenções. Esse estereótipo persiste até hoje e levou à necessidade de os especialistas de segurança se distanciarem dos criminosos – da mesma forma que os homens da lei no Velho Oeste costumavam usar distintivos para se diferenciar dos fora da lei.

Certificações de segurança de fornecedores neutros

A Tabela 1.1 mostra as organizações de segurança de fornecedores neutros e certificados que eles patrocinam.

Para obter mais informações sobre certificações de fornecedores neutros, visite os seguintes sites:

- Associação de Controle e Auditoria de Sistemas de Informação (ISACA): *www.isaca.org*.
- EC-Council: *www.eccouncil.org/certification.aspx*.
- ISC2: *www.isc2.org*.
- CompTIA: *http://certification.comptia.org/getCertified/certifications/security.aspx*.
- Certificação de Garantia da Informação Global (GIAC): *www.giac.org/certifications/security*.

ÉTICA DE RAQUEAMENTO E CRAQUEAMENTO

CAPÍTULO 1

Tabela 1.1 Organizações certificadoras de segurança da informação e o que oferecem

Organização certificadora	Certificação	Área visada
CompTia	Security+™	Segurança em geral
GIAC (Certificação de Garantia da Informação Global)	GIAC-Fundamentos da Segurança da Informação (GISF)	Administração da segurança
	GIAC-Certificação do Essencial da Segurança (GSEF)	Administração da segurança
	GIAC-Profissional da Segurança da Informação (GISP)	Gestão da segurança
	GIAC-Especialista ISO-27000 (G2700)	Auditoria da segurança
	GIAC-Examinador Forense Certificado (GCFE)	Forense
	GIAC-Analista Certificado de Firewall (GCFW)	Administração da segurança
	GIAC-Certificação de Liderança da Segurança (GSLC)	Gestão da segurança
	GIAC-Questões Legais (GLEG)	Validade da segurança
	GIAC-Auditor de Redes e Sistemas (GSNA)	Auditoria da segurança
	GIAC-Programador .Net de Software Seguro (GSSP-NET)	Segurança de software
	GIAC-Analista Forense Certificado (GCFA)	Forense
	GIAC-Analista Certificado de Intrusão (GCIA)	Administração da segurança
	GIAC-Certificação de Gestão de Projetos (GCPM)	Gestão da segurança
	GIAC-Programador JAVA de Software Seguro (GSSP-JAVA)	Segurança de software
	GIAC-Tratador Certificado de Incidentes (GCIH)	Administração da segurança
	GIAC-Administrador Certificado de Segurança UNIX (GCUX)	Administração da segurança
	GIAC Defensor Certificado de Empresas (GCED)	Administração da segurança
	GIAC-Testador Certificado de Invasão (GCPT)	Administração da segurança
	GIAC-Testador de Invasão de Aplicações Web (GWAPT)	Administração da segurança
	GIAC-Avaliação de Redes Wireless (GAWN)	Administração da segurança

(continua)

▶ **Tabela 1.1** Organizações certificadoras de segurança da informação e o que oferecem (*continuação*)

Organização certificadora	Certificação	Área visada
	GIAC-Testador de Invasão Avançada e Pesquisador de Explorações (GXPN)	Administração da segurança
	GIAC-Malware de Engenharia Reversa (GREM)	Forense
Consórcio Internacional de Certificação da Segurança de Sistemas de Informação (ISC2)	Profissional Certificado de Autorização (CAP)	Certificação de segurança
	Profissional Certificado de Segurança de Sistemas de Informação (CISSP)	Gestão da segurança
	CISSP-Profissional de Arquitetura de Segurança de Sistemas de Informação (CISSP-ISSAP)	Projeto de segurança
	CISSP-Profissional de Engenharia de Segurança de Sistemas de Informação (CISSP-ISSEP)	Engenharia de segurança
	CISSP-Profissional de Gestão da Segurança de Sistemas de Informação (CISSP-ISSMP)	Gestão da segurança
	Profissional Certificado de Ciclo-de-Vida de Software Seguro (CSSLP)	Segurança de software
	Praticante Certificado de Segurança de Sistemas (SSCP)	Gestão da segurança
Conselho Internacional de Consultores de E-Commerce (EC-Council)	Hacker Ético Certificado (CEH)	Teste de invasão
	Investigador Forense de Raqueamento de Computadores (CHFI)	Forense
	Analista Certificado de Segurança EC-Council (ECSA)	Teste de invasão
	Testador Licenciado de Invasão (LPT)	Teste de invasão
	Administrador de Segurança de Redes EC-Council (ENSA)	Administração de segurança
ISACA	Auditor Certificado de Sistemas de Informação (CISA)	Auditoria da segurança
	Gerente Certificado de Segurança de Informação (CISM)	Gestão da segurança
	Certificado de Governança de TI (CGEIT)	Gestão da segurança
	Certificado de Controle de Sistemas de Informação e de Riscos (CRISC)	Gestão de riscos da segurança

© Cengage Learning 2014

Certificados de segurança específicos de fornecedores

Há quase tantos certificados de segurança de redes, específicos de fornecedores, quanto há de fornecedores de redes. Alguns, como o CCNA da Cisco e o MCITP da Microsoft, podem ser úteis para quem está começando na área de segurança de redes, ajudando-os a conseguir seu primeiro emprego. Outras maneiras úteis de obter uma posição inicial incluem estágios não remunerados, associar-se a organizações profissionais e participar de grupos sobre o assunto nas redes sociais.

Para obter mais informações sobre certificação de segurança específica de fornecedores, visite os sites de cada empresa.

O que precisa ser assegurado

Empresas estão cada vez mais atentas para a necessidade de assegurar os dados fundamentais que coletam e armazenam como parte de suas operações. Um número crescente de regulamentações federais, estaduais e locais fornece esse tipo de incentivo. Setores inteiros estão sujeitos a exigências de controle, incluindo atenção à saúde, que se subordina á Lei de Portabilidade e de Responsabilidade de Seguros de Saúde (HIPAA), e finanças, subordinadas às regras da Lei Sarbanes-Oxley (SOX). Essas leis exigem que quem coleta e armazena informações (como prontuários médicos, relatórios de crédito, relatórios policiais, contas bancárias, registros financeiros e de transações) proteja-as de crackers que possam querer se envolver no uso malicioso ou ilegal dos dados.

O foco de boa parte da legislação existente é a proteção dos dados à exposição de crackers maliciosos com habilidades e desejos suficientes para invadir sistemas; no entanto, nem todas as invasões têm a intenção de liberar dados críticos. Alguns crackers invadem sistemas para usar o que consideram poder de processamento desperdiçado. Milhares, se não milhões, de computadores ficam ociosos durante muitas horas do dia, e esses hackers não consideram antiético usar o tempo ocioso dos computadores para os próprios projetos.

Recentemente, houve uma explosão de computadores comprometidos com rootkits e outros malwares que os tornou disponíveis para crackers. Por exemplo, a largura de banda ociosa tem sido tomada pelos crackers, que a direcionam (junto com outros sistemas comprometidos) para o alvo, a fim de criar um ataque de negação de serviço distribuído. Esses sistemas comprometidos são conhecidos como "bots" ou "zumbis" e se combinam para criar redes ilegais conhecidas como "botnets". Alguns crackers criaram grandes botnets que então vendem a quem está interessado em usá-las para atividades ilegais ou antiéticas. A quantidade de sistemas comprometidos cujas larguras de banda ociosas são usadas para finalidades ilegais ou antiéticas é estimada em centenas de milhares. Em muitos estados, o uso não autorizado de um sistema de computador, além de ser antiético, é crime.

A maioria dos hackers contratados por organizações entende que são responsáveis pelo sucesso de medidas protetoras que usam nas redes de seus empregadores. Esses hackers podem se orgulhar de ter uma vida honesta, bem como se sentir moralmente obrigados a desempenhar seus testes de invasão e de software com *due diligence*. Eles vão lutar para manter a reputação de suas profissões e demonstrar uma compreensão das responsabilidades éticas associadas com o respeito mantido pelo setor.

Alguns hackers podem achar tentador copiar, baixar e usar software proprietário e outros trabalhos com *copyright*. Apesar de poderem considerar essa atividade inofensiva, costuma ser ilegal (conforme a licença sob a qual o software é distribuído). Os controles disponíveis para fabricantes de software que administram licenças se tornam cada vez mais sofisticados. Organizações que já foram submetidas a auditorias de licença de software da Microsoft podem comprovar o impacto potencial de deixar de levar essa responsabilidade a sério.

Há uma discussão filosófica em andamento sobre o acesso gratuito à informação ser mais ou menos importante do que o direito do criador de proteger suas criações. Esse é o mesmo tipo de debate que ocorre em relação a regulamentações que se aplicam à distribuição e modificação de trabalhos escritos. O argumento é o de que toda pessoa tem o direito de ouvir, ler, ver ou aprender qualquer coisa que esteja disponível. Contudo, quem defende os direitos de propriedade intelectual argumenta que não haveria criação se não houvesse algum método de garantir a remuneração pela reprodução dessa propriedade intelectual. Independentemente das opiniões pessoais que um hacker pode ter acerca de questões de propriedade intelectual, como membro da área de segurança da informação, há uma obrigação para com a empresa de seguir e aplicar as leis existentes.

Hackers profissionais têm uma responsabilidade para com a sociedade que é difícil de ignorar. Suas atividades deveriam ajudar a construir e melhorar a tecnologia existente. O acesso a informação em busca de conhecimento é valioso, mas o direito do hacker de liberar informação não deve infringir os direitos de outros ao próprio espaço e propriedade. É responsabilidade de hackers éticos garantir que suas atividades não causem danos à confidencialidade e à integridade da informação. Eles devem usar suas habilidades e interesses como oportunidades de aprender e ensinar. Os hackers podem usar sua inteligência e experiência para inventar novas soluções que ajudem o desenvolvimento geral da tecnologia.

Um hacker ético é um profissional de segurança que aplica seus conhecimentos de raqueamento com propósitos defensivos. Essa pessoa acessa um sistema de computador ou rede com a autorização do proprietário do sistema e sem causar danos a ele. Os hackers conscientes dos direitos de outras pessoas são recursos para a área de TI. (Já os hackers que agem com intenção maliciosa prejudicam a profissão, mas ao mesmo tempo ajudam os profissionais de segurança a saber em que pontos as redes são vulneráveis.) É possível que os hackers tenham acesso a dados sensíveis e controversos enquanto estão envolvidos na atividade de raqueamento ético. O que esse hacker faz com os dados reflete em todo o setor. A base fundamental do sucesso para os hackers éticos repousa na confiança. Violações dessa confiança por falta de honra ou de ética trazem consequências significativas.

Por que contratar um hacker ético?

Empresas preferem pagar um hacker ético para descobrir as vulnerabilidades de seus sistemas a esperar que um hacker antiético faça isso por elas. Além disso, um número cada vez maior de setores, como finanças e saúde, cobra das organizações o dever específico de proteger dados críticos que eles coletam e armazenam. Como parte da estratégia defensiva, as organizações podem querer contratar profissionais de segurança externos para tentar raquear seus sistemas. Eles podem extrair benefícios adicionais da contratação de hackers éticos para desempenhar auditorias de segurança, o que fornece soluções assim como identifica problemas potenciais.

Hackers éticos trabalham para proteger todas as áreas de TI – servidores web e impressoras compartilhadas, assim como e-mails, de uma ponta a outra. A adoção disseminada de smartphones, tablets e outros equipamentos móveis assim como a mudança para a "**nuvem**" são apenas os acréscimos mais recentes aos recursos de informação sobre os quais as organizações são responsáveis. Essas organizações também adotaram mídias sociais e sistemas integrados de Planejamento de Recursos da Empresa (ERP) que ofuscaram os limites da rede interna tradicional e aumentaram a importância do trabalho dos hackers profissionais éticos. Os hackers devem ter experiência em engenharia de software, engenharia de rede e segurança de sistemas. Eles devem lutar para aumentar seu conhecimento sobre ferramentas e técnicas a fim de proteger suas redes e conferir evidências periciais quando essas redes são atacadas.

Resumo do capítulo

- O craqueamento de computadores é o raqueamento ilegal de um sistema de computador sem a permissão do proprietário do sistema.
- Os hackers são normalmente classificados em dois grupos: Chapéu Branco, ou hackers "bons" e éticos; e Chapéu Preto, ou hackers "ruins" e maliciosos.
- Os oito perfis mais significativos de hackers incluem novatos, punks cibernéticos, internos, hackers da velha-guarda, codificadores, criminosos profissionais, guerreiros da informação (também conhecidos como terroristas cibernéticos) e hack-ativistas.
- Hackers éticos e antiéticos utilizam os mesmos materiais de consulta e técnicas; o que distingue um grupo do outro são a permissão do proprietário da rede e a escolha de defender ou atacar.
- Os hackers podem se motivar por: paixão por desafios, curiosidade, desejo de reconhecimento, desejo de ganhos financeiros, necessidade de vingança ou patriotismo.
- O conceito moderno de raqueamento começou no fim dos anos 1950 quando alguns alunos do MIT começaram a aproveitar seu acesso ao mainframe do MIT para trabalhar em novas linguagens de programação e em outros experimentos fora de suas aulas normais. Com o advento das contas logadas e senhas nos anos 1960, os hackers partiram da exploração de computadores para o raqueamento de senhas. Os anos 1970 viram a ascensão dos crackers; e os anos 1980, um crescimento tremendo nos crimes e o abuso na informática com a introdução de vírus, vermes e cavalos de Troia.
- Apesar de haver várias certificações de fornecedores neutros e específicas de fornecedores disponíveis para profissionais de segurança de computadores, não há um padrão nacional de certificação.
- Especialistas profissionais em segurança, técnicos e hackers devem desenvolver um código público de ética. Sem a garantia que um código oferece, clientes potenciais podem resistir a empregar hackers éticos que poderiam defender suas redes e sistemas de computadores dos crackers.
- Um hacker ético é um profissional de segurança que aplica habilidades de raqueamento com propósitos defensivos. Essa pessoa acessa um sistema de computador ou rede com a autorização do proprietário do sistema e sem causar danos ao sistema.

Questões de revisão

1. Usando o modelo Chapéu Branco/Chapéu Preto, que tipo de hacker é mais provável de criar um site para ensinar novos hackers a raquear uma rede?
2. Usando o modelo Chapéu Branco/Chapéu Preto, que tipo de hacker é mais provável de trabalhar como administrador de rede?
3. Usando o modelo Chapéu Branco/Chapéu Preto, que tipo de hacker é mais provável de ser politicamente motivado?
4. Usando o modelo Chapéu Branco/Chapéu Preto, que tipo de hacker é mais provável de vender números de cartão de crédito a criminosos on-line?

5. Ao apresentar uma conferência a um grupo de líderes de negócios, é mais provável que você use o modelo Chapéu Branco/Chapéu Preto ou o modelo de Perfis de Hacker para explicar os perigos propostos por hackers? Se os líderes de negócio fossem CIOs de suas respectivas companhias, você mudaria sua decisão? Escreva um curto artigo que justifique sua resposta.

6. Se seu website é raqueado e todas as páginas exibem o mesmo *slogan* e imagem antiguerra, que perfil de hacker atingiu seu site?

7. Se foi descoberto que o programa de e-mails do CEO é configurado para copiar automaticamente todos os e-mails que saem para uma conta desconhecida chamada asmith@thecompany.com, que perfil de hacker provavelmente é o responsável?

8. Que perfil de hacker mais provavelmente tentaria atacar scripts encontrados na internet "só para ver o que acontece"?

9. Que grupo de computadores comprometidos podem ser utilizados em um ataque de negação de serviço distribuído?

10. Quais são as motivações de um perfil de hacker "criminoso profissional"?

11. Um testador de segurança pode tornar uma rede impenetrável. Verdadeiro ou falso?

12. Um hacker ético é uma pessoa que exerce praticamente as mesmas atividades de um cracker, mas só tarde da noite. Verdadeiro ou falso?

13. O Instituto SANS (Administração de Sistemas, Redes e Segurança) oferece treinamento e certificações de segurança de TI pelo GIAC (Certificação de Garantia da Informação Global). Verdadeiro ou falso?

14. O programa GIAC oferece uma certificação focada em malwares de engenharia reversa. Verdadeiro ou falso?

15. Nos Estados Unidos, todos os sistemas legais de Estado veem o escaneamento de portas como não invasivo ou não destrutivo por natureza e consideram-no legal. Verdadeiro ou falso?

16. Segundo o modelo de Perfil de Hacker, os hackers da velha-guarda se gabam o tempo todo de suas explorações bem-sucedidas. Verdadeiro ou falso?

Combine cada um dos termos a seguir com a afirmação correta abaixo.

   a. script
   b. escaneamento de porta
   c. novato
   d. hacker ético

17. Dê o nome de uma forma de encontrar portas abertas em um sistema.

18. Quem copia código de programadores experientes em vez de criar o código sozinho?

19. Nomeie o conjunto de instruções que executa em sequência para realizar tarefas em um sistema de computador.

20. Quem, às vezes, é contratado por empresas para realizar testes de invasão?

Projeto prático

PROJETO 1.1

Nesse projeto, você configura o computador Linux que vai usar em muitos projetos no decorrer do livro. Há uma grande variedade de tutoriais grátis disponíveis na internet que vão ajudá-lo nessa tarefa. Digitar o nome do tipo de Linux que você quer explorar em seu mecanismo de busca favorito, seguido do termo "tutorial de instalação", ou em inglês "installation tutorial", deve revelar uma série de recursos que serão úteis nesse exercício assim como nos apresentados nos capítulos subsequentes.

Você vai precisar de:

- Um computador baseado em x86 com uma configuração atual padrão em termos de processador, memória RAM, disco e demais recursos, um cabo de alta velocidade ou modem telefônico DSL e uma placa de rede padrão Ethernet 10/100. Favor observar que essas especificações devem ser vistas como exigências mínimas; você obterá um desempenho melhor se tiver mais RAM, um processador mais rápido, e assim por diante.
- Uma versão atual de uma distribuição Linux popular e robusta, como Fedora, Red Hat Enterprise, CentOS, Mandriva, SUSE ou Ubuntu. Os projetos práticos deste livro utilizam como exemplo uma instalação do Fedore Core 6, e os passos são escritos correspondentemente. No entanto, outras distribuições Linux podem ser utilizadas, com pequenas modificações nos passos, conforme a necessidade.
- Uma conexão à internet.

    1. Faça a instalação padrão do SO Linux. Para os fins deste livro, você não vai precisar revisar ou customizar partições, podendo aceitar o esquema de partição padrão que a instalação do programa seleciona.
    2. Quando a instalação estiver concluída, use o gerenciador de pacotes do SO para instalar as atualizações de software disponíveis. Isso vai ajudá-lo a garantir que seu sistema contenha as atualizações de segurança e fixações de bugs importantes. Por exemplo, no Fedora, você pode começar o processo de atualização digitando `yum update` na janela de Terminal (você terá de se logar como root) ou clicando em **Applications**, e então em **System Tools** e em **Software Updater** para executar o programa de atualização de software.

CAPÍTULO 2

Reconhecimento

Depois de ler este capítulo e realizar os exercícios, você será capaz de:

- Identificar várias técnicas de reconhecimento.
- Descobrir os métodos utilizados em engenharia social.
- Explicar a importância do mergulho no lixo no reconhecimento.
- Descrever os métodos de rastreio de pegadas na internet.

O vazamento de informações é um grande problema que se torna ainda maior com o uso de redes sociais e outros serviços baseados na web que revelam informações úteis a hackers maliciosos. As organizações, portanto, têm de estar atentas a áreas potenciais de risco que podem ser exploradas pelos invasores. Várias técnicas podem ser utilizadas para descobrir alvos viáveis. Essas técnicas se relacionam a três tipos táticos: engenharia social, mergulho no lixo e rastreio de pegadas. A Figura 2.1 mostra um quadro organizacional resumido que inclui os métodos de reconhecimento descritos neste capítulo.

Introdução ao reconhecimento

Reconhecimento (*Reconnaissance*, em inglês) é o ato de localizar alvos e desenvolver métodos necessários para atacá-los com êxito. A informação que os hackers usam é a mesma, independentemente de empregá-la como parte de um teste de invasão autorizado ou de um ato de vigilância de um invasor.

Entre as fontes de informação importantes estão:

- Localização física do alvo.
- Dados sobre os usuários em seu local de trabalho.
- Atalhos administrativos (como atribuir a mesma senha a todas as novas contas e esperar que o usuário troque-a depois).
- Sistemas operacionais.
- Estrutura de rede.
- Configuração de hardware.
- Serviços disponíveis.
- Estratégias de negócios.

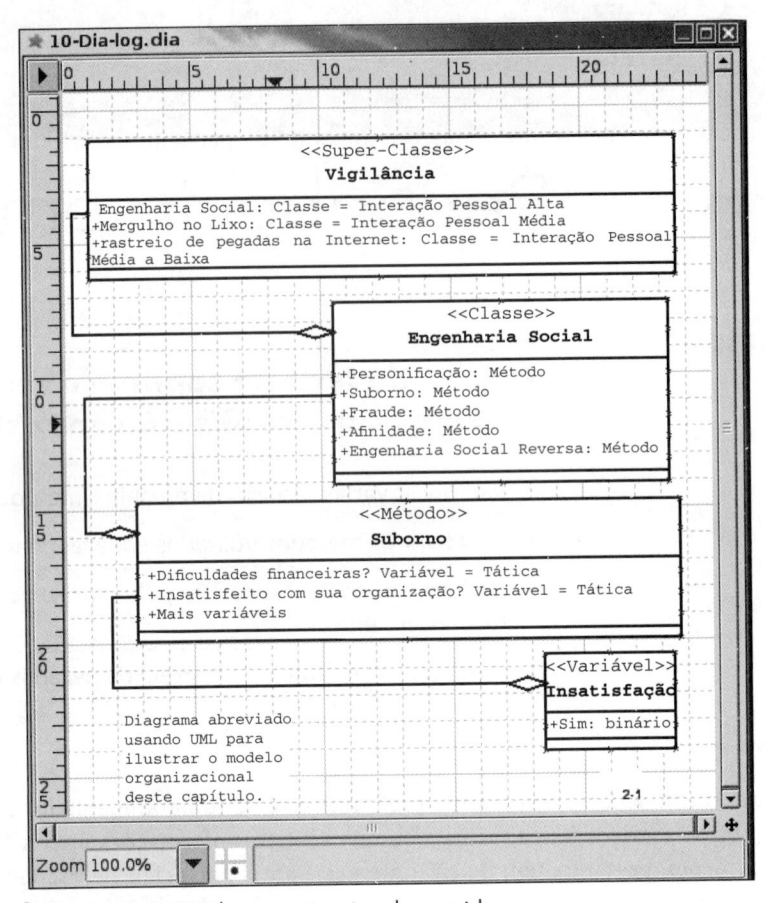

Figura 2.1 Quadro organizacional resumido.
Fonte: Microsoft Paint (Tradução livre)

- Listas de telefones dos funcionários.
- Estrutura organizacional de pessoal.
- Memorandos internos.
- Todas as informações publicadas disponíveis sobre a empresa, quer estejam em seu website quer sejam de outros autores.

Esses tipos de informação permitem ao hacker descobrir os pontos fracos de segurança da organização-alvo e identificar as melhores técnicas e ferramentas possíveis para perpetrar os ataques.

O reconhecimento não é ilegal por definição, nem há muitas técnicas de reconhecimento específicas. Isso acontece porque esse tipo de atividade não resulta em danos reais, pelos quais a organização possa processar. As seções a seguir enumeram as várias áreas de reconhecimento, identificando quais são legais e quais podem ser provadas ilegais ou antiéticas.

Reconhecimento legal

É completamente legal procurar todas as informações disponíveis sobre uma empresa na internet, incluindo seus números de telefone, horários de funcionamento e endereços. Além disso, muitas organizações divulgam informações muito detalhadas de seus ambientes técnicos quando procuram equipes de TI capacitadas; pesquisar essas informações também é legal. Telefonar para a empresa com um problema que exige assistência do serviço de atendimento ao consumidor é legal (mesmo que o problema seja inventado). Entrevistar uma pessoa da equipe para um projeto escolar é legal. Entrar fisicamente em alguma instalação, incluindo a participação em um *tour*, é legal. Ficar amigo de alguém que trabalha ou trabalhava lá é legal. Representantes da companhia teriam de ficar completamente paranoicos para não atender ao telefone "porque pode ser um hacker fazendo um reconhecimento". Todos esses métodos – e muitos outros semelhantes – são completamente legais e feitos por vários motivos o tempo todo.

Reconhecimento questionável

As leis locais variam, mas, em boa parte do mundo, fazer um escaneamento passivo de portas é legal. Ler os nomes na correspondência que está em um carrinho de correspondência ou visualizar detalhes em um documento que está sobre uma escrivaninha pode ser legal. Pegar o lixo no estacionamento e dar uma olhada antes de entregá-lo para um representante da empresa provavelmente é legal. Pegar uma cópia do boletim informativo dos funcionários provavelmente é legal. Pedir uma relação de telefones ou um cartão de visitas ou especificações de um produto provavelmente é legal. Checar uma lata de lixo provavelmente é legal. Ficar de tocaia para descobrir os movimentos de pessoas importantes pode ser ilegal; no entanto, se o hacker não estiver invadindo ou atraindo a atenção de alguma outra forma, pode ser legal. **War driving** – ou seja, checar redes wireless sem segurança – é legal em alguns locais e em outros não. Esses tipos de atividades legais podem, muitas vezes, ser igualmente proveitosos, em termos de oferecer uma pequena brecha à organização, quanto outras atividades que podem cruzar a linha do comportamento ilegal ou antiético.

Reconhecimento ilegal

Há uma grande quantidade de técnicas de reconhecimento totalmente ilegais. Desenvolver uma empresa "de fachada" e agir como representante dela para a finalidade específica de roubar ou fraudar a empresa-alvo, além de ser bem caro e de levar tempo, provavelmente é ilegal. Roubar lixo é ilegal em alguns locais. Entrar em uma casa ou escritório para procurar informações é ilegal, apesar de geralmente passar despercebido se nada for retirado. Instalar um **keylogger** sub-repticiamente – ferramenta que grava as batidas no teclado do usuário – em uma máquina vulnerável é ilegal. Deixar um **farejador**, que intercepta e lê pacotes de dados em uma rede, é ilegal.

Impacto do contexto em reconhecimento

O contexto é importante no raqueamento ético. Por exemplo, os hackers éticos que realizam investigações de segurança de Estado ou criminal podem se envolver em algumas atividades de reconhecimento que normalmente seriam consideradas ilegais em outras circunstâncias. Embora essas circunstâncias especiais possam ser permitidas legalmente, quem se interessa por privacidade e liberdade pessoais pode considerá-las antiéticas, independentemente do contexto.

Ao praticar o reconhecimento, é importante lembrar que qualquer informação sobre o alvo é potencialmente valiosa. Durante a fase de coleta do reconhecimento, hackers autorizados ou éticos nem sempre são capazes de prever como essa informação será usada. Além disso, os hackers se esforçam para conseguir cada detalhe – todos os e-mails, senhas, números de telefone e códigos – e então aplicá-lo em diferentes cenários ou contextos para dar sentido à informação coletada.

Dependendo da tecnologia utilizada e da natureza da investigação, os métodos de reconhecimento podem se enquadrar em três categorias: engenharia social, mergulho no lixo e rastreio de pegadas.

Cada uma dessas categorias é composta de vários métodos que variam em termos de risco e legalidade. Os hackers usam esses métodos, juntos ou separados, para coletar informação sobre seus alvos.

Engenharia social

A **engenharia social** envolve um ato de fraude por parte de quem ataca, com o objetivo de enganar indivíduos de boa-fé para que forneçam o acesso a informações ou sistemas não autorizados. A engenharia social é considerada tipicamente um comportamento antiético, mas às vezes é usada por hackers éticos como parte de um teste de invasão.

A engenharia social funciona, na maioria das vezes, porque as pessoas em geral confiam e querem ser úteis, pois isso faz parte de nosso condicionamento social. Desconfiança e egoísmo não são traços que ensinamos a nossos filhos, e a maioria dos adultos também não os cultiva. Todavia, confiar e ser prestativo abre um caminho de riscos. Políticas de segurança e checagens de vulnerabilidade realmente fornecem proteção básica e limitada, mas os seres humanos continuam sendo o elo mais fraco da cadeia de segurança. Funcionários devem ser responsabilizados individualmente por proteger seus nomes de usuário e senhas complexas, por resguardar seus papéis, arquivos e conversas telefônicas e por selecionar cuidadosamente o círculo de pessoas em quem confiar.

Kevin Mitnick, um hacker antes notório e hoje bem respeitado, aprimorou suas habilidades técnicas fracas com habilidades sofisticadas de engenharia social. Em seu livro *The art of deception*, Mitnick escreveu: "A engenharia social usa influência e persuasão para enganar pessoas convencendo-as de que o engenheiro social é alguém que não é, ou por manipulação. Como resultado, o engenheiro social é capaz de tirar vantagem das pessoas para obter informações com ou sem o uso da tecnologia".[1] Às vezes, a engenharia social é apenas parte de um ataque. O ataque infame do verme ILOVEYOU em 2000 foi causado por um vírus, mas também envolveu engenharia social ao explorar a curiosidade que leva as pessoas a clicar no anexo de um e-mail.

O sucesso ou o fracasso da engenharia social dependem da capacidade dos hackers de manipular a psicologia humana, os contatos e as estações de trabalho físicas. Programas de treinamento e conscientização de funcionários são essenciais para reduzir a capacidade dos engenheiros sociais de manipulá-los.

Técnicas de engenharia social

Para acessar informações sobre indivíduos, um engenheiro social deve conquistar a confiança ou aquiescência deles. Isso é feito com o uso das seguintes técnicas de engenharia social:

- Personificação.
- Suborno.
- Fraude.
- Afinidade.
- Engenharia social reversa.

Personificação

A personificação pode ocorrer em nível individual, como fingir ser Tom Cruise para entrar em uma boate da moda, ou em nível funcional, como vestir-se como as pessoas que prestam serviço para passar pelos controles de segurança da Disney World. No nível individual, fazer-se passar por um funcionário real exige pelo menos alguma informação de identificação relativa a essa pessoa. Bem difícil de conseguir, isso ainda tem a desvantagem de poder encontrar alguém que conheça pessoalmente o indivíduo que se quer personificar. Personificação no nível funcional é mais fácil e pode exigir menos preparo. Em qualquer um dos casos, o hacker finge ser um usuário legítimo ou um funcionário que tem autoridade para coletar informações.

Entre os exemplos de personificação em nível funcional estão:

- Abordar um usuário dizendo ser um administrador do sistema ou executivo de suporte de TI e pedir suas senhas.
- Usar um boné com o nome de uma companhia telefônica local e vestir-se como um técnico da companhia telefônica para entrar em uma central de fiação trancada.
- Dar um telefonema para dizer que o sistema está agindo de forma instável e que a vítima deve autenticar seu nome de usuário e sua senha para verificação.
- Fingir-se de usuário agitado, em dúvida, mas legítimo, e dar um telefonema para um help desk para pedir informações.
- Ligar para o administrador do sistema de terceiro turno às 6h30 dizendo ser o diretor de TI (que nunca chega antes das 10 horas ao escritório) e pedir que uma linha de código específica seja executada na linha de comando do servidor de e-mails.

Antes de se envolver nesse tipo de engenharia social, um hacker em geral faz uma pesquisa básica sobre a companhia-alvo para evitar suspeitas. É mais fácil se envolver nesse tipo de personificação em empresas maiores e mais diversificadas geograficamente do que em pequenas, nas quais os funcionários têm mais probabilidade de se conhecer.

Suborno

O suborno pode ser uma forma eficiente de coletar informações. Nesse caso, o hacker se vale da ganância do funcionário contra a lealdade da organização. Uma vez que o suborno foi aceito, a chantagem é uma tática comum para manter o funcionário-alvo trabalhando para o hacker. Ao procurar vítimas, um engenheiro social faz as seguintes perguntas sobre funcionários:

- Eles trabalham em um nível da companhia que poderia fornecer informações úteis?
- Eles estão em dificuldades financeiras?
- Eles são viciados em jogo, álcool ou drogas?
- Eles estão insatisfeitos com a empresa?
- Eles estão focados em ganhos de curto prazo na companhia?
- Eles são moralmente corruptíveis?

O suborno é uma técnica que demanda tempo e exige muita pesquisa em um indivíduo-alvo. Há também um problema frontal potencialmente caro a se considerar. Durante a pesquisa, o hacker provavelmente terá de investir tempo e recursos na(s) pessoa(s) que está(ão) sendo subornada(s). O maior risco do suborno é que o funcionário, apesar de pronto e desejoso de aceitar, seja incapaz de oferecer qualquer informação útil – mude de ideia, antes ou depois de concluída essa etapa do plano. O nível de risco do hacker se mantém alto, e há pelo menos um indivíduo na organização que conhece algum plano que falhou nesse sentido.

Fraude

A fraude envolve, na verdade, entrar na empresa como funcionário ou consultor. Isso coloca o hacker "virtuoso" contra a empresa "maligna" e exige uma boa dose de autoilusão por parte do hacker.

Afinidade

Esse método depende da tendência das pessoas de acreditar serem "típicas" e existir uma similaridade aparente entre elas e outras pessoas (desconhecidas). O agressor pode usar essa sensação de afinidade para convencer vítimas de que elas têm muito em comum e de que compartilham os mesmos valores. Estabelecer essa sensação de harmonia é um recurso usado para ganhar a confiança da vítima. Assim que a informação desejada é obtida, o agressor provavelmente se afastará. Essa é outra área que um hacker ético pode escolher seguir como parte de um teste de invasão combinado. Nesse caso, deve ser feito com o conhecimento de que aqueles que são o alvo da atenção provavelmente se sentirão vitimizados, independentemente de o hacker ético não ter má intenção.

Engenharia social reversa

Engenharia social reversa é uma operação trapaceira na qual o hacker finge ser uma autoridade investida de poder para resolver os problemas das pessoas. A questão é que os problemas em geral são causados pelo próprio hacker. Eis aqui como isso funciona:

1. Primeiro, o hacker cria um problema, como um ataque de negação de serviço (DoS) que paralisa a rede por um tempo.
2. Depois, o hacker se apresenta como um especialista que pode resolver esse tipo de problema. A vítima poderia ser induzida a se comunicar com o hacker em busca de ajuda, o qual aproveita a oportunidade para resolver o problema dela.
3. Agora, acredita-se que o hacker seja um auxiliar ou especialista de confiança no ramo de segurança de redes, e assim ele recebe mais acesso à rede em questão, incluindo muitos sistemas críticos.
4. Finalmente, o hacker é capaz de coletar informações de usuários e talvez instalar processos ocultos para executar nos sistemas aos quais agora ele tem acesso.

Muitos ataques de engenharia social são oportunistas; o hacker usa a técnica que considerar adequada para a situação. Por exemplo, personificar um usuário e ligar para o help desk pedindo ajuda pode não ser a melhor forma se o objetivo é coletar informações confidenciais de um operador do sistema. Todas as técnicas de engenharia social são afetadas pela facilidade da entrada física na organização-alvo ou de comunicação com as vítimas dentro da organização.

Intrusão física

Intrusão física refere-se a engenheiros sociais que realmente entram nas instalações da organização com o único propósito de coletar informação. A intrusão física resulta do uso de personificação ou de outras formas de dissimulação para obter acesso a áreas nas quais a entrada do agressor não deveria ser permitida.

Primeiro, o engenheiro social deve avaliar as instalações. "Sacar o lugar" em geral inclui:

- Aprender os horários da organização.
- Conhecer a planta do(s) edifício(s).
- Fazer vigilância ou pesquisa para entender os procedimentos de segurança existentes.

Aprender os horários das organizações ou seus padrões inclui saber que pessoas provavelmente estarão lá e em que momento, suas atividades e seus estilos de trabalho. Também é bom saber quem fica com as chaves e onde essas pessoas estão em vários períodos do dia. Quanto mais o hacker souber a respeito do comportamento usual das pessoas que trabalham no edifício, menos vai levantar suspeitas ou disparar alarmes.

Falhas na segurança das plantas do edifício podem oferecer ao agressor oportunidade de chegar ao lugar certo rapidamente sem muito estresse. Como em qualquer plano complexo, quanto menos é deixado ao acaso e ao improviso, melhores são os resultados obtidos.

Conhecer as medidas de segurança que estão em uso também ajuda os hackers a saber em que ponto o sistema de segurança falha. Engenheiros sociais normalmente têm contato próximo com funcionários internos antes de entrar no prédio de uma empresa, e eles podem obter muitas informações básicas desses funcionários. Um funcionário amigável provavelmente não se dará conta da importância das informações que fornece e pode considerá-las apenas "questões corriqueiras do trabalho". No entanto, essa informação permite ao hacker conhecer a segurança física e de rede da empresa e a política de resposta à intrusão. Não há motivo para acreditar que um único hacker não tenha múltiplos contatos na organização; ele pode ter uma rede de amigos interessados dentro do firewall da empresa.

Assim que o hacker adquire informações sobre a empresa, ele pode criar crachás de identificação falsos. Muitas empresas usam um crachá plastificado com os dados do funcionário. Isso é bem fácil de reproduzir com um processador de texto e uma plastificadora – em uma empresa copiadora, por exemplo. Antes de criar o crachá falso, o engenheiro social deve decidir se vai se passar por funcionário, terceirizado ou autoridade. Grandes empresas com muitos funcionários, terceirizados e agitação social são as mais fáceis de ser infiltradas. Como ninguém está esperando uma invasão, poucos vão desafiar um indivíduo vestido adequadamente com uma identificação que parece autêntica, demonstrando confiança e conhecimento do prédio e da empresa.

O último passo é adquirir dados úteis. Pelo desenvolvimento de uma sequência viável de ações, o hacker pode ser capaz de passar um bom tempo desacompanhado em um edifício, sobre o qual ele adquiriu toda a informação disponível usando métodos minimamente intrusivos. A essa altura, ele pode ter colocado keyloggers ou farejadores em computadores locais, arrombado fechaduras de gavetas ou aberto arquivos, procurando por documentos de negócios e senhas. Há vários métodos para reunir informações com facilidade sem alarmar outros funcionários. Muitos usuários escrevem suas senhas e as mantêm à vista, ou as guardam nos próprios computadores. Um hacker pode também simplesmente observar os usuários enquanto eles digitam senhas e documentos.

Como os engenheiros sociais desempenham essas atividades de intrusão física sem levantar suspeitas? Eles nunca coletam todas as informações necessárias de um único usuário ou fonte, e nunca mantêm o emprego depois de terminada a atividade necessária. Quanto mais valiosa a informação, mais provável que hackers estejam trabalhando em uma equipe ou tenham apoio financeiro. A espionagem corporativa vai bem, obrigado.

Quando a intrusão física não é uma possibilidade graças à presença corporativa distribuída ou a um perímetro forte de segurança, os hackers usam, às vezes, os meios de comunicação. Os meios de comunicação ajudam os engenheiros sociais a exercer suas atividades remotamente, levantando assim menos suspeita.

Meios de comunicação

Engenheiros sociais usam correspondência escrita, e-mail, mensagem instantânea, redes sociais e telefone para obter informações úteis de indivíduos-alvo nas organizações. Deixe-nos dar uma breve visão geral desses vários meios e examinar como são usados por hackers.

Correspondência escrita

Um meio de comunicação respeitado, o correio convencional é uma ferramenta poderosa para engenheiros sociais reunirem dados pessoais sobre usuários. Em um ataque típico, a vítima recebe uma carta anunciando que ganhou um prêmio. O conteúdo da correspondência é muito profissional e elegante, pedindo detalhes de verificação para que a vítima receba o prêmio. Isso pode incluir números de telefone, endereços de e-mail, informações sobre impostos, e assim por diante. A ganância resultante da ideia de ganhar um prêmio leva o usuário a entregar alegremente todo tipo de informação, o que então é usado para vitimizá-lo no futuro. O que diferencia esse ataque da correspondência tradicional de uma agência de comunicação genuína é que quem envia a correspondência real envia uma grande quantidade, feita para parecer assim, enquanto um ataque pelo correio em geral é enviado apenas a uma vítima específica. Essa técnica não é ilegal, mas alguns usos subsequentes da informação podem ser. A técnica também exige mais paciência; e, em uma sociedade já orientada pela gratificação imediata, ela pode não ser tão tentadora, apesar de ainda ser mais eficiente do que usar e-mail, com o qual as organizações tomam mais cuidado.

E-mail

O e-mail é usado em uma variedade de fraudes, mas, neste capítulo, vamos analisar três casos.

Um engenheiro social pode enviar um correio eletrônico dando a entender que é de uma conta legítima de TI, do administrador de rede, por exemplo, mas usando o endereço de retorno do próprio engenheiro social. O próprio e-mail pode alegar que há um problema a ser resolvido e que o usuário deve enviar sua senha para ajudar a resolvê-lo. A maioria dos administradores e técnicos legítimos sempre recusam nomes de usuário e combinações de senha não solicitados, oferecidos voluntariamente por usuários que acham que precisam fornecer esses dados para que seu problema seja resolvido. Um administrador legítimo nunca pede uma senha para resolver questões de login de um usuário; apesar disso, o truque do engenheiro social de pedir essa informação como se fosse necessária para resolver um problema costuma ser bem-sucedido.

Outro truque é enviar mensagens de e-mail com convites para participar de competições e assim receber prêmios. Nesses casos, o engenheiro social anexa formulários que devem ser preenchidos pelos usuários para inscrição. O formulário pede informações como nomes de usuário, números de telefone, senhas e números do Seguro Social. Os usuários caem nesse truque pelo desejo de ganhar um prêmio ou dinheiro. Muitas pessoas usam o mesmo nome de usuário e senha para várias contas on-line; assim, ao fornecer esses dados, colocam em risco todas as suas contas com as combinações de nome de usuário/senha.

O esquema final é chamado **phishing**, no qual um usuário é enganado para que dê informações particulares sobre sua conta em uma organização grande e conhecida. Uma forma comum de phishing é um agressor enviar uma mensagem de e-mail que parece ser de uma fonte em que o receptor provavelmente confie. Essa mensagem costuma conter um link para um site no qual o receptor é levado erroneamente a digitar dados confidenciais que serão então vendidos ou usados para obter informação para um grande ataque. A Figura 2.2 mostra um formulário típico de phishing que os usuários podem encontrar ao clicar em um link que oferece maneiras úteis de ajudar a manter sua informação segura.

Sites de internet são usados normalmente como plataformas para expedição de phishing, assim como para esquemas falsos de "distribuição de prêmios". É fácil fazer sites que parecem profissionais em pouquíssimo tempo – tão fácil, na verdade, que às vezes é difícil distingui-los dos genuínos. Os usuários deveriam checar se o formulário é uma página http, o que indica que usa criptografia para guardar dados transmitidos. Sites falsos não costumam se preocupar se os dados estão em risco durante a transmissão e então não vão oferecer salvaguardas. Os usuários não devem enviar

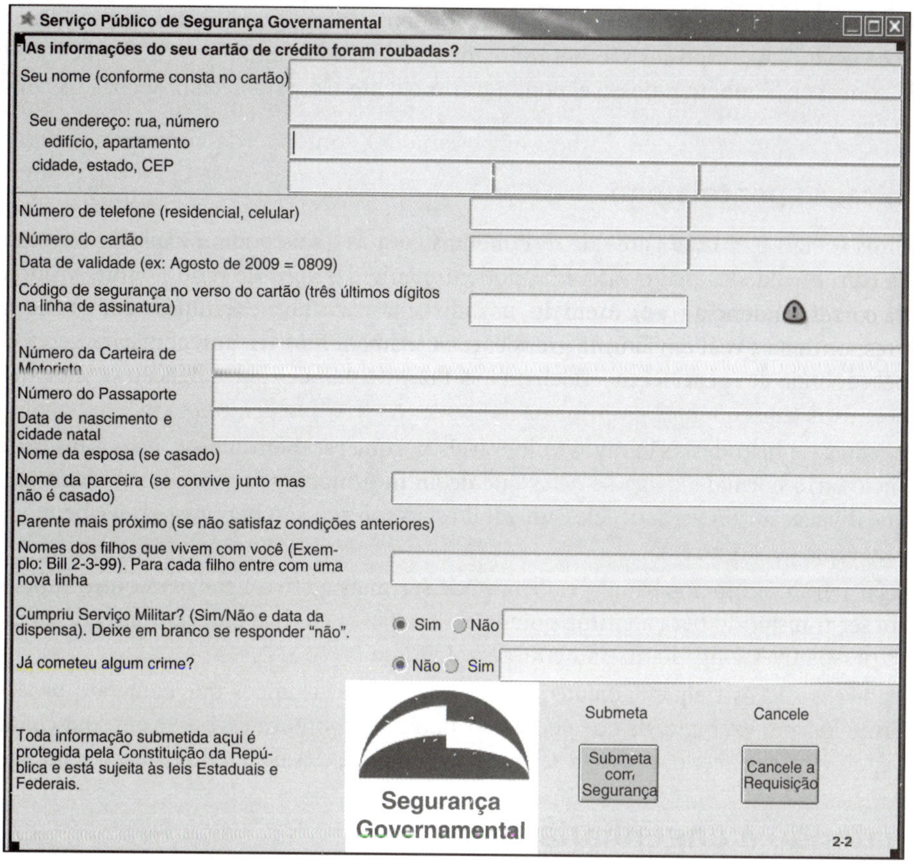

Figura 2.2 Formulário de phishing típico.
Fonte: Microsoft Paint

dados importantes para sites com os quais eles não têm uma boa relação. Sites de phishing tiram vantagem da tendência dos usuários de empregar o mesmo nome de usuário e senha para muitos sites similares, e então começam a procurar outros sites dos quais os usuários sejam assinantes. O nível de sofisticação que os phishers investem em suas técnicas é tal que mesmo profissionais de segurança da informação podem não conseguir identificar um link malicioso, e é por isso que o phishing é um dos riscos mais comuns vivenciados pelas organizações hoje.

Mensagem instantânea

Scripts de raqueamento em mensagens instantâneas (IM) são prevalentes em muitas plataformas. Nesse caso, o engenheiro social tenta ficar amigo da vítima para reunir informações e/ou apresentar-lhe um link de web que ela possa querer visitar. Geralmente, esses sites são ligados a pornografia. Pessoas reais normalmente entram em contato umas com as outras por meio de amigos comuns ou procurando perfis em busca de palavras-chave pertinentes. Contatos aleatórios de pessoas reais com interesses legítimos declaram suas intenções na hora: "Eu vi em seu perfil que você gosta de modelos de trens. Eu também. Como você faz os animais de fazenda em miniatura para seus trens?" Eles podem estar vendendo cavalos de brinquedo, mas dizem isso logo de cara. Em contraste, há scripts automáticos que rodam no ICQ ou no Yahoo IM. Em alguns casos, é possível ter uma sessão de IM de 20 minutos com um conjunto de respostas automáticas! No entanto, elas também são fáceis de pegar. Como são automáticas, não respondem a perguntas abertas, como "De que tipo de chá você gosta?" As respostas são notavelmente inadequadas, então é fácil bloqueá-los logo no início da conversa. Também é possível configurar o cliente IM para aceitar apenas os contatos de uma lista aprovada.

Comunicação por telefone

Engenheiros sociais têm uma gama de ferramentas com as quais podem explorar a comunicação telefônica com finalidades maliciosas. Eles podem manipular sons de fundo e suas próprias vozes para criar o efeito desejado – por exemplo, usando uma voz suave e feminina em vez de uma voz ríspida com um sotaque forte. Engenheiros sociais também têm ferramentas para gerar entradas falsas na tecnologia de identificação de chamada, fazendo parecer que a ligação vem de uma fonte legítima.

Atendentes de help desk são alvos vulneráveis porque recebem mais acesso a informação do que o funcionário normal e exige-se deles que deem informações às pessoas rapidamente, com o mínimo de divagação. Na verdade, eles em geral estão sob pressão para responder bem o máximo de chamadas que conseguirem.

Ao ligar para um funcionário específico, pode ser mais efetivo ligar para outro funcionário e pedir para ser transferido para a vítima potencial. Isso faz quem liga parecer mais confiável do que se a outra pessoa tivesse ligado diretamente para a vítima.

Engenheiros sociais frequentemente se fazem passar por técnicos que contatam usuários-alvo para informá-los, por exemplo, de que podem ter tido uma cobrança excessiva em suas contas de telefone. Depois de convencer o usuário a aceitar essa premissa, eles pedem informações mais pessoais.

Combatendo a engenharia social

Para evitar ou mitigar a engenharia social, é preciso educar os usuários. A educação pode ser incluída em sua política de segurança, e novos usuários podem tomar consciência dela. Todos os usuários de um sistema devem tomar as seguintes precauções para combater tentativas de engenharia social:

- Não fornecer quaisquer informações a pessoas desconhecidas.
- Não revelar quaisquer dados confidenciais a outra pessoa pelo telefone sem confirmar a legitimidade da pessoa do outro lado da linha.
- Não digitar senhas ou outras informações confidenciais na frente de desconhecidos.
- Não submeter informações a qualquer site inseguro.
- Não usar o mesmo nome de usuário e senha para todas as contas.
- Verificar as credenciais das pessoas que pedem senhas e reconhecer que administradores autênticos normalmente não precisam de senha para acessar seus arquivos.
- Manter documentos confidenciais trancados.
- Bloquear ou desligar computadores quando estiver distante da estação de trabalho.
- Estabelecer protocolos que exijam que os funcionários do help desk forneçam informações apenas depois de terem obtido a autenticação apropriada.

Mergulho no lixo

Mergulho no lixo (*dumpster diving*, em inglês) – o ato de revirar o lixo de uma organização – em geral é uma grande fonte de informações importantes, assim como de hardware e software reais.

Os hackers procuram especificamente recibos de vendas e papéis que contenham dados pessoais ou informações de cartão de crédito. Essas informações podem ser vendidas a outros que causarão prejuízos com elas, ou podem ser usadas pelo próprio hacker. Documentos picados podem levar a vazamentos de informação quando picados em tiras que são jogadas em um único saco. Apesar de picadores que cortam transversalmente serem mais seguros, o complicado quebra-cabeça que criam pode ser reconstruído por uma pessoa disposta a investir seu tempo nisso. Muitas pessoas acreditam que todas as empresas picam e descartam com cuidado suas informações pessoais, mas isso não é necessariamente verdade. Em muitos locais, documentos considerados menos críticos são jogados diretamente em coletores disponíveis publicamente. Rascunhos de cartas e até mesmo documentos de mala direta com centenas de destinatários em geral são deixados inteiros no lixo. Planilhas da diretoria da empresa, listas de catálogo, etiquetas sem uso ou impressas com erro e manuais de políticas não são reconhecidos como dados críticos, então também são deixados inteiros no lixo, mas considere as consequências de serem recuperados por um criminoso. Eles não estão preocupados se as etiquetas estão bem impressas; antes, estão interessados em nomes e endereços, telefones e identidades dos funcionários que aparecem ali.

Importância do descarte apropriado do lixo

A política de segurança de uma organização deve especificar cuidadosamente o que é informação crítica e o que não é, e então determinar como tratar o lixo. Alguns documentos podem não ser considerados críticos, como cadernetas de funcionários e declarações das políticas da empresa. Contudo, isso muitas vezes pode dizer aos hackers que tipo de segurança física e de rede esperar quando tentarem uma invasão.

Há várias formas de jogar papel no lixo, como utilizar picadores transversais ou latas de lixo trancadas. Como consequência da Lei de Portabilidade e de Responsabilidade de Seguros de Saúde (HIPAA) e de outras leis federais similares, como a Lei Sarbanes-Oxley (SOX), surgiu uma indústria caseira de serviços de destruição de documentos. Esses serviços envolvem estacionar caminhões nas empresas, coletar suas latas de lixo, picar os dados e então emitir certificados de destruição para a organização, ambos como forma de política de segurança contra o mau uso desses documentos e para fornecer evidências de aderência às normas para reguladores e auditores.

Hardware antigo não pode ser picado e ocupa espaço; além disso, esses itens são frequentemente jogados fora, ou dados para funcionários levarem para casa. Os hackers procuram hardware desatualizado, como fitas, CD-ROMs e discos rígidos. Há várias ferramentas disponíveis para hackers, como programas periciais, que podem recuperar informações de equipamentos danificados de armazenamento de dados. Serviços de recuperação de dados como o Kroll têm demonstrado que é realmente a destruição física dos equipamentos de armazenamento que garante que a informação importante não possa ser recriada.

Prevenção contra mergulho no lixo

Para evitar ataques mergulho no lixo ou reduzir seu valor para o invasor, faça o seguinte:

- Desenvolva uma política de reciclagem e gestão do lixo por escrito, que faça parte da política de segurança geral.
- Use essa política para criar um método consistente e sistemático para lidar com o lixo.
- Exija que os papéis sejam picados. Picadoras transversais com cortes estreitos são as melhores porque reduzem a possibilidade de reconstrução dos documentos.

- Apague todos os dados de fitas, disquetes, pen drives e discos rígidos. Como os dados podem ser recuperados mesmo de discos e fitas formatados, estipule que a aplicação adotada para apagar a mídia use pelo menos algoritmos de limpeza aprovados pelo governo. Eles sobrescrevem os dados com outros aleatórios pelo menos oito vezes, minimizando assim o sucesso dos hackers em recuperar informações. Mais eficaz, porém, são as técnicas que envolvem a destruição física da mídia.
- Quebrar simplesmente CD-ROMs não resolve, uma vez que os dados podem ser recuperados de discos quebrados.

Rastreio de pegadas na internet

Rastreio de pegadas (*footprinting*, em inglês) é um método de reconhecimento técnico que interessa a hackers iniciantes e igualmente a especialistas em segurança de redes. Os hackers gostam dele porque é limpo, legal e seguro; especialistas de rede normalmente o escolhem acima de todos os métodos de vigilância pelas vias cada vez maiores de vazamento de informações vivenciadas por organizações modernas. Esse tipo de perfil ajuda o engenheiro social a entender as configurações da internet, intranet e de acesso remoto do sistema-alvo. É fácil implantar e quase indetectável para a vítima.

Há cinco métodos de rastreio de pegadas na internet:

- Redes sociais.
- Busca na web.
- Enumeração de rede.
- Reconhecimento baseado no Sistema de Nomes de Domínio (DNS).
- Reconhecimento baseado em rede.

Redes sociais

O advento dos serviços de redes sociais como Facebook e Twitter criou uma gama de riscos potenciais para as organizações. Um exemplo seria um administrador de rede que posta em sua página de Facebook que está para sair de férias. Um hacker que lê essa postagem pode ligar para o help desk fingindo ser o administrador de rede com menos chance de ser descoberto. Outro exemplo seria um funcionário de recursos humanos que estivesse tendo problemas para preencher uma vaga que exige conhecimento em uma versão menos usada de UNIX e, além disso, envia um tuíte para pedir aos membros que fiquem de olho. Apesar de ser talvez uma forma efetiva de identificar candidatos possíveis, também fornece ao hacker informações sobre especificações técnicas da infraestrutura da organização.

Busca na web

O rastreio de pegadas envolve a coleta de informações sobre um sistema-alvo, e hoje a maioria das organizações tem sites que contêm informações cruciais. Todos os materiais de uma organização em um site estão legalmente disponíveis, mesmo que sejam críticos.

Os hackers usam vários recursos baseados em web para encontrar informações sobre alvos potenciais:

- E-mail.
- Mecanismos de busca.

- Código-fonte em Linguagem de Marcação de Hipertexto (HTML).
- Grupos de discussão (newsgroups).
- Sites relacionados a segurança.
- Boletins informativos (newsletters).

Qualquer informação contida nessas fontes não é legalmente protegida, apesar de grupos de discussão "apenas por convite" e sites de afiliação exigirem autenticação de e-mail e endereço IP ou até de nome completo e endereço. Alguns sites de afiliação são "sites pagos", o que significa que há um cronograma de pagamento para ter acesso ao conteúdo do site. O fato de um site ser pago não garante que exija um alto nível de autenticação para obter a afiliação.

Mecanismos de busca

As pessoas obtêm informações relevantes com mecanismos de busca ao fazer consultas simples. Pessoas com mais conhecimento, no entanto, podem descobrir bem mais informações do que o básico. Por exemplo, digamos que um hacker quer saber mais sobre uma organização localizada em Atlanta. O hacker precisa coletar o máximo de informação possível sobre a empresa, e o básico é disponibilizado pelos mecanismos de busca. Informações públicas, que talvez pareçam inofensivas, na verdade podem ajudar os hackers.

Há centenas de mecanismos de busca disponíveis na internet; alguns dos mais conhecidos são Google, Yahoo e Bing. Tais mecanismos permitem ao hacker descobrir dados da organização sediada em Atlanta, com informações valiosas sobre a planta física da empresa ou sua estrutura organizacional, tudo de sua cadeira do outro lado do país. Antes dos ataques de 11 de setembro, não era incomum que empresas publicassem diagramas do prédio e outras informações altamente críticas. Desde então, as empresas se tornam cada vez mais sofisticadas no que se refere a questões de segurança, e hoje é muito mais provável que considerem implicações de segurança quanto às informações que publicam na web.

Usando um mecanismo de busca, como o Google, para procurar funcionários descontentes de uma companhia-alvo pode levar a informações que permitem ao hacker se infiltrar na empresa. Considere os seguintes resultados da busca:

- Cerca de 28,7 milhões de buscas para "funcionário Google".
- Cerca de 224 mil buscas para "funcionário Google demitido".
- Cerca de 1,19 milhão de buscas para "funcionário Google fraude".

Se você estiver tentando se infiltrar no próprio Google, pode haver algo aí. Isso é apenas um exemplo de como qualquer empresa ou organização pode ficar vulnerável a buscas aparentemente inocentes na web.

As páginas indexadas em mecanismos de busca e as taxas de atualização dos bancos de dados utilizados variam bastante. Muitas páginas ficam nos índices dos mecanismos de busca um bom tempo depois que as páginas reais foram retiradas, e alguns mecanismos especializados, como o Wayback Machine (*www.waybackmachine.org*), mantêm cópias de sites de muitos anos atrás.

Código-fonte HTML

Você pode ver o código-fonte de qualquer página web no menu View, View Source (ou Page Source) de seu navegador. No Firefox, os frames também são exibidos na página. Nem todas as páginas são úteis, e as páginas exibidas por programação do lado do servidor – ColdFusion, ASP.NET, JavaServer Pages (.jsp) ou Pré-processador de Hipertexto (PHP) – não se parecem em nada com o código que as produziu.

Um hacker procura o código-fonte HTML em busca de pistas sobre o site de uma organização que estão contidas nas entradas de comentários. Isso pode oferecer informações críticas sobre o alvo. Por exemplo, o código-fonte HTML de um botão Submit em determinada página web pode conter um comentário que especifica o banco de dados no qual a informação sobre usuários é armazenada, ou alguma pista sobre detalhes de nomes de usuário e senhas. Saber o formato dos nomes de usuário ou senhas pode ser útil, tanto quanto conhecer o site da organização.

Em seu próprio site, você pode querer acrescentar uma página default ou de índice (p. ex., ADatabaseSite/Admin/Modules/index.htm) em cada subdiretório. Dessa forma, uma página index.htm em branco vai aparecer quando alguém tentar testar um subdiretório, em vez de uma lista de conteúdos do diretório. Essa estrutura de diretório vem de uma aplicação PHP de código aberto. Os *designers* colocam arquivos em branco index.htm em todas as pastas de código; então, mesmo que um hacker entre na pasta, não haverá nada a ser visto ali. Os arquivos que dizem aos rastreadores web o que indexar ou não indexar são projetados para impedir que os rastreadores dos mecanismos de busca indexem material crítico e não funcionam se o rastreador é projetado para indexar tudo.

Grupos de discussão (newsgroups)

Os grupos de discussão são uma relíquia da tecnologia dos anos 1980 e costumavam constituir a web. São grupos on-line baseados em textos nos quais os usuários discutem assuntos que lhes interessam. Os newsgroups são parte de um Sistema de Quadro de Avisos (BBS) chamado USENET, que contém grupos sobre uma ampla variedade de assuntos. Os hackers leem postagens nos newsgroups para, entre outras coisas, descobrir informações e documentos relativos a sistemas-alvo, como seu software, hardware e habilidades técnicas. O Google comprou os arquivos USENET da deja.com, que remontam ao início da USENET, e eles podem ser encontrados em groups.google.com. Para acessar newsgroups, digite "newsgroups" ou "USENET" em qualquer mecanismo de busca, ou assine-os por meio dos principais navegadores.

Sites relacionados a segurança

Dizer que há vários sites na web que informam sobre ferramentas de segurança e vulnerabilidades seria muito pouco. Os resultados de uma busca recente da frase "segurança ou sites de hackers" (sem as aspas) trouxeram 60,1 milhões de possibilidades. Os hackers estudam esses sites para aprender sobre novos desenvolvimentos em segurança da informação, especialmente novas explorações (software ou dado utilizado para explorar determinada vulnerabilidade). Se um hacker acha uma exploração e já rastreou as pegadas em uma rede que tem o hardware e o software para os quais a vulnerabilidade foi descoberta, ele pode ter algo entre algumas horas e alguns meses para explorar essa vulnerabilidade antes de o fabricante desenvolver um reparo e o administrador aplicá-lo.

Boletins informativos (newsletters)

Boletins informativos, especialmente aqueles que têm a ver com segurança, alertam hackers sobre as últimas novidades. Até mesmo boletins de temas mais gerais, como o Slashdot e vários outros relativos ao desenvolvimento de rastreadores de bugs, fornecem informações úteis. Na maioria dos casos, esses boletins têm acesso gratuito e são enviados automaticamente aos indivíduos por e-mail.

Enumeração de rede

Enumeração de rede é o processo de identificar nomes de domínios assim como outros recursos na rede-alvo. Os hackers tentam reunir informações específicas na fase de enumeração. Entre os itens valiosos estão endereços IP de computadores e pessoas de contato da rede-alvo. Os hackers usam uma ferramenta chamada WHOIS para reunir esses dados.

Busca WHOIS

Para disponibilizar um site para os usuários de internet, um nome de domínio deve ser registrado na InterNIC por meio de uma organização certificada. A InterNIC exibe uma lista dessas organizações em seu site *www.internic.net/regist.html*. Para registrar um nome de domínio, é necessário preencher um formulário com detalhes, informações sobre os equipamentos DNS (Sistema de Nomes de Domínio) que contêm o endereço IP do servidor web, entre outros dados. Todos os registros de domínio têm um campo identificador único chamado handle. Se não houvesse um identificador único, o sistema DNS inteiro seria duvidoso, uma vez que poderia haver mais de um endereço específico para cada site.

WHOIS é uma ferramenta de internet que ajuda a recuperar informações específicas de nome de domínio do banco de dados da organização certificada Network Solutions, Inc. (NSI). Tem opções diferentes que permitem aos indivíduos consultar o banco de dados com base em campos diferentes, e pode ser acessada de vários sites, como www.netsol.com e *www.dnsstuff. com*.

A Figura 2.3 apresenta um exemplo de interface WHOIS com outras interfaces de ferramentas.

A ferramenta WHOIS permite ao banco de dados da InterNIC ser consultado pelo nome de domínio, handle NIC, nome da pessoa, endereço IP, nome do servidor ou qualquer combinação desses campos. A opção de pesquisa padrão é o campo do nome do domínio.

Quando os hackers digitam um item de pesquisa na caixa de texto e o enviam, essas ferramentas buscam o universo inteiro de bancos de dados de organizações certificadas em DNS até encontrar uma correspondência. Há, no momento em que escrevemos este livro, 666 organizações certificadas listadas no site da InterNIC.

Assim que a ferramenta WHOIS encontra uma entrada correspondente em um banco de dados certificado, ela exibe a informação sobre o item pesquisado. Os resultados podem incluir:

- Endereço de quem registrou.
- Nome do domínio.
- Informações do contato administrativo, com nomes, telefones e endereços de e-mail.
- Informação do contato técnico, com nomes, telefones e endereços de e-mail.
- Servidores de domínio, com nomes e endereços IP.
- Data e horário da criação do registro.
- Data e horário da última modificação do registro.

Os hackers usam a ferramenta WHOIS em primeiro lugar para extrair dados críticos sobre os sistemas-alvo e depois para realizar suas atividades de raqueamento. Se o hacker consegue achar o contato técnico em um site, ele pode ser capaz de usar a informação para realizar ataques de engenharia social à empresa ou a um de seus contratantes. Lembre-se, empresas parceiras de confiança, clientes e contratantes são caminhos potenciais para uma companhia-alvo.

Comando `whois`

O uso do web WHOIS também está disponível na interface de linha de comando (CLI) de sistemas POSIX como UNIX, Solaris e Linux. Use o comando `whois options target`.

A Figura 2.4 mostra as opções de comando `whois`.

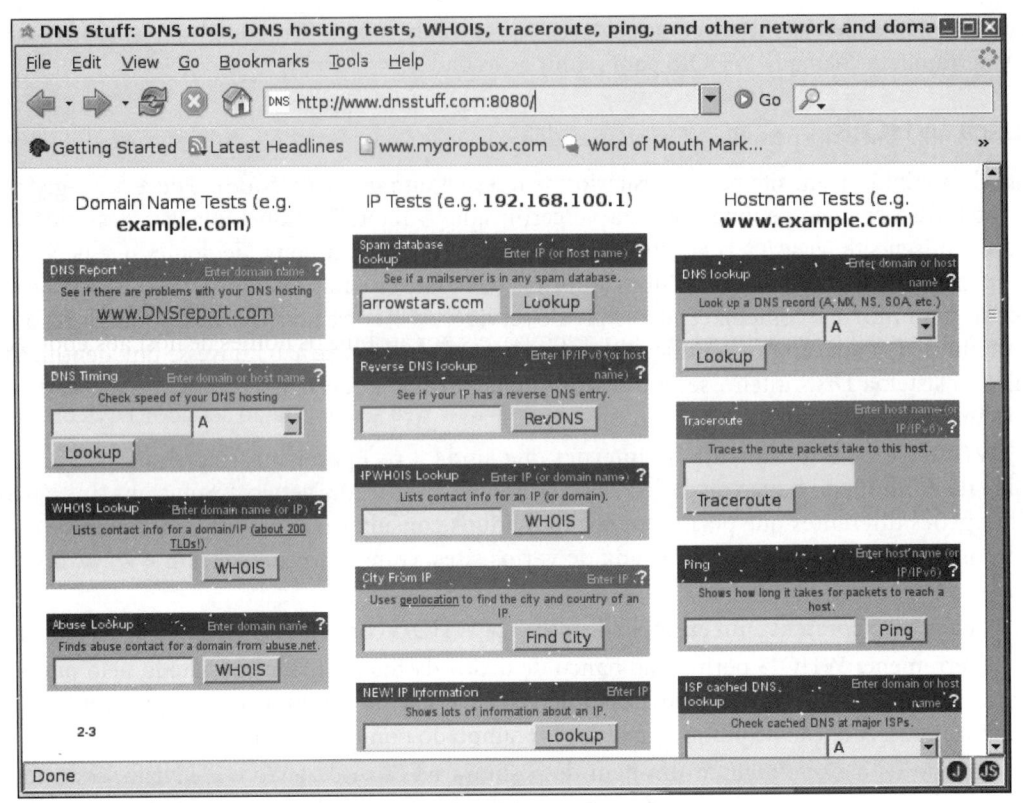

▎**Figura 2.3** Interface WHOIS em *www.dnsstuff.com*.
Fonte: www.dnsstuff.com

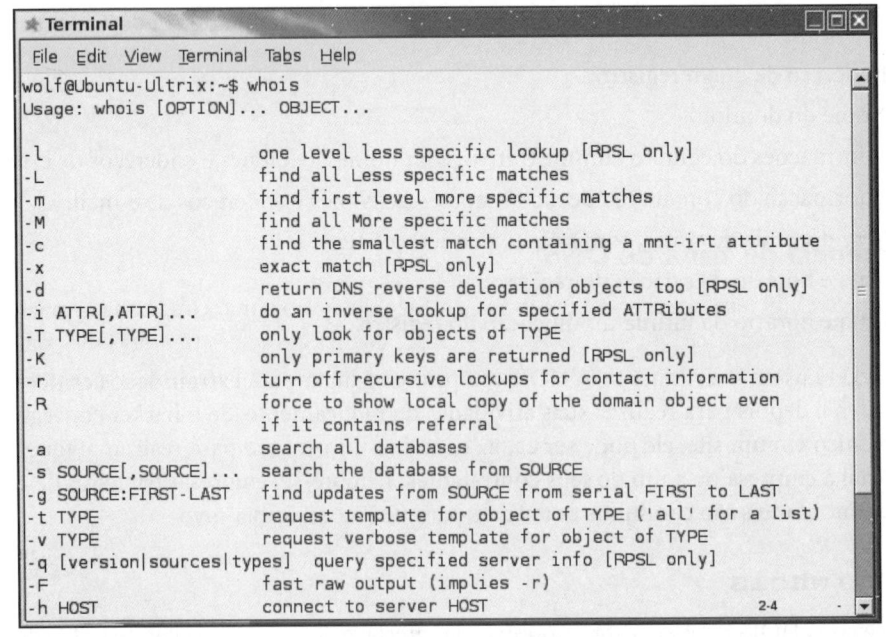

▎**Figura 2.4** Imagem do comando CLI `whois` (no Linux Ubuntu).
Fonte: Microsoft Paint

Reconhecimento baseado no Sistema de Nomes de Domínio (DNS)

Quando um site é hospedado, a barra de endereços mostra o nome do host – por exemplo, www.dominio.com. Este também é referenciado como "nome amigável" porque é facilmente compreendido pelos seres humanos. Endereços IP utilizados por TCP/IP não são tão fáceis de entender. Os sistemas que executam a internet usam apenas endereços IP – sejam os endereços decimais pontuados IPv4, como 71.81.18.32, ou o endereço IPv6, como 2002:4751:1220:: 1/48. Além disso, o nome do host tem de ser convertido em um endereço IP a fim de que o solicitante se conecte ao host requisitado. Os servidores DNS são responsáveis por atribuir os nomes de host aos endereços IP correspondentes.

Quando você digita um nome de host, o navegador web se conecta ao servidor DNS primário – ou o servidor DNS associado pelo DHCP ou o servidor DNS associado manualmente por uma escolha do administrador da rede LAN (rede de área local) – para atribuir o endereço IP. Se o servidor DNS primário não é capaz de resolver o endereço IP, ele envia o pedido a um servidor DNS remoto, conhecido como servidor DNS secundário. Quando um servidor DNS secundário resolve o endereço IP, o servidor DNS primário atualiza seu banco de dados com o mapeamento desse endereço IP. Isso permite a um servidor DNS primário resolver o endereço IP da próxima vez, sem ter de contatar o servidor DNS secundário.

Invasores de rede e hackers usam várias técnicas para extrair informações sobre um servidor DNS e os nomes de host que são atribuídos pelo servidor DNS. As técnicas de reconhecimento mais importantes baseadas em DNS são Consulta a DNS e Transferência de zona DNS.

Consulta a DNS

Ferramentas de **consulta a DNS** ajudam usuários de internet a descobrir os nomes DNS de computadores-alvo. Hackers podem fazer esse tipo de consulta com base tanto no nome do host como no endereço IP. Há vários sites que fornecem ferramentas de consulta a DNS. Aqui vão alguns endereços na web:

- *www.dnsstuff.com.*
- *www.network-tools.com.*
- *www.networksolutions.com.*

Transferência de zona de DNS

Todo servidor DNS tem um espaço de nomes, conhecido como zona. Uma zona armazena dados sobre nomes de domínios. A transferência de zona é uma característica do DNS que permite ao servidor DNS secundário atualizar seu banco de dados com a lista de domínios de outro, o servidor DNS primário. A transferência de zona ajuda um servidor DNS secundário a fornecer serviços de DNS a usuários sempre que um servidor DNS primário não está funcionando corretamente.

Um servidor DNS configurado incorretamente pode permitir que qualquer usuário da internet realize uma transferência de zona. As consequências dessas atividades são críticas porque um usuário de internet com más intenções pode transferir a informação da zona e então usá-la para coletar informação com a finalidade de raqueamento.

Os hackers usam os seguintes comandos para realizar transferências de zona de DNS:

- `nslookup`.
- `host`.
- `dig`.

Comando `nslookup`

O utilitário `nslookup` permite a qualquer um consultar informações em um servidor DNS, como nomes de `hosts` e endereços IP. O comando `nslookup` pode ser usado igualmente nos sistemas Windows e Linux. Se você executar o `nslookup` sem argumentos ou opções, o programa exibe dados relativos ao servidor de nomes padrão. Esse é o modo interativo.

Para usar o comando `nslookup` a fim de recuperar informações sobre hosts que não estão no servidor de nomes padrão, você deve especificar o nome ou o endereço IP do host-alvo. Esse é o modo não interativo. No modo não interativo, o programa nslookup varre o servidor DNS do host especificado e exibe as entradas localizadas na zona. Você pode usar vários argumentos no `nslookup` para customizar a busca de informação. Para recuperar informações sobre hosts e endereços IP em um domínio, simplesmente use a seguinte sintaxe:

Nslookup-type=any domain_name

A Figura 2.5 mostra um exemplo de saída do comando `nslookup` para um dos servidores de nomes da Network Solutions.

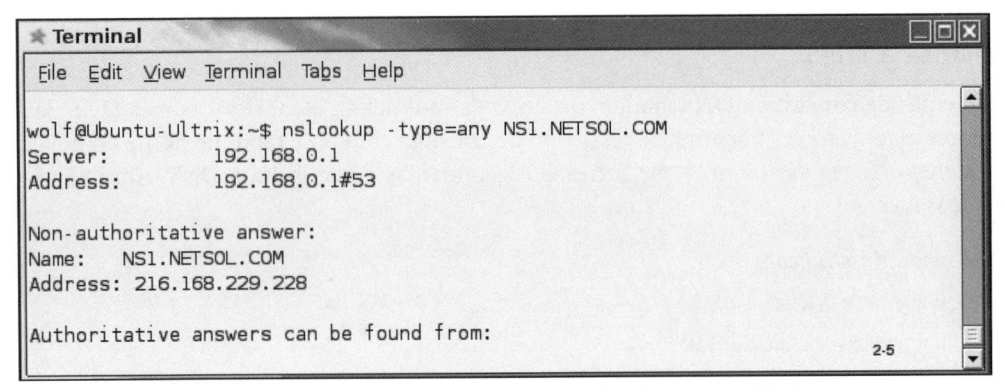

```
wolf@Ubuntu-Ultrix:~$ nslookup -type=any NS1.NETSOL.COM
Server:         192.168.0.1
Address:        192.168.0.1#53

Non-authoritative answer:
Name:   NS1.NETSOL.COM
Address: 216.168.229.228

Authoritative answers can be found from:
```

▶ **Figura 2.5** Saída do comando `nslookup` para o servidor de nomes NS1 da *NetworkSolutions.com*.
Fonte: Microsoft Paint

Na sintaxe acima, o argumento *any* direciona o `nslookup` a devolver todos os tipos de informação sobre o alvo. Observe que não há informação MX ou NX aqui. Isso provavelmente significa que os servidores de e-mail e de News estão em outro local. Você pode armazenar o resultado do programa nslookup, a informação da zona de DNS, em um arquivo de texto no computador local. Para isso, use a seguinte sintaxe:

Nslookup-type=any domain_name>file_name

Comando `host`

O comando `host` é um programa utilitário que permite realizar uma consulta ao DNS. O comando `host` básico dá a você a informação (em modo verbose) mostrada na Figura 2.6.

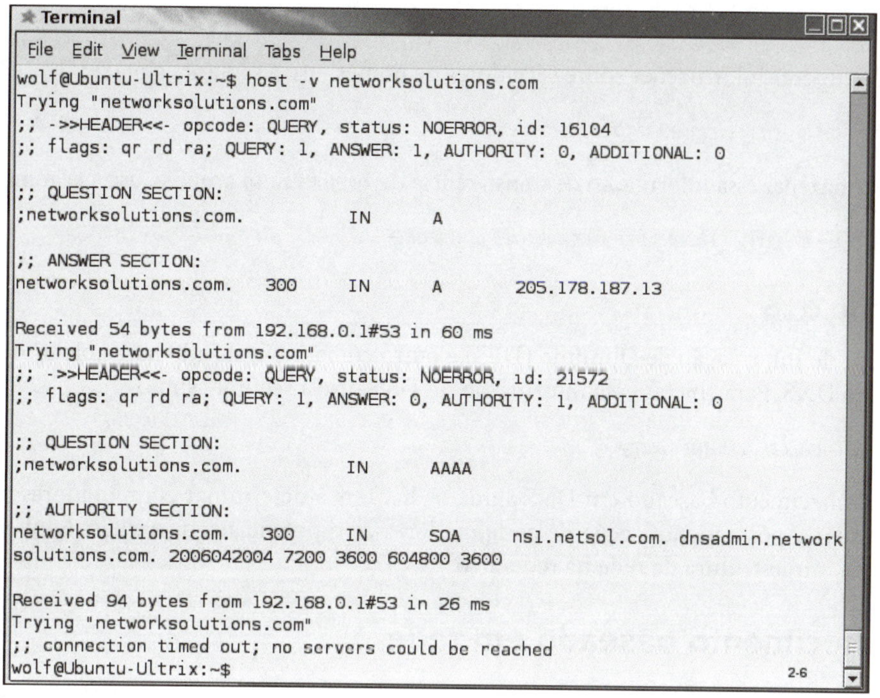

```
Terminal
File Edit View Terminal Tabs Help
wolf@Ubuntu-Ultrix:~$ host -v networksolutions.com
Trying "networksolutions.com"
;; ->>HEADER<<- opcode: QUERY, status: NOERROR, id: 16104
;; flags: qr rd ra; QUERY: 1, ANSWER: 1, AUTHORITY: 0, ADDITIONAL: 0

;; QUESTION SECTION:
;networksolutions.com.          IN      A

;; ANSWER SECTION:
networksolutions.com.   300     IN      A       205.178.187.13

Received 54 bytes from 192.168.0.1#53 in 60 ms
Trying "networksolutions.com"
;; ->>HEADER<<- opcode: QUERY, status: NOERROR, id: 21572
;; flags: qr rd ra; QUERY: 1, ANSWER: 0, AUTHORITY: 1, ADDITIONAL: 0

;; QUESTION SECTION:
;networksolutions.com.          IN      AAAA

;; AUTHORITY SECTION:
networksolutions.com.   300     IN      SOA     ns1.netsol.com. dnsadmin.network
solutions.com. 2006042004 7200 3600 604800 3600

Received 94 bytes from 192.168.0.1#53 in 26 ms
Trying "networksolutions.com"
;; connection timed out; no servers could be reached
wolf@Ubuntu-Ultrix:~$                                           2-6
```

▶ **Figura 2.6** Saída do comando `host` para *NetworkSolutions.com*.
Fonte: Microsoft Paint

Você deve especificar o nome do domínio como um argumento do comando. O nome do servidor sobre o qual o utilitário host deve buscar por informação deveria também ser especificado, mas o nome do servidor é um argumento opcional. Se o nome do servidor não é especificado, então o utilitário host verifica os servidores listados no arquivo /etc/resolv.conf. Para realizar uma transferência de zona e uma busca no DNS, use a seguinte sintaxe:

`host-1-t any domain_name`

Na sintaxe, a opção *-1* executa a atividade de transferência de zona de DNS, e o argumento -t *any* auxilia o utilitário host a coletar toda a informação disponível. A Figura 2.7 mostra uma tentativa de transferência de zona de DNS.

```
Terminal
File Edit View Terminal Tabs Help
wolf@Ubuntu-Ultrix:~$ host -l -t any networkdefense.biz
;; Connection to 192.168.0.1#53(192.168.0.1) for networkdefense.biz failed: conn
ection refused.
wolf@Ubuntu-Ultrix:~$ host -l -t any netsol.com
;; Connection to 192.168.0.1#53(192.168.0.1) for netsol.com failed: connection r
efused.
wolf@Ubuntu-Ultrix:~$                                                       2-7
```

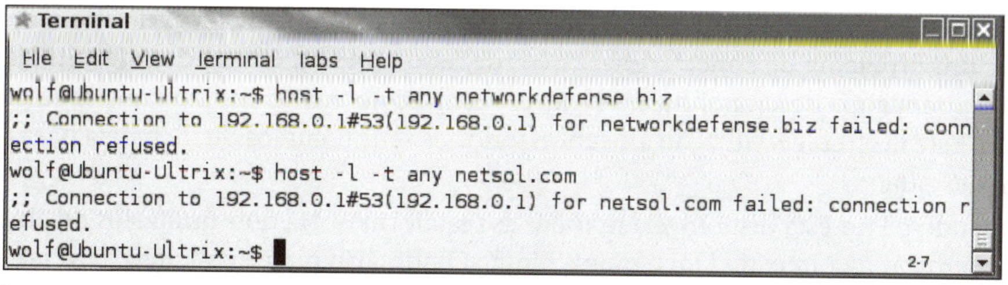

▶ **Figura 2.7** Tentativa de transferência de zona de DNS.
Fonte: Microsoft Paint

Você também pode direcionar o utilitário host para encontrar e reunir informações sobre servidores de e-mail ou servidores de nomes. Se quiser usar o utilitário host para recuperar informações sobre servidores de e-mail, use a seguinte sintaxe:

```
host-1-t mx domain_name
```

Para recuperar informações sobre servidores de nomes, use a seguinte sintaxe:

```
host-1-t ns domain_name
```

Para armazenar essa informação de transferência de zona em um arquivo, use a seguinte sintaxe:

```
host-1-t any domain_name>file_name
```

Comando `dig`

O Buscador de Informação de Domínio (DIG) é outro comando utilizado para coletar dados relacionados ao DNS. Para coletar essa informação do DNS, use a seguinte sintaxe:

```
dig domain_name any
```

O reconhecimento baseado em DNS ajuda os hackers a determinar computadores potenciais em redes-alvo. Após a identificação de computadores-alvo potenciais, os hackers também devem identificar a infraestrutura de rede na rede-alvo.

Reconhecimento baseado em rede

O reconhecimento baseado em rede é o processo de identificar computadores e serviços ativos em uma rede-alvo. Para conseguir isso, os hackers usam vários utilitários de rede, como ping, traceroute e netstat.

Utilitário `ping`

O utilitário **ping** faz parte do Protocolo de Mensagens de Controle de Internet (ICMP) e ajuda a verificar se um host está ativo. Ele transmite pacotes de dados, conhecidos como pacotes de eco ICMP, para um host específico. Ele então recebe pacotes desse host. Se o pacote enviado e o recebido forem os mesmos, então o host-alvo está ativo. O ICMP é parte integrante de várias ferramentas de administração de rede, o que cria uma tensão entre os riscos e os benefícios dessa ferramenta. Algumas organizações escolheram equilibrar esse risco limitando o uso do utilitário ping ao tráfego interno enquanto o bloqueiam externamente no firewall.

Quando se usa o utilitário ping em direção a um host, este aloca parte de seus recursos de memória para lidar com a requisição ping e os pacotes de retorno. Isso é usado por administradores de rede e usuários para checar se um host específico é alcançável, enquanto se tenta solucionar um problema de conectividade de rede. Isso também é uma das vias utilizadas pelos hackers para reduzir o desempenho de alvos específicos ao enviar milhares de requisições ping para o alvo. Este faz frente à situação alocando todos os seus recursos de memória para responder às requisições ping.

O comando `ping` está disponível em todas as plataformas. Há dois utilitários de ping disponíveis em uma máquina Linux ou Unix: ping e ping6. O utilitário ping é o padrão da versão IPv4, e o ping6 é o da versão IPv6. Para usar o ping em direção a um host-alvo, use a seguinte sintaxe:

```
ping target_host
```

Nessa sintaxe, *target_host* pode se referir tanto ao nome do host como ao endereço IP do computador-alvo. A Figura 2.8 mostra o conjunto de opções básicas de ping e ping6.

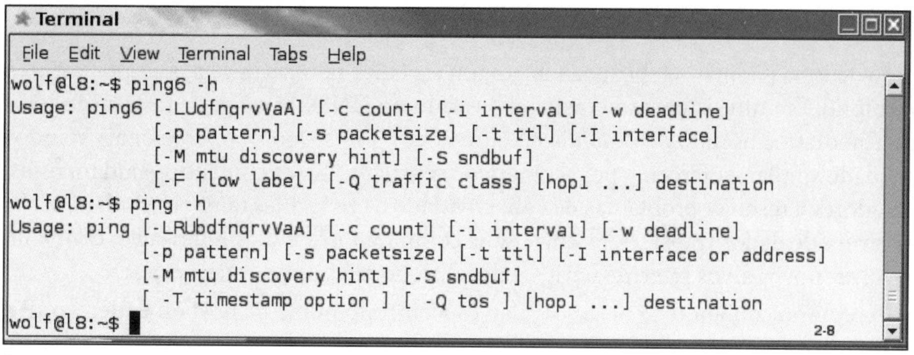

```
Terminal
File Edit View Terminal Tabs Help
wolf@l8:~$ ping6 -h
Usage: ping6 [-LUdfnqrvVaA] [-c count] [-i interval] [-w deadline]
             [-p pattern] [-s packetsize] [-t ttl] [-I interface]
             [-M mtu discovery hint] [-S sndbuf]
             [-F flow label] [-Q traffic class] [hop1 ...] destination
wolf@l8:~$ ping -h
Usage: ping [-LRUbdfnqrvVaA] [-c count] [-i interval] [-w deadline]
            [-p pattern] [-s packetsize] [-t ttl] [-I interface or address]
            [-M mtu discovery hint] [-S sndbuf]
            [ -T timestamp option ] [ -Q tos ] [hop1 ...] destination
wolf@l8:~$
```

Figura 2.8 Conjuntos de opções dos utilitários ping e ping6.
Fonte: Microsoft Paint

Você pode usar três comandos para localizar um arquivo em UNIX/Linux. O comando whereis mostra onde os arquivos aparecem em seu PATH (os diretórios nos quais você tem permissão de ler, escrever e executar uma aplicação ou outro arquivo). O comando which apresenta a localização da aplicação que será executada quando você digitar seu nome na linha de comando. (Ambos os comandos, juntos com seus resultados, são mostrados na Figura 2.9.) Há muitos motivos pelos quais você pode encontrar múltiplos arquivos executáveis com o mesmo nome – por exemplo, você pode desenvolver uma aplicação e ter múltiplas versões em teste. Entretanto, o executável padrão (especialmente os similares a *ping*, que são instalados como padrão na maioria dos sistemas POSIX) estará no PATH de quase todos os usuários.

O terceiro comando para encontrar um arquivo no UNIX/Linux é o comando locate, que mostra todos os arquivos exibíveis e os nomes das pastas que contêm a string (cadeia de caracteres) determinada, incluindo o mapeamento /bin/ping e .../share/isos/. Isso pode resultar em listas que têm centenas de linhas de comprimento e não são muito úteis, a menos que você peça menos, mais ou um arquivo nominal específico, como mostrado aqui:

```
locate [string] | menos
locate [string] | mais
locate [string] searchfile_name
```

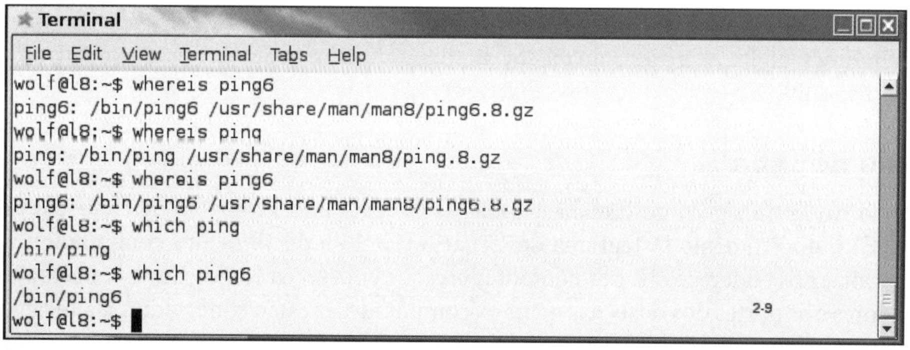

```
Terminal
File Edit View Terminal Tabs Help
wolf@l8:~$ whereis ping6
ping6: /bin/ping6 /usr/share/man/man8/ping6.8.gz
wolf@l8:~$ whereis ping
ping: /bin/ping /usr/share/man/man8/ping.8.gz
wolf@l8:~$ whereis ping6
ping6: /bin/ping6 /usr/share/man/man8/ping6.8.gz
wolf@l8:~$ which ping
/bin/ping
wolf@l8:~$ which ping6
/bin/ping6
wolf@l8:~$
```

Figura 2.9 Os comandos whereis e which.
Fonte: Microsoft Paint

Utilitário `tracerout`

Um pedido de uma página web hospedada em um servidor remoto deve passar por vários servidores no caminho. Em um sistema operacional baseado no UNIX, você pode rastrear todos os servidores intermediários usando o comando `tracerout`. Em sistemas operacionais Windows, uma funcionalidade similar é oferecida pelo comando `tracert`. Esses comandos ajudam os usuários e administradores a resolver problemas de conectividade de rede. Eles também ajudam hackers a determinar a rota de dados transferidos entre seus computadores e suas redes-alvo, com a finalidade de desenvolver novos alvos intermediários e decidir que métodos de ataque usar.

Para executar o comando `tracerout` ao especificar o nome de host ou endereço IP do computador-alvo, use a seguinte sintaxe:

traceroute target_host

Para rastrear a rota até o host-alvo usando o sistema operacional Windows, abra a caixa de diálogo Start | Run, digite `cmd` para abrir uma janela de terminal e então use a seguinte sintaxe:

tracert domain_name

A Figura 2.10 mostra um exemplo da saída e das opções de comando `traceroute`.

Em sistemas POSIX, como Linux ou UNIX, a opção *-h* (ou *-help*) é quase a mesma de *-help* ou *-?* em um terminal emulador de Windows rodando DOS.

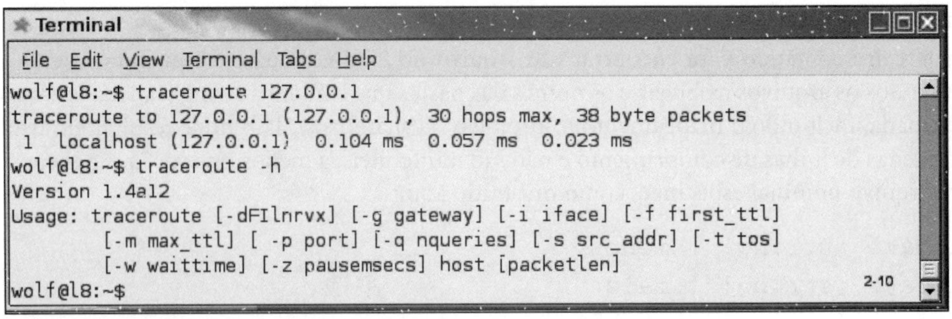

```
* Terminal
File  Edit  View  Terminal  Tabs  Help
wolf@l8:~$ traceroute 127.0.0.1
traceroute to 127.0.0.1 (127.0.0.1), 30 hops max, 38 byte packets
 1  localhost (127.0.0.1)  0.104 ms  0.057 ms  0.023 ms
wolf@l8:~$ traceroute -h
Version 1.4a12
Usage: traceroute [-dFIlnrvx] [-g gateway] [-i iface] [-f first_ttl]
        [-m max_ttl] [ -p port] [-q nqueries] [-s src_addr] [-t tos]
        [-w waittime] [-z pausemsecs] host [packetlen]
wolf@l8:~$
```

▶ **Figura 2.10** Opções e exemplo de saída do comando `traceroute`.
Fonte: Microsoft Paint

No Windows, digite *tracert* no cursor de comando, sem quaisquer opções ou alvos, para ver as opções disponíveis.

Utilitário `netstat`

O comando `netstat` permite visualizar todas as conexões do Protocolo de Controle de Transmissão (TCP), do Protocolo Datagrama do Usuário (UDP) e do IP de um computador. Também ajuda a localizar os endereços IP dos computadores, os endereços IP dos hosts conectados a esses computadores e as portas dos hosts nas quais os computadores estão conectados. Da mesma forma, os hackers podem usar o comando `netstat` para extrair informações críticas sobre um ISP. Eles podem, além disso, usá-lo para descobrir endereços IP de usuários conectados a esse ISP.

O comando `netstat` fornece várias opções. Para ver as que são fornecidas por um sistema operacional baseado em UNIX, digite `netstat -h` ou `netstat -help`. A saída resultante é apresentada na Figura 2.11. Para ver as opções de netstat no sistema operacional Windows, digite `netstat /?` na linha de comando.

```
Terminal
File Edit View Terminal Tabs Help
wolf@l8:~$ netstat -h
usage: netstat [-veenNcCF] [<Af>] -r         netstat {-V|--version|-h|--help}
       netstat [-vnNcaeol] [<Socket> ...]
       netstat { [-veenNac] -i | [-cnNe] -M | -s }

        -r, --route           display routing table
        -i, --interfaces      display interface table
        -g, --groups          display multicast group memberships
        -s, --statistics      display networking statistics (like SNMP)
        -M, --masquerade      display masqueraded connections

        -v, --verbose         be verbose
        -n, --numeric         don't resolve names
        --numeric-hosts       don't resolve host names
        --numeric-ports       don't resolve port names
        --numeric-users       don't resolve user names
        -N, --symbolic        resolve hardware names
        -e, --extend          display other/more information
        -p, --programs        display PID/Program name for sockets
        -c, --continuous      continuous listing

        -l, --listening       display listening server sockets
        -a, --all, --listening display all sockets (default: connected)
        -o, --timers          display timers
        -F, --fib             display Forwarding Information Base (default)
        -C, --cache           display routing cache instead of FIB

  <Socket>={-t|--tcp} {-u|--udp} {-w|--raw} {-x|--unix} --ax25 --ipx --netrom
  <AF>=Use '-6|-4' or '-A <af>' or '--<af>'; default: inet
  List of possible address families (which support routing):
    inet (DARPA Internet) inet6 (IPv6) ax25 (AMPR AX.25)
    netrom (AMPR NET/ROM) ipx (Novell IPX) ddp (Appletalk DDP)
    x25 (CCITT X.25)
wolf@l8:~$ netstat --help                                           2-11
```

Figura 2.11 Saída do comando netstat -h.
Fonte: Microsoft Paint

Resumo do capítulo

- Reconhecimento é o ato de localizar alvos e desenvolver os métodos necessários para atacá-los com sucesso. As técnicas de reconhecimento não são ilegais em si, e muitas são totalmente legais. Algumas abordagens, apesar de legais, podem ser eticamente questionáveis, exigindo cuidado quando se avaliam as atividades de reconhecimento como parte do raqueamento ético. Há três classificações de métodos de reconhecimento: engenharia social, mergulho no lixo e rastreio de pegadas.

- A engenharia social funciona porque as pessoas, em sua maioria, são confiantes e prestativas. O sucesso ou o fracasso da engenharia social depende da capacidade do hacker de manipular a psicologia humana, os contatos e as estações de trabalho físicas. As técnicas de engenharia social incluem personificação, suborno, fraude, afinidade e engenharia social reversa. Todas essas técnicas são realizadas por meio da entrada física na organização-alvo ou por meio da comunicação com seus usuários.

- Para combater a engenharia social, as organizações devem estabelecer políticas de segurança e realizar treinamentos de segurança obrigatórios. Os usuários devem agir como um firewall

humano contra a intrusão ao proteger informações confidenciais, prestar atenção ao que está à sua volta e observar quaisquer interações incomuns.
- Mergulho no lixo pode fornecer informações importantes ao hacker assim como hardware e software. Papel descartado deve ser picado, idealmente com um picador de corte transversal, e mantido em latas de lixo trancadas. Dados de fitas, disquetes, discos rígidos e CD-ROMs devem ser apagados e destruídos antes de ser descartados. Uma abordagem cada vez mais comum envolve contratar especialistas externos para assumir a responsabilidade pela destruição de documentos, o que dá às organizações condição de transferência de risco assim como alívio.
- Os métodos de rastreio de pegadas incluem: exploração de aplicações de redes sociais, busca na web, enumeração de rede, reconhecimento baseado em DNS e reconhecimento baseado em rede. Esses são os métodos de vigilância utilizados com mais frequência, atraentes para os hackers porque são limpos, legais e seguros.
- O advento dos serviços de rede social como Facebook e Twitter criou uma gama de riscos potenciais às organizações, cujos membros podem inadvertidamente fornecer informações úteis.
- Durante a busca na web, hackers coletam informações sobre a organização-alvo lendo páginas web produzidas pela própria organização e outros documentos on-line sobre ela. As ferramentas de pesquisa do hacker podem incluir mecanismos de busca, código-fonte HTML, newsgroups, sites relacionados a segurança e newsletters.
- Enumeração de rede é o processo de identificação de nomes de domínios e outros recursos na rede-alvo. Usando uma ferramenta chamada WHOIS, os hackers podem reunir informações como endereços IP e nomes de contato.
- O reconhecimento baseado em DNS usa informações disponíveis em servidores DNS sobre os endereços IP de nomes de domínio das redes-alvo e domínios alternativos que podem estar ativos ou ligados à rede-alvo. Esse método usa ferramentas de consulta a DNS disponíveis em sites especializados e outras ferramentas disponíveis em várias plataformas da máquina local.
- O reconhecimento baseado em rede é o processo de identificar computadores e serviços ativos em uma rede-alvo por meio de ferramentas como ping, tracerout e netstat.

Questões de revisão

1. Quais são as três categorias de reconhecimento?
2. Defina "reconhecimento legal" e discuta alguns exemplos.
3. Quais são os métodos usados na engenharia social?
4. Relacione os métodos disponíveis de mergulho no lixo.
5. O que está envolvido no método de roubo mergulho no lixo?
6. O que está envolvido no método de cópia mergulho no lixo?
7. Quais são os métodos usados no rastreio de pegadas nas redes sociais?
8. Quais são os métodos usados no rastreio de pegadas na busca na web?

9. Quais são os métodos de rastreio de pegadas usados na enumeração de rede?
10. Quais são os métodos de rastreio de pegadas usados no reconhecimento baseado em DNS?
11. Quais são os métodos de rastreio de pegadas usados no reconhecimento baseado em rede?
12. Escreva um pequeno artigo discutindo os respectivos valores das cinco classificações de vigilância.
13. Engenharia social é uma forma eficiente de descobrir senhas. Verdadeiro ou falso?
14. Algumas conversas de mensagens instantâneas são iniciadas por robôs a fim de atrair os usuários a certos sites. Verdadeiro ou falso?
15. É uma boa ideia economizar tempo usando o mesmo nome de usuário e senha para todas as contas. Verdadeiro ou falso?
16. Não há necessidade de descartar rascunhos impressos de cartas em latas de lixo seguras. Verdadeiro ou falso?
17. Jornais são ferramentas úteis para explorar companhias-alvo. Verdadeiro ou falso?
18. A ferramenta WHOIS permite que o banco de dados do InterNIC seja pesquisado a partir do nome de domínio, handle da NIC, nome da pessoa, endereço IP, endereço físico ou escola. Verdadeiro ou falso?
19. Um exemplo de endereço IPv6 é 71.81.18.32. Verdadeiro ou falso?
20. As aplicações CLI para checagem de todos os roteadores entre um nó e outro da internet nas plataformas GNU/Linux e DOS são, respectivamente, tracerout e tracert. Verdadeiro ou falso?

Projetos práticos

PROJETO 2.1

1. Crie um diagrama que mostre a classificação hierárquica de cada uma das categorias de reconhecimento e métodos discutidos neste capítulo. O formato específico do diagrama fica por sua conta. Por exemplo, você pode usar UML ou criar um diagrama de Venn, um diagrama organizacional ou algo semelhante.

   Qualquer que seja o formato escolhido, seu diagrama deve indicar se o método em questão é legal, ilegal e/ou antiético. Também deve indicar o nível de interação pessoal exigido por um método em particular.

2. Dividam-se em três grupos de trabalho, um para cada categoria de reconhecimento: engenharia social, mergulho no lixo e rastreio de pegadas. Para a categoria designada, proponha métodos que não foram discutidos neste capítulo. Também indique métodos que possam se tornar menos valiosos ao longo do tempo e por quê. Por exemplo, a transferência de zona de DNS tem se tornado menos valiosa conforme mais servidores DNS são fixados para negar transferências de zona de hosts anônimos ou não certificados.

PROJETO 2.2

1. Utilizando o método de busca para o rastreio de pegadas na internet, descubra tudo o que puder sobre o domínio e a rede de sua instituição de ensino.

2. Usando o método de enumeração de rede para o rastreio de pegadas na internet, descubra tudo o que puder sobre o domínio e a rede de sua instituição de ensino.
3. Utilizando o reconhecimento baseado em DNS para o rastreio de pegadas na internet, descubra tudo o que puder sobre o domínio e a rede de sua instituição de ensino.
4. Usando o reconhecimento baseado em rede para o rastreio de pegadas na internet, descubra tudo que o puder sobre o domínio e a rede de sua instituição de ensino.

PROJETO 2.3

Revise a categoria mergulho no lixo e faça uma pesquisa na internet para obter informações sobre um modelo adequado de política de gestão do lixo e reciclagem.

PROJETO 2.4

Levando em conta os métodos de engenharia social discutidos neste capítulo, desenvolva um plano para coletar informações da seguinte organização:

A Bill's Meat Packing Plant é uma processadora de frango que fica na divisa da cidade. A empresa comete uma série de violações sanitárias e tem uma rotatividade enorme de funcionários em sua linha de corte. É uma empresa presente na bolsa e suas ações normalmente permanecem estáveis ou têm ligeira alta. São mil funcionários na linha de corte, que trabalham em três turnos. O escritório tem 20 computadores e cerca de 30 funcionários administrativos e de contabilidade. A empresa tem 12 edifícios em uma área de 4 mil m². O escritório abre das 9 às 18 horas em dias de semana. O escritório de expedição no Edifício III funciona 24 horas por dia, em dois turnos de 12 horas.

CAPÍTULO 3

Ferramentas de escaneamento

Depois de ler este capítulo e realizar os exercícios, você será capaz de:

- Explicar a finalidade dos escaneadores.
- Descrever a evolução dos escaneadores.
- Explicar como os escaneadores funcionam.
- Explicar os vários tipos de escaneamento.
- Descrever os vários tipos de escaneadores.

Introdução

Os escaneadores, como a maioria das ferramentas de rede, podem ser usados tanto de forma legal quanto ilegal. Os administradores de rede usam escaneadores legalmente para encontrar e corrigir vulnerabilidades em máquinas remotas dentro de suas redes. Os crackers também usam escaneadores para encontrar vulnerabilidades, mas suas intenções são bem diferentes. Eles querem explorar as vulnerabilidades que encontraram, mas não para corrigi-las.

O **escaneador** (*scanner*, em inglês) é uma ferramenta de software que examina e cria relatórios sobre vulnerabilidades em hosts locais e remotos. Os escaneadores estão disponíveis como ferramentas especializadas projetadas apenas para escanear portas (chamados de escaneadores de portas), como ferramentas de rede ou como partes de suítes de utilitários de rede. Essas ferramentas, inteiras ou em parte, são criadas para detectar quais das 65.535 portas de rede existentes estão "abertas". Algumas dessas portas são associadas à tarefa de tratar de protocolos e serviços específicos. A maioria das pessoas, por exemplo, sabe que a porta 80 envia e recebe o tráfego http presente em boa parte da internet. Saber que essas portas estão acessíveis pode ser fundamental para determinar vulnerabilidades potenciais ou vias a serem exploradas que estão ligadas a um protocolo ou serviço específicos. Já no caso de haver uma vulnerabilidade identificada na última versão do Telnet, então a porta 23 pode ser um ponto de foco para alguém que espera explorá-la.

Um **escaneador de portas** examina e cria relatórios sobre as condições (aberta ou fechada) de uma porta, assim como da aplicação que está rodando naquela porta, se possível. Utilitários de rede como dig, ping e trace são escaneadores de portas de uso limitado.

Os escaneadores foram desenvolvidos originalmente para ajudar profissionais de segurança e administradores de sistemas a examinar redes em busca de vulnerabilidades de segurança.

Os escaneadores mais populares são os de código aberto – ou seja, disponibilizados gratuitamente na internet para agilizar seu desenvolvimento e para tirar proveito das habilidades de todos os desenvolvedores interessados nessa tecnologia. Escaneadores de código aberto também permitem a estudantes, robistas e hackers testar a segurança de suas próprias redes. O uso legal de escaneadores tem tornado muitas redes mais seguras e menos vulneráveis a ataques. Ao mesmo tempo, a disponibilização pública de escaneadores e a qualidade de seus relatórios de vulnerabilidade os tornaram ferramentas de raqueamento muito populares.

Evolução dos escaneadores

Os escaneadores começaram a aparecer até mesmo antes da criação da ARPANET, a precursora da internet, em 1969. Antes da ARPANET, o mundo da computação era constituído de mainframes e terminais "burros". Entretanto, mesmo nesse modelo limitado, um operador de terminal às vezes era incapaz de se conectar a um mainframe. Havia formas de escanear terminais mortos de um mainframe mesmo naquela época. Conforme as redes de área local (LAN) e a internet se desenvolveram, tornou-se muito conveniente ser capaz de executar `ping` na internet e em redes segmentadas por roteadores e switches que não estivessem sob o controle direto do administrador. Se um computador remoto não estivesse respondendo ao `ping`, era útil descobrir em que ponto da rota a interrupção tinha ocorrido, então o `traceroute` foi desenvolvido para mostrar a lista inteira de roteadores por meio dos quais os pacotes estavam transitando. Quanto mais o indivíduo pudesse resolver seus problemas sem recorrer ao administrador do sistema remoto, melhor a relação custo-benefício de todo o sistema.

Havia muitas vulnerabilidades de segurança na época inicial da computação; entretanto, o conhecimento público sobre essas vulnerabilidades era limitado. Nos estágios iniciais da internet, apenas universitários e funcionários do governo sabiam que elas existiam. A internet foi lançada nos anos 1970, e o primeiro computador pessoal não apareceu até meados dos anos 1970. As linguagens do tipo UNIX predecessor não tinham nenhuma segurança. O uso de redes era considerado um clube fechado em que todos se conheciam. Não havia "internet pública" e as poucas pessoas que tinham acesso a ela eram em sua maioria confiáveis. As vulnerabilidades encontradas eram publicadas em trabalhos acadêmicos a que criminosos e robistas não tinham acesso. Não havia motivo lógico para publicá-los de forma mais ampla, tampouco uma plataforma viável na qual fazê-los. O primeiro vírus foi lançado em 1988 – 19 anos depois que a ARPANET foi lançada, e 12 anos depois que os primeiros computadores pessoais foram vendidos. Escolas e empresas de computação começaram a publicar explorações, e finalmente estudantes e robistas (os hackers daquela época) começaram a se divertir com aplicações de escaneamento. A comunidade hacker ainda estava crescendo com base na noção de que "somos todos amigos aqui", mas o novo grupo de amigos estava passando adiante informações sobre as vulnerabilidades que descobria. Novas vulnerabilidades eram descobertas a cada ano, e as antigas eram corrigidas. Quando a internet se tornou acessível a todos, os hackers robistas já publicavam nela essas vulnerabilidades. Como acontece com qualquer grupo que cresce rápido demais, novos "membros" chegavam a cada dia, com menos zelo pela tecnologia e mais interesse em saber como poderiam obter lucros com o uso das informações para seus próprios fins.

Quando hackers queriam craquear um sistema nos anos 1970, eles examinavam o sistema-alvo em busca de todas as vulnerabilidades conhecidas. Contudo, tinham de examinar todos os pontos fracos e vulnerabilidades passo a passo, usando várias técnicas – sempre correndo o risco de ser pegos. Invadir um sistema era algo trabalhoso.

Usuários legais das redes se conectavam a servidores UNIX remotos com seus números de telefone específicos para discagem por modem de 2K baud. Esses sistemas baseados em UNIX permitiam aos usuários acessar uma conta via interface shell ao fornecer a eles os nomes de usuário e senhas. Nessa época, os hackers coletavam e vendiam números de telefone desses servidores UNIX e tentavam estabelecer uma conexão bem-sucedida ao experimentar diferentes nomes de usuários e senhas. Tentar ligar para todos os números de telefone em busca de uma possível conexão era trabalhoso e arriscado. Esses inconvenientes levaram a comunidade hacker à invenção de uma nova ferramenta, o war dialer.

Um **war dialer** é um script que determina que o modem ligue para uma série de números de telefone definidos pelo usuário e depois identifique aqueles números que se conectam a computadores remotos. Automatizar o processo de descoberta remota do modem tornou bem mais fácil para os hackers chegar ao passo seguinte, que era adivinhar a combinação de nome de usuário e senha.

Os war dialers nem sempre revelavam os pontos fracos do sistema-alvo. Eles eram uma forma de escaneamento automático, mas escaneavam apenas números de telefone abertos e não tentavam iniciar uma sessão ou descobrir de alguma outra forma quais aplicações estavam ouvindo as portas abertas por trás do modem do servidor remoto. No início dos anos 1980, a maioria dos servidores rodava plataformas UNIX. Os administradores de sistema criaram shell scripts que lhes permitiam checar os pontos fracos de segurança dessas redes e evitar atividades de raqueamento. Muitos desses scripts examinavam as redes ao tentar conectar várias portas; eles foram os primeiros escaneadores de portas.

Conforme aumentaram a disponibilidade e a popularidade da internet, mais computadores e redes se tornaram conectados. Isso ampliou o escopo das atividades de raqueamento. Ao mesmo tempo, plataformas operacionais mais amigáveis surgiram, e as filas de estudantes, robistas e hackers também aumentaram. O desenvolvimento de escaneadores modernos inicialmente não era um empreendimento criminoso; porém, front-ends de interface gráfica do usuário (GUI) amigáveis para escaneadores tornaram mais fácil para pessoas relativamente novatas aprender a operar essas ferramentas poderosas. Hoje, os escaneadores estão disponíveis para várias plataformas populares. A maioria deles está à disposição em sites que permitem aos indivíduos fazer o download de várias ferramentas de raqueamento, inclusive escaneadores. Esses sites são frequentados por profissionais de segurança, estudantes, robistas e hackers criminosos.

Como os escaneadores funcionam

Os escaneadores automatizam o processo de análise dos pontos fracos de rede. Os escaneadores não são heurísticos; eles não descobrem novas vulnerabilidades. Ao contrário, verificam as vulnerabilidades conhecidas e abrem portas. Um escaneador desempenha as seguintes funções:

- Conecta-se a host(s)-alvo(s).
- Examina o host-alvo para descobrir os serviços que estão sendo executados nele.
- Verifica cada serviço para cada vulnerabilidade conhecida.

Os escaneadores podem ser configurados para checar um único endereço IP ou vários. Em cada um dos modos, o escaneador tenta conectar-se ao alvo(s) para descobrir portas abertas e possíveis vulnerabilidades presentes no(s) host(s)-alvo(s).

Tipos de escaneamento

Os mais importantes tipos de escaneamento são:

- Escaneamento de conexão Protocolo de Controle de Transmissão (TCP).
- Escaneamento semiaberto.
- Escaneamento de Protocolo Datagrama do Usuário (UDP).

- Escaneamento de protocolo IP.
- Escaneamento de ping.
- Escaneamento discreto.

Escaneamento de conexão TCP

Em uma definição ampla, um escaneamento de conexão TCP tenta fazer conexões TCP com todas as portas de um sistema remoto. Nesse tipo de escaneamento, o host-alvo transmite mensagens quanto ao sucesso da conexão (*connection-succeeded*) para portas ativas e mensagens sobre a indisponibilidade (*host-unreachable*) do host para portas inativas.

Um usuário não precisa de privilégios de root para realizar o escaneamento de conexão TCP; entretanto, mesmo um Sistema de Detecção de Intrusão (IDS) muito fraco no host-alvo tem a probabilidade de reconhecer esse ataque. O sistema de log no sistema-alvo vai logar todos esses pedidos de conexão, e até mesmo um administrador muito sonolento perceberia 65.536 tentativas do mesmo IP. Escaneadores como o Nmap escaneiam apenas as 1.667 portas mais úteis, o que torna a janela de exposição menor para o operador do escaneador – mas, ainda assim, trata-se de uma invasão bem explícita.

Escaneamento semiaberto

Embora seja um escaneamento de conexão TCP, ele não completa as conexões. Em conexões TCP típicas, um host inicialmente envia uma mensagem de sincronização, SYN, para o host-alvo, o qual responde com um SYN e uma mensagem de reconhecimento, ACK, para o host que solicitou a conexão (SYN/ACK). Em seguida, o host que solicitou a conexão envia uma mensagem ACK para o host-alvo. Recebida a mensagem ACK, a conexão é estabelecida. Esse protocolo descreve uma conexão TCP bem-sucedida e, dessa forma, o host de origem estará logado ao sistema de log do host-alvo.

Em um escaneamento semiaberto, apenas o SYN é enviado do escaneador. O sinal de resposta pode ser um SYN/ACK, o que indica que a porta está aberta. Também pode ser um RST/ACK, o que significa que nenhuma escuta é feita naquela porta. Uma porta aberta pode ser vulnerável ao ataque. Responder à réplica do sistema-alvo com um sinal RST em geral resultará em nenhuma escrita em arquivo de log para a referida troca, mesmo que o dado da porta esteja liberado. Programas IDS como o Snort podem ser configurados para logar toda atividade de rede e deveriam, portanto, registrar até mesmo a assinatura anômala do ataque semiaberto; contudo, a maioria dos sistemas operacionais não faz esse tipo de log. Isso torna a técnica de escaneamento semiaberto segura e eficiente. Um obstáculo para usar esse ataque, porém, é que são exigidos privilégios de root ou de administrador do sistema para executar esse tipo de escaneamento.

Escaneamento de UDP

O escaneamento de UDP examina o *status* das portas UDP no sistema-alvo. Primeiro, o escaneador envia um pacote UDP de 0 byte para todas as portas de um host-alvo. Se a porta está fechada, o host-alvo responde com uma mensagem *unreachable* do *Protocolo de Mensagens de Controle da Internet* (*ICMP*) para o computador no qual o escaneador está instalado. Se a porta está ativa, então não é enviada uma mensagem como essa. Por isso, um escaneador que realiza o escaneamento de UDP assume que uma porta do host-alvo está ativa se o host-alvo deixa de responder com uma mensagem *unreachable do ICMP*. A maioria dos sistemas operacionais gera mensagens UDP muito lentamente. Isso torna o escaneamento de UDP pouco prático, se comparado a outras técnicas.

Escaneamento de protocolo IP

O escaneamento de protocolo IP examina um host-alvo para encontrar os protocolos IP suportados. Nesse método, o escaneador transmite pacotes IP para cada protocolo em um host-alvo. Se um protocolo no host-alvo responde com uma mensagem *unreachable do ICMP* para o escaneador, então o host-alvo não usa esse protocolo. Se não há resposta, então o hacker assume que o host-alvo suporta esse protocolo.

Escaneamento de ping

O escaneamento de ping demonstra que o host remoto está ativo ao enviar pacotes de *solicitação eco ICMP* para esse host. Se o host-alvo envia pacotes de volta, pode-se supor que o host está ativo. Entretanto, às vezes os hosts bloqueiam ou derrubam pacotes de *solicitação eco ICMP*. Isso resulta em uma leitura falso-negativa desse host específico. Essa é uma falha do escaneamento de ping.

Escaneamento discreto

O escaneamento discreto permite que você examine os hosts por trás de firewalls e filtros de pacote; de certa forma, é semelhante ao escaneamento semiaberto, pois a maioria dos escaneadores discretos não permite que os hosts-alvo aceitem logar as atividades de escaneamento.

Revisão da tecnologia do escaneador

A maioria dos escaneadores é escrita nas linguagens C ou Perl; além disso, para criar um escaneador é necessário ter conhecimento profundo dessas complexas linguagens de programação. Um amplo conhecimento das rotinas TCP/IP também é necessário para desenvolver um escaneador. Entretanto, é desnecessário criar e construir um escaneador desde o início. Há muitas opções de código-fonte e binários compilados de ferramentas de escaneamento de código aberto, freeware e licenças shareware. Apesar dos primeiros escaneadores serem baseados em plataformas UNIX, eles estão disponíveis atualmente para plataformas Windows e Macintosh. A Tabela 3.1 relaciona alguns escaneadores populares e os locais da internet nos quais eles podem ser encontrados com facilidade. A tabela também documenta as várias fases do processo do teste de invasão no qual esses escaneadores em particular podem ser mais adequados.

Tabela 3.1 Fases e ferramentas de escaneamento

Fase	Nome do escaneador	Link
Descoberta	Nmap	http://nmap.org
	UnicornScan	www.unicornscan.org
Reconhecimento	Fierce	http://ha.ckers.org/fierce
	Maltego	www.paterva.com/web4/index.php/maltego
	PassiveRecon	https://addons.mozilla.org/en-US/firefox/addon/6196
	tcpdump	www.tcpdump.org
	Wireshark	www.wireshark.org

(continua)

Tabela 3.1 Fases e ferramentas de escaneamento (*continuação*)

Identificação de vulnerabilidade	Nessus	www.tenablesecurity.com/nessus
	NeXpose	www.rapid7.com
	Nipper	www.titania.co.uk
	OpenVAS	www.openvas.org
	Qualys	www.qualys.com
	SAINT	www.saintcorporation.com
Exploração	Core Impact	www.coresecurity.com
	MetaSploit	www.metasploit.com
	BackTrack	www.backtrack-linux.org

© Cengage Learning 2014

Descoberta

É aqui que o teste real se inicia. O objetivo da fase de descoberta é reunir informações que possam ser usadas como ponto de apoio para o ambiente. Essas atividades acontecem em fases, e a informação preliminar coletada nos estágios iniciais é então alavancada para obter acesso a informações mais críticas ou úteis. Uma invasão persistente pode, às vezes, conseguir o acesso total do root ou administrador a um equipamento.

As ferramentas que podem ser úteis na fase de descoberta do teste de invasão são:

- *Nmap* – Esse é provavelmente o melhor escaneador de rede de código aberto disponível até hoje. Fyodor, o desenvolvedor do Nmap, tem um dos sites de segurança mais interessantes e úteis na internet, especialmente para novatos no campo da segurança de redes. O Nmap é poderoso, mas fácil de usar. É também muito flexível no sentido de suportar muitos sistemas operacionais diferentes (incluindo UNIX/Linux, Windows e Mac OS), além de usar uma variedade de técnicas para mapear redes complexas e (por ser de código aberto) poder ser modificado e customizado como necessário. A Tabela 3.2 oferece exemplos de escaneamento disponíveis com o uso do comando nmap, e a Figura 3.1 apresenta a imagem da interface nmap.

Tabela 3.2 Opções importantes de escaneamento do comando nmap

Opção	Descrição
-sT	Executa escaneamento de conexão TCP
-sS	Executa escaneamento semiaberto
-sP	Executa escaneamento de ping
-sU	Executa escaneamento de UDP
-sO	Executa escaneamento de protocolo IP

© Cengage Learning 2014

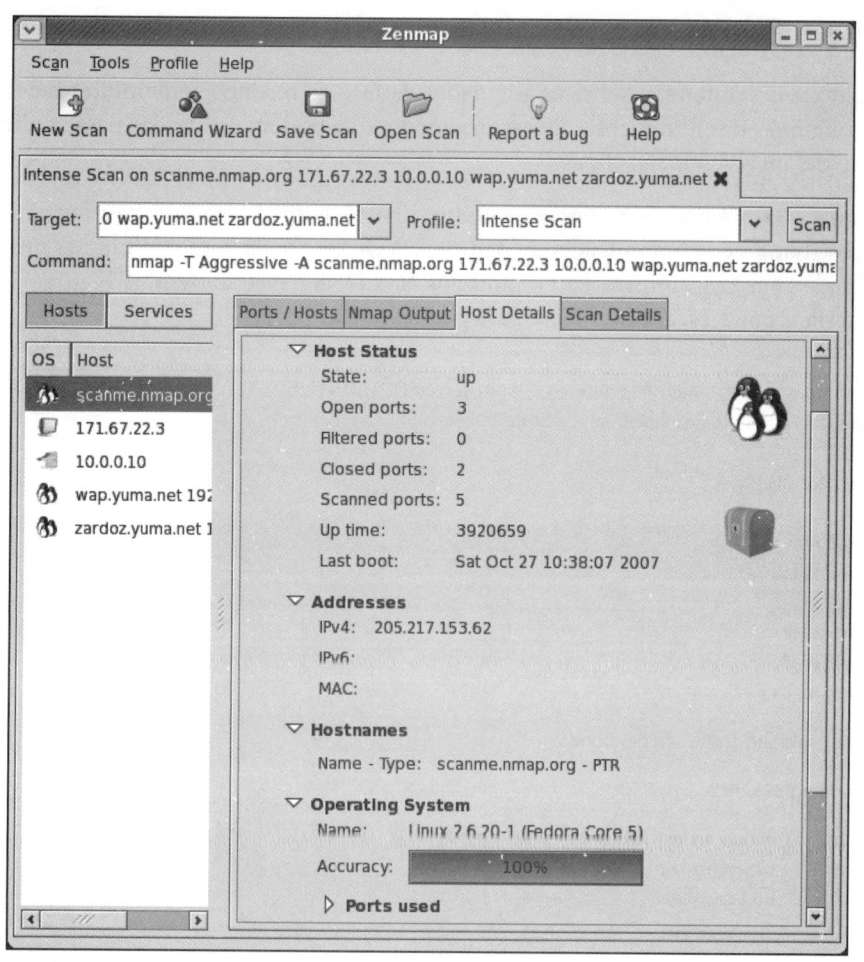

Figura 3.1 Exemplo de escaneamento Zenmap.
Fonte: Zenmap

- *Unicornscan* – Essa é uma ferramenta de código aberto criada para identificar informações relacionadas a flags e banners TCP. A Figura 3.2 é um exemplo de linha de comando Unicorn baseada em um escaneamento de TCP usando a ferramenta.

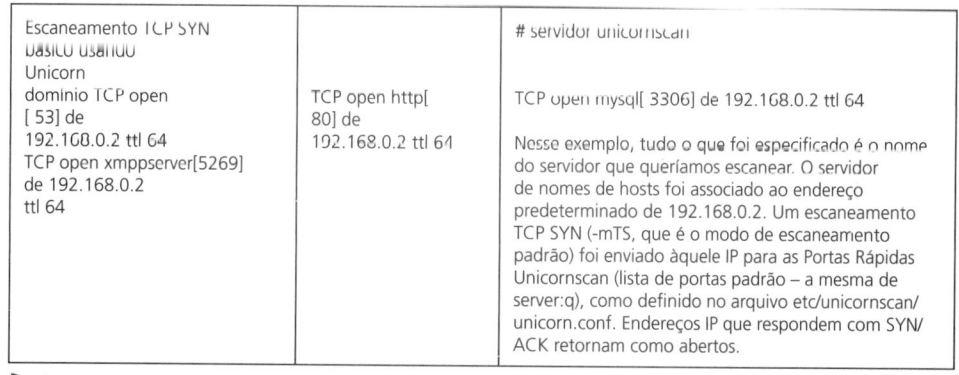

Escaneamento TCP SYN básico usando Unicorn dominio TCP open [53] de 192.168.0.2 ttl 64 TCP open xmppserver[5269] de 192.168.0.2 ttl 64	TCP open http[80] de 192.168.0.2 ttl 64	# servidor unicornscan TCP open mysql[3306] de 192.168.0.2 ttl 64 Nesse exemplo, tudo o que foi especificado é o nome do servidor que queríamos escanear. O servidor de nomes de hosts foi associado ao endereço predeterminado de 192.168.0.2. Um escaneamento TCP SYN (-mTS, que é o modo de escaneamento padrão) foi enviado àquele IP para as Portas Rápidas Unicornscan (lista de portas padrão – a mesma de server:q), como definido no arquivo etc/unicornscan/unicorn.conf. Endereços IP que respondem com SYN/ACK retornam como abertos.

Figura 3.2 Exemplo de escaneamento de TCP Unicorn.
Fonte: Unicorn

Reconhecimento

No Capítulo 2, você aprendeu sobre as atividades da fase de reconhecimento do teste de invasão. Aqui estão algumas das ferramentas de escaneamento que podem ser usadas para facilitar o reconhecimento de um alvo específico:

- *Fierce* – Essa é uma ferramenta de código aberto, baseada em Perl, que foca alvos específicos usando correspondência de padrões. Pode ser usada com o Windows quando combinada com Cygwin para Perl e módulos Net::DNS e Net::hostent. A Figura 3.3 mostra a interface que o escaneador Fierce usa para escanear portas.

```
Trying zone transfer first... Fail: Response code from server: NOTAUTH
Okay, trying the good old fashioned way... brute force:

DNS Servers for mail.ru:

        ns5.mail.ru
        ns.mail.ru
        ns1.mail.ru
        ns2.mail.ru
        ns3.mail.ru
        ns4.mail.ru

Checking for wildcard DNS... Nope. Good.

Now performing 351 tests...

194.67.23.206      avt.photo.mail.ru
194.67.23.207      hearst.mail.ru
194.67.23.213      mx14.mail.ru
194.67.23.220      imap.mail.ru
194.67.23.221      photo8.mail.ru
194.67.23.222      photo8-2.mail.ru
194.67.23.224      mx14.mail.ru
194.67.23.225      batch.mail.ru
194.67.23.226      batch2.mail.ru
194.67.23.229      f28.mail.ru
194.67.23.230      f28.mail.ru
194.67.57.200      win.mail.ru
194.67.57.50       win.mail.ru

Subnets found (may want to probe here using nmap or unicornscan):
        194.67.23.0-255 : 11 hostnames found.
        194.67.57.0-255 : 2 hostnames found.

Done. Found 13 entries and 13 hostnames. Have a nice day.
```

▶ **Figura 3.3** Exemplo de escaneamento Fierce.
Fonte: Fierce.

- *Maltego* – Essa é uma ferramenta baseada em Java que é oferecida tanto em versões livres como comerciais e vendida como ferramenta de perícia. Pode ser usada com vários sistemas operacionais, incluindo a maioria das versões Windows, Linux e OS X. A Figura 3.4 ilustra a interface que o Maltego usa quando escaneia os sistemas.

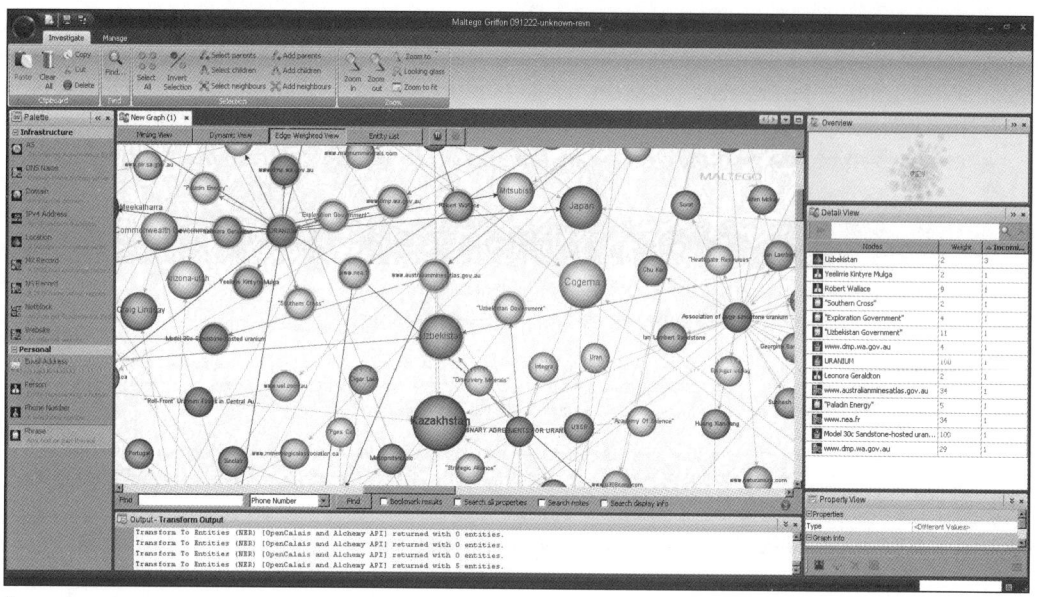

Figura 3.4 Exemplo de interface do Maltego.
Fonte: Maltego

- *PassiveRecon* – Também conhecido como PacketlessRecon, é um complemento do Firefox que permite aos usuários visitar um site-alvo e reunir uma variedade de informações publicamente disponíveis e úteis nas fases de enumeração e reconhecimento de um teste de invasão. Pode ser utilizado na maioria das versões do Windows. A Figura 3.5 contém as informações necessárias para localizar e baixar a ferramenta PassiveRecon do site de complementos do Mozilla.

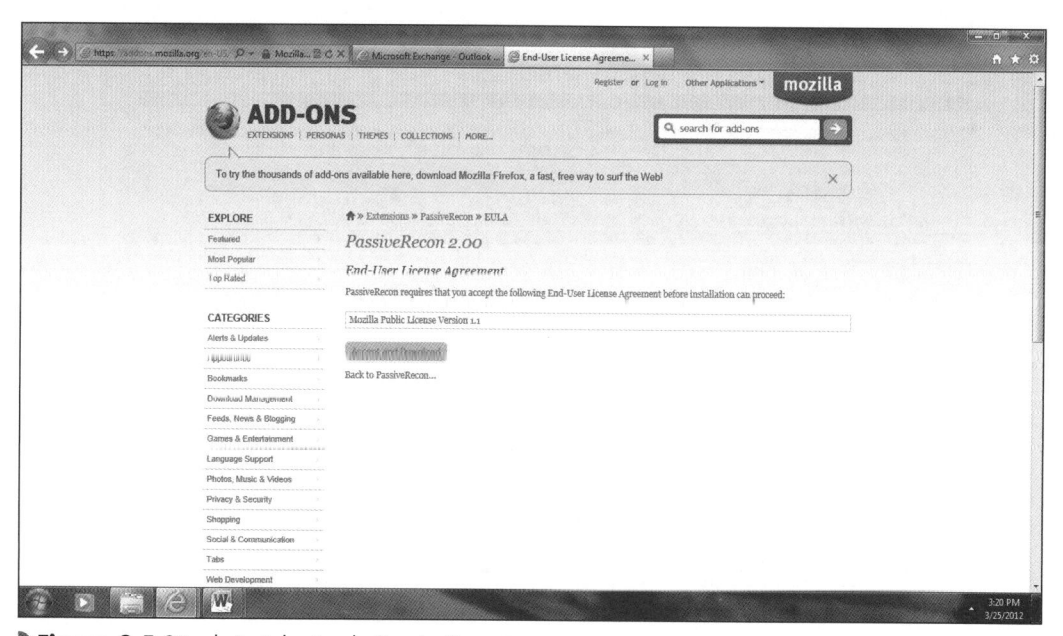

Figura 3.5 Site de instalação do PassiveRecon.
Fonte: PassiveRecon

- *tcpdump* – É um analisador de pacotes em linha de comando de código aberto. Funciona com a maioria das versões de UNIX/Linux. Há uma versão de Windows conhecida como WinDump. A ferramenta pode ser usada para monitorar o tráfego não criptografado que está passando entre dois hosts, incluindo senhas e informações de URL. A Figura 3.6 oferece um exemplo do resultado do escaneamento que é gerado pelo uso do tcpdump.

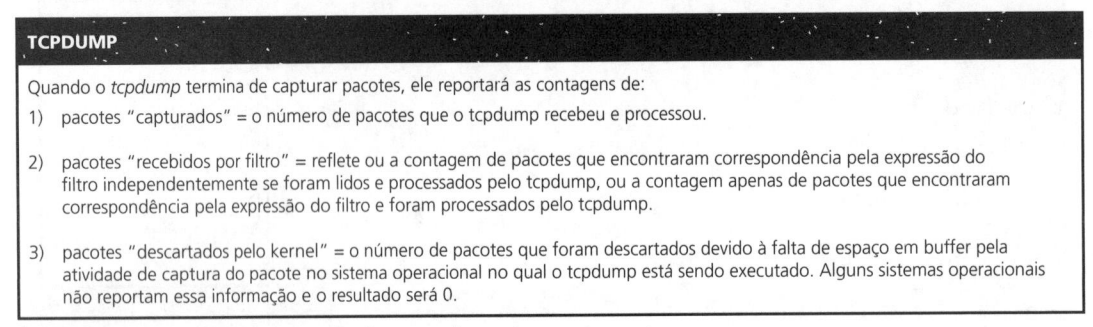

TCPDUMP

Quando o *tcpdump* termina de capturar pacotes, ele reportará as contagens de:

1) pacotes "capturados" = o número de pacotes que o tcpdump recebeu e processou.

2) pacotes "recebidos por filtro" = reflete ou a contagem de pacotes que encontraram correspondência pela expressão do filtro independentemente se foram lidos e processados pelo tcpdump, ou a contagem apenas de pacotes que encontraram correspondência pela expressão do filtro e foram processados pelo tcpdump.

3) pacotes "descartados pelo kernel" = o número de pacotes que foram descartados devido à falta de espaço em buffer pela atividade de captura do pacote no sistema operacional no qual o tcpdump está sendo executado. Alguns sistemas operacionais não reportam essa informação e o resultado será 0.

Figura 3.6 Exemplos de resultados gerados pelo uso do tcpdump.
Fonte: tcpdump

- *Wireshark* – Antes conhecido como Ethereal, é um analisador de pacotes de código aberto similar ao tcpdump, mas contém uma interface GUI, o que facilita seu uso por um executor inexperiente de teste de invasão. É compatível com a maioria dos sistemas operacionais UNIX/Linux, incluindo OS X, e também está disponível para Windows. A Figura 3.7 mostra os resultados de um escaneamento de porta com o uso do Wireshark.

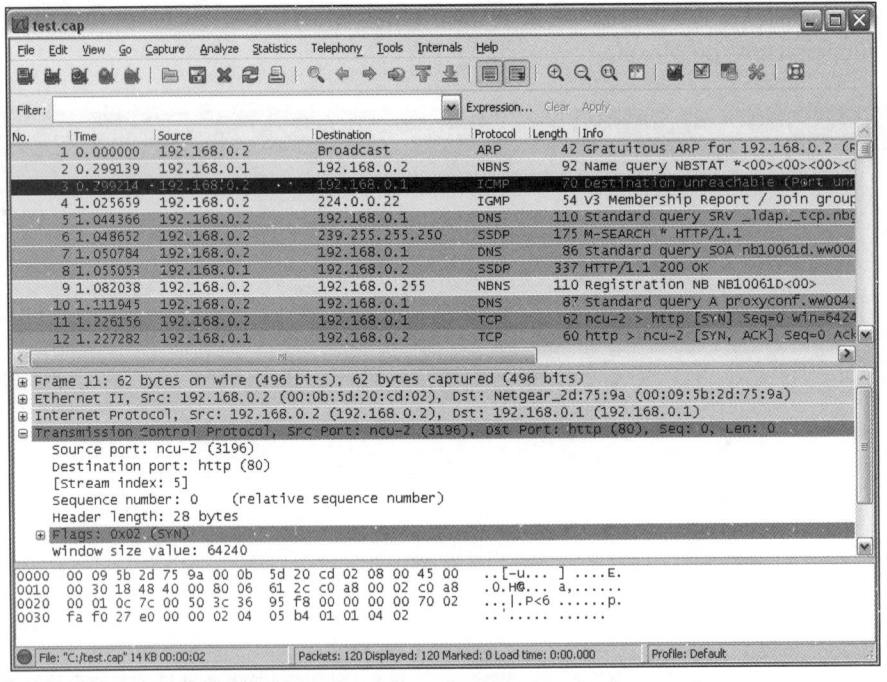

Figura 3.7 Exemplo de escaneamento com o Wireshark.
Fonte: Wireshark

Identificação de vulnerabilidade

As ferramentas de vulnerabilidade são feitas para ir um pouco mais fundo e explorar áreas específicas de vulnerabilidade de uma tecnologia. Por exemplo, se uma vulnerabilidade de segurança é encontrada no sistema operacional Windows e o administrador do sistema não conseguiu fazer uma correção ou encontrar uma solução para essa vulnerabilidade, aqui estão os tipos de ferramentas que vão revelar essas informações ao executor do teste de invasão. Seguem alguns exemplos:

- *Nessus* – Antigamente uma ferramenta de avaliação de vulnerabilidade de código aberto, o Nessus é um escaneador de segurança remoto criado para ser executado em Linux, BSD, Solaris e outras versões de UNIX. Ele gera relatórios em HTML, XML, LaTeX e texto ASCII, e sugere soluções para problemas de segurança. Foi aberto por muitos anos, mas a Tenable Network Security, patrocinador do Nessus, decidiu criar outro código proprietário em 2005. A Figura 3.8 oferece um exemplo de interface Nessus usada para escaneamento de portas com essa ferramenta.

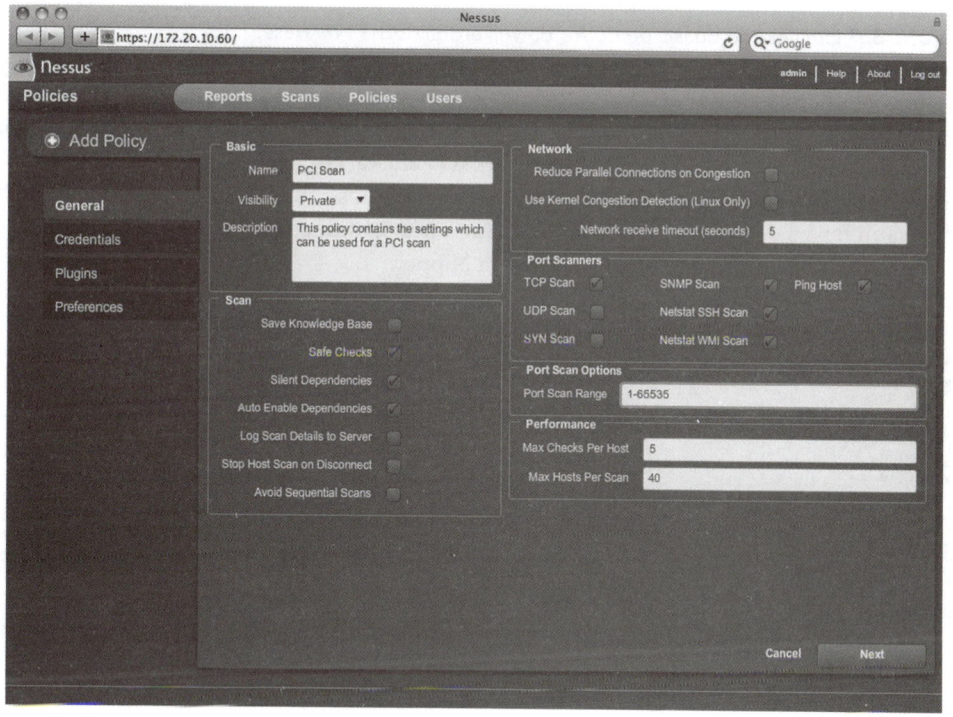

▌**Figura 3.8** Exemplo de interface Nessus.
Fonte: Nessus

- *NeXpose* – É uma ferramenta de teste de vulnerabilidade comercial disponível em diversas aplicações. Há versões para redes grandes, escritórios de consultores e empresas de porte médio. Há também uma versão para usuário único criada para pequenas empresas e redes domésticas. Disponíveis para sistemas operacionais Windows, Linux, Sun e Mac, esses produtos incluem mais de 15 mil vulnerabilidades relativas a esses sistemas operacionais de rede. O NeXpose também busca vulnerabilidades em bancos de dados e na web e pode ser integrado ao MetaSploit. A Figura 3.9 mostra um exemplo do banco de dados de vulnerabilidades que é a base a partir da qual os escaneamentos de sistema são executados com o uso dessa ferramenta.

Figura 3.9 Exemplo de banco de dados de vulnerabilidades NeXpose.
Fonte: NeXpose

- *Nipper* – Software comercial que usa C++, é tanto de código aberto como vendido com licença pela Titania. Está disponível para uso em várias versões do Windows, GNU/Linux e Apple OS X. Inclui uma gama de testes relacionados a vulnerabilidades em configurações e ambientes de equipamentos de rede. A Figura 3.10 documenta um exemplo de um escaneamento de porta que usa a ferramenta Nipper.

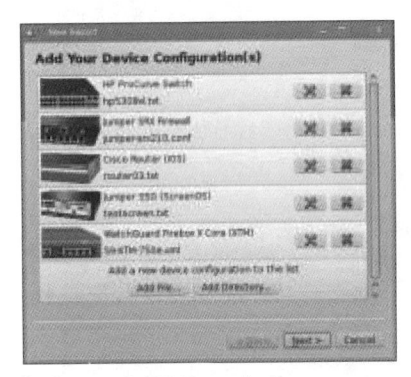

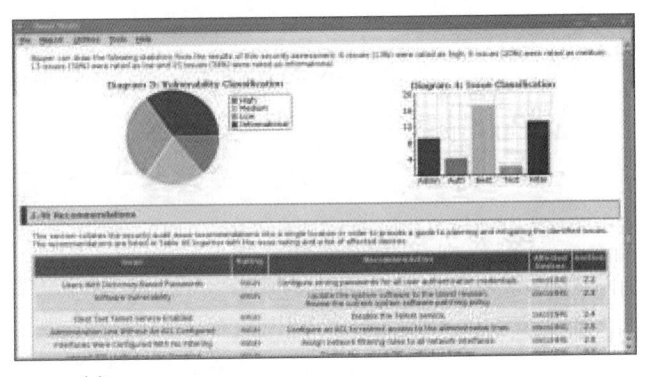

Figura 3.10 Exemplo de escaneamento com Nipper.
Fonte: Nipper

- *OpenVAS* – Essa é a versão de código aberto do Nessus, que sobreviveu depois que o produto original passou a ser comercializado. Estima-se que o OpenVAS tenha mais de 23 mil plug-ins como parte de sua funcionalidade central. Como no Nessus, a Linguagem de Scripts de Ataques Nessus (NASL) é a linguagem usada para criar plug-ins. O OpenVAS é mantido diariamente por um feed suportado por uma comunidade de usuários. Ele usa uma arquitetura orientada a serviço (SOA) baseada na camada de sockets segura (SSL). Os dados de escaneamento são armazenados em um banco de dados SQL. A Figura 3.11 explica o contexto no qual a ferramenta OpenVAS pode ser utilizada.

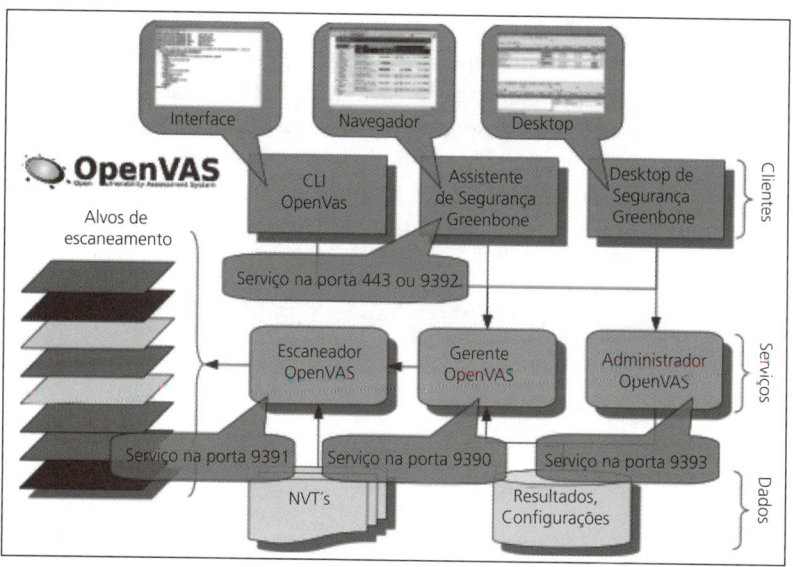

Figura 3.11 Exemplo de sistema OpenVAS.
Fonte: OpenVAS

- *QualysGuard* – Essa é uma ferramenta de vulnerabilidade comercialmente disponível que foi criada para dar suporte a testes de invasão e inclui recursos para a descoberta e aplicação de políticas. O QualysGuard é uma opção de SaaS (Software-como-Serviço) que automatiza o trabalho de teste de rede e presta o serviço de gestão em nuvem. A Figura 3.12 mostra um exemplo de escaneamento de porta com uso dessa ferramenta.

Figura 3.12 Exemplo de escaneamento Qualys.
Fonte: Qualys

- *SAINT* – A Ferramenta de Rede Integrada do Administrador de Segurança (SAINT) tem uma aplicação de download que funciona nos sistemas operacionais UNIX, Linux e Mac OS X. Também oferece um equipamento para escanear redes e uma aplicação de escaneamento on-line "sobre a internet" além de oferecer uma opção SaaS. O SAINT inclui um recurso de relatório que mapeia vulnerabilidades a frameworks regulatórios específicos, permitindo às organizações saber se elas podem estar violando essas regulamentações. A Figura 3.13 ilustra a interface usada pela ferramenta SAINT na configuração de escaneamento.

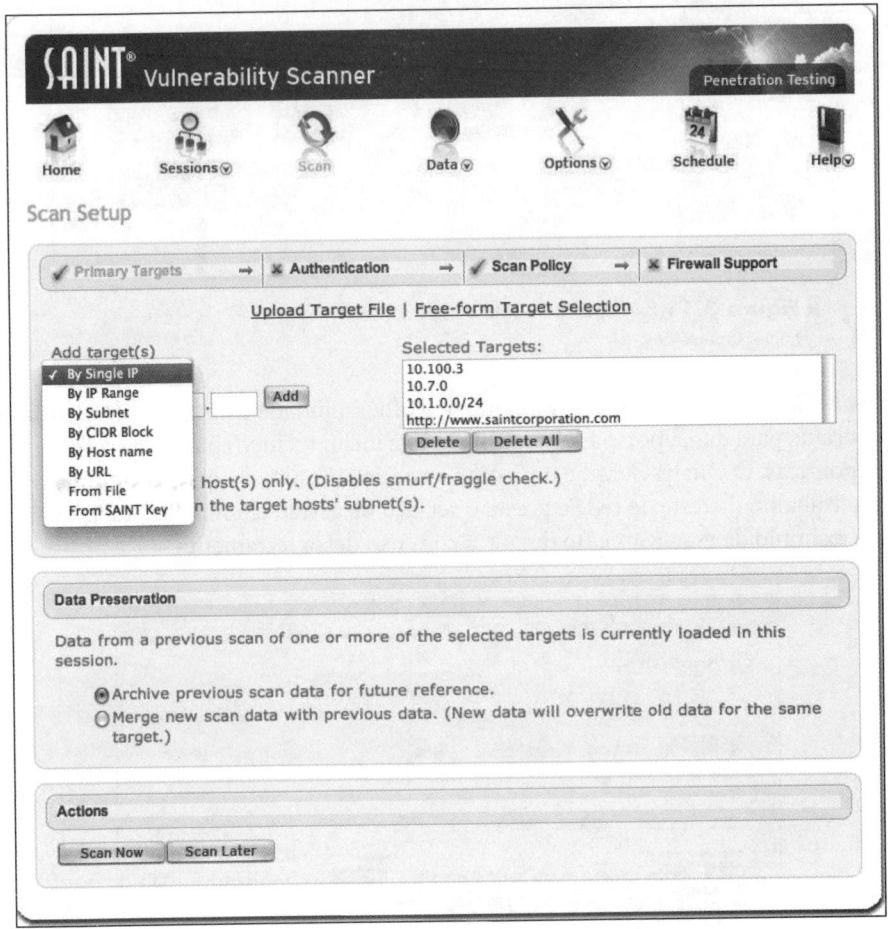

Figura 3.13 Exemplo de configuração do escaneamento SAINT.
Fonte: SAINT

Exploração

As vulnerabilidades potenciais expostas pelas fases preliminares do teste de invasão podem se tornar uma chave para uma organização. As ferramentas usadas na fase de exploração são projetadas para ampliar as informações coletadas sobre a vulnerabilidade e os equipamentos. Apesar de o limite ético dessas atividades ser menos óbvio, essa é a fase na qual o hacker não autorizado potencialmente pode cruzar a linha da legalidade. É também o ponto no qual os testadores de invasão legais devem ter cuidado extra para não prejudicar acidentalmente atividades legais ou equipamentos com o uso de funções ou aspectos da ferramenta com os quais não estão familiarizados. Entre as ferramentas úteis na fase de exploração e teste de invasão estão:

- *CORE Impact* – É uma ferramenta de invasão e teste de vulnerabilidade comercial completa que não só usa módulos escritos em Python para explorar a gama de vulnerabilidades potenciais existentes em uma rede, como ainda fornece funções para explorar vulnerabilidades específicas. Há componentes disponíveis para testar redes, hosts, dispositivos móveis, redes sem fio e aplicativos web. Essa ferramenta é capaz de se envolver em tudo, desde enviar e-mails de phishing até personificar um ponto de acesso não autorizado. A Figura 3.14 ilustra a interface que a ferramenta CORE Impact usa para escanear.

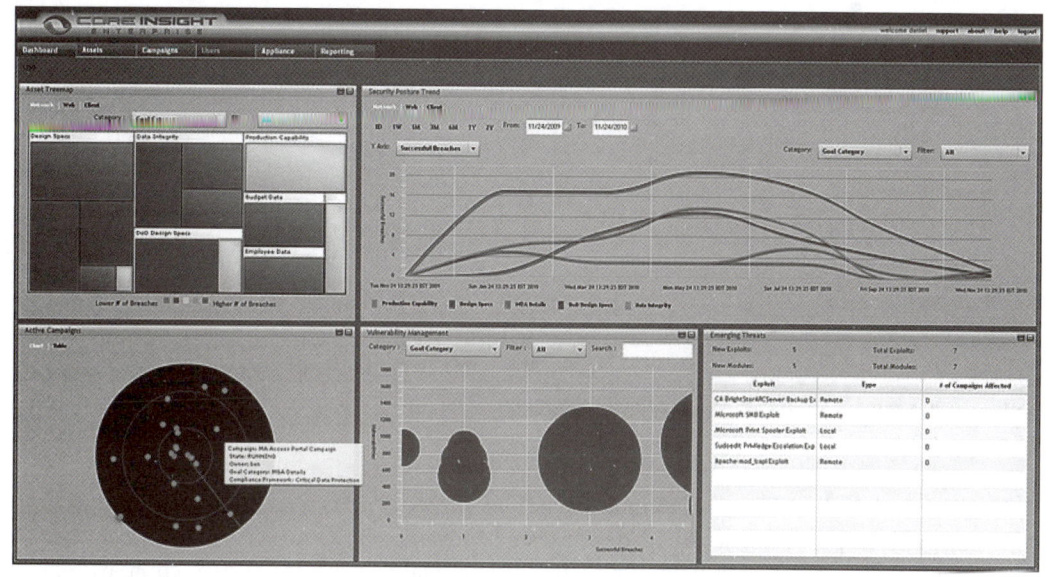

Figura 3.14 Exemplo de interface da CORE Impact.
Fonte: Core Impact

- *MetaSploit* – Ferramenta de vulnerabilidade de rede que, como o CORE Impact, oferece uma ampla gama de funções. Criada em 2003 com a linguagem Perl, foi reescrita em Ruby. Aparece em várias versões, incluindo uma gratuita financiada pela comunidade. O MetaSploit foi vendido á empresa Rapid7, que também produz a ferramenta NeXpose já descrita. É capaz de gerar explorações contra uma rede e tem a capacidade de criptografar o ataque em uma tentativa de evitar a detecção por tecnologias de detecção de invasão que podem estar presentes em uma rede que esteja sendo analisada. Está disponível para uma variedade de sistemas operacionais como Windows, UNIX/Linux e MAC OS X. Há versões disponíveis comercialmente chamadas Express, destinadas a equipes de segurança, e outra conhecida como Pro, criada para testadores de invasão.

A Figura 3.15 mostra um exemplo de escaneamento que ultiliza a ferramenta MetaSploit.

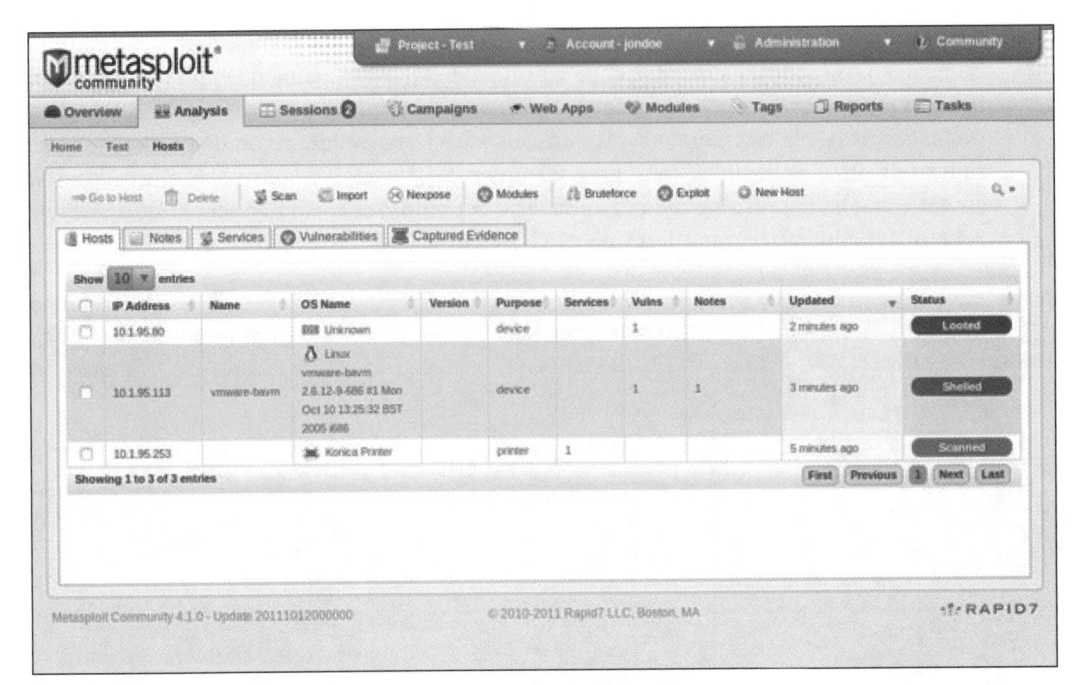

Figura 3.15 Exemplo de escaneamento MetaSploit.
Fonte: MetaSploit

- *Distribuição Live Linux* – O Linux BackTrack oferece várias ferramentas de código aberto disponíveis para diversas atividades de teste de invasão. O site no qual a ferramenta está disponível para download inclui uma wiki útil, na qual os usuários podem compartilhar ferramentas e ideias e pedir conselhos. A Figura 3.16 ilustra a interface usada pela ferramenta BackTrack.

Figura 3.16 Exemplo de interface BackTrack.
Fonte: BackTrack

Resumo do capítulo

- O escaneamento permite aos hackers conhecer as vulnerabilidades de um sistema-alvo. Um escaneador é uma ferramenta de software que examina e cria relatórios sobre vulnerabilidades em hosts locais e remotos. Os escaneadores estão disponíveis como ferramentas dedicadas (chamadas escaneadores de portas), como escaneadores de rede, ou como parte de suítes de utilitários de rede.

- Os escaneadores mais populares são os de código aberto ou freeware – ou seja, estão disponíveis gratuitamente na internet. O uso legal de escaneadores tornou muitas redes menos vulneráveis ao ataque. Entretanto, a disponibilidade pública de escaneadores e a qualidade de seus relatórios fizeram deles ferramentas de raqueamento populares.

- No início da computação, as vulnerabilidades de segurança, apesar de abundantes, não eram conhecidas. Os escaneadores foram usados pela primeira vez nos anos 1960 para procurar terminais mortos em mainframes. Conforme as redes de área local (LAN) e a internet se desenvolveram, o *traceroute* foi desenvolvido para mostrar a lista inteira de roteadores por meio dos quais os pacotes estavam transitando.

- Quando hackers queriam craquear um sistema nos anos 1970, eles examinavam o sistema-alvo para descobrir todas as vulnerabilidades conhecidas, começando por encontrar o número de telefone do modem do servidor e então obter ou adivinhar uma assinatura que pudesse ser usada. A prática demorada e arriscada de ligar para todos os números de telefone em busca de uma conexão possível levou ao desenvolvimento do war dialer, um tipo de escaneador automatizado que escaneava em busca de linhas abertas.

- Conforme estudantes e robistas começaram a se divertir com aplicações de escaneamento, novas vulnerabilidades foram descobertas. Quando a internet se disseminou, os hackers já publicavam essas vulnerabilidades na internet.

- No início dos anos 1980, a maioria dos servidores executava em plataformas UNIX. Administradores de sistema criavam shell scripts que lhes permitiam checar os pontos fracos de segurança de suas redes e evitar atividades de raqueamento. Esses shell scripts foram os primeiros escaneadores de portas.

- Os escaneadores automatizavam o processo de examinar os pontos fracos das redes e checavam apenas algumas vulnerabilidades e portas abertas. Eles tentavam conectar-se a um host-alvo, examiná-lo por meio de serviços nele executados e analisar cada serviço em função de vulnerabilidades conhecidas.

- Os escaneadores podem ser configurados para visar a um único endereço IP ou vários deles. Eles podem desempenhar os seguintes tipos de escaneamento: Escaneamento de conexão Protocolo de Controle de Transmissão (TCP), Escaneamento semiaberto, Escaneamento de Protocolo Datagrama de Usuário (UDP), Escaneamento do protocolo IP, Escaneamento de ping e Escaneamento discreto.

- Os escaneadores estão disponíveis para plataformas UNIX, Windows e Macintosh. Entre os mais populares estão Fierce, Maltego, PassiveReconn, tcpdump, Wireshark, nmap, Unicornscan, Nessus, NeXpose, Nipper, OpenVAS, Qualys, SAINT, CORE Impact, MetaSploit e BackTrack.

Questões de revisão

1. É possível usar um escaneador para conferir portas abertas em um computador ou em uma rede de área local (LAN)?
2. Que fases do teste de invasão utilizam ferramentas de escaneamento?
3. Que informações úteis resultam do escaneamento de portas?
4. Você pode interromper um escaneamento de portas se descobrir que está sendo escaneado?
5. Cite dois escaneadores de portas.
6. Descreva fatores a serem considerados ao selecionar uma ferramenta de escaneamento que seja mais apropriada para uma tarefa específica.
7. Alguns "especialistas em segurança" escaneiam várias redes de empresas e então enviam e-mails informando-lhes suas limitações e oferecendo-se para consertá-las por determinado valor. Essa é uma técnica ética de marketing?
8. Escaneamentos de portas deveriam ser considerados ilegais? Argumente.
9. É possível usar o BackTrack em uma máquina Windows?

   Faça a correspondência entre os itens a seguir com as afirmações abaixo.
   a. -sT
   b. -sP
   c. -sS
   d. -sU
   e. –sO

10. _____ opção *nmap* que executa escaneamento de conexão TCP.
11. _____ opção *nmap* que executa escaneamento semiaberto.
12. _____ opção *nmap* que executa escaneamento de UDP.
13. _____ opção *nmap* que executa escaneamento de protocolo IP.
14. _____ opção *nmap* que executa escaneamento de ping.

Projetos práticos

PROJETO 3.1

1. É possível que o Nmap já esteja instalado em seu computador. Confira se o programa está instalado digitando o seguinte comando na janela do terminal: `which nmap`.

   Uma resposta que se pareça com a seguinte indica que o Nmap está instalado no diretório citado: /usr/bin/nmap.

2. Se você não obtiver uma resposta semelhante, então digite o seguinte comando para instalar o Nmap: `yum install nmap`.

   O Yum é um atualizador automatizado para sistemas rpm bem mais fácil de ser utilizado do que o rpm ou tar. O comando vai instalar o Nmap e todos os recursos necessários.

PROJETO 3.2

1. Execute os seguintes comandos nmap e observe as diferenças nos resultados. (Como acontece com todos os comandos usados neste livro, se o diretório que contém o programa que você quer executar não está em seu path, faça uma das seguintes opções: 1) especifique o pathname completo quando executar o comando, digite cd para corrigir o diretório e use ./ para executar o comando, ou 2) modifique sua variável de ambiente PATH.)

Ferramenta	Comando	Endereço-alvo	Tipo de scan
nmap	-sT	-F Endereço IP	Escaneamento de conexão TCP
nmap	-sS	-F Endereço IP	Escaneamento SYN
nmap	-sU	-F Endereço IP	Escaneamento de portas UDP
nmap	-sF	-F Endereço IP	Escaneamento FIN
nmap	-O	-F Endereço IP	Determinar SO
nmap	-p22	-O Endereço IP	Determinar SO na porta 22
nmap	-p -1	-30,40-65535 Endereço IP	Escaneamento conforme intervalo das portas

© Cengage Learning 2014

2. Você obteve o resultado esperado?

CAPÍTULO 4

Farejadores

Depois de ler este capítulo e realizar os exercícios, você será capaz de:

- Descrever os tipos de programas farejadores.
- Explicar as funções que os farejadores usam em uma rede.
- Descrever como os farejadores funcionam.
- Implantar os métodos usados para identificar farejadores.
- Listar as técnicas usadas para proteger redes de farejadores.

O farejador (*sniffer*, em inglês), também conhecido como farejador de pacotes, é uma aplicação que monitora, filtra e captura pacotes de dados transferidos em uma rede. Assim como acontece com qualquer ferramenta de monitoramento de rede, o farejador pode ser empregado com propósitos lícitos, como verificar gargalos ou anomalias no tráfego de rede, ou com finalidades antiéticas, como enviar mensagens falsas a fim de obter senhas de texto comum ou números de série para usar em um ataque de falsificação. Os farejadores são praticamente impossíveis de ser detectados em funcionamento e podem ser implantados a partir de praticamente qualquer computador.

Tipos de farejador

Há três tipos de farejador, dois dos quais serão discutidos em detalhes. Os três tipos são embutido, comercial e livre.

Farejadores embutidos

Farejadores embutidos vêm como um componente de sistemas operacionais específicos. É possível, mas não provável, que você precise de um farejador embutido para seu sistema operacional em vez daquele que vem em sua mídia de instalação. É possível que você tenha feito uma instalação extremamente básica no servidor e depois decidiu querer a funcionalidade de farejador. Ou talvez sua mídia de instalação tenha sido danificada ou customizada, ou houvesse arquivos corrompidos ou faltando após a instalação. Veja alguns exemplos de farejador embutido:

- *Network monitor 3.4* – Esse farejador embutido foi projetado para ser usado com o Windows. O Network Monitor, um componente do Servidor de Gerenciamento de Sistemas (SMS) da Microsoft, permite a você detectar e solucionar problemas em LANs, WANs e links seriais executados no Servidor de Acesso Remoto (RAS) da Microsoft. O Network Monitor oferece modos em tempo real e pós-captura para a análise de dados da rede.

- *tcpdump* – Essa aplicação de código aberto vem com muitos sistemas operacionais de código aberto do tipo UNIX, como o Linux. Se você está executando a instalação padrão de vários sistemas Linux, pode descobrir se o tcpdump está presente em seu sistema por meio de uma janela do terminal. A Tabela 4.1 mostra algumas opções de comando disponíveis com esse farejador.

Tabela 4.1 Exemplos de comandos `tcpdump`

Comando	Descrição
`tcpdump host moonbeam`	Mostra todos os pacotes que chegam ou saem de moonbeam.
`tcpdump ip host lightning and not thunder`	Mostra todos os pacotes IP entre lightning e qualquer host exceto thunder.
`tcpdump net mit-ether`	Mostra todo o tráfego entre os hosts locais e os hosts no MIT.
`tcpdump "gateway raindrop and (port ftp or ftp-data)"`	Mostra todo o tráfego de ftp através do gateway raindrop da internet. (Observe que a expressão está entre aspas para evitar que o shell interprete errado os parênteses.)

© Cengage Learning 2014

- *Snoop* – Embutido nos sistemas operacionais Solaris, ele captura pacotes da rede e exibe seu conteúdo. O Snoop usa o filtro de pacotes de rede módulos de buffer de streams para fornecer uma captura eficiente de pacotes de rede. Os pacotes capturados podem ser exibidos como foram recebidos, ou podem ser salvos em um arquivo (que seja compatível com RFC 176) para análise posterior.
- *Utilitários nettl e netfmt para farejar pacotes* – Vêm embutidos no sistema operacional HP-UX.

Farejadores comerciais

Os farejadores comerciais monitoram e armazenam informações de uma rede. Algumas empresas utilizam programas de farejador para detectar problemas de rede. Os farejadores comerciais podem ser usados tanto para a análise de falhas, que detecta problemas de rede, como para exame de desempenho, que detecta gargalos. As vantagens dos farejadores comerciais são similares às de qualquer software comercial se comparadas com softwares livres ou de código aberto. Isso inclui a disponibilidade de acordos formais de suporte e a capacidade de responsabilizar o vendedor pela qualidade e pelo desempenho em um nível que não é possível com uma solução livre ou de código aberto.

Farejadores livres

Farejadores livres também visualizam e armazenam informações de uma rede, assim como detectam problemas de rede. Eles ainda são usados para analisar falhas e desempenho. As duas maiores diferenças entre os farejadores comerciais e livres são:

- Os farejadores comerciais geralmente são pagos, mas oferecem o suporte adequado.
- O suporte a farejadores livres pode ser insuficiente (ou seja, é difícil encontrar alguém que ofereça suporte), incompleto (as informações de suporte nunca são registradas) ou muito caro, se comparado com o suporte dos produtos comerciais. Contudo, nem sempre isso acontece.

Hackers, estudantes e robistas em geral não têm tantos recursos financeiros, e despender centenas ou até milhares de reais por uma cópia de um farejador produzido comercialmente pode estar fora de questão. A tradição da internet de "tudo grátis" é algo que também atrai para o uso de ferramentas de código aberto ou livre, quando disponíveis. Entretanto, sua rede específica ou padrões e protocolos organizacionais podem exigir que você invista em um produto comercial.

Funcionamento do farejador

Para farejar pacotes, você terá de obter ou codificar um farejador de pacotes capaz de trabalhar com o tipo de interface de rede que seu sistema operacional suporta. O protocolo TCP/IP suporta as seguintes interfaces de rede:

- Padrão Ethernet Versão 2.
- IEEE 802.3.
- Token-ring.
- Protocolo Internet de Linha Serial (SLIP).
- Loopback.
- FDDI.
- Óptica Serial.
- ATM.
- Protocolo Ponto-a-Ponto (PPP).
- Interface Virtual (vi).

O **cartão de interface de rede** (NIC) é o componente que conecta um host específico à rede. Os farejadores observam apenas o tráfego que está passando pelo NIC na máquina em que a aplicação é residente. Isso significa que você pode ler o tráfego apenas no segmento de rede no qual está seu computador. Uma série de passos é necessária para conseguir que o farejador atue em outros segmentos de rede, inclusive introduzir um cavalo de Troia para abrir a porta dos fundos e assim permitir introduzir um farejador e obter a informação de volta por meio dos roteadores, switches e firewalls intermediários.

Se você está em uma LAN Ethernet ou em um serviço de "Ethernet rápida" comercial, como cabo, satélite ou acesso DSL, o NIC com fio mais comum usa conector RJ-45. A segunda conexão mais comum é USB do modem a cabo ou DSL para o computador. O cartão de interface de rede wireless é embutido em muitos laptops e PCs desktop.

Se seu PC não tem uma porta RJ-45 de "Ethernet rápida" ou uma conexão USB para modem a cabo ou DSL, e você não está usando uma conexão wireless à internet, então não está em uma LAN. Provavelmente, você está discando com um modem telefônico. É provável que seu farejador funcione bem no segmento de sua rede ISP. A maioria dos nós em um segmento de rede comercial ISP é de usuários residenciais. Eles são o grupo padrão de hackers de rede que procura usuários pouco sofisticados e máquinas com bugs para carregar cavalos de troia e então farejar à procura de senhas em texto comum ou números de cartão de crédito.

Componentes do farejador

Como mostrado na Figura 4.1, os componentes do farejador são:

- Hardware.
- Driver de captura.
- Buffer.
- Decodificador.
- Análise de pacotes.

Hardware

Um NIC é a peça de hardware primária que hackers, estudantes e robistas usam para farejar pacotes. O fluxo de dados que se origina no NIC é descrito na Figura 4.1.

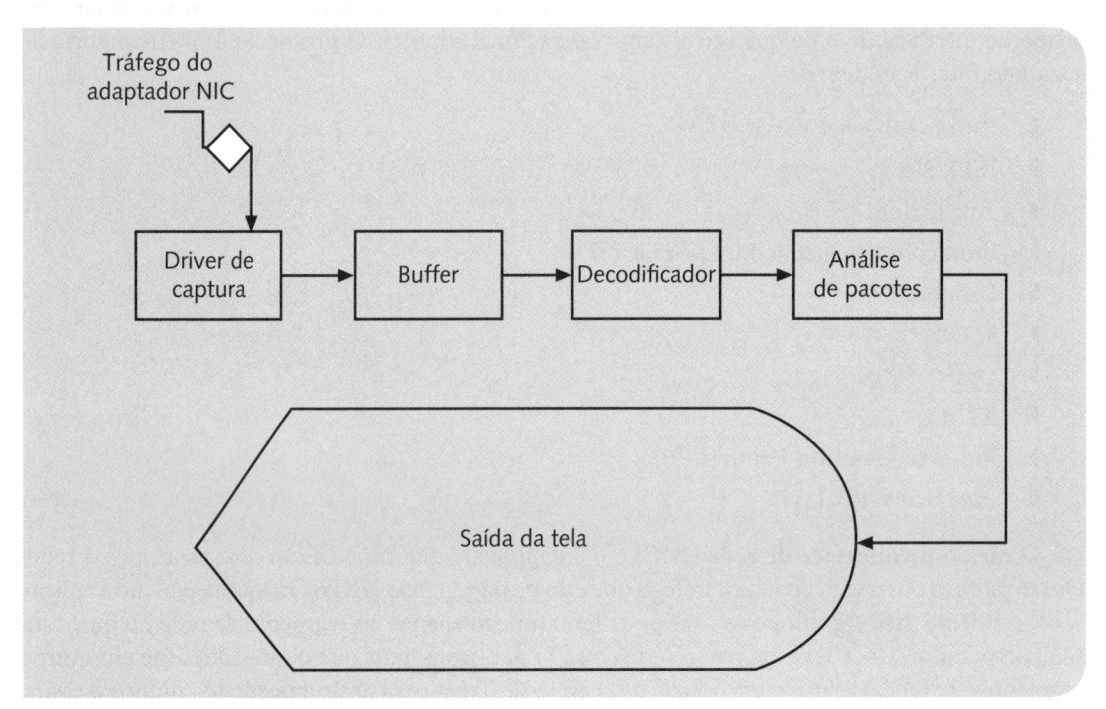

Figura 4.1 Componentes do farejador.
© Cengage Learning 2014

Driver de captura

Esse driver captura o tráfego da rede a partir da conexão Ethernet. Ele filtra a informação que você não quer e armazena os dados do tráfego filtrado em um buffer. Por que você filtraria o tráfego? Uma LAN pequena como a de seu laboratório transmite mais de 108 pacotes por segundo. Se você rodar seu farejador ou analisador por dez minutos nessa rede, pode ter 64.800 pacotes para analisar. Você pode filtrar os pedidos de Protocolo de Resolução de Endereço (ARP) e notificações de BIOS ou os pacotes de protocolo SIP (VoIP), ou pode usar outro filtro. Sem um filtro instalado, você provavelmente encherá seu buffer com informações de pacote inúteis (para você).

Buffer

Quando um farejador captura dados de uma rede, ele os armazena em um **buffer** – uma área dinâmica de RAM que guarda dados específicos. Há duas formas de armazenar dados capturados. No primeiro método, os dados são armazenados até que o buffer fique cheio. Se o buffer cheio não sinalizar o farejador para parar de coletar dados, pode haver um "estouro de buffer". A segunda forma de armazenar informações é o método round-robin, no qual os dados são guardados em um buffer circular até atingir sua totalidade. Nesse ponto, os dados mais antigos são substituídos pelos mais recentes.

Decodificador

As informações que transitam pela rede tipicamente têm um formato binário, ilegível pelos seres humanos. Os **decodificadores** interpretam essas informações e então as exibem em um formato legível. O decodificador ajuda a analisar que informações passam de computador para computador.

Análise de pacotes

Os farejadores geralmente oferecem **análise de pacotes** – análise em tempo real de pacotes capturados. Entre as características avançadas dos farejadores estão edição e retransmissão dos dados.

A Figura 4.2 mostra um exemplo de tráfego de rede registrado pelo tcpdump. O padrão geral no tcpdump começa com a marca do tempo de cada frame capturado até a ordem de milionésimo de segundo. Depois disso vêm o IP e a porta e protocolo de origem, a seguir o IP e a porta e protocolo destinatário (SIP é um VoIP). O último item é o tamanho do pacote (comprimento) em bytes.

```
12:45:21.998838 IP 8.8.194.14.sip > 192.168.0.103.sip-tls: SIP, length: 455
12:45:22.048750 IP 192.168.0.103.sip-tls > 8.8.194.14.sip: SIP, length: 323
12:45:22.056791 IP 192.168.0.103.sip-tls > 8.8.194.14.sip: SIP, length: 893
12:45:22.122257 IP 8.8.194.14.sip > 192.168.0.103.sip-tls: SIP, length: 277
12:45:22.126593 IP 8.8.194.14.sip > 192.168.0.103.sip-tls: SIP, length: 377
12:45:22.273404 IP 192.168.0.103.sip-tls > 8.8.194.14.sip: SIP, length: 352
12:45:33.933227 IP 192.168.0.104.1176 > ipt-rtca08.dial.aol.com.5190: UDP, length 32
12:45:33.933524 IP 192.168.0.104.1176 > ipt-rtca08.dial.aol.com.5190: UDP, length 4
12:45:33.933684 IP 192.168.0.101.34634 > 192.168.0.1.domain:   57459+ PTR? 8.5.163.152.in-addr.arpa. (42)
12:45:33.961221 IP ipt-rtca08.dial.aol.com.5190 > 192.168.0.104.1176: UDP, length 4
12:45:33.963608 IP 192.168.0.1.domain > 192.168.0.101.34634:   57459 1/0/0 PTR[|domain]
12:45:38.507445 IP 192.168.0.1.1900 > 239.255.255.250.1900: UDP, length 252
12:45:38.507815 IP 192.168.0.1.1900 > 239.255.255.250.1900: UDP, length 270
12:45:38.508244 IP 192.168.0.1.1900 > 239.255.255.250.1900: UDP, length 324
12:45:38.509121 IP 192.168.0.1.1900 > 239.255.255.250.1900: UDP, length 316
12:45:38.510259 IP 192.168.0.1.1900 > 239.255.255.250.1900: UDP, length 246
12:45:38.510473 IP 192.168.0.1.1900 > 239.255.255.250.1900: UDP, length 288
12:45:38.511472 IP 192.168.0.1.1900 > 239.255.255.250.1900: UDP, length 320
12:45:38.512840 IP 192.168.0.1.1900 > 239.255.255.250.1900: UDP, length 266
```

▶ **Figura 4.2** Tráfego do tcpdump.
Fonte: tcpdump

Posicionamento do farejador

As redes inicialmente eram diretas, o que significa que havia pouca segmentação e era possível "ver" através da rede. Com o advento da Ethernet e de switches mais sofisticados, criaram redes altamente segmentadas, que reduzem o número de pacotes perdidos e de colisões que são características da tecnologia Ethernet. Essa segmentação teve um impacto dramático sobre a capacidade do farejador de capturar o tráfego; passou a ser necessária uma análise cuidadosa da arquitetura da rede para garantir que o farejador seja aplicado no local correto da rede para atingir determinado objetivo.

A Figura 4.3 mostra os diversos locais em que um farejador pode ser colocado em uma rede para devolver dados úteis.

Os fatores que influenciam a colocação de um farejador na rede incluem:

- O farejador pode ser implantado em qualquer lugar dentro de uma rede; no entanto, é melhor carregar seu farejador em um nó do segmento de rede que deve ser inspecionado. Considere a rede mostrada na Figura 4.3. Ela tem servidores de e-mail e web em sua área **DMZ**, assim como um firewall entre o roteador gateway e a rede principal. Dentro da rede principal, há 24 sub-redes possíveis, dependendo do switch utilizado. As duas sub-redes mostradas são do Departamento de Contabilidade e do Departamento de Pesquisa e Desenvolvimento (P&D). A informação disponível a partir do farejador do tráfego nas sub-redes Contabilidade e P&D estaria disponível para um hacker por vários motivos. Consideramos aqui que você tem acesso suficiente para posicionar o farejador em qualquer lugar nessa rede. Como um testador de invasão, você terá de pensar como um hacker – ou seja, imaginar o que um hacker gostaria de fazer. Para obter toda a informação de uma rede principal, o farejador deveria ser montado no roteador gateway ou em um computador desse segmento.

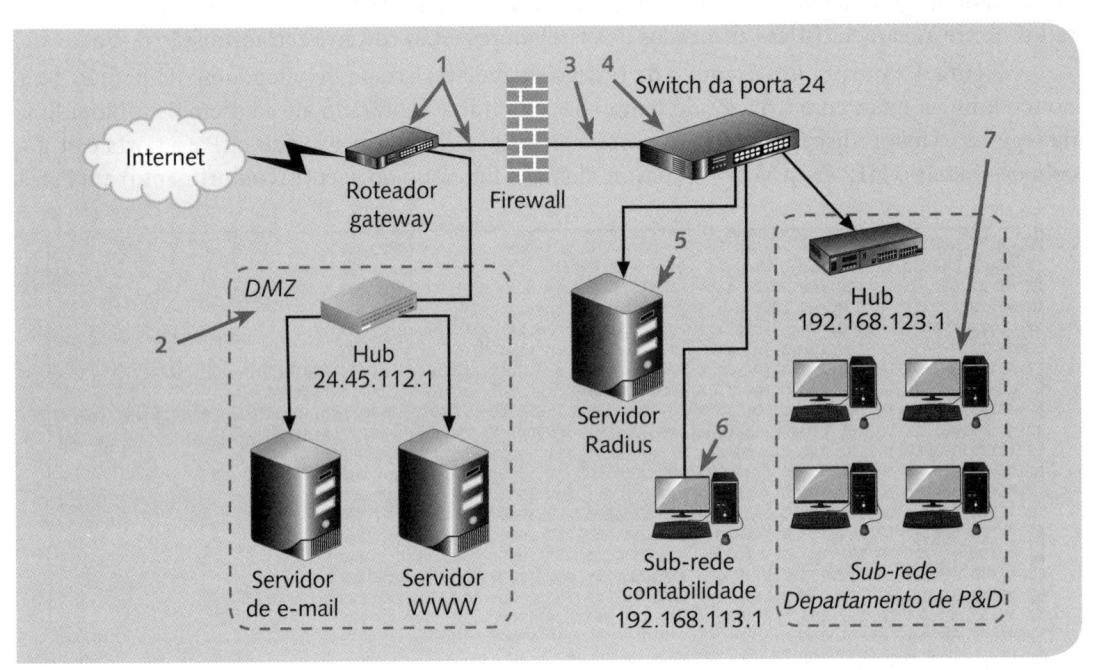

Figura 4.3 Posições de um Farejador.
© Cengage Learning 2014

- Para obter todos os e-mails e nomes de usuário e senhas do servidor web, coloque o farejador em uma máquina no DMZ. Ao posicionar o farejador nesse local, é possível atingir os usuários remotos que usam a VPN, assim como os usuários locais.
- Para verificar o tráfego que entra e sai de todas as sub-redes, exceto o tráfego do firewall interno, coloque o farejador na sub-rede entre o firewall interno e o switch. É possível obter as mesmas informações ao colocar o farejador no próprio switch.
- Para obter todos os nomes de usuário e senhas da rede, coloque o farejador no servidor Radius, que executa a autenticação de rede.

- Para verificar todo o tráfego que entra e sai do Departamento de Contabilidade, coloque seu farejador em uma máquina na sub-rede Contabilidade. Você não vai obter nenhuma conversa da P&D ou tráfego remetido ou destinado a P&D.
- Para verificar todo o tráfego remetido e destinado ao Departamento de P&D, coloque o farejador em uma máquina na sub-rede P&D. Você não vai obter nenhuma conversa da Contabilidade (ou de qualquer outra sub-rede) ou tráfego remetido ou destinado ao Departamento de Contabilidade.

O lugar mais estratégico para instalar um farejador é aquele em que apenas os dados desejados serão capturados. Em nosso exemplo, a sub-rede P&D provavelmente transmite cerca de mil pacotes por hora, enquanto a rede inteira, com 24 sub-redes ao longo dos servidores web e de e-mail, certamente transmite e recebe mais de 100 vezes essa quantidade. Posicionar seu farejador no ponto 1 (veja a Figura 4.3), sem filtros de tráfego, rapidamente resultará em um disco rígido cheio (100 mil vezes 64K por pacote enche o espaço de armazenamento a uma velocidade de 6,4GB por hora).

> **DICA**
> A quantidade de 64K é apenas um valor aproximado. O que de forma geral se chama de 64K é, especificamente, 65.536 bytes. Um kilobyte na verdade é 1.024 bytes. Todos os computadores modernos usam código binário, de base 2, explicitamente informado ou não. Os endereços IP são binários, quer sejam exibidos em decimal (192.168.0.101), hexadecimal (C0.A8.00.65) ou binário (11000000.10101000.00000000.01100101) pontuados.

A colocação do farejador no ponto 1 pode alertar o Tripwire ou um administrador de segurança atento. Se está testando para verificar que tipo de tráfego é executado na rede antes de filtrar aquele de que não precisa, você pode ser descoberto. Para evitar essa possibilidade, você provavelmente deve posicionar seu farejador nos pontos 2, 6 ou 7 e filtrar os pacotes de dados coletados para obter apenas as informações desejadas, como informação de autenticação, nomes de usuário e senhas.

Os farejadores normalmente são colocados em:

- Computadores.
- Conexões de cabo.
- Roteadores.
- Segmentos de rede conectados à internet.
- Segmentos de rede conectados a servidores que recebem senhas.

Endereços MAC

Para entender como os farejadores funcionam, você deve estar familiarizado com um endereço de **Controle de Acesso ao Meio (MAC)** e o processo de fluxo de dados pela rede. Como você sabe, os cabos Ethernet conectam os computadores de uma rede entre si. Então, para que isso possa ser identificado em uma rede, um identificador único chamado endereço MAC é atribuído aos computadores e associado ao NIC da maioria dos equipamentos de rede.

A tabela ARP mostrada a seguir na Figura 4.4 apresenta os endereços MAC associados aos endereços IP dos nós da sub-rede local.

```
root@l8: /root
Terminal
File Edit View Terminal Tabs Help
Address          HWtype  HWaddress          Flags Mask    Iface
192.168.0.1      ether   00:0D:88:A7:97:1C  C             eth0
192.168.0.100    ether   00:B0:D0:95:38:0A  C             eth0
192.168.0.104    ether   00:07:95:29:99:32  C             eth0
wolf@l8:~$
```

Figura 4.4 Tabela ARP.
Fonte: Word 2010

DICA — Os endereços MAC são conjuntos de números hexadecimais. Se vir um endereço MAC com caracteres alfabéticos além da letra F, você pegou um erro de texto. Nenhum computador seria capaz de lidar com um MAC falsificado com um G, por exemplo.

Transferência de dados em uma rede

A Figura 4.5 ilustra o conceito de transferência de dados em uma rede. Se o pacote de dados é enviado de Alice a Bob, esse pacote deve passar por vários roteadores, que examinam o endereço de destino antes de direcioná-lo para Bob. Nesse exemplo, Alice está em uma rede privada 192.168.x.x, que tem números ilimitados ligados à internet. Como se trata de uma sub-rede LAN privada, nenhum endereço IP começando com 192.168 pode ser buscado na internet, e nenhum endereço IP privado duplicado pode conflitar com outro a não ser que haja dois roteadores com uma interface com IP público entre eles.

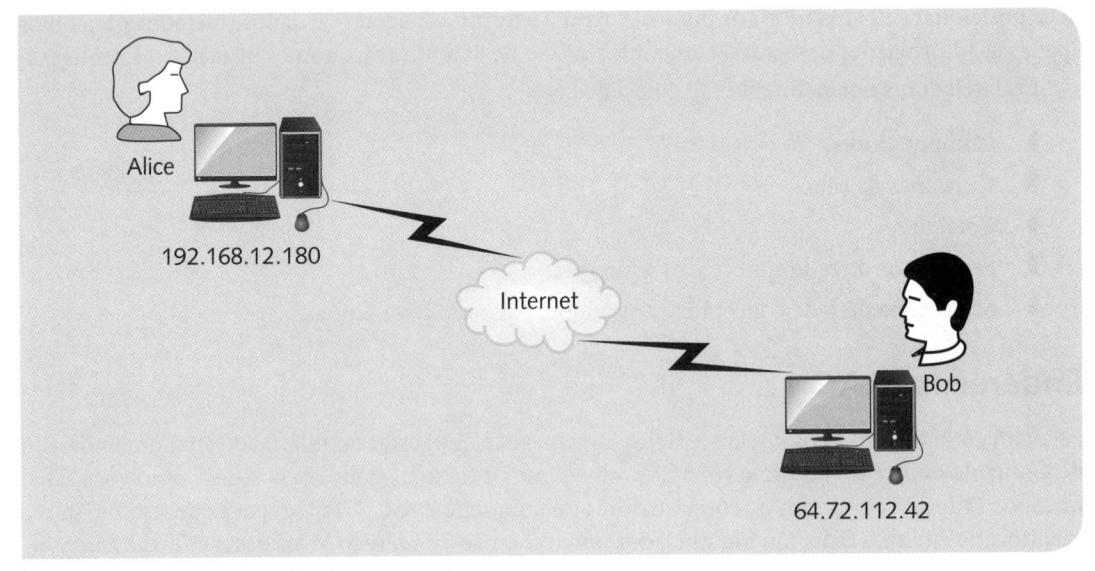

Figura 4.5 Mensagem de Alice para Bob.
© Cengage Learning 2014

Na Figura 4.6, o destino é um endereço IP público. Assim, o pacote atravessa dez roteadores, que estão listados aqui, junto com o endereço IP de origem e o de destino. (Apesar de se tratar apenas de um exemplo, todos esses endereços IP públicos são reais e de propriedade dos usuários listados.)

- 192.168.12.180 – Origem: computador de Alice em North Metro Atlanta, Georgia.
- R1 192.168.12.1 – Roteador gateway com IP externo na sub-rede 10.136.192.
- R2 10.136.192.1 – Roteador no Charter Cable Internet Network na Califórnia.
- R3 209.186.118.17 – Roteador de propriedade da CERFNet na rede AT&T em San Diego.
- R4 172.26.96.249 – Roteador backbone. NetName: IANA-BBLK-RESERVED.
- R5 atlnga1wcx1-pos4-0.wcg.net (64.200.231.245) – Roteador de propriedade da Level 3 Communications.
- R6 drvlga1wcx1-posl4-0-oc48.wcg.net (64.200.127.150) – Roteador gateway na rede comercial de Williams Communications em uma rede Level 3.
- R7 drvlga1wcx3-pos6-0-oc48.wcg.net (64.200.127.134) – Roteador na sub-rede, talvez um firewall ou repetidor.
- R8 drvlga1wcx3-cogent-peer.wcg.net (64.200.127.234) – Roteador gateway externo à rede Williams para outra rede comercial.
- R9 p10-0.core01.iah01.atlas.cogentco.com (154.54.5.89) – Roteador locado para a Cogentco pela Performance Systems International em Washington, DC.
- R10 38.99.206.186 – Outro roteador alugado para o servidor Cogentco em Washington, DC.
- 64.72.112.42 – Proprietário: Alpha Red Inc., em Houston, Texas. Esse é o endereço externo do PC de Bob, mas pode ser apenas o endereço IP público do roteador gateway. O endereço IP real de Bob pode nunca ser conhecido para um farejador.

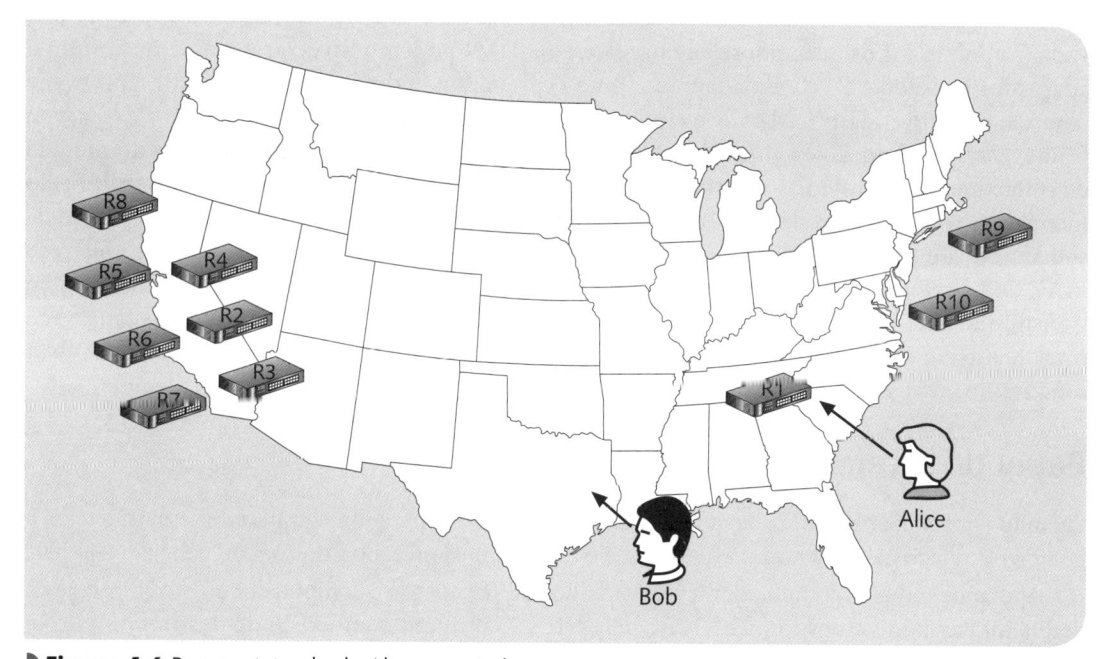

Figura 4.6 Pacote viajando de Alice para Bob.
© Cengage Learning 2014

Alice tem as informações sobre o primeiro roteador e o endereço IP do PC de Bob. Alice não sabe nada a respeito de todos os roteadores intermediários e ficaria surpresa ao saber que seu pacote tem de atravessar San Diego e Washington para chegar a Bob, em Houston. Seu computador se comunica com R1 para transmitir o pacote de dados. Para isso, o computador de Alice usa uma estrutura Ethernet. O formato de um frame Ethernet é mostrado na Figura 4.7.

A pilha TCP/IP do computador de Alice gera um frame para transmitir o pacote de dados para Bob em Houston. A pilha TCP/IP então transfere o frame para o módulo Ethernet, onde ele pode anexar 18 bytes para o endereço MAC destinatário, endereço MAC remetente, informação VLAN 802.1Q, e tipo Ether 0x800. O frame também contém os endereços IP remetente e destinatário. Esses dados são enviados para que a pilha TCP/IP do outro lado seja capaz de processar o frame. Além disso, o módulo Ehernet anexa quatro bytes no fim, com uma soma de checagem ou Código de Redundância Cíclica (CRC). O CRC confere para certificar-se de que o frame Ethernet atinja o endereço de destino sem ser corrompido.

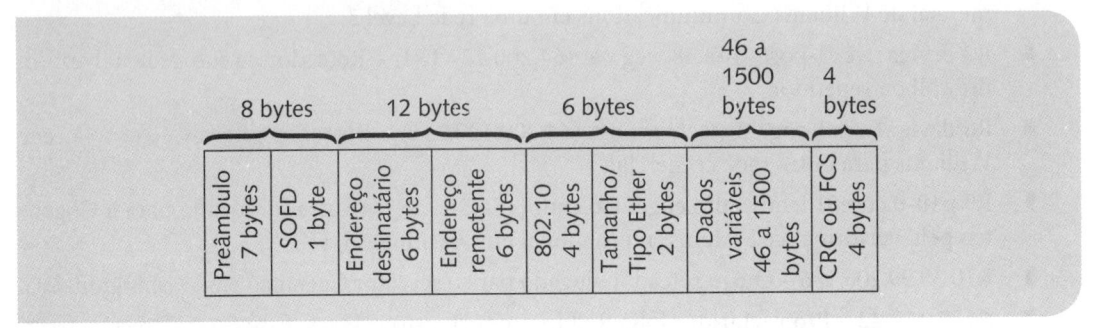

▶ **Figura 4.7** Frame Ethernet.
© Cengage Learning 2014

Em seguida, o frame é enviado ao cabeamento Ethernet da rede ou (nesse caso) a LAN privada. Agora, todos os adaptadores de hardware na LAN podem visualizar o frame, incluindo o adaptador anexado a R1. Cada adaptador então compara o endereço MAC de destino no frame com seu próprio endereço MAC. Se eles não são correspondentes, então o adaptador descarta o frame. Essa comparação de endereços MAC é criada na camada de Enlace de Dados do modelo de Interconexão de Sistemas Abertos (OSI). O roteador R1 tem uma tabela ARP que inclui pelo menos um roteador fora da rede, para o qual há endereços MAC e IP, e é para onde ele envia solicitações de endereços IP desconhecidos. O roteador R2 obtém um pacote com o endereço MAC do remetente R1 e um MAC de destinatário qualquer que seja seu MAC. O pacote é então transmitido pelo país duas vezes, ação que tem o efeito benéfico de atualizar todas as tabelas de roteamento em todos os roteadores para obter endereços de Atlanta a Houston, assim como abrir uma sessão entre Alice e Bob.

Papel do farejador em uma rede

Quando você transmite informações em um pacote de dados para um computador em uma rede, o pedido é enviado a cada computador da rede que usa o mesmo cabo Ethernet ou conexão wireless.

Apesar de todos os computadores receberem o pedido, apenas o computador ao qual o pacote de dados foi enviado vai responder. Os demais NICs examinam o endereço de destino no pacote de dados e então o descartam. Por exemplo, se o Computador C transmite pacotes de dados para o Computador A, então os Computadores B e D vão descartar esses pacotes. Apenas o Computador A vai aceitar os dados.

Um NIC pode ser configurado para resgatar qualquer pacote de dados que esteja sendo transferido por seu segmento de rede Ethernet; esse modo é conhecido como **modo promíscuo**. Um farejador em qualquer nó dessa rede pode registrar todo o tráfego que viaja pela rede ao usar a capacidade natural do NIC de examinar pacotes. Um administrador ou hacker coloca um NIC em modo promíscuo ao usar a interface de configuração.

A maioria dos sistemas operacionais oferece uma interface pela qual um programa em nível de usuário tem a capacidade de acionar o modo promíscuo e capturar pacotes de dados. Essa interface pode desviar dos sistemas operacionais da pilha TCP/IP. O tráfego então passa pela camada de aplicação da pilha TCP/IP, onde a aplicação farejador coleta, filtra e analisa esse tráfego. A Figura 4.8 mostra os endereços MAC e seus endereços IP correspondentes para cada frame (ou pacote) transferido.

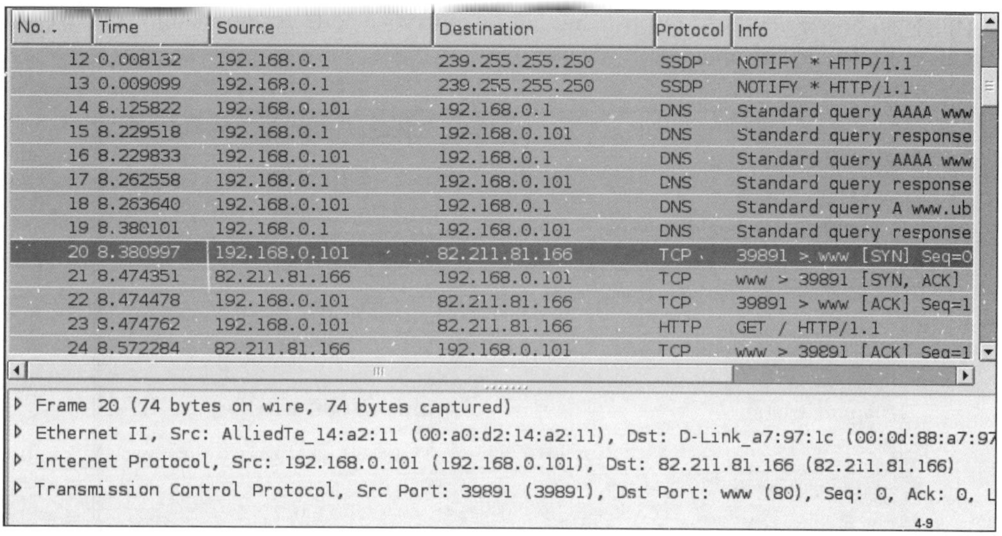

No.	Time	Source	Destination	Protocol	Info
12	0.008132	192.168.0.1	239.255.255.250	SSDP	NOTIFY * HTTP/1.1
13	0.009099	192.168.0.1	239.255.255.250	SSDP	NOTIFY * HTTP/1.1
14	8.125822	192.168.0.101	192.168.0.1	DNS	Standard query AAAA www
15	8.229518	192.168.0.1	192.168.0.101	DNS	Standard query response
16	8.229833	192.168.0.101	192.168.0.1	DNS	Standard query AAAA www
17	8.262558	192.168.0.1	192.168.0.101	DNS	Standard query response
18	8.263640	192.168.0.101	192.168.0.1	DNS	Standard query A www.ub
19	8.380101	192.168.0.1	192.168.0.101	DNS	Standard query response
20	8.380997	192.168.0.101	82.211.81.166	TCP	39891 > www [SYN] Seq=0
21	8.474351	82.211.81.166	192.168.0.101	TCP	www > 39891 [SYN, ACK]
22	8.474478	192.168.0.101	82.211.81.166	TCP	39891 > www [ACK] Seq=1
23	9.474762	192.168.0.101	82.211.81.166	HTTP	GET / HTTP/1.1
24	8.572284	82.211.81.166	192.168.0.101	TCP	www > 39891 [ACK] Seq=1

▷ Frame 20 (74 bytes on wire, 74 bytes captured)
▷ Ethernet II, Src: AlliedTe_14:a2:11 (00:a0:d2:14:a2:11), Dst: D-Link_a7:97:1c (00:0d:88:a7:97
▷ Internet Protocol, Src: 192.168.0.101 (192.168.0.101), Dst: 82.211.81.166 (82.211.81.166)
▷ Transmission Control Protocol, Src Port: 39891 (39891), Dst Port: www (80), Seq: 0, Ack: 0,

▶ **Figura 4.8** MACs em um frame.
Fonte: Word 2010

Programas farejadores

Os programas farejadores foram escritos para ser usados com vários sistemas operacionais diferentes. Alguns são utilizados com a finalidade de monitoramento; outros são escritos especificamente para capturar informações de autenticação. Muitos dos farejadores comuns comerciais e livres são descritos nas seções a seguir.

Wireshark (Ethereal)

Anteriormente conhecido como Ethereal, é provável que o Wireshark seja o mais conhecido e mais poderoso analisador livre de protocolos de rede para UNIX/Linux e Windows. Ele permite que você capture pacotes de uma rede ativa e salve-os em um arquivo de captura no disco. Interativamente, você pode navegar pelos dados capturados, visualizando informações resumidas e detalhadas de cada pacote. O Wireshark possui várias características poderosas, incluindo uma linguagem rica de filtros de exibição e a capacidade de visualizar o fluxo reconstruído de uma sessão TCP. A frequência com que essa ferramenta é usada gerou um grande mercado de informações e ferramentas de treinamento que são atípicas de uma oferta de código aberto e tornam a ferramenta viável mesmo para organizações com recursos de TI limitados.

Dados podem ser capturados do meio de transmissão de uma conexão de rede e ser lidos por uma ampla gama de interfaces comumente usadas. Informações detalhadas sobre cada pacote de dados podem ser visualizadas, e as informações são exibidas em um formato legível. Um usuário pode editar ou alterar dados capturados por meio de opções de linha de comando.

A Figura 4.9 apresenta as opções disponíveis para captura de dados usando o Wireshark. Como mostra a figura, você pode capturar dados em modo promíscuo. Você também pode capturá-los no modo padrão, mas os dados coletados serão apenas solicitações transmitidas ou enviadas diretamente ao cartão de interface de rede no qual está instalado o farejador de pacotes.

Quando o tráfego de rede é capturado, você obtém informações sobre os endereços IP de origem e destino, o protocolo em uso e os dados contidos no pacote. Todas essas informações são mostradas na Figura 4.10. O pacote destacado é uma mensagem de AOL Instant Messenger (AIM), para a qual não houve nenhuma resposta humana. Como você pode ver, muita informação é obtida em alguns minutos de farejamento.

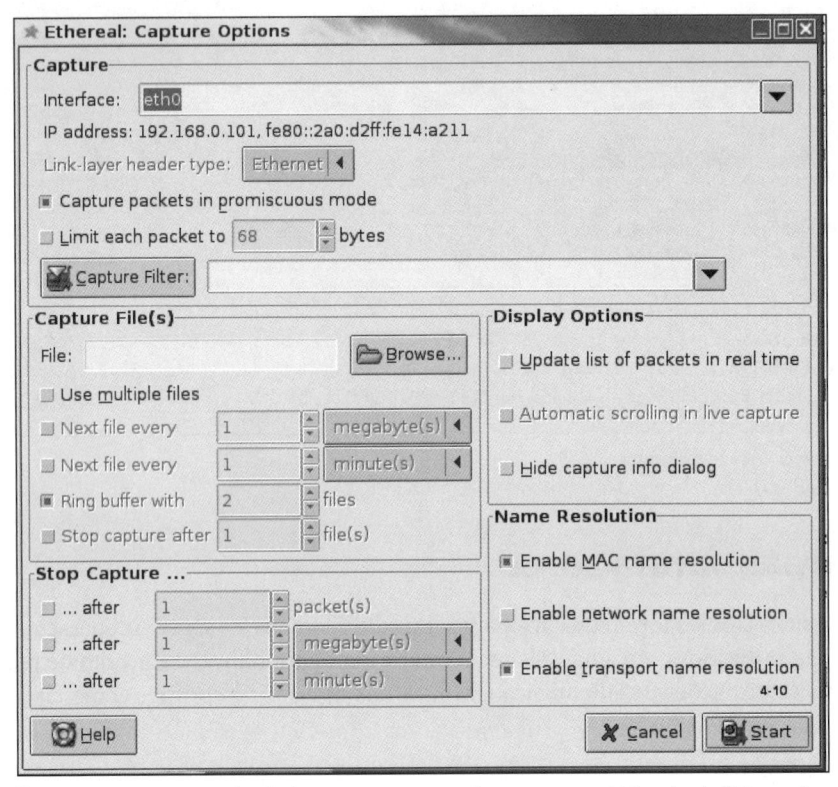

Figura 4.9 Caixa de diálogo com opções de captura no Wireshark (Ethereal).
Fonte: Wireshark.

tcpdump/WinDump

O tcpdump, mencionado antes como o farejador embutido mais comum nas distribuições Linux, é também amplamente utilizado como ferramenta livre de diagnóstico e análise de redes para UNIX e sistemas operacionais baseados em UNIX. O tcpdump é configurável para permitir a coleta de dados de pacotes baseada em sequências específicas ou expressões regulares. Ele permite decodificar e monitorar os dados de cabeçalho nos seguintes protocolos:

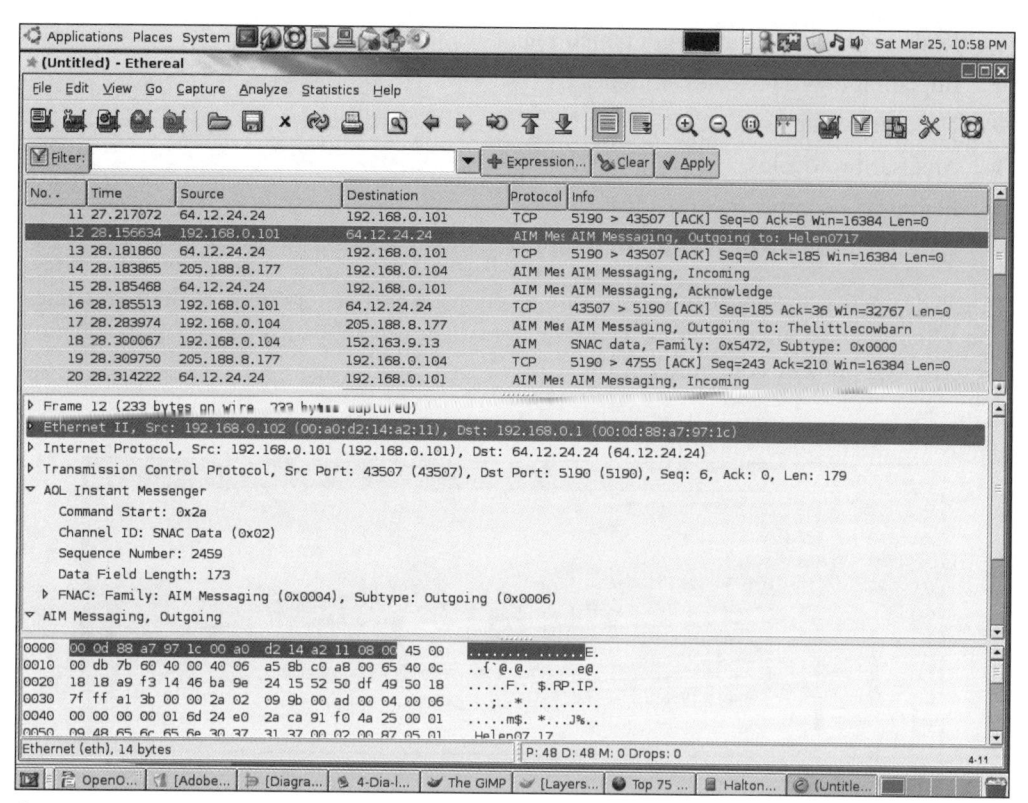

Figura 4.10 Dados de captura do pacote no Wireshark (Ethereal).
Fonte: Wireshark

- Protocolo de Internet (IP).
- Protocolo de Controle de Transmissão (TCP).
- Protocolo de Datagrama de Usuário (UDP).
- Protocolo de Mensagens de Controle da Internet (ICMP).

O tcpdump também monitora e decodifica dados na camada de Aplicação e pode ser usado para rastrear problemas de rede, detectar ataques de ping ou monitorar atividades de rede, incluindo protocolos de infraestrutura de rede.

Quando o comando tcpdump é executado na linha de comando, ou quando o WinDump (a versão separada do tcpdump para o Microsoft Windows) é executado no prompt do MS-DOS, o operador recebe informações sobre os pacotes de dados transferidos pela rede. A Figura 4.11 exibe as opções disponíveis no tcpdump e a Figura 4.12 mostra um segmento dos dados do pacote exibidos usando o comando tcpdump. Uma opção que não é inteiramente óbvia é que -v ou -vv vão colocar o tcpdump em "modo verbose", fazendo com que o fluxo de dados do pacote seja mais rico em informações.

Snort

O Snort pode ser utilizado como farejador de pacotes, gerador de logs de pacotes ou sistema de detecção de invasão de redes, embora geralmente seja usada a última função. Ele registra em arquivos de log os pacotes em formato binário ou formato decodificado de Código Padrão Americano para o Intercâmbio de Informação (ASCII). As funções do Snort incluem:

- Realizar análise de tráfego em tempo real.
- Implantar logs de pacotes em redes IP.
- Depurar o tráfego de rede.
- Analisar protocolos.
- Pesquisar e comparar conteúdos.
- Detectar ataques, como estouros de buffer.

A lista de opções do Snort é muito mais longa do que a lista do tcpdump; ele tem uma interface GUI do Windows disponível na linha de frente; trata-se de um aplicativo fácil de usar, mesmo para uma interface de linha de comando (CLI).

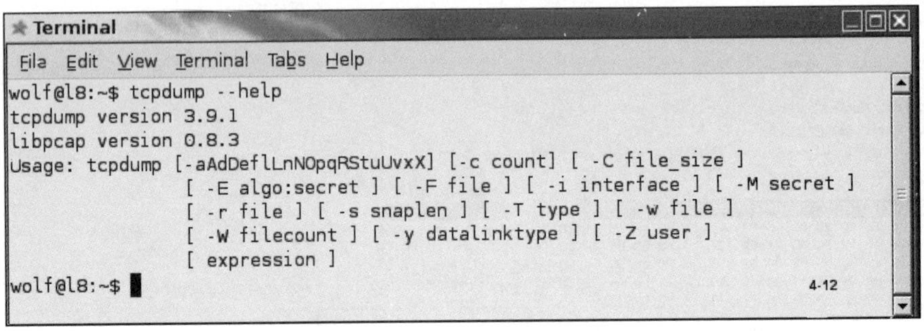

Figura 4.11 Opções de tcpdump.
Fonte: tcpdump

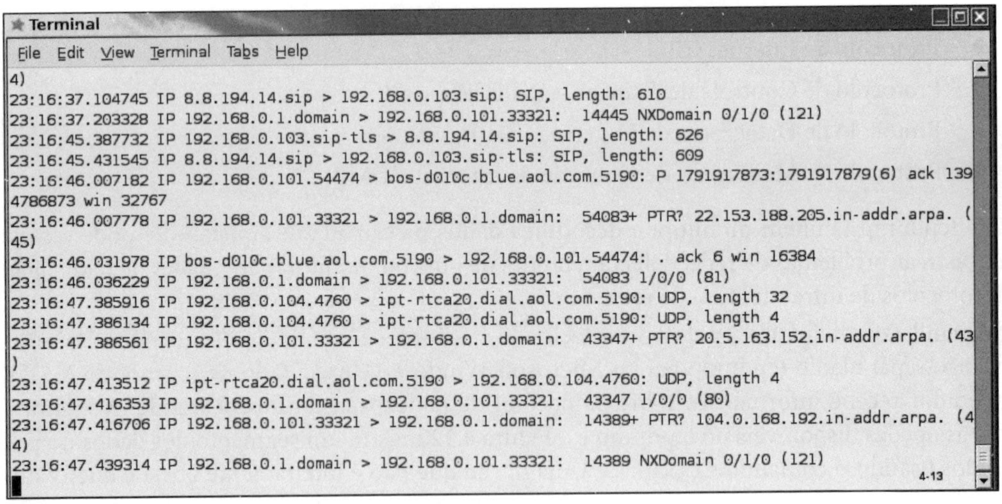

Figura 4.12 Fluxo de dados de pacotes com tcpdump.
Fonte: tcpdump

A Figura 4.13 mostra um exemplo da saída disponível quando se utiliza o Snort como farejador de pacotes.

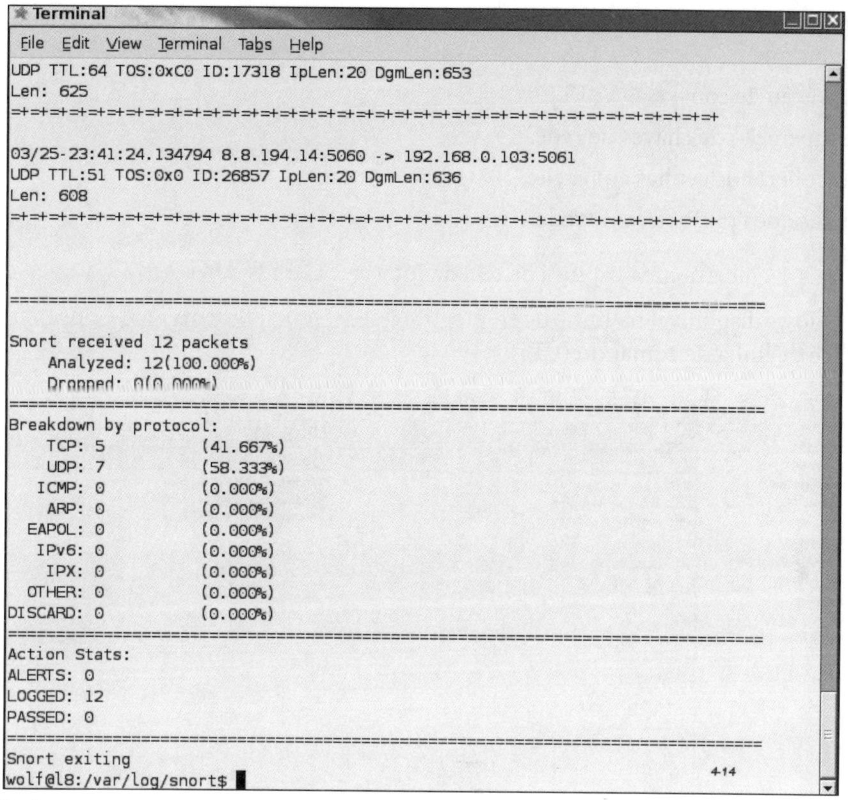

```
Terminal
File Edit View Terminal Tabs Help
UDP TTL:64 TOS:0xC0 ID:17318 IpLen:20 DgmLen:653
Len: 625
=+=+=+=+=+=+=+=+=+=+=+=+=+=+=+=+=+=+=+=+=+=+=+=+=+=+=+=+=+=+

03/25-23:41:24.134794 8.8.194.14:5060 -> 192.168.0.103:5061
UDP TTL:51 TOS:0x0 ID:26857 IpLen:20 DgmLen:636
Len: 608
=+=+=+=+=+=+=+=+=+=+=+=+=+=+=+=+=+=+=+=+=+=+=+=+=+=+=+=+=+=+


==============================================================
Snort received 12 packets
    Analyzed: 12(100.000%)
    Dropped: 0(0.000%)
==============================================================
Breakdown by protocol:
     TCP: 5          (41.667%)
     UDP: 7          (58.333%)
    ICMP: 0          (0.000%)
     ARP: 0          (0.000%)
   EAPOL: 0          (0.000%)
    IPv6: 0          (0.000%)
     IPX: 0          (0.000%)
   OTHER: 0          (0.000%)
 DISCARD: 0          (0.000%)
==============================================================
Action Stats:
ALERTS: 0
LOGGED: 12
PASSED: 0
==============================================================
Snort exiting
wolf@l8:/var/log/snort$
```

Figura 4.13 Saída e resumo do Snort em CLI.
Fonte: Snort

Network Monitor

O Network Monitor, mencionado antes como farejador somente embutido, faz parte do Microsoft Windows Server. Versões mais antigas do Network Monitor capturavam apenas o tráfego que entrava e saía do servidor no qual estava instalado. As versões atuais capturam todos os dados de tráfego.

O Network Monitor desempenha as seguintes funções:

- Captura o tráfego da rede e converte-o em formato legível.
- Suporta uma grande variedade de protocolos, incluindo os protocolos de internet e da Microsoft mais utilizados.
- Mantém o histórico de cada conexão de rede, facilitando a detecção de erros e suas causas.
- Oferece suporte a redes de alta velocidade e também sem fio.
- Fornece recursos avançados de filtragem, que permitem a filtragem de informação em qualquer nível e o uso de um ou mais filtros ao mesmo tempo.

Cain & Abel

Cain & Abel é uma ferramenta de recuperação de senha para sistemas operacionais Microsoft que pode ser usada para vários objetivos de farejamento, incluindo:

- Craqueamento criptografado de senhas utilizando técnicas de criptoanálise, dicionário e força bruta.
- Gravação de conversas VoIP.
- Recuperação de chaves de rede.
- Descoberta de senhas em cache.
- Análise dos protocolos de rede.

A Figura 4.14 mostra uma captura de tela da interface Cain & Abel.

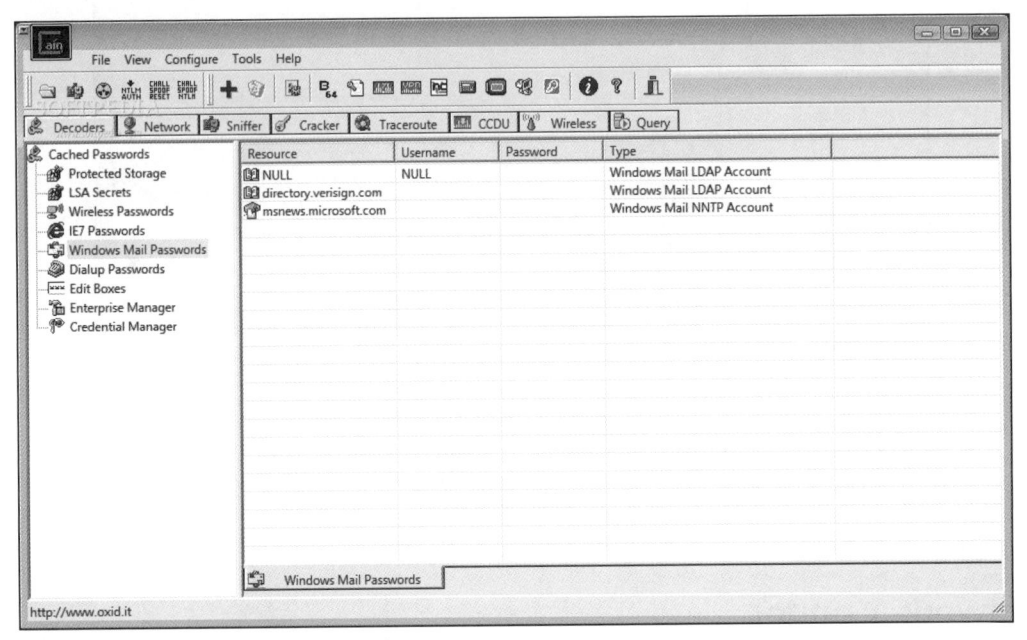

Figura 4.14 Interface Cain & Abel.
Fonte: Cain and Abel

Kismet

O Kismet é um farejador sem fio que detecta redes por meio de farejamento passivo. É capaz de detectar tanto redes nomeadas como ocultas, conseguindo inferir a presença de redes não manifestadas baseadas na análise de tráfego. Inclui o suporte para Windows, Linux, BSD e OS X.

A Figura 4.15 dá um exemplo de captura de tela do Kismet.

Analisadores de protocolo da Fluke Networks

Fluke Networks é um fornecedor de ferramentas de rede. Seu foco é vender ferramentas físicas para análise de redes em vez de vender apenas software. Existe um real valor em adquirir um equipamento, uma vez que é impossível danificar a instalação do software se o dispositivo é destinado a apenas um propósito ou usuário. A desvantagem é que a compra atrela você à arquitetura e à visão do criador do aparelho. Não é preciso pular de software em software, procurando o ideal para você. Também há pouca chance, com uma ferramenta destinada, de personalizar a interface em tempo real.

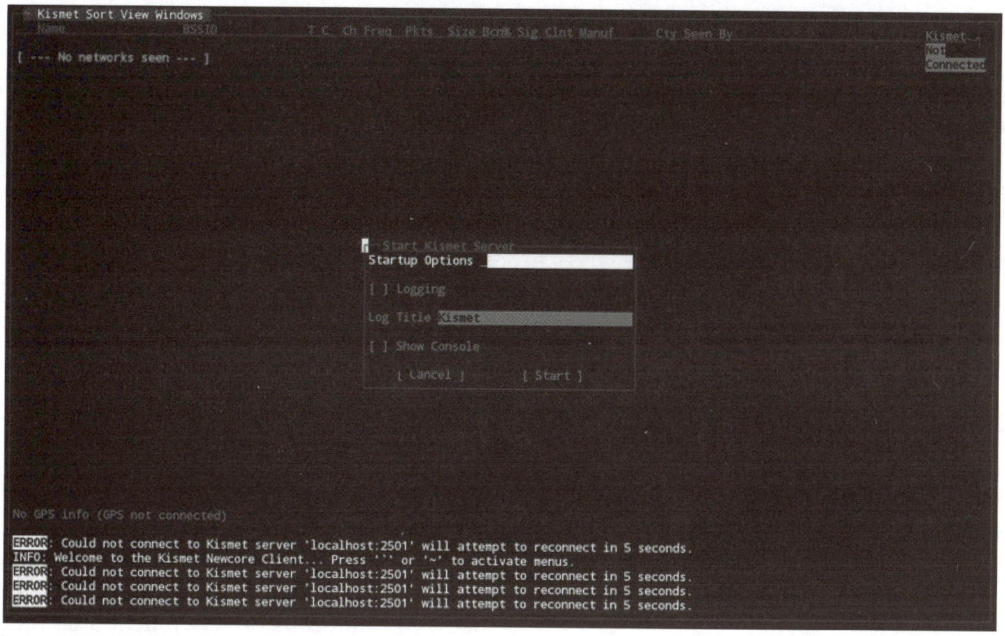

Figura 4.15 Interface Kismet.
Fonte: Kismet

Detectando um farejador

Como a tecnologia do farejador é passiva – um subproduto da forma como o TCP/IP funciona –, é difícil detectar farejadores. Em vez de transmitir informações, eles simplesmente as coletam nas redes. Nenhum traço de sua presença é deixado no sistema nem há registro de seu uso.

Há várias técnicas de detecção que variam em termos de precisão; no entanto, é possível detectar apenas se o suspeito está usando seu cartão de interface de rede em modo promíscuo ou não. Você pode detectar o modo promíscuo e deslealmente admitir que um farejador esteja em operação, já que não há lei que proíba um usuário de executar o modo promíscuo sem executar um farejador. Há várias ferramentas disponíveis para buscar farejadores, como as seguintes:

- *AntiSniff* – Do L0phtCrack, esse software aplica vários testes para determinar se o cartão de interface de rede está em modo promíscuo. Os testes incluem os de DNS, de sistema operacional e de latência. Disponível em: <http://packetstormsecurity.org/sniffers/antisniff>.
- *SniffDet* – Esse recurso de código aberto que é executado em UNIX realiza testes de ICMP, testes de ARP, testes de DNS e testes de latência. Foi transferido em 2009 para o git, que é um gestor de controle de versão de código aberto, mas a comunidade de código aberto está incentivando a continuidade da colaboração para quem estiver interessado em manter a ferramenta. Disponível em: <http://sniffdet.sourceforge.net>.
- *Neped.c* – Essa ferramenta de código aberto é útil para detectar equipamentos baseados em Linux que foram configurados para modo promíscuo. A ferramenta está disponível em: <http://downloads.securityfocus.com/tools/neped.c>.

Muitos desses testes são realizados por vários programas farejadores disponíveis. Alguns dos mais usados são discutidos nas seções a seguir.

Teste de DNS

Alguns farejadores realizam consultas a DNS a fim de substituir endereços IP em seus logs com nomes de hosts totalmente qualificados. Os pacotes enviados a um endereço IP obscuro, como 203.115.23.144, não seriam tão interessantes para um agressor quanto pacotes enviados, como para *mail.thibadeaux.com*.

Existem muitas ferramentas para detectar farejadores com esse método. Usar uma ferramenta para gerar pacotes destinados a endereços IP aleatórios faz com que seu computador faça solicitações de consultas reversas a DNS. O farejador se fará presente ao gerar sua própria solicitação de consulta a DNS no endereço IP. Sua ferramenta fareja essas solicitações, o que então aponta para o programa de farejador.

Testes de latência de rede

Vários métodos usam o atraso na latência da rede para determinar uma provável atividade de farejador no host. É possível "medir" qual das máquinas está trabalhando mais (em termos de CPU) ao combinar diferentes configurações de pacotes e sobrecarregar a rede até o ponto de saturação em que pacotes são perdidos. Os "trabalhadores intensivos" são hosts potenciais de farejadores. A desvantagem desse método é que ele degrada de maneira significativa o desempenho da rede. É essencialmente um ataque por sobrecarga com uma finalidade.

Teste de ping

O AntiSniff é usado para realizar esse teste. Todos os farejadores funcionam em equipamentos que têm uma pilha TCP/IP instalada sobre eles. Quando um computador envia uma mensagem para outro computador, o que recebe responde enviando-lhe uma confirmação. Quando um cartão de interface de rede está em modo promíscuo, o sistema operacional examina todos os pacotes que passam pela rede para ver se eles deveriam ser processados. Contudo, em algumas versões do kernel do Linux apenas o endereço IP é examinado. O AntiSniff pode ter alguma vantagem sobre isso ao enviar um pacote que contém um endereço IP legítimo mas um endereço MAC falso. Se um host responde a um ping com um endereço MAC falso, esse host deve estar em modo promíscuo.

Método rota do remetente

O método rota do remetente usa uma técnica conhecida como rota livre do remetente para localizar farejadores em segmentos de rede próximos. Esse método adiciona informações da rota desejada pelo remetente dentro do cabeçalho IP dos pacotes. Os roteadores ignoram o endereço IP de destino e direcionam o pacote para o próximo endereço IP na opção de rota do remetente.

Para entender o método de rede do remetente livre, considere o exemplo a seguir. Os Computadores A, B e C estão todos no mesmo segmento de rede, e o roteamento foi desabilitado do Computador C. O Computador A tem de enviar uma mensagem para o Computador B, mas configura a mensagem de modo que só possa chegar ao Computador B se passar pelo C. Quando o Computador A transmite a mensagem, ela inicialmente será enviada ao roteador. Quando a mensagem é enviada do roteador para o Computador C, ele derruba a mensagem pois seu roteamento foi desabilitado. Se o Computador B, no mesmo segmento do Computador C, responde, então será evidente que ele farejou o pacote do cabo Ethernet.

Se o Computador C realmente parecer ter enviado a mensagem ao Computador B, o campo Tempo de Vida (TTL) da mensagem pode ser usado para verificar se este respondeu pelo Computador C ou diretamente pelo farejamento do tráfego Ethernet.

Para entender como o campo TTL ajuda a detectar um farejador em um computador em uma rede, considere este exemplo. Sempre que um pacote é transferido do Computador A para o Computador C, o campo TTL do pacote tem um valor inicial de 30. Nesse ponto, com cada deslocamento entre nós sobre a rede, esse valor decrescerá de 1. Por isso, se o pacote realmente foi enviado do Computador A para o B pelo Computador C, o valor de TTL será 29. Se o Computador B farejou o pacote do Computador A, o valor TTL obviamente não se alterará. Assim, a presença de um farejador no Computador B é detectada.

Método armadilha

O método armadilha envolve configurar um cliente e um servidor em ambas as pontas de uma rede. O servidor é configurado com contas que não têm direitos ou privilégios, ou é virtual. O cliente executa um script para se conectar ao servidor usando um protocolo Telnet, POP ou IMAP. Os hackers podem pegar esses nomes de usuário e senhas do meio Ethernet porque todos esses protocolos aceitam senhas de texto comum. O hacker então vai tentar conectar-se ao servidor usando o nome de usuário e a senha capturados. Isso dará aos administradores da rede uma boa ideia de qual PC está envolvido na tentativa de login.

Sempre que um hacker captura informações utilizando esse método, você pode configurar sistemas padrão de detecção de invasão ou arquivos de auditoria para registrar informações sobre o hacker. Esse método poderia usar o servidor honeypot. O método armadilha funciona por meio de segmentos de rede, onde quer que os métodos ping e ARP não o façam.

Comandos

De uma plataforma Linux ou UNIX, os comandos `ifconfig-a` e `ps aux` podem ser usados para detectar farejadores em uma rede.

Quando hackers invadem sistemas, eles em geral deixam programas farejadores sendo executados em segundo plano. Em alguns sistemas UNIX e Linux, você pode executar o `ifconfig` para checar se o cartão de interface de rede está em modo promíscuo. Você pode pesquisar a interface simplesmente por executar o comando `ifconfig -a`. O parâmetro "RUNNING PROMISC" indica que o computador está executando em modo promíscuo. (Nota: Isso não funciona nas versões Debian e Fedora do Core do Linux.)

Usuários do Windows podem usar Promqrycmd.exe para detectar interfaces que estão configuradas para ser executadas em modo promíscuo.

Você também pode executar o comando `ps-aux` para detectar um farejador. Esse comando exibe, no formato de tabela padrão do terminal, uma lista de todos os processos que estão em execução. Ele também mostra o computador que iniciou esses processos e revela a porcentagem do tempo de processamento, assim como a porcentagem de memória que está sendo usada. A Figura 4.16 mostra parte da saída do comando `ps-aux`. Na figura, o Ethereal está rodando como raiz, mostrando claramente que você está executando um farejador. Infelizmente, esse não é um método infalível. Um hacker pode mudar os argumentos do processo para um processo aparentemente válido e executar o farejador.

```
cupsys   24712  0.0  0.4    7652   3564 ?       SNs  07:50   0:02 /usr/sbin/cu
syslog   24991  0.0  0.1    1772    804 ?       SNs  07:57   0:00 /sbin/syslog
wolf     27896  0.0  0.2    4328   1620 ?       S    08:35   0:00 /bin/sh /usr
wolf     27914  7.3  1.5   20752  11924 ?       Sl   08:35   0:49 gnome-system
wolf     27920  2.7  8.1  165708  63476 ?       Sl   08:35   0:18 /usr/lib/ope
wolf     27957  0.1  0.8   12468   6956 ?       S    08:37   0:00 gksudo /usr/
root     27960  0.2  2.8   44696  21788 ?       Ss   08:37   0:01 /usr/bin/eth
root     27964  0.4  2.4   33292  19300 ?       S    08:38   0:02 ethereal-cap
wolf     27968  0.7  1.6   30788  12760 ?       Sl   08:38   0:03 gnome-termin
wolf     27971  0.0  0.0    2280    712 ?       S    08:38   0:00 gnome-pty-he
wolf     27972  0.0  0.2    4696   2060 pts/0   Ss   08:38   0:00 bash
root     28077  0.0  0.1    2692   1540 pts/0   S    08:44   0:00 -su
root     28103  0.0  0.1    2556    884 pts/0   R+   08:46   0:00 ps aux
```

Figura 4.16 Saída do comando ps-aux.
Fonte: Word 2010

DICA

Saiba o que é executado normalmente em sua caixa Windows, Linux ou UNIX. Se você não tiver certeza, não será capaz de dizer se algo está deslocado. Por exemplo, se você vir o processo ultrapossum e não estiver rodando um servidor LDAP em sua máquina, pode ser necessário analisá-lo.

Método Reflectometria no Domínio do Tempo (TDR)

A **reflectometria no domínio do tempo (TDR)** se baseia no princípio de que a distância pode ser medida ao se computar o tempo exigido para a energia refletida ser medida na origem. Esse princípio também é a premissa dos sistemas de sonar e radar. O TDR envia um pulso elétrico pelo cabo e cria um gráfico baseado nas reflexões que emanam. Isso também fornece informação de distâncias em formato numérico. Um especialista é capaz de estudar o gráfico da resposta e então determinar a presença de equipamentos que não deveriam estar conectados ao cabo. Além disso, o gráfico pode exibir a distância ao longo do cabo Ethernet no qual a escuta está localizada.

O TDR pode detectar um hardware farejador de pacotes na rede que de outra forma estaria invisível.

Proteção contra um farejador

O primordial da defesa contra um farejador é tornar os dados inconvenientes para o uso. Se o hacker não consegue usar as informações, então todos os seus nós podem estar executando farejadores e não fará diferença. Isso é tão relevante quanto plugar um cabo de telefone RJ-11 em uma porta Ethernet RJ-45 e fazer uma gravação de áudio do que chega pelo telefone. A maneira primária de tornar os dados inconvenientes para o uso é criptografá-los. É fácil implementar a criptografia; no entanto, ela tem seu preço: leva tempo para criptografar e decriptografar a mensagem. Há muitos modelos de criptografia utilizados para aplicações específicas. Encoraje o uso de aplicações que usam criptografia baseada em padrões, como:

- Camada de Sockets Segura (SSL).
- Privacidade Muito Boa (PGP) e Extensões de Correio da Internet de Multipropósito e Segurança (S/MIME).
- Shell Seguro (SSH).

Camada de Sockets Segura (SSL)

Criado pela Netscape, o SSL oferece segurança de dados entre protocolos de aplicação, como HTTP e NNTP. Chamado de Camada de Sockets Segura, ou SSL, esse protocolo não proprietário fornece criptografia de dados, autenticação de servidor, integridade da mensagem e autenticação de cliente para uma conexão TCP/IP.

O SSL é construído como padrão de segurança para todos os navegadores e servidores web que estão na internet. Ele permite navegação criptografada na web e é usado em e-commerce. O SSL permite aos usuários digitar informações pessoais com segurança, assim como números da Previdência Social ou informações de cartão de crédito.

O SSL vem em duas formas: 40 bits e 128 bits. Isso representa o tamanho da chave de sessão gerada por todas as transações criptografadas. Conforme o tamanho da chave aumenta, torna-se mais difícil quebrar o código de criptografia. Quanto mais longa a chave de sessão, mais tempo leva para ser criptografado e decriptografado.

Privacidade Muito Boa (PGP) e Extensões de Correio da Internet de Multipropósito e Segurança (S/MIME)

Mensagens de e-mail podem ser farejadas em vários pontos no percurso entre emissor e receptor. Uma mensagem de e-mail passa por firewalls corporativos que monitoram o tráfego da rede. A mensagem pode ser retida no servidor de correio do emissor tanto por questões de tráfego como de segurança. Como sua conta de e-mail corporativa pertence à empresa e não a você, há motivo suficiente para a companhia arquivar todas as mensagens. A mensagem também pode ser retida em uma série de servidores intermediários, onde é registrada e salva. Finalmente, na recepção final, o servidor de correio registra e salva a mensagem para recuperação assim como para um possível arquivamento da mensagem por questões de segurança. Apesar de ser improvável, a mensagem pode se tornar mal direcionada durante esse período, chegando assim à caixa de mensagens incorreta. Nesse caso, a privacidade de uma mensagem de e-mail pode ser assegurada pela criptografia. As duas exigências básicas para garantir a segurança das mensagens de e-mail são privacidade e autenticação. A privacidade indica que apenas o receptor-alvo lê a mensagem, e a autenticação indica o processo que confirma a identidade do emissor.

Dois métodos garantem a segurança das mensagens de e-mail: PGP e S/MIME. O PGP pode ser comprado como complemento de muitos produtos e está disponível gratuitamente para uso pessoal. O S/MIME é natural de vários programas de e-mail populares.

Shell Seguro (SSH)

O Shell Seguro (SSH) é um programa usado para conectar em outro computador de uma rede, executar comandos a partir de um computador remoto e transferir arquivos de um computador para outro.

Uma alternativa segura ao Telnet, um protocolo mais antigo de texto comum, o SSH protege contra:

- Falsificação de IP.
- Ataques de falsificação na rede local.
- Roteamento de IP do remetente.
- Falsificação de DNS.

- Interceptação de senhas de texto comum.
- Ataques "homem no meio".

Mais proteção

Esse conceito de segurança em camadas envolve a aplicação de uma multiplicidade de controles em vários pontos da rede. O objetivo de adicionar camadas de controles é fornecer vantagens adicionais por meio da interação desses controles a fim de que se apoiem entre si. Proteger uma rede de tecnologias de farejador é também um conceito que pode se beneficiar da implementação de controles em vários pontos ao longo da rede.

Na Camada 2 do modelo OSI, habilitar a segurança de portas em um switch ou forçar entradas ARP estáticas para certos hosts ajuda a proteger contra o redirecionamento da falsificação de ARP, apesar de ambas as ações serem extremamente inconvenientes.

Na Camada 3 do modelo OSI, o IPSEC, em conjunto com os serviços de nomes autenticados e seguros (DNSSEC), pode evitar o redirecionamento da falsificação de ARP e farejamento passivo trivial.

Os firewalls podem ser usados, mas têm prós e contras. Como eles protegem redes sensíveis privativas da internet pública, encorajam um modelo de defesa de perímetro da segurança de redes. Os farejadores são mais eficientes por trás de um firewall, no qual Telnet, FTP, POP e outros protocolos antigos de texto comum em geral são permitidos pela política de segurança corporativa.

Resumo do capítulo

- O farejador, também conhecido como farejador de pacotes, é uma aplicação que monitora, filtra e captura pacotes de dados transferidos em uma rede. Os farejadores são uma tecnologia passiva que explora a operação básica dos cartões de interface de rede e os protocolos de rede, como TCP/IP.
- Farejadores embutidos vêm nos próprios sistemas operacionais. Alguns são gratuitos, como o tcpdump, mas os farejadores embutidos comerciais geralmente são versões reduzidas do que está disponível para download em separado.
- Alguns farejadores não embutidos são comprados; outros são gratuitos.
- Entre os componentes do farejador estão: hardware, driver de captura, buffer, decodificador e analisador de pacotes.
- O comportamento padrão de uma rede TCP/IP explorada por farejadores é que todos os pacotes atravessam todos os nós na sub-rede antes de ser transferidos para a internet externamente. Todos os cartões de rede padrão examinam os pacotes para comparar seus próprios endereços MAC com os respectivos destinatários. Os pacotes que não correspondem são descartados ou derrubados.
- Os farejadores alteram o modo de operação do cartão de interface de rede para o modo promíscuo, que permite ao driver de captura armazenar todos os pacotes da rede. Isso facilita a coleta de nomes de usuário e senhas em texto comum.
- Wireshark (Ethereal), tcpdump/windump, Snort e Network Monitor são farejadores de pacotes modernos que estão disponíveis para os sistemas operacionais UNIX, Linux e Windows.
- Os analisadores de protocolos da Fluke Networks são um exemplo de farejadores de pacote comercial.

- Existem várias ferramentas para detectar um farejador. Os testes realizados por essas ferramentas verificam se a placa está em modo promíscuo. Os testes incluem: testes de DNS, testes de latência de rede, testes de ping, método rota do remetente, método armadilha, método reflectometria no domínio do tempo (TDR) e certos comandos de Linux (UNIX).
- Todas as ferramentas que protegem sua rede de um farejador de pacotes envolvem algum nível de criptografia. Atualmente, as melhores defesas incluem Camada de Sockets Segura (SSL), Privacidade Muito Boa (PGP), Extensões de Correio da Internet de Multipropósito e Segurança (S/MIME) e Shell Seguro (SSH).

Questões de revisão

1. Quando é legal executar um farejador de rede?
2. Que sistemas operacionais suportam um aplicativo farejador de pacotes?
3. Cite quatro farejadores baseados em Linux.
4. Mencione quatro farejadores baseados em Windows.
5. Qual é uma boa forma de evitar que a tecnologia de farejador descubra suas senhas de e-mail?
6. Que protocolo deveria ser usado para criptografar senhas?
7. O que faz um reflectômetro no domínio do tempo?
8. Quais são os componentes de um farejador de pacotes intermediário?
9. O que é endereço MAC?
10. Que equipamento usa endereço MAC?
11. Quais características de um NIC em uma rede TCP/IP são exploradas pelos farejadores?
12. Os farejadores são feitos para redes AppleTalk. Verdadeiro ou falso?
13. Redes Ethernet podem ser à prova de farejador. Verdadeiro ou falso?
14. Executar um farejador em modo promíscuo é uma contravenção de classe VI em muitos estados norte-americanos. Verdadeiro ou falso?
15. Snort não é um farejador. Verdadeiro ou falso?
16. Network Monitor só é executado no SO Windows. Verdadeiro ou falso?
17. Você pode detectar um farejador por seu som característico. Verdadeiro ou falso?
18. SSL é um protocolo que torna as transmissões de dados ininteligíveis para um hacker que usa um farejador. Verdadeiro ou falso?
19. Os farejadores não usados para solucionar nomes de hosts são quase impossíveis de detectar. Verdadeiro ou falso?
20. O controle estrito de quem tem privilégios administrativos pode eliminar o uso ilegal de farejadores em sua LAN. Verdadeiro ou falso?

Projetos práticos

PROJETO 4.1

O Wireshark (antigamente chamado de Ethereal) é um farejador útil que permite visualizar as informações brutas dos pacotes de uma rede de modo que você possa monitorar características como números de sequenciamento e temporização. Assim como a maioria dos pacotes de software complexos, o Wireshark tem dependências. Se você está compilando o código-fonte do Wireshark, talvez seja preciso garantir que as bibliotecas externas exigidas – incluindo GLib/GTK+, libpcap, Net-SNMP, PCRE e GNU ADNS – estejam instaladas. Neste projeto, você vai instalar o Wireshark usando o instalador de pacotes automático do Fedora, o yum. Assim, todas as dependências exigidas serão instaladas automaticamente. Se estiver usando outra distribuição Linux, utilize o instalador de pacotes adequado para seu sistema.

> **DICA**
>
> Em 2006, Gerald Combs, fundador do projeto Ethereal, anunciou na lista de discussão do desenvolvimento do Ethereal que ele estava mudando de emprego e levaria consigo o projeto e seus desenvolvedores centrais ao sair. O Wireshark é um braço do projeto Ethereal, uma situação que não é incomum no universo do software livre/de código aberto.
>
> Como o principal desenvolvedor partiu para o novo projeto chamado Wireshark, os mantenedores de distribuições Linux já estão fazendo mudanças em seus repositórios de software. E, como não há repositório para Windows, a versão para Windows pode ter de ser obtida em *wireshark.org*.

1. Para instalar o Wireshark no Fedora, faça login como root e então digite `yum install wireshark-gnome`.
2. Depois que os repositórios adequados foram configurados e as dependências resolvidas, a instalação perguntará se você quer continuar. Digite **y** e aperte **Enter**. O pacote Wireshark será baixado e instalado e o termo Complete! será exibido quando a instalação estiver concluída.

PROJETO 4.2

Muitas distribuições Linux incluem o tcpdump como parte de sua instalação padrão. Se o tcpdump não estiver incluído em sua distribuição, você poderá instalá-lo como explicado neste projeto.

1. Faça login como root e então digite `tcpdump`.

   Você verá ou o erro "Command not found" ou o comportamento básico do tcpdump, que é uma lista de todos os pacotes que estão passando pela rede. Em redes bem pequenas, não haverá muito tráfego. Essa é a mesma informação que o Wireshark armazena em um buffer na RAM. A Figura 4.17 mostra a saída do comando `tcpdump`.

2. Se você obtiver um erro "Command not found", que indica que o tcpdump ainda não está instalado em seu sistema, digite `yum upgrade tcpdump`.

3. Quando o pacote tcpdump é localizado, você é solicitado a continuar. Para começar o processo de instalação, digite **y** e aperte **Enter**; o tcpdump será instalado em seu sistema Fedora. Para instalar o tcpdump em outra distribuição Linux, use o instalador de pacote apropriado. (Por exemplo, no Linux SUSE, use YaST.)

FAREJADORES

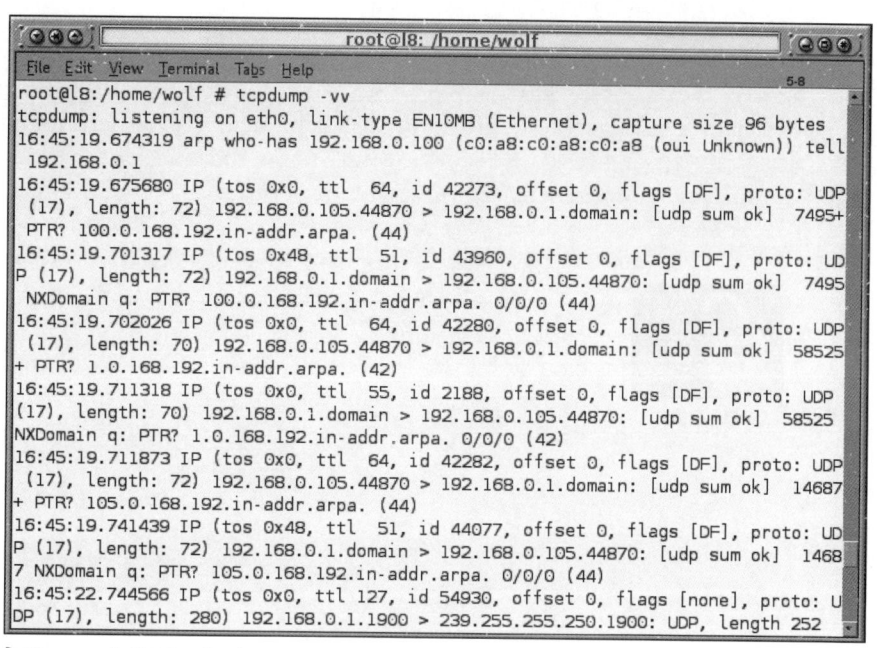

CAPÍTULO 4

```
root@l8:/home/wolf # tcpdump -vv
tcpdump: listening on eth0, link-type EN10MB (Ethernet), capture size 96 bytes
16:45:19.674319 arp who-has 192.168.0.100 (c0:a8:c0:a8:c0:a8 (oui Unknown)) tell
 192.168.0.1
16:45:19.675680 IP (tos 0x0, ttl  64, id 42273, offset 0, flags [DF], proto: UDP
 (17), length: 72) 192.168.0.105.44870 > 192.168.0.1.domain: [udp sum ok]  7495+
 PTR? 100.0.168.192.in-addr.arpa. (44)
16:45:19.701317 IP (tos 0x48, ttl  51, id 43960, offset 0, flags [DF], proto: UD
P (17), length: 72) 192.168.0.1.domain > 192.168.0.105.44870: [udp sum ok]  7495
 NXDomain q: PTR? 100.0.168.192.in-addr.arpa. 0/0/0 (44)
16:45:19.702026 IP (tos 0x0, ttl  64, id 42280, offset 0, flags [DF], proto: UDP
 (17), length: 70) 192.168.0.105.44870 > 192.168.0.1.domain: [udp sum ok]  58525
+ PTR? 1.0.168.192.in-addr.arpa. (42)
16:45:19.711318 IP (tos 0x0, ttl  55, id 2188, offset 0, flags [DF], proto: UDP
(17), length: 70) 192.168.0.1.domain > 192.168.0.105.44870: [udp sum ok]  58525
NXDomain q: PTR? 1.0.168.192.in-addr.arpa. 0/0/0 (42)
16:45:19.711873 IP (tos 0x0, ttl  64, id 42282, offset 0, flags [DF], proto: UDP
 (17), length: 72) 192.168.0.105.44870 > 192.168.0.1.domain: [udp sum ok]  14687
+ PTR? 105.0.168.192.in-addr.arpa. (44)
16:45:19.741439 IP (tos 0x48, ttl  51, id 44077, offset 0, flags [DF], proto: UD
P (17), length: 72) 192.168.0.1.domain > 192.168.0.105.44870: [udp sum ok]  1468
7 NXDomain q: PTR? 105.0.168.192.in-addr.arpa. 0/0/0 (44)
16:45:22.744566 IP (tos 0x0, ttl 127, id 54930, offset 0, flags [none], proto: U
DP (17), length: 280) 192.168.0.1.1900 > 239.255.255.250.1900: UDP, length 252
```

Figura 4.17 Saída do `tcpdump`.
Fonte: tcpdump

CAPÍTULO 5

Vulnerabilidades do TCP/IP

Depois de ler este capítulo e realizar os exercícios, você será capaz de:

- Definir TCP/IP.
- Descrever os passos da comunicação TCP/IP.
- Descrever os pontos fracos do TCP/IP.
- Identificar os passos necessários para proteger informações das vulnerabilidades do TCP/IP.

Introdução às vulnerabilidades do TCP/IP

TCP/IP é uma suíte de protocolos que está por trás da internet. "TCP" significa "Protocolo de Controle de Transmissão" e "IP" significa "Protocolo da Internet". A suíte TCP/IP reúne muitos protocolos e aplicações que se concentram em dois objetivos principais. O IP tem as ferramentas para fornecer o roteamento correto de pacotes e toda a comunicação entre equipamentos. O TCP é responsável pela transferência segura e confiável de dados entre computadores host. TCP/IP é a linguagem comum de computadores em rede e torna a transferência de informações rápida e eficiente.

Os desenvolvedores desse protocolo eram acadêmicos e pesquisadores que estavam focados em modos rápidos, baratos e fáceis de compartilhar informações entre si. Como eles não levaram em consideração o rápido crescimento da internet, muitas vulnerabilidades do TCP/IP começaram a aparecer. Usuários ilegais tiraram proveito de vulnerabilidades do TCP/IP explorando o que é conhecido como "handshake de três passos".

O TCP/IP certifica que o computador que envia um pacote tem uma conexão com o computador que o recebe por meio desse handshake de três passos. No primeiro passo, o computador iniciante envia uma mensagem, conhecida como "SYN", para que o receptor comece a sincronizar números de sequenciamento entre os dois computadores. No segundo passo, o receptor responde transmitindo uma confirmação, um "ACK", de que recebeu o SYN original. Ele também transmite seu próprio SYN para sincronizar números de sequenciamento do seu lado. O terceiro passo do handshake é para que o emissor original responda com um ACK. Esses passos resultam em uma troca confiável, orientada à conexão.

Usuários não autorizados podem disparar um **ataque de negação de serviço (DoS)** no computador destino; é um tipo de ataque a rede que a inunda com tantos pedidos adicionais que o tráfego regular é desacelerado ou completamente interrompido. Uma versão sofisticada desse ataque envolve o uso de muitos computadores; e é conhecida como **negação de serviço distribuída (DDoS)**. Os ataques DoS serão discutidos em detalhes mais adiante.

Este capítulo traz informações básicas sobre TCP/IP e se aprofunda em encapsulamento de dados, temporizadores, ataques de SYN, falsificação e outros ataques. A Figura 5.1 mostra os protocolos mais importantes da suíte TCP/IP.

Camadas do Modelo OSI	Camadas TCP/IP	Protocolos principais
1 Camada física	Camada de enlace	ARP, Ethernet, DSL, ISDN, FDDI, L2TP, NDP, OSPF, PPP, RARP
2 Camada de enlace de dados		
3 Camada de rede	Camada de internet	ECN, ICMP, ICMPv6, IGMP, IPSec, IPv4, IPv6
4 Camada de transporte	Camada de transporte	DCCP, RSVP, SCTP, TCP, UDP
5 Camada de sessão	Camada de aplicação	BGP, DHCP, DHCPv6, DNS, FTP, HTTP, IMAP, IRC, LDAP, MGCP, NNTP, NTP, POP, RIP, RPC, RTP, RTSP, SIP, SMTP, SNMP, SOCKS, SSH, Telnet, TLS/SSL, XMPP
6 Camada de aplicação		
7 Camada de apresentação		

▶ **Figura 5.1** TCP/IP.
© Cengage Learning 2014

Observe que o modelo de Interconexão de Sistemas Abertos (OSI) e o modelo TCP/IP não são totalmente compatíveis. O modelo OSI tem sete camadas, e o modelo TCP/IP tem quatro. Isso porque eles foram criados por grupos diferentes com motivações distintas. O modelo OSI foi criado pela Organização Internacional de Padronização (ISO) como abordagem padrão à tecnologia de rede que pode ser usada por vários fabricantes de equipamentos e permitindo que essas tecnologias funcionem em conjunto. O modelo TCP/IP foi criado pela Força Tarefa de Engenharia da Internet (IETF) como estratégia para a transmissão de pacotes, e o IETF descobriu que havia benefícios práticos para reduzir o modelo OSI em menos camadas diferentes. O TCP e o IP foram finalmente integrados ao TCP/IP. Esses esforços iniciais explicam por que a versão consistente que foi amplamente adotada é conhecida como IPv4.

Encapsulamento de dados

Os dados que você vê em sua tela, e digita em seu teclado ou indica com o mouse, não conseguem atravessar a rede sozinhos. Eles precisam ser empacotados com outras informações. É aí que entra o TCP/IP. O modelo TCP/IP usa o encapsulamento de dados para transferir dados de uma máquina para outra (ou de um processo para outro). O **encapsulamento de dados**, nesse contexto, acrescenta informações de controle por meio do uso de uma série de cabeçalhos anexados ao pacote original de dados que é transferido de um host emissor para a rede. Por exemplo, dados de endereço de origem e do endereço de destino não podem ser usados por programas na camada de Apresentação OSI. A camada de Apresentação está relacionada à exibição de dados em uma tela e à interação com o teclado e o mouse, assim como em documentos de um processador de texto comum. As camadas de Aplicação OSI e TCP/IP se preocupam mais com o salvamento adequado do documento no disco e em rastrear mudanças no documento do que com a transferência de informações entre os nós.

Esse tipo de informação não se mostra útil até que os dados passem pela camada de Transporte. Lá, eles são quebrados em pacotes adequados para o processamento na camada de Rede do protocolo TCP, o que agrega informações de verificação de dados e numeração aos pacotes. Estes são então entregues à camada de internet do protocolo IP, onde são preparados para a transferência física por protocolos de enlace de dados que funcionam nas redes físicas existentes entre o emissor e o receptor. Com o encapsulamento de dados, também chamado de "escondendo dados", os detalhes de implementação de uma classe permanecem ocultos para o usuário. Cada entrega sucessiva entre duas camadas adiciona pelo menos um cabeçalho novo a cada pacote.

A camada de Aplicação do modelo TCP/IP transporta os dados do usuário e os converte em um formato transmissível pela rede. Informações de controle são adicionadas, passando para a camada de Transporte, que organiza os dados em partes, adiciona sua própria informação de cabeçalho e a transfere para a camada de internet (IP). A camada IP fornece um endereçamento lógico conforme trabalha com os dados no formato de pacotes. Então, os dados são entregues à camada de Enlace, onde é quebrado em frames ou pacotes Ethernet. Os cabeçalhos e caudas finais são adicionados, e esses frames são agrupados no formato de fluxo contínuo de dados que os levam a seu destinatário final. A Figura 5.2 ilustra o encapsulamento de dados de um documento conforme ele passa de um host para outro em uma rede.

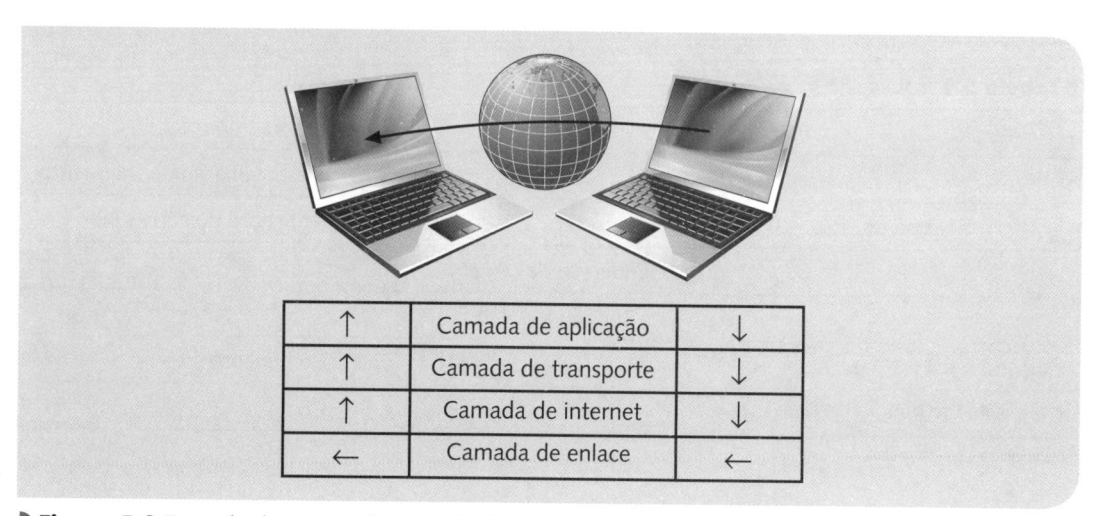

Figura 5.2 Exemplo de encapsulamento de dados TCP/IP.
© Cengage Learning 2014

Esse processo pode parecer extremamente complicado e difícil de administrar, mas sua natureza modular simplifica muito o problema de transferir de forma bem-sucedida os vários tipos de dados pelas redes locais ou pela Internet.

Protocolo da Internet (IP)

O **Protocolo da Internet (IP)** é responsável por transmitir dados de um computador de origem para o computador destino final – ou seja, por rotear os pacotes pelo hardware da rede. É um protocolo de rede que funciona na Camada 3 do Modelo OSI e nas Camadas 2 ou 3 do modelo TCP/IP. (Sozinho, o IP não estabelece conexão nem garante a entrega de pacotes ao destino, por isso ele se combina com o TCP.) Os pacotes IP podem usar muitas rotas diferentes pela rede antes de chegar ao destino final.

Os endereços IP passam atualmente por um período de transição. A versão de IP mais usada é a IPv4. Seus endereços geralmente são escritos como números decimais com ponto, como 192.168.100.201. O IPv6 é uma versão mais recente de IP e seus endereços geralmente são escritos como oito grupos de dígitos hexadecimais, como 2001:0db8:85a3:08d3:1319:8a2e:0370:7334. Por que o IPv6 existe? Os criadores do IPv4 não imaginavam a grande quantidade de computadores pessoais, smartphones, tablets e aparelhos domésticos que um dia exigiria o uso de um endereço IP. Enfim, não havia preocupação com a falta de endereços IPv4 exclusivos para a internet. Recentemente, a indústria investiu muita energia no desenvolvimento de estratégias para reduzir o número de endereços IP – a tradução de Endereço de Rede (NAT), por exemplo, e o protocolo de configuração dinâmica de host (DHCP). Essas e outras estratégias, combinadas com equipamentos multiprotocolos, deram aos administradores de rede mais flexibilidade na transição para o IPv6. O IPv6 também acrescentou algumas características de segurança (como encapsular os cabeçalhos) que estimularam a mudança para esse novo protocolo.

Os pacotes são gerados e números de sequenciamento são atribuídos como parte do cabeçalho. Os pacotes IP em geral não seguem a mesma rota sequencial, o que cria a necessidade de remontá-los no receptor usando esses números de sequenciamento. O papel que o sequenciamento desempenha no estabelecimento de uma conexão cria uma vulnerabilidade que os agressores podem explorar.

A Tabela 5.1 mostra a composição de um cabeçalho IP.

Tabela 5.1 Cabeçalho IP

Versão	IHL	Tipo de serviço	Comprimento total	
Identificação			Flags	Deslocamento de fragmento
Tempo de vida		Protocolo	Soma de verificação do cabeçalho	
Endereço de origem				
Endereço destino				
Opções			Enchimento	
Cabeçalho TCP, seguido por dados				

© Cengage Learning 2014

Quando um pacote IP grande é enviado por uma rede, ele é quebrado. Esse processo é chamado de fragmentação. Em seu destino, os fragmentos são remontados para formar o pacote original.

A Tabela 5.2 ilustra os conteúdos possíveis dos campos em um cabeçalho IP.

TCP

O TCP tem um projeto orientado à conexão, o que significa que os participantes de uma sessão TCP devem criar inicialmente uma conexão. Como discutido anteriormente, a conexão TCP é chamada de "handshake de três passos". O TCP é responsável por fornecer serviços voltados à conexão entre um computador de origem e um computador destino e por garantir a entrega dos pacotes. Os pacotes chegam à camada de Aplicação na ordem correta porque o TCP identifica-os e monta-os com base nos números de sequenciamento.

Os computadores de origem e destino trocam o **número de sequenciamento inicial (ISN)** quando uma conexão é feita. Os pacotes então são aceitos dentro de um intervalo especificado durante o estabelecimento da conexão. O TCP rejeita pacotes que contêm números de sequenciamento diferentes dos intervalos especificados pelo tamanho da janela.

Tabela 5.2 Componentes do cabeçalho IP

Campos de um cabeçalho IP	Tamanho em bits	Descrição
Versão	4	Configura para 4 para especificar pacotes IPv4 ou para 6 para especificar pacotes IPv6.
IHL	4	Comprimento do Cabeçalho de Internet (IHL); valor normal = 5.
Tipo de serviço	8	Determina a qualidade do serviço exigido; a qualidade do serviço especifica o equilíbrio entre pouco atraso, alta confiabilidade e alta taxa de transferência, e define o nível de precedência de um pacote.
Comprimento total	16	Especifica o comprimento total de um pacote de dados que esta sendo retransmitido; como esse é um campo de 16 bits, o comprimento máximo do pacote de dados IP é de 65.535 bytes.
Identificação	16	Determina uma identidade atribuída a todos os pacotes datagrama de modo que, se o datagrama se fragmentar, ele pode ser remontado no destino.
Flags	3	Três flags são usadas na fragmentação do datagrama. A primeira é reservada. A segunda é Não Fragmenta (DF), usada com a finalidade de teste e ignorada pela maioria dos protocolos de alto nível. Configurar o DF para 1 significa que o pacote não deveria ser fragmentado. A terceira flag é Mais Fragmentos (MF). Se MF está marcado com 0, é a última parte. Se está marcado com 1, será seguido por outros.
Deslocamento do fragmento	13	Especifica o sequenciamento do fragmento no datagrama.
Tempo de vida	8	Define o tempo máximo que o datagrama pode permanecer na rede, indicado em termos de quantos saltos entre nós ele pode fazer no roteamento.
Protocolo	8	Especifica o protocolo de próximo nível ao qual o datagrama pertence.
Soma de verificação do cabeçalho	16	Determina a soma de verificação apenas do cabeçalho do datagrama. É uma simples soma de verificação de 16 bits, calculada pela divisão dos bytes do cabeçalho em palavras (uma palavra tem dois bytes) e então somando-as. É necessária porque o cabeçalho muda quando o valor no campo Tempo de vida muda. Nesse ponto, é recalculado. Cada roteador realiza essa soma de verificação, e se o número calculado e o conteúdo do campo de soma de verificação de cabeçalho não são iguais então o roteador descarta o pacote, considerando-o corrompido.
Endereço de origem	32	Especifica o endereço IP de origem do datagrama; esse é sempre o emissor original, mesmo que o emissor intermediário seja um roteador ou ponte.
Endereço destino	32	Define o endereço IP destino do datagrama; esse é sempre o destino final do pacote, mesmo que o destino intermediário seja um roteador ou ponte.
Opções	Variável	Pode ou não estar presente no datagrama; essas opções estão relacionadas ao roteamento de pacotes pela rede.
Enchimento	Variável	Acrescenta caracteres "0" extras para transformar o cabeçalho em um múltiplo de 32 bits.

© Cengage Learning 2014

O cabeçalho TCP é mostrado na Figura 5.3.

Número da porta de origem (16 bits)									Número da porta destino (16 bits)	
Número de sequenciamento (32 bits)										
Número de confirmação (32 bits)										
Cabeçalho (4 bits)	Reservado (6 bits)	U R G	A C K	P S H	R S T	S Y N	F I N		Tamanho da janela (16 bits)	
Soma de verificação TCP (16 bits)									Ponteiro urgente (16 bits)	
Opções (se houver)/Enchimento										
Dados (se houver)										

Figura 5.3 Cabeçalho TCP.
© Cengage Learning 2014

A Tabela 5.3 ilustra os vários campos contidos em cabeçalho TCP.

Tabela 5.3 Componentes do cabeçalho TCP

Campos em um cabeçalho TCP	Tamanho em bits	Descrição
Número da porta de origem	16	Pode ser qualquer número de porta de 1 a 65.535; não há razão para a porta de origem de uma requisição de página web ser exatamente a porta 80.
Número da porta destino	16	O número da porta destino; pode ser qualquer número de porta de 1 a 65.535.
Número de sequenciamento (ISN)	32	Número de sequenciamento do primeiro octeto de dados do segmento.
Número de confirmação	32	Se o bit ACK está marcado, esse campo contém o valor do próximo número de sequenciamento esperado pelo receptor.
Cabeçalho	4	Deslocamento onde o campo de dados começa no pacote.
Reservado	6	Reservado para uso futuro.
URG	1	Campo do indicador urgente.
ACK	1	Campo de confirmação.
PSH	1	Função push.
RST	1	Reinicia a conexão.
SYN	1	Sincroniza o número de sequenciamento.
FIN	1	Nenhum dado a mais do emissor.
Tamanho da janela	16	Número de octetos de dados a começar de um.

(continua)

Tabela 5.3 Componentes do cabeçalho TCP (*continuação*)

Campos em um cabeçalho TCP	Tamanho em bits	Descrição
Soma de verificação TCP	16	Soma de verificação para conferência de erro do cabeçalho e dados do pacote.
Ponteiro urgente	16	Quando o bit URG está marcado, esse campo é interpretado; contém o valor do ponteiro urgente, que é mais alto do que o número de sequenciamento nesse segmento.
Opções (se houver)	Variável	Opções de roteamento para o pacote.
Enchimento	Variável	Enche o cabeçalho até chegar a um múltiplo de 32 bits.
Dados (se houver)	Variável	Dados a serem transmitidos.

© Cengage Learning 2014

Estabelecimento e liberação de conexão

Como já mencionado, o TCP usa um handshake de três passos tanto para estabelecer como para liberar uma conexão. Isso significa que os participantes de uma sessão TCP criam uma conexão usando três pacotes em uma ordem específica. Há algumas "flags" de um bit que são ligadas ou desligadas e fazem parte de um cabeçalho TCP. Há seis possíveis **flags do pacote TCP**: URG, ACK, PSH, RST, SYN e FIN. Os pacotes podem ter mais de um aviso de flag, o que é indicado pelos nomes de cada uma separados por uma barra (como SYN/ACK) ou vírgula (como ACK, FIN). SYN/ACK quer dizer que o pacote está tentando sincronizar com o emissor e ao mesmo tempo confirmar um pacote recebido. Entretanto, geralmente um pacote enviará apenas uma flag. Você nunca verá um pacote RST/FIN porque essas flags sinalizam o mesmo resultado. Os pacotes com três ou mais flags são provavelmente tentativas de derrubar sua máquina. Um pacote com todas as seis flags é chamado de "Pacote Árvore de Natal" ou "nastygram". Implementações mais recentes de TCP/IP em geral liberam pacotes como esse.

O processo de três pacotes em uma conexão TCP é: SYN -> SYN/ACK -> ACK. Os pacotes devem se atualizar mutuamente no progresso da transferência por meio do sequenciamento (ISN) e pelas confirmações de ambos os lados. Esse processo tem como objetivo garantir a confiabilidade dos dados.

Estabelecimento de conexão

Primeiro, o computador de origem entrega um pacote SYN ao computador destino. Esse pacote tem o ISN que o computador destino deve usar a fim de enviar uma resposta (ACK) ao computador de origem. O ISN é indicado pelo fato de o bit SYN estar "ativo". Por exemplo, se o bit SYN está marcado em 1, o número de sequenciamento de 32 bits representará o ISN. Entretanto, se o bit SYN não está marcado, o que significa que o valor do bit SYN é zero (0), o número 32 bits representa o número de sequenciamento (em andamento).

Após a recepção do pacote SYN, o computador destino transmite um SYN com reconhecimento, ACK. Finalmente, o computador de origem envia um ACK ao destino como resposta com um número de sequenciamento "no intervalo".

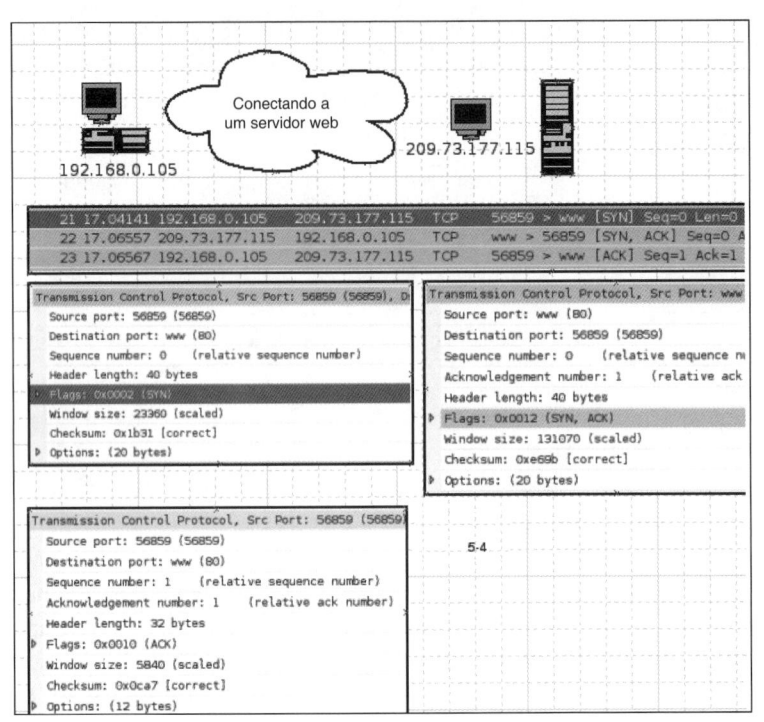

A Figura 5.4 mostra a configuração de uma conexão TCP/IP.

Figura 5.4 Configuração de conexão TCP/IP.
© Cengage Learning 2014

Liberação de conexão

Ao liberar a conexão entre dois computadores, o computador de origem envia um pacote FIN para o computador destino. Então, este envia um pacote FIN/ACK, e o computador de origem envia um pacote ACK. Cada computador poderia enviar um RST e encerrar a sessão (reset) imediatamente.

Temporizadores de TCP/IP

Todas as sessões de TCP são rastreadas por temporizadores embutidos no protocolo TCP. Alguns dos temporizadores usados por TCP/IP são:

- *Connection establishment* – Esse temporizador rastreia quando a sessão é estabelecida. A conexão tem início assim que o computador de origem transmite um SYN para o computador destino durante o estabelecimento da conexão. Para a maioria dos sistemas operacionais, 75 segundos é o valor padrão para uma resposta. Uma sessão não será estabelecida se levar mais do que isso para que o servidor destino responda.
- *FIN_WAIT* – Esse temporizador espera pelos pacotes FIN. Seu valor padrão é de dez minutos. Se um pacote FIN é recebido dentro desse intervalo de tempo, o temporizador vai parar e a conexão será encerrada. Se o tempo acabar, o temporizador é reiniciado por 75 segundos, sendo a conexão encerrada.

- *TIME_WAIT* – Esse temporizador espera que os pacotes cheguem ao computador destino. Seu valor padrão é de dois minutos. A conexão é encerrada assim que o temporizador finaliza.
- *KEEP_ALIVE* – Esse temporizador verifica se o computador destino está ativo. Depois de estabelecer a conexão em uma rede, o computador de origem ou destino pode desligar ao informar o outro computador. Cada um deles pode enviar um pacote de teste a cada duas horas para verificar se o outro computador está ativo e ocioso. A conexão é encerrada se não houver resposta a esses pacotes.

Vulnerabilidades do TCP/IP

Durante o desenvolvimento do TCP/IP nos anos 1980, segurança não era uma prioridade, já que quase todos os envolvidos se conheciam ou trabalhavam para o governo, para uma grande empresa ou para uma universidade. Desde 1990, a segurança tornou-se um problema sério devido às vulnerabilidades do TCP/IP, e muito tem-se trabalhado para reforçar a segurança das redes. Várias mudanças presentes no IPv6 têm o objetivo de amenizar alguns dos riscos conhecidos do IPv4.

Algumas vulnerabilidades que foram expostas são: falsificação de IP, sequestro de conexão, ataques de ICMP, ataques TCP SYN e ataques de RIP.

Falsificação de IP

Falsificação de IP é uma técnica na qual os agressores enviam pacotes para a vítima ou focam um computador utilizando um endereço de origem falso. A vítima não tem ideia de que o pacote não vem de um host confiável e então o aceita, enviando uma resposta "de volta" para o computador de origem indicado. Isso também é conhecido como ataque "homem no meio".

Como o agressor que envia o pacote fraudado não consegue ver a resposta, ele deve adivinhar os números de sequenciamento adequados para enviar o pacote ACK final como se ele tivesse vindo da origem "real". Se essa tentativa for bem-sucedida, o hacker estabelece uma conexão com a máquina da vítima e é capaz de mantê-la pelo tempo em que o computador permanecer ativo. Um hacker pode utilizar dois métodos para obter os números de sequenciamento: adivinhação de sequenciamento e roteamento do remetente.

Adivinhação de sequenciamento

Durante o handshake de três passos, o computador de origem envia um número de sequenciamento para o computador destino como parte do pacote SYN inicial. O computador destino cria seu próprio número de sequenciamento e o entrega ao computador de origem. Então, este envia o pacote ACK junto com o número de sequenciamento que foi criado pelo computador de destino.

O hacker envia algumas conexões para a vítima e consegue ter ideia da rapidez com que o número de sequenciamento está aumentando. Quando o hacker envia o SYN fraudado e a vítima responde à origem "real", esse computador em geral derruba o pacote SYN/ACK, uma vez que ele não enviou o pacote de contato original. O agressor então envia um pacote ACK fraudado com um número de sequenciamento da vítima que é a "melhor adivinhação", com base no conhecimento de quão ocupada a vítima parece estar e em que medida o número de sequenciamento dela está aumentando. Finalmente, o hacker consegue adivinhar o número de sequenciamento pois este é gerado a partir de um contador global e aumenta em unidades fixas.

Roteamento do remetente

Atualmente o roteamento do remetente é menos viável como método de ataque porque a tecnologia moderna foi criada para detectar e amenizar o problema, derrubando automaticamente pacotes roteados na origem. Historicamente, cada roteador que recebia o pacote examinava o endereço IP destino enquanto os pacotes transitavam pela rede. Ele então escolhia o melhor destino para rotear o pacote para seu próximo "salto de nó". Um emissor que usa **roteamento do remetente** especifica o caminho de volta pelo qual o computador destino enviaria sua resposta. Tipicamente, essa característica era usada tanto para localizar problemas em uma rede como para melhorar seu desempenho. Os agressores usavam o roteamento do remetente para obter acesso a um computador-alvo na internet, mas eles às vezes não eram capazes de atingir o alvo devido ao uso de endereçamento privado. Nesse caso, o agressor procurava um computador ou roteador intermediário na internet que pudesse encaminhar os pacotes ao computador-alvo. Nessa etapa, o agressor poderia chegar ao computador-alvo a partir da internet pelo roteamento do remetente por meio de um computador intermediário.

Sequestro de conexão

Um agressor pode ser capaz de controlar uma conexão existente entre os computadores de origem e destino usando o **sequestro de conexão**. Para isso, o agressor dessincroniza uma série de pacotes entre o computador de origem e o destino. Pacotes extras enviados a uma das vítimas com os mesmos números de sequenciamento dos pacotes autênticos forçam a vítima a escolher qual aceitar. Se a vítima escolhe descartar os pacotes autênticos e interage com os fraudados, o agressor sequestra a conexão e agora os pacotes autênticos são ignorados. O agressor então se comunica com o computador da vítima como se fosse o computador de origem autêntico, e aquele computador de origem, sendo ignorado, fechará sua própria conexão para a vítima.

Ataques de ICMP

"ICMP" significa Protocolo de Mensagens de Controle da Internet. Em um **ataque de ICMP**, os pacotes são usados para enviar informações de conexão fraudulentas ou enganadoras entre computadores. O ICMP é usado para testar a conectividade usando utilitários como o comando `ping`. Como ICMP não autentica pacotes, é fácil interceptá-los e transmitir pacotes ICMP fraudados.

Ataques DoS podem ser executados com o uso de pacotes ICMP. Destinatário Inalcançável e Tempo de Vida Excedido são pacotes ICMP que reiniciam conexões existentes entre um computador de origem e um destino. Um pacote ICMP Destinatário Inalcançável especifica que, devido a um problema na rede, os pacotes não podem ser enviados ao computador destino. O campo Tempo de Vida no cabeçalho TCP estabelece a duração em que o pacote é válido. Os agressores que transmitem pacotes fraudados podem reiniciar com sucesso conexões existentes. Uma versão famosa desse ataque é conhecida como "ataque ping da morte".

Ataques TCP SYN

Um **ataque TCP SYN** aproveita-se da forma como a maioria dos hosts implementa o handshake de três passos do TCP. Quando o Host B recebe o formulário de solicitação SYN de A, ele deve ficar atento à conexão parcialmente aberta em uma fila por pelo menos 75 segundos. A maioria dos sistemas é limitada e pode ficar atenta apenas a um pequeno número de conexões. Um agressor pode estourar a fila de escuta enviando mais solicitações SYN do que a fila pode receber. É por isso que os ataques SYN também são chamados de inundação de SYN. Se grandes quantidades de pacotes SYN são recebidas sem confirmação, então todas as conexões estarão ocupadas. Como uma conexão nova não pode ser estabelecida, usuários legais não serão capazes de conectar-se ao computador. Esse nem sempre é um ataque de boa-fé. Quando vários usuários legais entram em um site popular, o resultado é o mesmo. Não há como rastrear quantos usuários legais são recusados pelo estouro do tráfego sem ter um software que equilibre o fluxo e vários servidores no local para lidar com o estouro.

Ataques de RIP

Algumas redes, especialmente pequenas LANs, usam o Protocolo de Informação de Roteamento (RIP) como protocolo de rede para administrar o tráfego da rede. Os **ataques de RIP** se aproveitam disso. O RIP é um componente essencial de uma rede TCP/IP e o responsável pela distribuição de informações de roteamento nas redes.

Um pacote RIP geralmente é utilizado sem verificação. Os ataques de RIP mudam o destino dos dados. Um agressor pode mudar a tabela de roteamento dos roteadores e especificar que o caminho que passa pelos nós estipulados pelo hacker é o mais rápido para pacotes de ou para a máquina suscetível. Uma vez que o roteador é modificado, ele transmite todos os pacotes para o computador do hacker. Eles então podem ser modificados, lidos ou respondidos.

Protegendo o TCP/IP

Os dados dos pacotes tipicamente não são criptografados, nem os pacotes foram autenticados. Essa é a vulnerabilidade dupla do TCP/IP. Como os dados não são criptografados, um farejador de pacotes pode ser utilizado para visualizar o conteúdo dos pacotes. No passado, era interessante observar os nomes das contas de usuários e senhas em texto comum de clientes de e-mails POP3, como o Outlook Thunderbird, executando na rede em intervalos previsíveis de dez minutos. Como os computadores não verificam se os pacotes são realmente enviados do computador de origem aparente, os agressores conseguem enviar pacotes fraudados de qualquer computador. É muito mais incomum hoje em dia encontrar autenticação ou informação de senha transmitida em texto limpo; no entanto, os dados de pacotes permanecem disponíveis com mais frequência em texto limpo. Especula-se que o crescimento do IPv6 deva aumentar o uso de IPSec na rede interna, o que vai ajudar a reduzir esse problema. Há também a legislação de privacidade, especialmente em estados norte-americanos como Califórnia e Massachusetts, que recompensa organizações que aplicam tecnologias de criptografia para reduzir sua exposição a litígios resultantes da exposição dos dados.

Essas falhas inerentes ao TCP/IP não podem ser extintas sem que a arquitetura da suíte do protocolo seja alterada. Não há solução mágica ou "aplicativo matador" para solucionar questões de segurança de TCP/IP. Muitos métodos precisam ser utilizados ao mesmo tempo para ser bem-sucedidos na área. Essas soluções não são todas globais. Uma solução pode ter de ser implementada várias vezes em cada um dos PCs de uma rede.

Os métodos a seguir podem ser implementados para reduzir as vulnerabilidades do TCP/IP:

- Modificar os valores do temporizador padrão para interromper ou evitar ataques TCP SYN.
- Aumentar o número de conexões simultâneas com que um computador pode lidar.
- Reduzir o limite de tempo para ouvir as respostas ao SYN/ACK no handshake de três passos.
- Mudar o método usado para gerar números de sequenciamento visando tornar a adivinhação de sequenciamento mais desafiadora. Usar um gerador de número aleatório (RNG) para criar parte do algoritmo que chega ao ISN.

- Implantar regras de firewall para evitar que pacotes fraudados entrem na intranet pela internet e vice-versa.
- Evitar o uso de autenticação do endereço de origem. Implementar um sistema de autenticação criptográfica amplo.
- Permitir sessões de criptografia no roteador, caso um operador permita conexões externas de hosts confiáveis.
- Criptografar pacotes transmitidos pela rede, ou enviá-los usando VPN criptografado. A criptografia torna a obtenção de qualquer dado útil muito desafiadora para um agressor ao empregar um farejador em uma rede.

Arquitetura de Segurança de IP (IPSec)

A **Arquitetura de Segurança de IP (IPSec)** é uma coleção de padrões IETF que definem a arquitetura da camada IP e protegem o tráfego IP ao usar vários serviços de segurança. A Tabela 5.4 mostra alguns dos protocolos incluídos em IPSec.

Tabela 5.4 Alguns protocolos IPSec

Número RFC	Nome	Descrição
2401	Arquitetura de Segurança para o Protocolo de Internet	O principal documento IPSec descreve a arquitetura e a operação geral da tecnologia e mostra como os diferentes componentes se combinam
2402	Cabeçalho de Autenticação IP	Define o protocolo do Cabeçalho de Autenticação IPSec (AH) usado para garantir a integridade dos dados e a verificação de origem
2403	Uso do HMAC-MD5-96 com ESP e AH	Descreve um algoritmo específico de criptografia para uso por AH e ESP chamado Resumo de Mensagem 5 (MD5)
2404	Uso do HMAC-SHA-1-96 com ESP e AH	Descreve um algoritmo específico de criptografia para uso por AH e ESP chamado Algoritmo de Hash Seguro 1 (SHA-1)
2406	Encapsulamento da Carga Útil de Segurança (ESP) de IP	Descreve o protocolo IPSec de Encapsulamento da Carga Útil de Segurança (ESP) que fornece criptografia de dados para confidencialidade
2408	Protocolo de Gerenciamento de Chaves e de Associações de Segurança da Internet (ISAKMP)	Define métodos para troca de chaves e negociação de associações de segurança
2409	Troca de Chaves na Internet (IKE)	Descreve o protocolo Troca de Chaves na Internet (IKE) usado para negociar associações de segurança e intercâmbio de chaves entre dispositivos para garantir comunicações seguras; baseia-se em ISAKMP e OAKLEY
2412	Protocolo de Determinação de Chaves OAKLEY	Descreve um protocolo genérico para intercâmbio de chaves

© Cengage Learning 2014

O IPSec fornece os seguintes serviços a usuários de rede:

- Criptografia de dados do usuário para privacidade.
- Autenticação da integridade da mensagem.
- Proteção contra certos tipos de ataques à segurança, como ataques de repetição.
- Capacidade de os dispositivos negociarem os algoritmos de segurança e as chaves exigidos para tornar seguras as conexões autenticadas.
- Dois modos de segurança, túnel e transporte, para atender a diferentes necessidades de rede.

Resumo do capítulo

- O Protocolo de Internet (IP) é responsável por enviar dados de um computador de origem para um computador destino. Ele não estabelece a conexão nem valida os pacotes. O IP não garante a entrega dos pacotes ao destino.
- O TCP garante a entrega dos pacotes. O TCP/IP usa o handshake de três passos para estabelecer ou permitir uma conexão. O handshake de três passos é SYN -> SYN/ACK ->ACK.
- Entre os temporizadores importantes para a segurança de TCP/IP estão os de Estabelecimento de Conexão, FIN_WAIT, TIME_WAIT e KEEP_ALIVE.
- Entre as vulnerabilidades do TCP/IP estão ataques TCP SYN, falsificação de IP, sequestro de conexão, ataques de RIP e ataques de ICMP.
- As vulnerabilidades do TCP/IP podem ser reduzidas pela modificação dos valores do temporizador padrão, geração de números de sequenciamento aleatórios, utilização adequada dos firewalls configurados, utilização de filtros TCP no UNIX e Linux, uso de autenticação ou criptografia.
- A Arquitetura de Segurança de IP (IPSec) é uma coleção de padrões da Força Tarefa de Engenharia da Internet (IETF) que define a arquitetura na camada IP e protege o tráfego IP ao usar vários serviços de segurança.
- O IPSec fornece os seguintes serviços a usuários de rede:
  - Criptografia de dados do usuário para privacidade.
  - Autenticação da integridade de uma mensagem.
  - Proteção contra certos tipos de ataques de segurança, como ataques de repetição.
  - Capacidade de os dispositivos negociarem os algoritmos de segurança e as chaves exigidos para tornar seguras as conexões autenticadas.
  - Dois modos de segurança (túnel e transporte) para atender às diferentes necessidades de rede.

Questões de revisão

1. O que significa TCP/IP?
2. Qual a função do TCP na internet?
3. Qual a função do IP na internet?
4. O que é encapsulamento de dados?

5. Quais as camadas da pilha de TCP/IP?
6. Quais são as três flags do cabeçalho IP, e para que servem?
7. O que a soma de verificação faz no cabeçalho IP?
8. O que o campo soma de verificação faz no cabeçalho TCP?
9. O que é handshake de três passos?
10. O que é inundação de SYN?
11. O que é Pacote Árvore de Natal?
12. Quais são as três formas de reduzir ou eliminar vulnerabilidades de TCP/IP?
13. Ataques de RIP tiram proveito do Protocolo de Informação de Roteamento (RIP). Verdadeiro ou falso?
14. As regras de firewall devem ser implementadas para evitar que pacotes fraudados entrem na intranet pela internet. Verdadeiro ou falso?
15. Firewalls podem ser baseados em software (em qualquer computador local) ou em hardware (em uma aplicação que fica na rede). Verdadeiro ou falso?
16. O protocolo do Cabeçalho de Autenticação IPSec (AH) é usado para garantir que os pacotes cheguem ao receptor na mesma hora. Verdadeiro ou falso?
17. IKE significa protocolo Exportação de Chaves da Internet utilizado para negociar associações salariais e para exportar chaves para um novo escritório. Verdadeiro ou falso?
18. ACLs oferecem proteção contra certos tipos de ataques de segurança. Verdadeiro ou falso?
19. IPSec permite aos dispositivos negociar os algoritmos de segurança e as chaves exigidos para tornar seguras as conexões autenticadas. Verdadeiro ou falso?
20. Que mudanças deveriam ser feitas em TCP SYN e SYN/ACK para reduzir as vulnerabilidades em TCP/IP?

Projetos práticos

PROJETO 5.1

Esse projeto mostra como usar tcpdump, uma aplicação de linha de comando.

1. Usando o acesso de root, digite `tcpdump` na linha de comando. Se o diretório no qual o tcpdump estiver instalado não estiver definido em seu ambiente, inclua o nome completo do caminho ao digitar o comando.
2. Uma descrição das muitas opções disponíveis aparece na página man (manual). Para visualizar a página principal digite `man tcpdump`.
3. Para gravar o manual em um arquivo de texto que você pode ler depois ou imprimir para ler off-line, digite

    `man tcpdump > ~/Desktop/tcpdump.txt`.

4. Para visualizar informações detalhadas sobre as opções, como demonstrado a seguir, digite `tcpdump -help`.

```
tcpdump version 4.2.1.
libpcap version 1.2.1
Usage: tcpdump [-aAdDeflLnNOpqRStuUvxX] [-c count] [ -C file_
size ] [ -E algo:secret ] [ -F file ] [ -i interface ] [ -
```

```
M secret ] [ -r file ] [ -s snaplen ] [ -T type ] [ -w file
] [ -
W filecount ] [ -y datalinktype ] [ - Z user ] [expression ]
```

5. Para gravar todas as informações dos pacotes coletados em um arquivo no diretório atual chamado tcpdump1.txt em modo verbose extremo, digite

   `tcpdump -vvv > tcpdump1.txt`.

6. Para gravar as mesmas informações no arquivo tcpdump2.txt com exceção de que, dessa vez, apenas endereços IP, não nomes de host, serão listados, digite

   `tcpdump -nvvv > tcpdump2.txt`.

7. Usando um editor de texto, abra e compare os arquivos tcpdump1.txt e tcpdump2.txt. Observe que o segundo método – usando a opção -n para evitar consultas a DNS – é mais difícil de ser notado por um administrador de sistema, pois é passivo.

PROJETO 5.2

Esse projeto mostra a você como usar o Wireshark.

1. No desktop GNOME, inicie o Wireshark clicando em **Applications**, apontando para **Internet** e clicando em **Wireshark Network Analyzer**. (Digite a senha para root se você estiver na linha de comando.) Você também pode iniciar o Wireshark na janela de Terminal efetuando login como root, digitando **`wireshark`** na linha de comando e pressionando **Enter**.

2. Para exibir a caixa de diálogo Capture Interfaces, clique em **Capture** na barra de menu e então clique em **Interfaces**. Do lado direito da linha correspondente a seu adaptador Ethernet (provavelmente chamado de "eth0"), clique no botão **Options** para exibir a caixa de diálogo Capture Options.

3. Para exibir a caixa Capture Filter, clique no botão **Capture Filter**. Na lista de filtros, clique em **No Broadcast and no Multicast** e então clique em **OK**.

4. Na caixa de diálogo Capture Options, digite **`/home/user/test.cap`** (substituindo seu diretório home, de forma adequada). Marque na opção **Use multiple files** e aceite o default de **Next file every 1 megabyte**. A Figura 5.5 mostra as opções de captura em Linux.

5. Dê um clique no botão **Start** para começar a captura. A Figura 5.6 mostra a captura em progresso. (Observe que sua tela pode ter uma aparência diferente, dependendo das versões de Linux e Wireshark que você está executando assim como as opções de exibição do Wireshark.)

6. Depois de alguns minutos, clique no botão **Stop the running live capture** na barra de ferramentas. A Figura 5.7 mostra alguns dos pacotes capturados. Observe que o Wireshark assinala pacotes suspeitos em preto. Esses ACKs e retransmissões duplicados podem ser um sinal de sequestro de sessão em andamento. Nesse exemplo, a situação é a atualização do software de um servidor na Europa. Essa provavelmente é uma situação benigna de tráfego de rede, mas poderia ser um ataque ao servidor na sub-rede 192.168.0. Se o agressor estivesse em outra sub-rede, o farejador não teria visto os ACKs duplicados.

7. Como o tráfego normal se parece em sua rede? Quais são os protocolos em uso no caso?

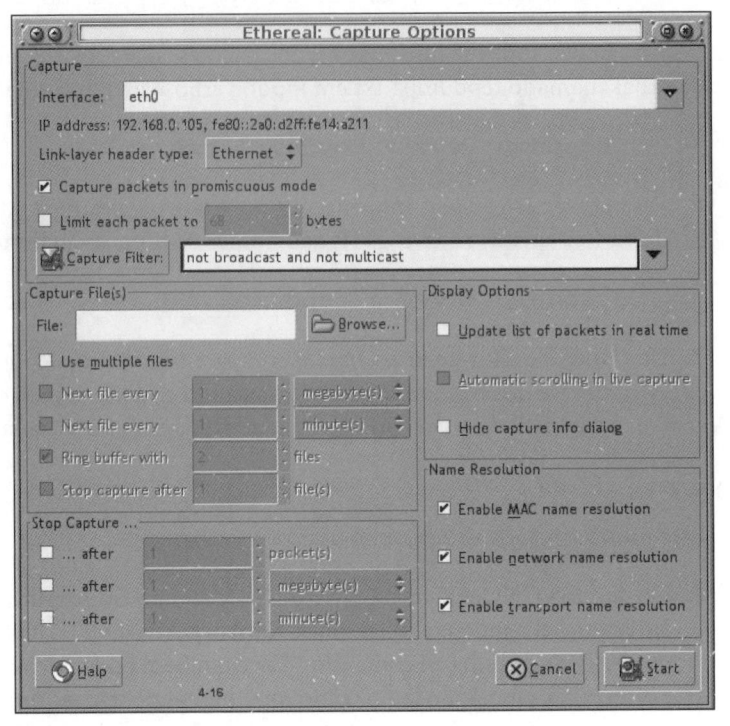

Figura 5.5 Opções de captura no Linux.
Fonte: Wireshark

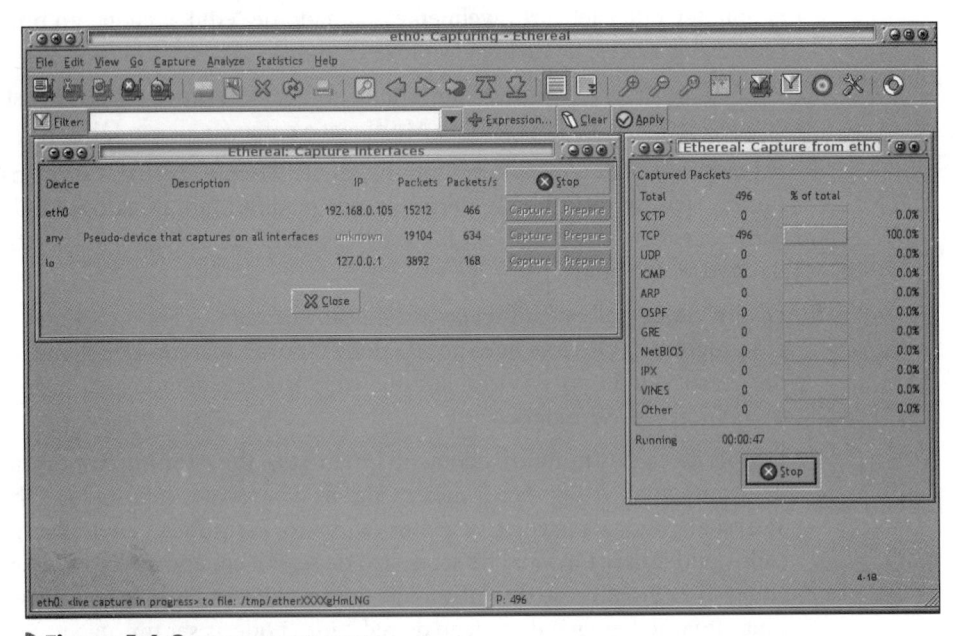

Figura 5.6 Captura em progresso.
Fonte: Wireshark

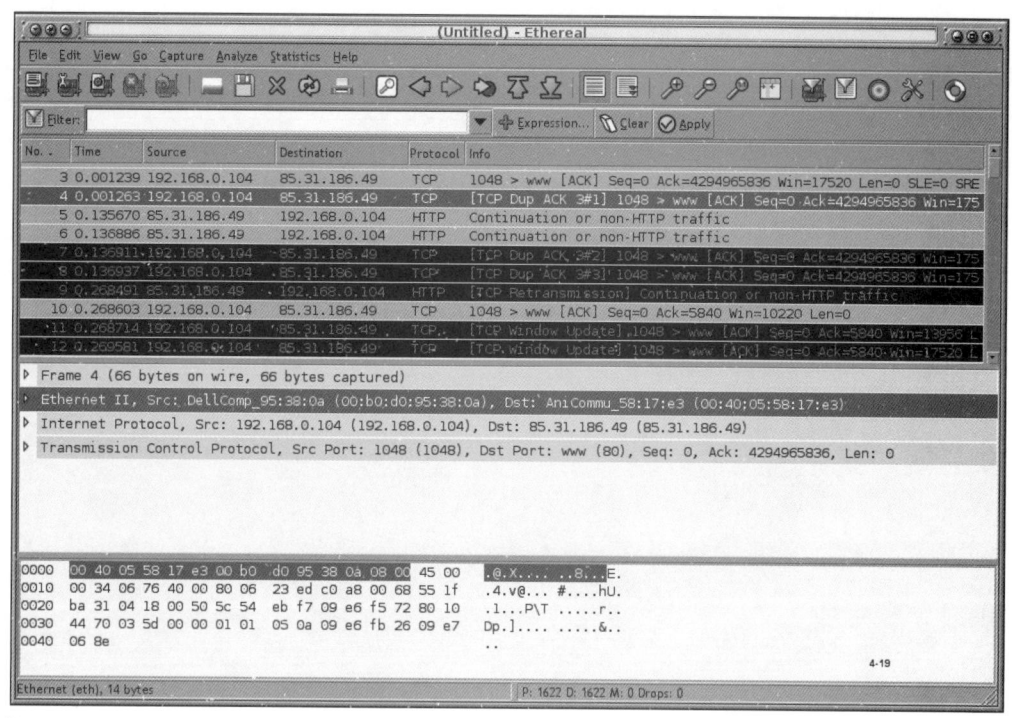

Figura 5.7 Log de captura do Wireshark.
Fonte: Wireshark

CAPÍTULO 6

Criptografia e craqueamento de senhas

Depois de ler este capítulo e realizar os exercícios, você será capaz de:

- Explicar os princípios criptográficos básicos.
- Explicar os fundamentos da criptografia.
- Descrever as cifras mais comuns em uso atualmente.
- Identificar os ataques mais comuns a senhas.
- Utilizar vários programas para craquear senhas.

Introdução a criptografia e craqueamento de senhas

Uma das melhores defesas contra invasões indesejadas em um computador ou rede é ter um conjunto de senhas fortes, ou frases secretas, com base na exigência de uma política pessoal ou organizacional. Infelizmente, os hackers se empenham na adivinhação, no roubo ou no **craqueamento de senha**.

É preciso considerar dois aspectos importantes das senhas ou frases secretas ao selecioná-los. O primeiro é o tamanho da senha, o que afeta o tempo e os recursos necessários para decifrá-la. O segundo aspecto é chamado de **complexidade da senha** e envolve o uso de letras minúsculas ou maiúsculas, números e caracteres especiais para contribuir ainda mais para dificultar a adivinhação das senhas ou frases secretas.

A falta de segurança das primeiras tecnologias relativas aos protocolos de rede foi discutida anteriormente. O mesmo ocorria com sistemas operacionais e aplicações. Nos primeiros anos de funcionamento das redes e da internet era comum que as aplicações utilizassem sistemas de armazenamento e transmissão de senha que limitavam o campo permitido a seis ou oito caracteres. Também era comum que essas aplicações transmitissem as senhas em texto limpo, tornando-as acessíveis a qualquer pessoa que tivesse um farejador. Hoje, a grande maioria das aplicações e sistemas operacionais superou essas falhas significativas criptografando arquivos de senha tanto em trânsito como em repouso. Além disso, a maioria das aplicações agora permite e, em alguns casos, incentiva os usuários a criar senhas complexas. Os sistemas operacionais modernos também têm controles administrativos que podem forçar os usuários a criar senhas que não existem em um dicionário e com características que as torna difíceis de adivinhar.

Infelizmente, os usuários tendem a desconsiderar o valor do acesso a seus dados. Consequentemente, muitas pessoas, mesmo aquelas que integram a área de segurança, cometem erros elementares ao escolher ou proteger seus nomes de usuário e senhas. Não faltam sistemas mal protegidos contra os quais os hackers possam testar suas habilidades e criatividade, o que se deve mais aos erros do usuário, de administração e de implementação do que à falta de disponibilidade de controles para evitar esses erros. Como o gerenciamento de senhas é uma área em que há uma interface considerável entre a comunidade de usuários e a equipe de TI e de segurança da informação, é necessário equilibrar a facilidade de uso e a segurança, o que não vale para alguns dos controles mais internos voltados para a segurança.

Considerando que a criptografia pode ser uma ferramenta poderosa no suporte à privacidade e integridade da informação, ela é somente tão forte quanto o elo mais fraco da cadeia. Muitas vezes, esse elo fraco é a estratégia pela qual a chave é protegida. Por exemplo, uma chave de criptografia pode ser protegida utilizando senhas fracas, o que reduz o nível de segurança para aquela chave, anulando assim o benefício potencial de criptografia, independentemente da força do algoritmo ou do comprimento da chave. Aspectos adicionais do relacionamento entre criptografia e senhas serão abordados mais adiante neste capítulo.

Criptografia

Uma maneira comum de proteger as senhas pode ser comparada à forma como a criptografia protege as informações em um documento. No nível mais básico, a **criptografia** utiliza um algoritmo para **criptografar** um **documento de texto** comum transformando-o em um documento de texto cifrado, ou um arquivo de senha de texto comum em texto cifrado que é protegido enquanto é transmitido pela rede. Quando a informação for necessária outra vez, o algoritmo será utilizado para decriptografar o texto cifrado de volta a um texto comum. Várias maneiras têm sido usadas ao longo da história para tornar obscuras as mensagens a fim de que apenas aqueles que têm a chave possam ler o conteúdo das mensagens. As seções a seguir discutem algumas abordagens comumente utilizadas para criptografar informações.

Transposição

É uma mudança na posição de letras ou palavras, como em um anagrama. Isso não depende do tamanho da senha, obviamente, uma vez que um documento mais longo tem mais probabilidade de envolver alguma regularidade no uso de caracteres, o que permitiria a um hacker craquear uma palavra ou duas. A transposição se baseia em probabilidades. Há 26 letras no alfabeto e dez dígitos no sistema numérico de base 10 comum. Se todos os 36 caracteres forem usados, há $3{,}7199 \times 10^{39}$ alternativas possíveis. Isso se baseia no fato de que o primeiro caractere do texto cifrado pode ser qualquer coisa entre A e Z ou qualquer coisa entre 0 e 9, mas o caractere seguinte pode ser qualquer um desses, exceto o que for o primeiro. E assim por diante para o resto dos caracteres. Isso pode ser representado como 36* 35* 34*... * 1, ou 36! O usuário começa de $3{,}7199(10^{39})$ para 1 contra um hacker que quer adivinhar todo o conjunto de caracteres transposto. Outra forma de analisar isso é que um usuário teria uma chance em 36 de adivinhar a letra ou o número inicial correto se recebesse um documento criptografado por transposição. Se fosse adivinhado corretamente na primeira vez, o usuário teria uma chance de 1 em 35 de escolher o seguinte corretamente.

Usar códigos baseados na transposição requer que ambas as partes conheçam a fórmula de transposição. Uma maneira de fazê-la é pela transposição de três letras à frente do alfabeto, como na cifragem de César, utilizada por Júlio César. Aqui, a letra "A" torna-se um "D", a letra "B" se torna um "E", "C" se torna "F", e assim por diante até chegar ao fim. Uma vez atingido o fim do alfabeto, as letras recomeçam, então o "X" se torna "A". Essa é uma cifra bem simples de craquear em razão da frequência relativa de certas letras em palavras inglesas. Por exemplo, a vogal mais comum em frases em inglês é "E" e a consoante é o "T". Sabendo disso, é possível imaginar que há boa chance de essas letras aparecerem com mais frequência em uma mensagem criptografada. Não importa o tamanho ou a complexidade do documento, qualquer pessoa pode quebrar uma cifragem de transposição baseada na frequência de letras da língua em que o código foi escrito.

Substituição

É a troca de uma letra ou um grupo de letras por outra letra ou grupo de letras. A forma mais simples seria inverter o alfabeto, de forma que "Z" significasse "A", como no gráfico a seguir:

```
A   B   C   D   E   F   G   H...
Z   Y   X   W   V   U   T   S...
```

Possivelmente a mais famosa máquina de criptografia de substituição foi o Enigma, que o Exército alemão utilizou durante a Segunda Guerra Mundial para enviar comandos e ordens do quartel-general para as linhas de batalha. Método de criptografia mais seguro de sua época, o Enigma trabalhava de forma similar a um processador de texto mecânico no qual ele podia ser configurado para imprimir um caractere substituto para o caractere digitado. O destinatário usaria uma máquina idêntica com a configuração adequada para decifrar as mensagens. Utilizando informações de desertores nazistas e de erros em alguns documentos alemães codificados, Alan Turing, que trabalhava para o governo britânico, desenvolveu a Bomba de Turing, uma máquina que craqueou o código Enigma.

Criptografia e computadores

Em 1943, influenciado pelo trabalho de Turing ao decifrar o código Enigma e por sua ideia de que uma máquina poderia ajudar a decodificação, Max Newman, um matemático britânico e criptoanalista, desenvolveu o Colossus, o primeiro computador eletrônico, digital e programável do mundo. Usar computadores para a criptografia é diferente dos esforços anteriores devido à velocidade com que eles conseguem fazer os cálculos. A transposição e a substituição ainda são usadas, mas o conjunto de caracteres pode conter até 256 caracteres, tais como os códigos ASCII que os computadores usam para traduzir letras e símbolos em códigos numéricos utilizados pelos próprios computadores.

Eis alguns elementos comuns usados na criptografia:

- **Texto limpo** é a versão de uma mensagem original legível ou decodificada.
- **Texto cifrado** é a versão de uma mensagem original ilegível ou codificada.
- **Chave** é um número, uma palavra ou uma frase gerada por um algoritmo e usada para criptografar ou decriptografar uma mensagem.
- **Algoritmo** é uma função matemática utilizada para gerar uma chave.
- **Hash** é uma função unidirecional que converte as mensagens em uma única cadeia de dígitos.

A criptografia envolve alterar o texto de um formato legível para outro ilegível, e depois voltar ao texto legível. Supõe-se que criptografar uma mensagem antes de transmiti-la faça que a mensagem funcionalmente seja impossível de decodificar por certo período de tempo; no entanto, até mesmo esse nível de segurança está diminuindo conforme os computadores ficam mais rápidos. Há algumas décadas, um brilhante matemático levaria dez dias para decodificar uma página criptografada que hoje um computador com processador de 386 de 33 MHz levaria apenas duas horas. Com um Pentium Core i7 de mais de 3 GHz, o computador pode demorar menos de três segundos para decodificar a página. O aumento do poder de processamento, combinado com a redução no custo, aumentou a ameaça de ataques – isto é, os hackers trituram milhões de combinações possíveis em um curto espaço de tempo, usando testes repetitivos e sequenciais de cada uma das combinações possíveis até a combinação de uma chave específica ser identificada. Os desenvolvedores de aplicações têm combatido esse ataque de força bruta limitando com severidade o número de vezes que um usuário pode usar uma senha incorreta antes que a conta seja bloqueada. Infelizmente, certos hackers desenvolveram estratégias tanto para contornar esses controles como para determinar a extensão do bloqueio.

Criptografia de chave simétrica e assimétrica

Muitas vezes, a criptografia é vista como um controle específico que protege as informações por si só. Na verdade, esse é apenas um dos muitos controles que, juntos, protegem as informações. Consequentemente, centenas de produtos disponíveis contêm aspectos de criptografia, o que torna importante reconhecer a criptografia não como uma solução, mas apenas como um componente de muitas tecnologias de segurança da informação que abordam a necessidade de controlar o acesso à informação. O arquivo de senha e as senhas a serem transmitidas por uma rede são um exemplo de uma tecnologia de segurança que inclui criptografia. As primeiras aplicações não criptografavam seus arquivos de senha, e foi graças a lições dolorosas que isso se tornou o padrão ao longo do tempo.

Duas amplas categorias de criptografia que se distinguem pela forma como suas chaves funcionam são criptografia de chave simétrica e criptografia de chave assimétrica.

Criptografia de chave simétrica

Às vezes chamados de "algoritmos de chave secreta", os algoritmos de chave simétrica usam a mesma chave tanto para criptografar como para decriptografar os dados. Tanto o emissor como o receptor devem ter uma cópia da chave. A vulnerabilidade inerente dos algoritmos de chave secreta é que a chave deve ser transmitida de alguma forma, muitas vezes em texto comum. Se a chave for interceptada, é fácil decifrar a mensagem. Um importante benefício dos algoritmos de chave simétrica é que eles são muito mais rápidos do que os de chave assimétrica. A Tabela 6.1 mostra os pontos fortes relativos de alguns algoritmos de chave simétrica bem conhecidos.

▶ **Tabela 6.1** Exemplos de cifragens de chave simétrica

Cifragem	Velocidade	Tamanho da chave
3DES	muito lenta	56, 112, 168 bits
AES	rápida	128, 192 e 256 bits
Blowfish	lenta	1–448 bits
RC4	muito rápida	40–248 bits

© Cengage Learning 2014

Cifragem de fluxo

Há dois tipos de algoritmos de chave simétrica: cifragem de fluxo e cifragem de blocos. Cifragem de fluxo usa um fluxo de chave para criptografar e decriptografar uma mensagem de texto comum. O fluxo de chave é semelhante a uma **chave de uso único**, que é uma lista de números aleatórios de 1 a 25 (todas as letras do alfabeto menos uma). O algoritmo pega as letras e adiciona os respectivos números a elas. Por exemplo, se a primeira palavra de texto simples é "TRY" e os três primeiros números da chave de uso único são 4, 3 e 10, o algoritmo atribui a letra posicionada quatro casas à direita do "T", que é "X", a letra três casas à direita do "R", que é o "U", e a letra 10 casas à direita de "Y", que é "I". (Ao chegar ao final do alfabeto, a contagem é reiniciada.) Isso faz que o texto cifrado seja "XUI". Quando a mensagem codificada chega ao receptor, ele usa a chave de uso único para subtrair os respectivos números do texto cifrado a fim de obter a mensagem original. A chave de uso único usa um conjunto de números aleatórios de tamanho 25, pois isso evita a possibilidade de o número aleatório ser uma letra +26, o que tornaria o texto cifrado igual ao texto comum.

O algoritmo em uma cifragem de fluxo utiliza **XOR**, "OU exclusivo", para criptografar mensagens. Uma manipulação OU normal diz que ao comparar 2 bits, se um ou outro ou ambos são *marcados* (ou seja, igual a 1), então o resultado é marcado. A manipulação do "OU exclusivo" diz que se um dos bits é marcado então o resultado é marcado, mas se ambos os bits são marcados o resultado não é. O algoritmo aplica XORs sobre o fluxo de chave com a mensagem de texto comum. Os fluxos principais são compostos de números aleatórios entre 1 e 254. A tabela ASCII usada pelos computadores para dar aos usuários todos os caracteres de um teclado em inglês contém 255 números. Isso é útil em criptografia porque às vezes o fluxo de chave afeta o resultado. **RC4**, que é um componente importante da Camada de Sockets Segura (SSL) e Privacidade Equivalente a Redes Cabeadas (WEP), é um exemplo de cifragem de fluxo.

Cifragem de blocos

A **cifragem de blocos** opera em blocos de dados. O algoritmo divide o documento de texto comum em blocos (geralmente de 8 ou 16 bytes de comprimento) e age de forma independente em cada bloco. Por exemplo, os primeiros 16 bytes são convertidos em um bloco de 16 bytes de texto criptografado usando a tabela de chave, e então o bloco seguinte é criptografado, e assim por diante, até que todo o documento seja criptografado. Se o último bloco contém menos de 16 bytes de texto comum, então o bloco é preenchido com alguns caracteres. O algoritmo de cifragem de blocos mais popular utiliza a seguinte convenção: se o último bloco é apenas de 6 bytes, então o algoritmo preenche o bloco com 10 repetições do caractere 10. Se o último bloco contém 12 bytes de texto comum, então o preenchimento é de quatro repetições do caractere 4. O texto comum será sempre preenchido; então, se ele possui medida exata, o último bloco é preenchido com 16 repetições do caractere para o número 16. A cifragem de blocos permite que você reutilize as chaves. O Padrão de Criptografia Avançada (AES) tornou-se um componente comumente utilizado em soluções de criptografia e é um exemplo de cifragem de blocos.

Algoritmos de chave assimétrica

Também chamados de algoritmos de chave pública, os algoritmos de chave assimétrica utilizam duas chaves para criptografar e decriptografar dados. Cada usuário possui uma chave pública e uma chave privada. Algoritmos de chave pública realmente resolvem o maior inconveniente dos métodos de chave secreta: a distribuição das chaves corretas às devidas pessoas. Algoritmos de chave pública permitem que chaves públicas sejam enviadas usando uma mídia não criptografada. A criptografia assimétrica depende de comprimentos maiores de chaves, que exigem mais tempo e recursos de processamento. A Tabela 6.2 compara alguns algoritmos populares de chave assimétrica.

Tabela 6.2 Exemplos de cifragem de chave assimétrica

Cifragem	Comprimento de chave
Diffie-Hellman	1024, 2048 e 3072 bits
DSS	512-1024 bits (incrementos de 64 bits)
RSA	1024, 2048, 3072 e 4096 bits

© Cengage Learning 2014

Para exemplificar como a criptografia de chave pública funciona, vamos supor que Alice queira enviar uma mensagem criptografada para Bob. O primeiro passo é Alice obter e verificar a chave pública de Bob. Ela então usa-a para criptografar a mensagem e depois envia a mensagem para Bob. Este, por sua vez, usa sua chave privada para decriptografar a mensagem. Qualquer um pode ter a chave pública de outra pessoa. Se Sylvia intercepta a mensagem de Alice para Bob, ela não consegue decriptografá-la com a chave pública, apenas com a chave privada. Novamente, é importante salientar que uma área potencial de vulnerabilidade é quão bem a chave em si está protegida.

Criptoanálise

Um criptoanalista decodifica mensagens para torná-las legíveis. O primeiro e mais importante passo na criptoanálise, que é o estudo das cifragens, é detectar os valores da chave. Apenas depois de detectá-los é que um criptoanalista pode decifrar todas as mensagens criptografadas com o valor da chave específica.

Descrição de cifragens populares

Apesar de haver muitas cifragens disponíveis, o usuário médio de internet não tem conhecimento delas e tende a confundir as várias categorias. As informações a seguir esclarecerão um pouco algumas das várias formas e características das metodologias disponíveis para criptografia.

Cifragens de chave simétrica

Cifragens de chave simétrica utilizam uma chave simples para criptografar e decriptografar o texto de um documento. Algumas das cifragens simétricas comumente usadas são discutidas nas seções a seguir.

3DES (Triplo DES)

Metodologia de criptografia que usa DES, o **3DES (Triplo DES)** é uma cifragem da geração anterior que foi superada pelo aumento do poder de processamento, o que acabou com a sua utilidade na proteção de dados privados. A técnica envolve criptografar um texto comum com DES e depois pegar o texto criptografado e recriptografá-lo, usando outra chave DES, e pegar o resultado e criptografá-lo novamente, usando outra chave DES. O leitor pode perguntar por que não há algo como Deca DES, na qual os resultados são criptografados dez vezes. A resposta é que cada criptografia demora muito em ambos os lados, e ninguém quer perder tanto tempo criptografando e decriptografando um documento. Além disso, o 3DES é mais rápido do que qualquer algoritmo seguro de chave assimétrica.

Como seria de esperar, o Triplo DES é quase três vezes mais lento do que o DES. Também é muito mais seguro do que o DES e estima-se que seja equivalente à segurança do DES simples utilizando uma chave de 112 bits. Um ataque exigiria cerca de 2^{108} etapas computacionais, sem mencionar os imensos recursos de memória, portanto é inviável com a tecnologia atual.

Padrão de Criptografia Avançada (AES)

Essa é uma técnica que utiliza uma cifragem de blocos de 128 bits. O AES venceu um concurso realizado pelo NIST em 2001, tornando-se assim o Padrão Federal de Processamento de Informação 197 (**FIPS**-197). Desde 2001, o AES tornou-se um dos mais usados algoritmos de criptografia adotados pelos fabricantes de controles de segurança que contêm um componente de criptografia. A chave de 128 bits é suficiente para criptografar informações do governo, classificadas como "Secreta"; no entanto, chaves de 192 ou 256 bits são necessárias para garantir a segurança de informações consideradas "Altamente Secretas".

O AES funciona agrupando os dados em blocos de 128 bits e, em seguida, executando uma série de atividades de substituição e permutação nesses bits para produzir o texto criptografado. Já houve relatos de ataques em AES que envolveram questões de implementação não relacionadas ao algoritmo e à geração de chave subjacentes. Pesquisadores de segurança também alertaram sobre algumas áreas potenciais de vulnerabilidade; entretanto, esses avisos são teóricos e não foram confirmados nas pesquisas.

Blowfish

Criado por Bruce Schneier em 1993 como alternativa à obsolescência do DES, a criptografia **Blowfish** utiliza uma cifragem de bloco de 64 bits que, por sua vez, usa uma chave 1–448 bits. É um dos primeiros algoritmos de cifragem de código aberto publicamente disponível, o que tem contribuído para que seja adotado com muita frequência.

O Blowfish utiliza expansão de chave e criptografia de dados. A expansão de chave envolve transformar um comprimento de chave variável (de 1 a 448) em vários vetores que totalizam 4168 bytes. A criptografia utiliza substituição e permutação, o que cria as subchaves que são associadas aos vetores. A criação dessas subchaves pode consumir recursos e retardar o processo. Contudo, o Blowfish tem a vantagem de que a decriptografia funciona da mesma maneira que a criptografia, mas na ordem inversa.

Schneier criou uma versão atualizada do Blowfish conhecida como Twofish como forma de inscrição no concurso vencido pelo AES; no entanto, o Twofish tem sido menos adotado do que a versão anterior e mais conhecida.

RC4

Criado pela Segurança de Dados RSA, o **RC4** era um segredo comercial, até que alguém postou seu código-fonte no Usenet News. O principal benefício do RC4 é sua velocidade, o algoritmo é muito rápido. Um processador Core i7 pode criptografar vários gigabytes por segundo. Embora tenha algumas vulnerabilidades conhecidas, o RC4 pode ser útil quando é necessário segurança moderada. Por exemplo, é usado em protocolos populares como WEP (Privacidade Equivalente a Redes Cabeadas) e SSL (Camada de Sockets Segura).

Cifragens de chave assimétrica

Cifragens de chave assimétrica empregam uma chave privada para criptografar a mensagem e uma chave pública para decriptografá-la. Ambas as chaves pertencem ao emissor ou à parte de origem.

Rivest, Shamir e Adleman (RSA)

O criptossistema de chave pública RSA é atualmente o padrão mais popular de criptografia de chave pública. O RSA desenvolve as chaves que são o produto de dois números primos de 1024 bits. O RSA foi inventado em 1977 por Ron Rivest, Adi Shamir e Leonard Adleman e seu nome vem das iniciais dos sobrenomes dos autores.

O RSA é baseado no fato de ser muito difícil fatorar números grandes. Ou seja, tendo-se um número com 150 dígitos, por exemplo, é extremamente difícil, mesmo para um computador, descobrir dois números específicos que foram multiplicados para resultar nesse número. Nessa forma de criptografia, o tamanho da chave é um fator importante por ser capaz de exigir a aplicação de vários processadores grandes para descobrir essa combinação por meio de força bruta.

Segurança do algoritmo RSA

A segurança do RSA se baseia na dificuldade de fatorar números primos grandes. Tomando-se, por exemplo, um número de 150 dígitos, é extremamente difícil – mesmo para um computador – descobrir dois números específicos que foram multiplicados para produzir esse número. Até agora, não há qualquer maneira conhecida de fazer isso rapidamente, e o RSA é considerado muito seguro. No entanto, alguns progressos têm sido obtidos ao se fatorar números grandes (de mais de 300 dígitos), e há especulações de que em pouco tempo a criptografia RSA de 1024 bits será vulnerável. Observe que tamanhos de chave maiores, tais como 2048 e 4096, também podem ser usados com RSA, aumentando profundamente a segurança.

Diffie-Hellman

Como já observado, um ponto fraco da criptografia de chave simétrica é que a chave compartilhada deve ser trocada entre as duas partes antes que elas possam criptografar e decriptografar suas comunicações. **Diffie-Hellman** é um algoritmo que foi desenvolvido para resolver esse problema, pois permite que dois lados que não têm conhecimento prévio um do outro estabeleçam uma chave secreta compartilhada em um canal público e inseguro. Atualmente, Diffie-Hellman é considerado seguro, uma suposição que repousa sobre a dificuldade de resolver o chamado "problema de Diffie-Hellman", um problema matemático proposto por Whitfield Diffie e Martin Hellman. Até o momento, não foram encontradas soluções fáceis para o problema.

Padrão de Assinatura Digital (DSS)

"DSS" é a **assinatura padrão digital** do governo dos Estados Unidos, que se baseia no Algoritmo de Assinatura Digital (DSA). Usado para gerar assinaturas digitais para autenticação de documentos eletrônicos, funciona pela combinação de criptografia de chave pública e uma função hash para criar uma versão condensada do texto, chamado de resumo de mensagem. Esse resumo é usado para criar uma assinatura digital que é enviada ao destinatário com a mensagem em si. Usando a chave pública do remetente e a mesma função hash, o destinatário é capaz de verificar a autenticidade da mensagem.

Funções criptográficas de hash

Funções hash são usadas na criptografia para transformar dados de comprimento variável (por exemplo, um arquivo ou mensagem) em um valor hash de tamanho fixo. O conceito-chave subjacente às funções hash é que, se você tem dois valores hash diferentes, é extremamente improvável que eles tenham sido feitos empregando os mesmos valores de entrada. Assim, muitas vezes se faz referência aos hashes como "impressões digitais" porque permitem que os destinatários verifiquem que os arquivos recebidos são realmente genuínos. Aplicações criptográficas com frequência empregam funções hash unidirecionais, com as quais é fácil criar o hash a partir dos dados de entrada, mas muito difícil recriar os dados de entrada a partir do hash.

Algoritmo Resumo de Mensagem 5 (MD5)

Algoritmo de hash seguro desenvolvido em 1992 por Ron Rivest, um dos inventores da RSA, o **MD5** opera nos dados de entrada usando blocos de 512 bits e produz um valor hash de 128 bits (ou resumo da mensagem) como resultado. Desde a publicação do MD5, uma boa quantidade de pontos fracos foi descoberta, e embora ainda seja considerado seguro para a maioria das aplicações cotidianas muitos especialistas recomendam algoritmos hash, como SHA-1, que utilizam valores hash mais longos.

Algoritmo de Hash Seguro (SHA, SHS)

Também conhecido como **Padrão de Hash Seguro (SHS)**, o **Algoritmo de Hash Seguro (SHA)** é um algoritmo hash que foi desenvolvido pelo governo dos Estados Unidos e adotado como um padrão FIPS. Há uma série de variações de funções hash SHA, e elas operam em blocos de 512 bits ou blocos de 1024 bits. Os hashes SHA-1 têm 160 bits de comprimento, já um conjunto de quatro variantes mais fortes, conhecido coletivamente como SHA-2, produz hashes maiores (224, 256, 384 e 512 bits). Apesar de terem sido reportadas vulnerabilidades potenciais no SHA-1, ele ainda é considerado superior ao MD5. No momento em que escrevíamos este livro, o SHA-2 era visto como seguro. Um novo padrão, o SHA-3, está atualmente em desenvolvimento.

Ataques a senhas

Quer a criptografia seja usada ou não, as senhas estão abertas a vários tipos de ataque, de ataques de dicionário à simples adivinhação. A força de uma senha se baseia em vários fatores, incluindo quanto tempo levará para craqueá-la com o uso de várias ferramentas e técnicas, e em que medida o usuário a mantém segura. Uma senha muito forte não será de muita ajuda se estiver escrita em um pedaço de papel colado no monitor do usuário. Há uma discussão considerável na comunidade de segurança sobre como mensurar a complexidade da senha, seu comprimento e a frequência de mudança considerando a capacidade dos seres humanos de gerenciar senhas sem anotá-las ou sem permitir que fiquem comprometidas.

Ataques de dicionários

O processo de adivinhar senhas sistematicamente usando uma lista de palavras comuns é chamado de **ataque de dicionários**. Esses ataques são capazes de determinar a chave necessária para decriptografar um documento criptografado. Utilizar um ataque de dicionário é ilegal, mas isso raramente detém um cracker determinado, mesmo com uma pena de cinco anos de prisão.

Como mencionado anteriormente, a maioria das pessoas não cria senhas complexas; portanto, ataques de dicionário funcionam muito bem. Todavia, eles geralmente obtêm menos sucesso em adivinhar senhas que contêm números e diferenciam maiúsculas de minúsculas.

Os crackers precisam do arquivo que contém as senhas do alvo; para conseguir isso, eles normalmente examinam a vulnerabilidade do sistema-alvo utilizando escaneadores e engenharia social. Uma vez que quase sempre é necessário ter o privilégio administrativo para ler o arquivo (no Windows, o banco de dados SAM; no Linux, o arquivo /etc/shadow), um cracker se vê diante de uma dupla tarefa. Quando, por meio de uma combinação de ousadia, habilidade e sorte, ele consegue uma cópia do arquivo de senha, seu trabalho fica muito mais fácil. É prática comum na maioria das organizações utilizar alguma variação do primeiro e do último nome do usuário, como ID da conta. Saber o nome de usuário reduz em mais da metade o trabalho de preparar uma invasão. Crackers fazem uso de um dicionário padrão, que faz parte do software de ataque de dicionário, e isso lhes permite incluir informações sobre o alvo, tais como nomes, nomes de membros da família, nomes de animais de estimação, datas de nascimento, endereços e quaisquer outras informações que possam existir sobre um alvo.

Uma boa defesa contra uma tentativa de adquirir um arquivo de senha é limitar o número de tentativas permitidas antes que o usuário seja bloqueado. Outra é adicionar números ou caracteres especiais à senha ou embaralhar a palavra de alguma outra forma, mas essas senhas são vulneráveis a ataques de hibridização.

Hibridização

Ataques de hibridização adivinham senhas com a criação de novas palavras; eles funcionam com a adição de letras e/ou números a cada palavra em um dicionário. A prática de hibridização mais comum é adicionar um intervalo de números – por exemplo, de 0 a 100 – tanto no início como no fim de uma palavra do dicionário. O programa compara a nova palavra com a senha depois da adição de uma combinação de números e palavras.

Alguns métodos de hibridização utilizam propagação de números, que é o processo de inserir números em senhas – por exemplo, presi254dent. Duplicação é simplesmente duplicar uma palavra para formar uma nova palavra – por exemplo, "gato" se torna "gatogato". Substituição de símbolo é substituir letras em senhas por símbolos semelhantes às letras – por exemplo, "dinheiro" se torna "Dinheir0" (o "0" substitui a letra "o"). Inverter uma palavra é soletrá-la de trás para a frente, de modo que "BillMonroe" se torne "eornoMlliB". Acrescentar caracteres é o processo de adição de sufixos, como ed, ing, 4u ou 3b, para que a "Cherry" se torne "Cherry4u", "Cherryed" ou "Cherry3b".

Métodos de hibridização são mais complexos do que ataques de dicionário, pois as senhas que são nomes comuns podem se tornar mais difíceis adicionando-se um número a elas. Por exemplo, uma senha de usuário pode ser o nome de seu cachorro. Depois de perceber que se trata de uma senha fácil de craquear, ele decide torná-la mais complexa. No entanto, tem medo de esquecê-la. Para tornar a senha mais complexa, mas ainda fácil de memorizar, o usuário simplesmente adiciona o número "1" ao nome do cachorro. Muitas pessoas também adicionam uma data especial ou o número de casa a um nome comum – por exemplo, "Wilbur12", "2006thomas" e "4856Jessica". Um ataque de dicionário tem dificuldade de craquear esse tipo de senha porque normalmente se baseia em um sistema direto de correspondência de padrão, mas um programa de hibridização provavelmente terá êxito por considerar um conjunto mais amplo de padrões possíveis.

A Tabela 6.3 descreve alguns métodos importantes da hibridização.

▶ **Tabela 6.3** Métodos importantes de hibridização

Método de hibridização	Descrição	Exemplo
Acréscimo de caracteres	Adiciona sufixos, como ing ou 4u, a palavras do dicionário	Alfred+4u=Alfred4u
Inversão de palavras	Inverte as letras de uma palavra	Alfred=derfla
Duplicação	Duplica uma palavra para criar uma nova palavra	Randy=RandyRandy
Propagação de números	Insere números em uma senha	Corey=Co4r5ey

© Cengage Learning 2014

Para reduzir a possibilidade de que ataques de dicionário e hibridização sejam bem-sucedidos, os usuários deveriam seguir algumas orientações básicas ao criar senhas:

- Evite usar a mesma senha para tudo.
- Tente não usar o próprio nome em uma senha, bem como o de um filho, cônjuge, amigo ou animal de estimação.
- Evite usar palavras ou nomes comuns para senhas.
- Inclua letras, números e caracteres aleatórios em uma senha.
- Evite deixar senhas difíceis anotadas onde elas podem ser facilmente encontradas.

Ataques de força bruta

Ataques de força bruta usam todas as combinações possíveis de letras, números e caracteres especiais para determinar a senha-alvo. Seu uso é muito demorado e requer paciência; mesmo assim, a força bruta pode extrair as senhas mais difíceis se houver tempo suficiente. Ataques de força bruta são lentos em relação a ataques de dicionário. A velocidade da operação depende de vários fatores, mas o mais importante é o comprimento da senha. Cada caractere em uma senha é testado em relação a 256 possíveis códigos ASCII, por exemplo, de modo que uma senha de cinco caracteres (um comprimento muito inseguro) requer 256* 256* 256* 256* 256 tentativas para cobrir todas as combinações possíveis. Isso significa 1.099.511.627.776 tentativas. Se comparado a um ataque de dicionário que poderia apenas analisar todas as palavras de cinco letras, isso sem dúvida parece lento. Ataques de força bruta precisam de uma grande quantidade de RAM e um processador rápido para trabalhar de forma eficiente. Chaves criptográficas ou algoritmos de criptografia ajudam a craquear códigos com sucesso. Esse tipo de ataque falhará se o sistema de login permitir apenas algumas tentativas antes do bloqueio, ou se os Sistemas de Detecção de Intrusão (IDS) estiverem configurados para disparar um alarme quando houver uma grande quantidade de tentativas de login.

Ataques de força bruta são mais eficazes quando o documento criptografado ou o arquivo hash da senha podem ser extraídos do sistema de destino e testados em um local anônimo off-line.

Observação

Também conhecido como "espionagem", "ouvir atrás da porta" ou "olhar por cima do ombro", esse método requer simplesmente observar a vítima digitar seu nome de usuário e senha. Apesar da baixa tecnologia, é um método muito comum para os agressores que têm ligações estreitas com a vítima. Membros da família, amigos ou colegas de trabalho podem usar esse método. Um controle comumente usado para gerenciar esses ataques é esconder ou mascarar os caracteres que estão sendo digitados quando eles aparecem na tela.

Keyloggers

Um programa keylogger pode facilmente ser instalado em um computador por um cracker de dentro da empresa ou de modo enganador por um anexo de e-mail. O usuário desavisado não percebe que um programa em seu computador está gravando cada tecla pressionada. O hacker ou cracker então examina o arquivo gerado pelo programa e determina as senhas. Keyloggers disponíveis comercialmente são usados por pais para monitorar o uso da web por seus filhos, e às vezes pelos administradores de sistema para identificar o uso não comercial da web por funcionários da companhia. Os keyloggers geralmente são invisíveis para a vítima. Eles muitas vezes não aparecem no gerenciador de tarefas como um processo em execução e são muito difíceis de remover ou desabilitar pela pessoa monitorada.

Engenharia social

Engenheiros sociais se valem da natureza humana e da confiança básica. Um cracker pode fingir ser um usuário legítimo do sistema-alvo e extrair informações simplesmente perguntando. Os usuários frequentemente estão dispostos a auxiliar um cracker que se faz passar por uma autoridade a quem a pessoa deve obedecer, ou por outro usuário que precisa de ajuda. Esse método de enganar as pessoas tem sido usado desde os primórdios – nem todas as fraudes contra a confiança envolvem computadores. Fraudadores de computador tiram proveito da falta de conhecimento dos usuários medianos.

As pessoas podem se comportar ingenuamente quando são abordadas por um "dito" especialista em computador. Usuários entregam informações pessoais altamente delicadas para o cracker que finge ser um técnico que precisa delas para executar testes, verificar a segurança ou restaurar um sistema.

Outra forma de engenharia social é chamada de "phishing". O phishing se vale da exposição em massa de anúncios, pop-ups e e-mails supostamente de empresas legítimas. Esses avisos alertam para problemas iminentes e solicitam que os usuários cliquem em um link para "verificar" suas informações de conta. O site de verificação coleta as informações e as usa para roubar da vítima, ou para roubar sua identidade a fim de prejudicar um negócio. As empresas legítimas nunca pedem que usuários forneçam dados de cartão de crédito, senhas ou números da Previdência Social. Uma instituição bancária ou de cartão de crédito já tem essas informações em seu banco de dados.

Métodos de farejamento

Crackers utilizam farejadores de pacotes para pegar senhas de texto comum a partir de protocolos como Telnet, FTP e POP3. Tudo o que um cracker tem de fazer é executar um farejador para extrair o nome de usuário e senhas do tráfego de rede. Se as senhas e os nomes de usuário são criptografados, o cracker pode usar um dicionário ou um ataque de força bruta sobre um arquivo de registro do tráfego de rede para obter as senhas.

Roubo de arquivo de senha

Ao tentar encontrar uma senha, o cracker muitas vezes pode simplesmente roubar ou copiar os arquivos do computador da vítima, onde os hashes de senha são armazenados. É muito mais seguro passar um tempo craqueando senhas em um computador remoto do que no computador da própria vítima. IDS e programas de bloqueio de login não são ameaça em um computador remoto. Um cracker pode levar o tempo que for necessário para executar um ataque de força bruta. Às vezes, as senhas não são armazenadas no sistema principal, mas em um arquivo shadow que pode ser lido apenas por usuários com privilégios administrativos. Isso reduz a chance de o arquivo sequer ser encontrado. A maioria dos sistemas UNIX e Linux utiliza arquivos shadow.

Programas de craqueamento de senhas

Programas que adivinham e craqueiam senhas estão amplamente disponíveis na internet, até mesmo para quem é principiante, e tanto para plataformas Windows como para UNIX/Linux. Programas de craqueamento de senha são maravilhosos quando as senhas são perdidas ou quando pessoas-chave são demitidas ou não estão disponíveis. (Às vezes, a última coisa que um administrador que está saindo faz é alterar as senhas do root nos servidores.) Os administradores de segurança também usam programas craqueadores de senha para procurar senhas fracas em suas redes. As seções a seguir descrevem brevemente alguns programas de craqueamento amplamente utilizados.

Aircrack

O Aircrack é uma suíte de ferramentas criada para expor sistemas com Privacidade Equivalente a Redes Cabeadas (WEP) e Acesso Protegido a Wi-Fi (WPA), que são implementadas comumente como soluções de criptografia para redes sem fio. Foi criada em 2010 e funciona com várias outras ferramentas, cada uma contribuindo para a coleta dos pacotes, craqueamento de senhas e decriptografia da informação. O Aircrack é um componente que craqueia senhas WEP e WAP.

Cain & Abel

Em 2011, o site insecure.org colocou o Cain & Abel entre as melhores ferramentas de recuperação de senha para a plataforma Windows. Desenvolvido para sistemas Windows, essa ferramenta tem muitas opções funcionais diferentes, especialmente se o agressor tiver algum tempo para brincar com o Windows como administrador. Com interface amigável, é capaz de lidar com uma enorme variedade de tarefas: recuperar senhas com farejador de rede; craquear senhas criptografadas usando dicionário, força bruta e ataques de criptoanálise; gravar conversas VoIP; decodificar senhas embaralhadas; revelar caixas de senha; descobrir senhas em cache; e analisar protocolos de roteamento. Ele também permite corromper o protocolo ARP. A Figura 6.1 mostra uma captura de tela do Cain & Abel na tabela hash do NT LAN Manager, com uma senha decodificada.

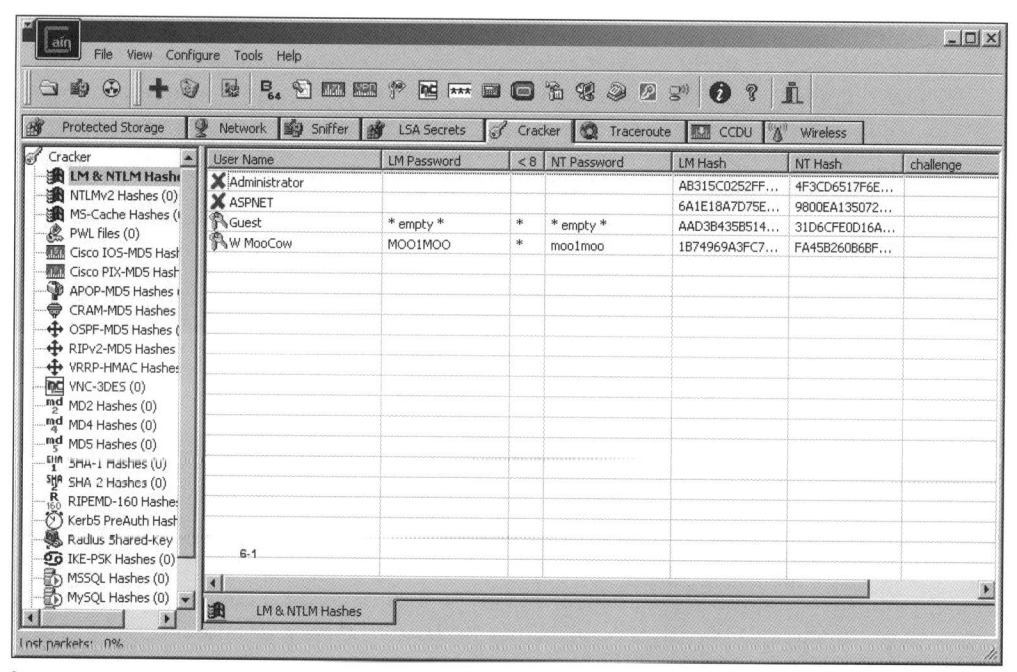

Figura 6.1 Cain & Abel.
Fonte: Cain & Abel

John the Ripper

Disponível atualmente para muitas versões de UNIX (11 contam com suporte oficial, sem contar as diferentes arquiteturas), DOS, Win32, BeOS e OpenVMS, o John the Ripper é um craqueador rápido de senha. Seu principal objetivo é detectar senhas fracas de UNIX. Ele suporta vários tipos de hash crypt(3) de senhas, que são mais comumente encontrados em várias versões de UNIX, bem como Kerberos AFS e hashes LM do Windows NT/2000/XP.

O John the Ripper tem seus próprios módulos otimizados para cifragens, formatos de texto e arquiteturas diferentes. Ele pode detectar texto criptografado por programas que usam algoritmos, como o DES padrão, o DES de tamanho duplo, o DES estendido, o MD-5 e o Blowfish. No momento em que escrevíamos este livro, a versão estável mais recente do John the Ripper era v1.7.9. A distribuição é em código-fonte e deve ser compilada para uso.

Modos

John the Ripper suporta vários modos para craquear senhas:

- *Modo lista de palavras* – O modo mais simples compara senhas em relação a uma lista de palavras em um arquivo de texto.
- *Modo crack simples* – Mais rápido do que o anterior, esse modo usa informações de autenticação ou GECOS para o craqueamento de senhas. Limita o processo de craqueamento para as contas relacionadas à informação de autenticação. Se mais de um usuário tem a mesma senha, ele repete a comparação de senhas adivinhadas.
- *Modo incremental* – O modo mais poderoso usado pelo John the Ripper tenta todas as combinações possíveis de letras, números e caracteres especiais. É utilizado em ataques de força bruta.
- *Modo externo* – O modo externo é definido pelo uso da seção [List.External: Mode] do arquivo john.ini. Aqui, "Mode" é o nome do modo externo. Esse modo pode ser usado para especificar funções customizadas de tentar senhas; tais funções são agregadas à seção [List. External: Mode].

THC Hydra

O THC Hydra é um programa de craqueamento de autenticação de rede muito útil que suporta vários serviços diferentes. Disponibilizado pela THC em www.thc.org, o Hydra (hydra-6.1-src. tar. Gz) usa força bruta para testar serviços de autenticação remota. Ele pode executar ataques rápidos de dicionário contra mais de 40 dos protocolos mais usados.

L0phtCrack e LC6

A L0pht Heavy Industries desenvolveu o L0phtCrack como ferramenta de segurança para ajudar os administradores de sistema e profissionais de segurança a verificar pontos fracos de senhas no sistema operacional Windows NT. Em 2006, a empresa proprietária do L0phtCrack, a @Stake, foi comprada pela Symantec. O L0phtCrack foi relançado como LC6 pelos criadores originais em 2009 em três versões diferentes: profissional, administrador e consultor.

Resumo do capítulo

- Uma forma comum de proteger as senhas é utilizar a criptografia para disfarçar a senha real de texto comum.
- Entre os tipos básicos de criptografia estão cifragens de transposição e substituição. Na transposição, as posições das palavras ou letras são alteradas. Na substituição, letras ou grupos de letras são substituídos por letras alternadas.
- A criptografia pode ser executada utilizando-se algoritmos de chave simétrica (algoritmos de chave secreta) ou assimétrica (algoritmos de chave pública). A criptografia de chave simétrica utiliza a mesma chave tanto para criptografar o texto comum como para decriptografá-lo. A criptografia de chave assimétrica usa uma chave para criptografar o texto comum e uma chave diferente para decriptografá-lo.
- Cifragens populares de chave simétrica incluem 3DES, AES, Blowfish e RC4.
- Cifragens populares de chave assimétrica incluem RSA, Diffie-Hellman e criptografia DSS.
- As funções hash de criptografia geram um valor hash de tamanho fixo a partir de uma mensagem de qualquer tamanho. Os algoritmos hash seguros mais populares são MD5 (valores hash de 128 e 160 bits), SHA-1 (valores hash de 224, 256 e 384 bits) e SHA-2 (valor hash de 512 bits).
- A segurança efetiva de senha depende da escolha de senhas fortes e de mantê-las seguras.
- Ataques comuns a senhas incluem medidas técnicas, como ataques de dicionários, ataques de hibridização, ataques de força bruta, keyloggers e farejadores de pacotes, assim como técnicas físicas, como engenharia social e roubo.
- Programas de craqueamento de senha estão disponíveis na internet a qualquer momento. Os mais populares são Aircrack, Cain & Abel, John the Ripper, THC Hydra e L0pht-Crack. Essas ferramentas podem ser usadas tanto para fins legais, como recuperação autorizada de uma senha de usuário perdida, quanto ilegais, como roubo de senhas de outros usuários.

Questões de revisão

1. Em criptografia, qual é a diferença entre transposição e substituição?
2. Escreva um parágrafo de 25 a 40 palavras usando um código de transposição ou substituição. Em uma folha separada de papel, forneça o texto comum de seu parágrafo e explique a fórmula (ou algoritmo) de seu código.
3. Discuta os algoritmos de criptografia de chave simétrica com base no nível de segurança e algoritmo.
4. Discuta os algoritmos de criptografia de chave assimétrica com base no nível de segurança e algoritmo.
5. Descreva alguns métodos utilizados para adquirir as senhas.
6. Quais são os usos positivos dos utilitários de craqueamento de senha?
7. Cain & Abel é utilizado em plataformas Linux para craquear senhas. Verdadeiro ou falso?
8. Um hash de senha que é o mesmo para remetente e destinatário indica que a

senha não foi alterada durante a transmissão. Verdadeiro ou falso?

9. Demora tanto tempo para quebrar uma senha forte como "199!2GfrRRb9(e)woP" que ela deveria ser usada em todas as contas. Verdadeiro ou falso?

10. A senha "199!2GfrRRb9(e)woP" poderia ser craqueada por um ataque de dicionários. Verdadeiro ou falso?

11. A senha "199!2GfrRRb9(e)woP" poderia ser craqueada por um ataque de dicionários com um arquivo de palavras que tivesse sido executado por meio de um script usado para embaralhar as palavras. Verdadeiro ou falso?

12. A senha "199!2GfrRRb9(e)woP" pode ser craqueada por um ataque de força bruta. Verdadeiro ou falso?

13. O processo de criação de novas palavras pela adição de letras e/ou números para cada palavra de um dicionário é chamado de "hibridização". Verdadeiro ou falso?

14. Que algoritmo de criptografia recebeu padrão FIPS 197?

15. Que algoritmo de criptografia é de código aberto e disponível gratuitamente para uso?

16. Cain & Abel é usado a partir da linha de comando ou GUI. Verdadeiro ou falso?

17. O Aircrack foi lançado em 2010. Verdadeiro ou falso?

18. John the Ripper usa arquivos de palavras para fazer ataques de dicionários. Verdadeiro ou falso?

19. Que ferramenta de craqueamento é útil para quebrar senhas WEP e WPA?

20. O THC Hydra foi desenvolvido por uma organização denominada "The Hackers Choice". Verdadeiro ou falso?

Projetos práticos

Estes exercícios de laboratório vão familiarizá-lo com quatro crackers diversos para diferentes usos.

PROJETO 6.1

Este projeto mostra como craquear as senhas de um arquivo passwd fornecido por seu instrutor com o uso do John the Ripper.

1. Baixe o **arquivo passwd** que contém senhas criptografadas do servidor Linux central (ou pergunte ao seu instrutor onde obtê-lo).

2. Baixe o software John the Ripper de *www.openwall.com/john* (ou de seu servidor Linux central). O nome do arquivo para baixar é **john-1.7.9.tar.gz**; se não estiver lá, use a versão "estável" mais recente gratuita.

3. Descompacte o arquivo john-1.7.9.tar.gz digitando o seguinte comando: `tar -zxvf john-1.7.9.tar.gz`.

4. Para alterar para o diretório que é criado quando os arquivos são descompactados, digite o comando a seguir: `cd john-1.7.9`.

5. Para alterar para o diretório de origem, digite o seguinte comando: `cd src`.

6. Para compilar os arquivos de origem, digite o seguinte comando: `make generic`.

CRIPTOGRAFIA E CRAQUEAMENTO DE SENHAS | 123

CAPÍTULO 6

7. Depois de compilado o programa com sucesso, altere para o diretório de execução que está no diretório john-1.7.9 e copie o arquivo **passwd** no diretório atual.

8. Para craquear senhas do arquivo passwd, digite o seguinte comando: `./John--wordfile:password.1st passwd`.

PROJETO 6.2

Este projeto ensina a usar o Cain & Abel para craquear senhas do Windows Server 2008.

1. Autentique-se no Windows Server 2008.
2. Crie dois usuários, Bilionário e Clara. Não atribua nenhuma senha a Bilionário. Atribua a senha "Starburst" a Clara.
3. Baixe o arquivo **ca_setup.exe** do servidor Linux central ou de *www.oxid.it/cain.html*.
4. Clique duas vezes em **ca_setup.exe** e descompacte-o para o diretório padrão C:\ProgramFiles\Cain. Se o instalador tenta carregar o WinPCap, selecione **yes** e instale-o.
5. No menu Iniciar, inicie Cain & Abel.
6. Clique na guia **Cracker**.
7. Clique em **LM & NTLM Hashes**. A caixa de diálogo Add NT Hashes vai abrir.
8. Selecione **Import Hashes** do sistema local.
9. Clique em Clara com o botão direito e selecione **Dictionary attack**. Em seguida, selecione **NTLM**.
10. Adicione Wordlist.txt de \Cain\Wordlists\.

PROJETO 6.3

Este projeto mostra como instalar e usar o THC Hydra para comprometer um arquivo de senha.

1. Faça o download do THC Hydra do servidor Linux de FTP central ou de *www.thc.org/thc-hydra*.
2. Usando tar, descompacte o arquivo baixado para sua pasta Desktop. Vá para a pasta hydra-7.2-src/.
3. Digite `./configure` e então tecle **Enter**.
4. Digite **make** e depois tecle **Enter**.
5. Digite **make install** e então tecle **Enter**.
6. Para usar interface gráfica, digite **xhydra** e tecle **Enter**.

Você vai observar que não há um arquivo de nome de usuário ou senha incluído. Os fabricantes do Hydra esperam que você resolva essa parte sozinho. Em geral, isso não é um problema, porque você provavelmente estará usando esse programa para conferir uma lista de nomes de usuários e senhas de ftp em busca de senhas fracas (o motivo legal para executar esse utilitário). Você poderia usar os arquivos de dicionário de vários crackers de senha, como John the Ripper, ou encontrar algum na internet. Eis aqui como utilizar um script para criar uma lista de palavras bem básica sem embaralhá-las:

7. No script a seguir, copie o conteúdo entre as tags <script> e cole em um novo documento de texto, chamado **wordlist**, sem nenhuma extensão.

```
<script>
#!/bin/sh
# Written by Michal Kosmulski <mkosmul _at_ users _dot_ sourceforge _dot_ net> edited by Wolf Halton <wolf_at_networkdefense_dot_biz>
# This script is hereby put in the public domain.
#
# THIS SOFTWARE IS PROVIDED BY THE AUTHOR "AS IS" AND ANY EXPRESS OR IMPLIED
# WARRANTIES, INCLUDING, BUT NOT LIMITED TO, THE IMPLIED WARRANTIES OF
# MERCHANTABILITY AND FITNESS FOR A PARTICULAR PURPOSE ARE DISCLAIMED. IN NO
# EVENT SHALL THE AUTHOR BE LIABLE FOR ANY DIRECT, INDIRECT, INCIDENTAL,
# SPECIAL, EXEMPLARY, OR CONSEQUENTIAL DAMAGES (INCLUDING, BUT NOT LIMITED TO,
# PROCUREMENT OF SUBSTITUTE GOODS OR SERVICES; LOSS OF USE, DATA, OR PROFITS;
# OR BUSINESS INTERRUPTION) HOWEVER CAUSED AND ON ANY THEORY OF LIABILITY,
# WHETHER IN CONTRACT, STRICT LIABILITY, OR TORT (INCLUDING NEGLIGENCE OR
# OTHERWISE) ARISING IN ANY WAY OUT OF THE USE OF THIS SOFTWARE, EVEN IF
# ADVISED OF THE POSSIBILITY OF SUCH DAMAGE.
#
# Generate a list of words (e.g., for use by John the # Ripper) from aspell
# dictionaries.
# Use English and Polish words by default
languages=(en)
echo "Generating wordlist from aspell dictionaries: ${languages[@]}" >&2 echo "Please wait…" >&2 export LC_ALL=C
{
for ((i=0; i ${#languages[@]}; i++)); do aspell --lang="${languages[$i]}" \
dump master "${languages[$i]}"
done
```

```
}  |  tr -d \'- |  tr [:upper:] [:lower:] | sort -u echo
"Done."           &2
echo "It is a good idea to additionally use John the
Ripper's -rules" >&2
echo "option to generate extra word variants." >&2
</script>
```

8. Abra a janela do terminal, altere para o diretório no qual você salvou o arquivo e digite o seguinte: **./wordlist > list.txt**.
9. Utilize a lista para preencher o campo da lista de senhas no xhydra na porta telnet do servidor Linux central onde você tem conta. A Figura 6.2 mostra a tela-alvo do xHydra. Você entra com o endereço IP do dispositivo-alvo. A Figura 6.3 exibe a tela na qual você entra com um nome de usuário conhecido e a localização de seu arquivo de senha.

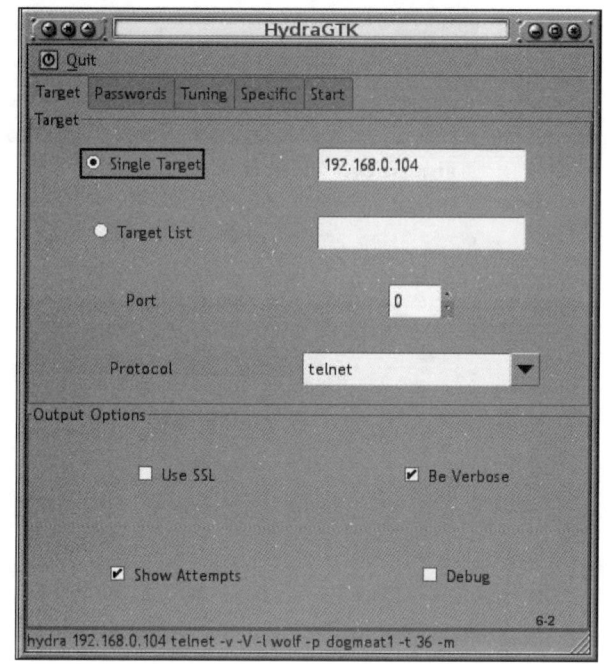

Figura 6.2 Tela-alvo do HydraGTK.
Fonte: THC Hydra

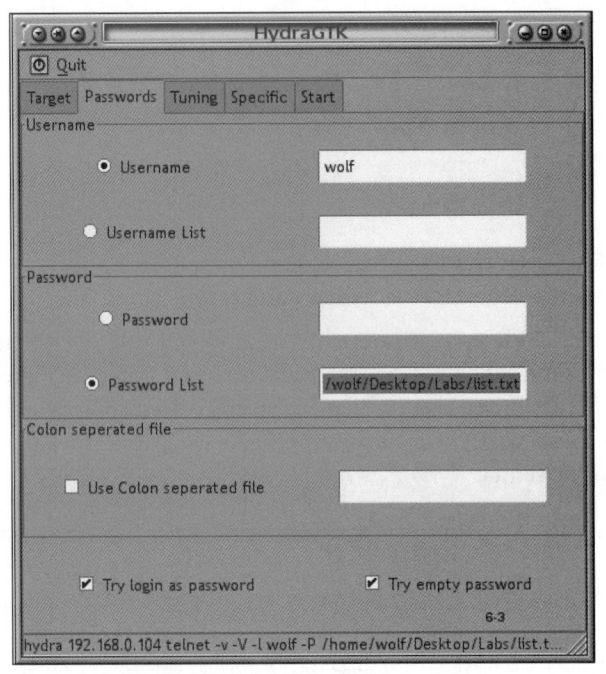

Figura 6.3 Tela com nome de usuário e senha do HydraGTK.
Fonte: THC Hydra

CAPÍTULO 7

Falsificação

Depois de ler este capítulo e realizar os exercícios, você será capaz de:

- Explicar a mecânica da falsificação.
- Descrever as consequências da falsificação.
- Definir vários tipos de falsificação.
- Listar e descrever algumas ferramentas de falsificação.
- Saber como se defender contra a falsificação.

A falsificação (*spoofing*, em inglês) pode ser definida como (1) uma forma sofisticada de autenticar uma máquina no lugar de outra utilizando os pacotes forjados ou (2) falsificar o remetente de uma mensagem (e-mail, IM etc.) de forma a fazer que os destinatários dessa mensagem respondam de uma forma que os torne vulneráveis. Um exemplo seria enviar para um grande número de contas de e-mail uma mensagem que parece ser de um grande banco. O objetivo do e-mail é enganar os receptores para que acessem um site adulterado, no qual eles se colocarão em risco de roubo de identidade ou ataques de malware.

A Figura 7.1 descreve uma interligação de redes TCP/IP. Na base dos sistemas interconectados há duas questões fundamentais: confiança e autenticação.

Autenticação é o ato de demonstrar que um usuário ou dispositivo é quem ou o que alega ser. Ela geralmente envolve o uso de token ou certificado, leitor biométrico ou (o mais comum) uma senha ou frase-chave.

Nesse contexto, **confiança** se refere ao nível de certeza de que ambos os usuários envolvidos em uma comunicação são conhecidos. Um exemplo seria dois colegas de trabalho que estão fisicamente envolvidos em uma conversa no mesmo espaço físico. Há pouca necessidade de autenticar a mensagem nessa situação porque cada usuário tem o contato visual ou outras pistas sensoriais que validam a legitimidade da conexão.

A autenticação é menos crítica quando há mais confiança. Por exemplo, se duas máquinas que se comunicam sobre a mesma tabela são os únicos dois nós de uma rede e são operadas por um único usuário ou dois parentes, há pouca razão para procurar formas de autenticar a identidade de qualquer uma das partes. Por outro lado, quanto menos confiança há, maior é a necessidade de autenticação. Assim como usuários humanos podem ser identificados pelo uso de tokens ou certificados, biometria ou senhas, um computador pode ser autenticado por seu endereço IP, seu nome de host do referido IP ou seu endereço MAC.

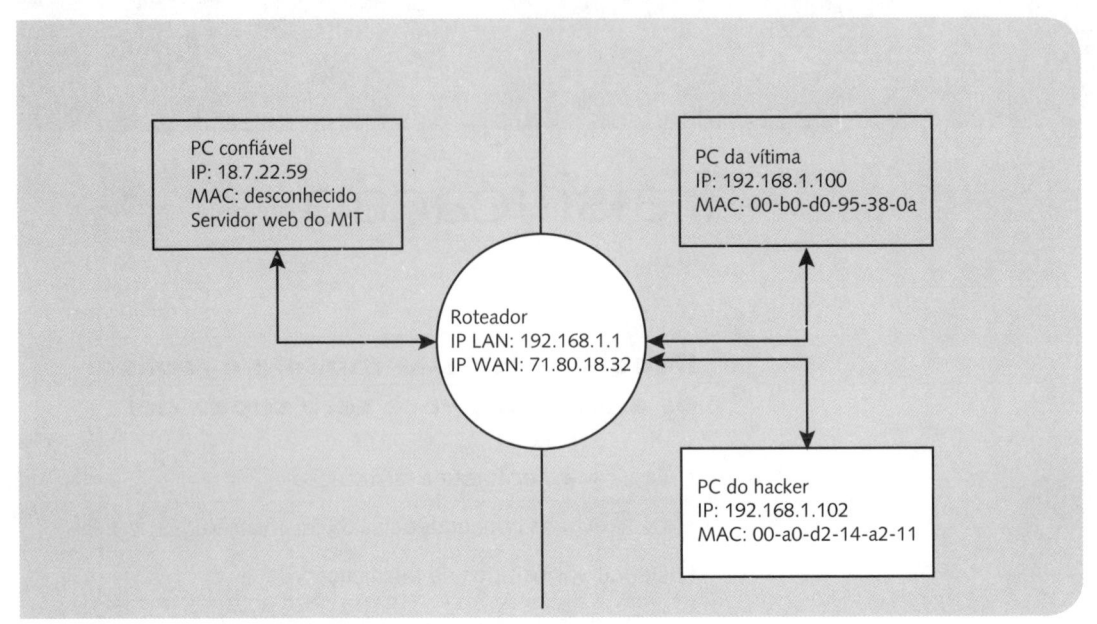

Figura 7.1 Interligação de redes TCP/IP.
© Cengage Learning 2014

- ***Endereço IP*** – Um endereço IP, seja na versão 4 ou 6, é um número exclusivo configurado com padrões de rede específicos. Números IPv6 são mais longos do que números IPv4 para acomodar o número significativamente crescente de dispositivos que operam na internet. Cada dispositivo que transmite na internet é identificado unicamente por seu endereço IP e deve ter um para poder transmitir informações pela internet. Endereços IP são criados pela **Autoridade para Atribuição de Números na Internet (IANA)**.
- ***Serviço de Nomes de Domínio (DNS)*** – O Serviço de Nomes de Domínio permite que aqueles que trabalham em rede convertam endereços IP a nomes descritivos mais familiares, mais fáceis de usar. Por exemplo, para fazer compras on-line, é mais fácil lembrar um endereço de site da web que contém o nome da loja do que lembrar o endereço IP do varejista.
- ***Endereço MAC*** – MAC, ou "Controle de Acesso ao Meio", é um número hexadecimal de 12 caracteres que todo equipamento de rede ou PC possui. Endereços MAC são geralmente representados desta forma: 00-09-D5-00-DB-BA. Cada endereço MAC contém o código do fabricante.

Como o TCP/IP foi desenvolvido bem antes que alguém pensasse em craqueamento e malware, ele tem uma falha básica que permite a falsificação de IP. Essa falha surge do fato de que confiança e autenticação têm uma relação inversa, conforme descrito anteriormente. Nas relações que envolvem muita confiança, a autenticação inicial baseia-se no endereço de origem. Contudo, endereços IP de origem não são confiáveis; a maioria dos campos do cabeçalho TCP pode ser alterada (falsificada) para fazer que pacotes falsos pareçam vir de uma origem legítima.

O processo de um ataque de falsificação de IP

Um ataque de falsificação bem-sucedido é mais complexo do que simplesmente falsificar o endereço de origem e exige mais do que apenas forjar um cabeçalho. Para realizar um ataque de falsificação, o remetente deve ser capaz de manter um diálogo completo entre as máquinas por um período mínimo de três pacotes, que são a solicitação inicial da máquina de origem, o reconhecimento (ACK) da máquina do destinatário e o reconhecimento final da máquina de origem. A Figura 7.2 mostra um cabeçalho IP com os tamanhos dos campos.

4 bits	8 bits	16 bits	32 bits	
Versão	IHL	Tipo de serviço	Comprimento total	
Identificação			Flags	Deslocamento do fragmento
Tempo de vida		Protocolo	Soma de verificação do cabeçalho	
Endereço de origem				
Endereço destino				
Opções + Enchimento				
Dados				

▶ **Figura 7.2** Cabeçalho IP.
© Cengage Learning 2014

O IP se encarrega do transporte entre as máquinas, mas o IP não é confiável e não há nenhuma garantia de que determinado pacote chegará intacto. Quando os pacotes chegam ao host do receptor, porém, o TCP assume. O TCP é mais confiável porque é um protocolo orientado à conexão; tem recursos para a verificação de pacotes recebidos e para o envio de ACKs ao remetente para conferir se eles foram devidamente recebidos e processados.

O TCP utiliza um sistema de indexação para acompanhar os pacotes e colocá-los na ordem certa, o que é feito com o uso de um campo de Identificação de 16 bits no cabeçalho. Esse índice é usado para checar o erro em ambas as máquinas.

As etapas de alto nível para a falsificação de uma máquina confiável, que serão discutidas em mais detalhe, incluem:

1. Identificar o par-alvo de máquinas confiáveis.
2. Suprimir o host que o agressor pretende personificar.
3. Forjar o endereço do host que o agressor está fingindo ser.
4. Conectar-se ao alvo usando a identidade falsa.
5. Adivinhar corretamente a sequência que o host está usando para atribuir números de sequenciamento de pacotes.

Um analisador de protocolo de rede, ou farejador, é empregado para identificar uma relação de confiança de uma rede interna para uma máquina externa e suas conexões. A Figura 7.3 mostra uma caixa de diálogo de interfaces de captura do Wireshark (Ethereal). Como foi observado no Capítulo 5, quando se usa o Wireshark, é necessário escolher a interface de captura (nesse caso, a placa Ethernet é a melhor escolha). Outras duas opções são o loopback ou o pseudodispositivo que captura todo o tráfego de rede e de loopback.

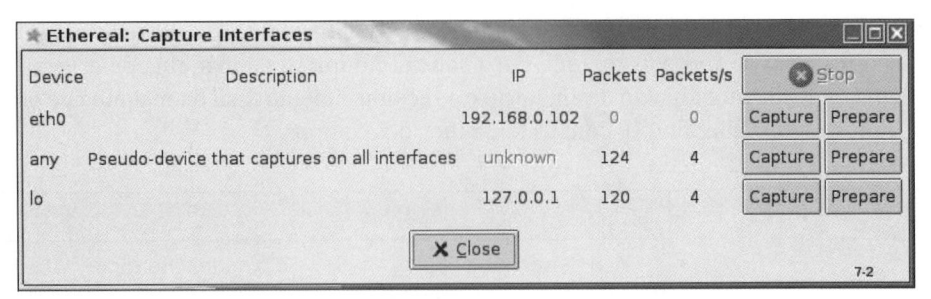

Figura 7.3 Caixa de diálogo de interfaces de captura do Wireshark (Ethereal).
Fonte: Wireshark

A tela seguinte é a caixa de diálogo de captura. Ela está situada em um segmento de rede entre o emissor e o receptor e coleta os pacotes até você manualmente clicar no botão Stop (não mostrado aqui). Em seguida, a janela principal se enche com as informações dos pacotes. A Figura 7.4 exibe a caixa de diálogo de uma captura em andamento do Wireshark (Ethereal).

Figura 7.4 Captura em andamento do Wireshark (Ethereal).
Fonte: Wireshark

A Figura 7.5 mostra uma saída filtrada. O filtro usado para capturar esses pacotes coleta apenas as transações entre 192.168.0.100 (um Linux local) e 18.7.22.69 (servidor de internet do MIT).

Observe que na linha Ethernet II do painel de detalhes de pacotes o endereço MAC da máquina local é conhecido – isto é, o endereço MAC 00:b0:d0:95:38:0a aparece entre parênteses ao lado do endereço IP 192.168.1.100. Em contrapartida, na linha do Protocolo de Internet, o endereço MAC do computador destino ("Dst") não é conhecido; em vez disso, o endereço IP, 18.7.22.69, é repetido.

Ao realizar um ataque de falsificação, é necessário, depois de identificar uma conexão entre dois hosts, anestesiar ou atordoar o host que você deseja personificar realizando um ataque por inundação de SYN (ou ataque TCP SYN), um ping da morte ou algum outro ataque de negação de serviço. A ideia é manter a máquina tão ocupada atendendo ligações falsas que se torne incapaz de responder quando a vítima enviar um ACK (que seria feito porque na verdade ela não iniciou o contato).

Pode-se forjar o endereço do host atordoado com o mesmo utilitário usado para atordoar a máquina confiável. O grande problema é adivinhar algo próximo do número de sequência correto incrementado do lado da vítima para que seja colocado no segundo pacote que você envia para a máquina da vítima. Teoricamente, essa máquina sabe o número de sequenciamento inicial (ISN) com o qual ela respondeu, e há alguns métodos específicos pelos quais os números de sequenciamento são incrementados. Os ISNs não são aleatórios, então a adivinhação que você faz também não é. Nas últimas quatro linhas da Figura 7.6, o SEQ da máquina da vítima é 540 e o ACK é 6306, ambos nas linhas ACK e [FIN, ACK] da máquina da vítima. A máquina de confiança responde com seu próprio [FIN, ACK], mas os números SEQ e ACK são trocados porque é assim que parece do

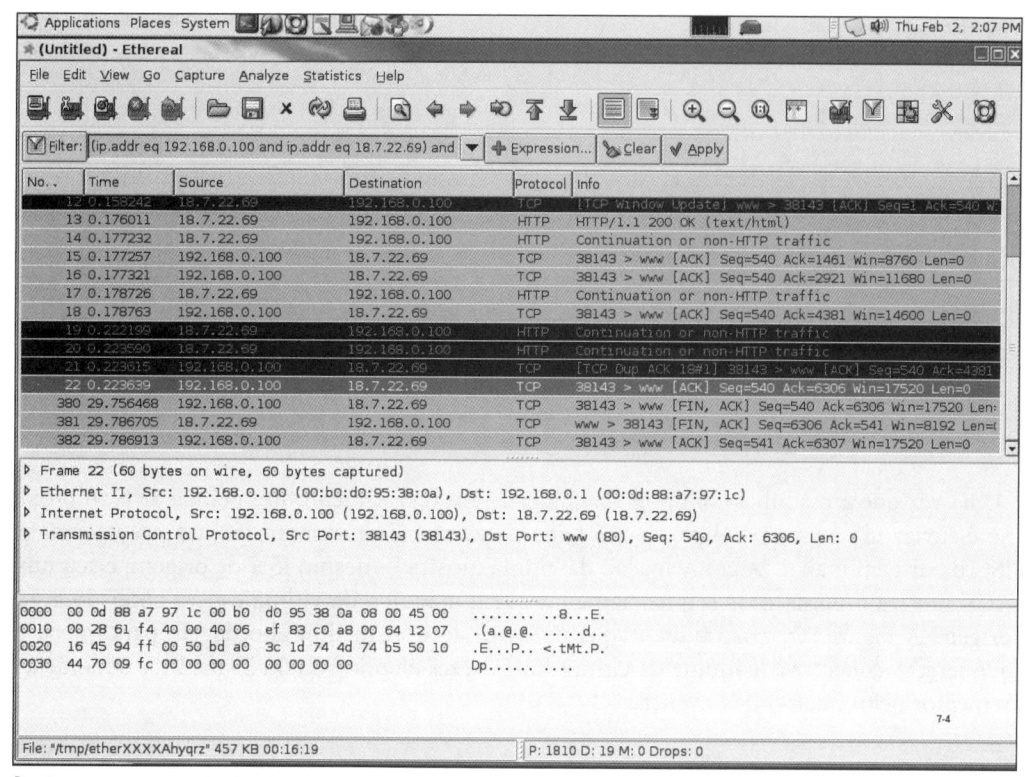

Figura 7.5 Resultados filtrados do Wireshark (Ethereal).
Fonte: Wireshark

outro lado. Se você observar atentamente, vai notar que a flag ACK da máquina local não aumentou, mas a flag [FIN, ACK] sim. Esses são tipos de pistas que um cracker utiliza para adivinhar o ISN usado na criação do pacote falso que ajuda a enganar o receptor para aceitar a conexão falsa.

Na Tabela 7.1, você pode ver que os números de sequência começam por 1 quando a máquina é inicializada, enquanto a cada segundo a partir daí o número aumenta em 128.000. Cada conexão aumenta o ISN em 64.000, e certos tipos de dados aumentam o número em 1. Um sistema em execução contínua sem conexões estabelecidas vai rolar de 4.294.967.297 para 1 aproximadamente a cada 9 horas e 20 minutos.

Figura 7.6 Detalhes dos incrementos dos números de sequenciamento no Wireshark (Ethereal).
Fonte: Wireshark

Tabela 7.1 Incrementos de ISN

Incrementos ISN	
Depois de um segundo	128.000
Uma conexão estabelecida	64.000
Pacote ACK	0
Pacote FIN	1
Pacote SYN	1
Pacote FIN/ACK	1
Pacote SYN/ACK	1

© Cengage Learning 2014

Uma vez que a máquina confiável foi colocada em repouso com um ataque SYN, o próximo passo é enviar um pacote SYN para a máquina da vítima. Esse número ISN do pacote será igual ao ISN de origem mais 1. A confirmação da vítima mostra o mesmo ISN de origem, e seu número ACK mostra o número de sequenciamento que a máquina da vítima espera obter do sistema de origem. A Figura 7.7 mostra um ataque de falsificação. A melhor abordagem para iniciar esse ataque seria se conectar à máquina da vítima várias vezes na porta 23 ou 25 para ter uma ideia dos incrementos pelos quais o ISN avança.

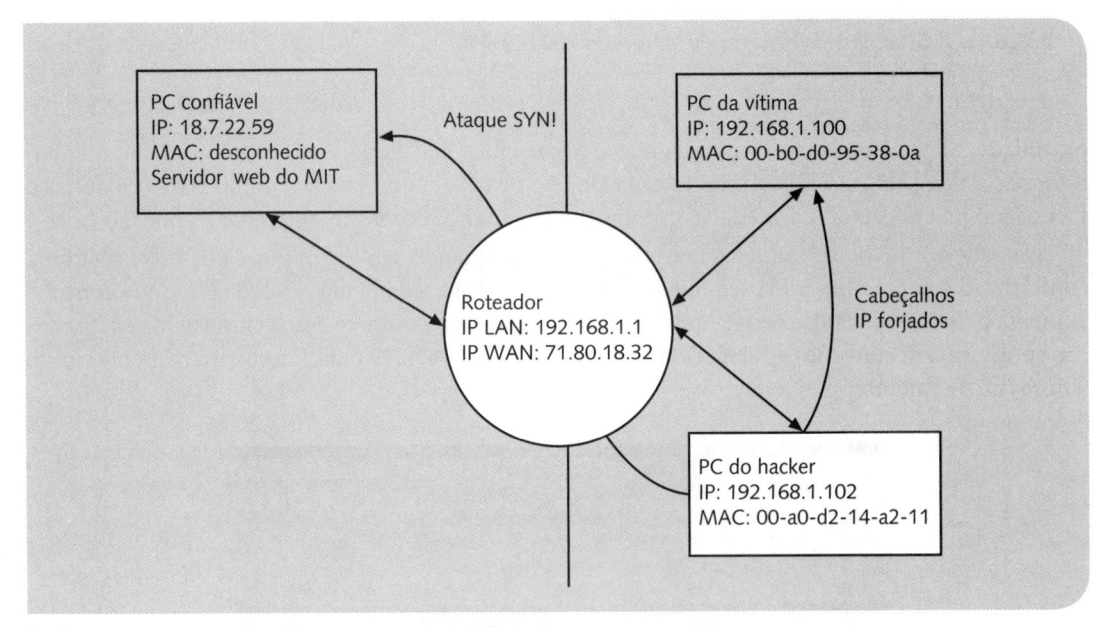

Figura 7.7 Diagrama de um ataque de falsificação.
© Cengage Learning 2014

O agressor também precisa deduzir o tempo de ida e volta (RTT) – o tempo que o pacote leva para fazer a viagem de ida e volta entre hosts. Isso pode ser feito com o envio de vários pacotes e o registro dos respectivos tempos. O tempo que leva para o pacote chegar ao sistema da vítima pode ser aproximadamente obtido enviando-se vários pacotes ICMP ou de ping, calculando-se o tempo médio que leva e, então, dividindo-se esse número por 2 a fim de obter o tempo de ida.

A Figura 7.8 mostra o resultado do comando `ping` em um terminal Linux; o comando `ping` em um terminal Windows teria uma aparência semelhante. Na figura, o RTT médio é de 35,32 ms (0,03532 segundos). Com (RTT/2) * 128.000 e tendo uma ideia geral de quantas conexões por segundo podem ocorrer, o agressor pode começar a estimar o número de sequenciamento na confirmação cega do agressor à resposta do primeiro pacote enviado à máquina da vítima. Tudo isso deve ser muito rápido. O agressor não pode manter um ataque contra a máquina fora do local por horas enquanto testa os cabeçalhos falsificados na vítima. É importante que o próximo passo esteja preparado para quando a falsificação funcionar. Se o invasor não pode tirar proveito na abertura, então ele acabou de passar horas realizando um ataque criminoso sem qualquer chance de recompensa e com uma chance real de ser descoberto pelos logs. O agressor provavelmente não vai ser pego, mas se houver um IDS na rede que documenta ou emite alertas sobre o comportamento a vítima e a máquina confiável certamente serão reforçadas contra ataques de falsificação, e assim novas tentativas provavelmente não serão bem-sucedidas.

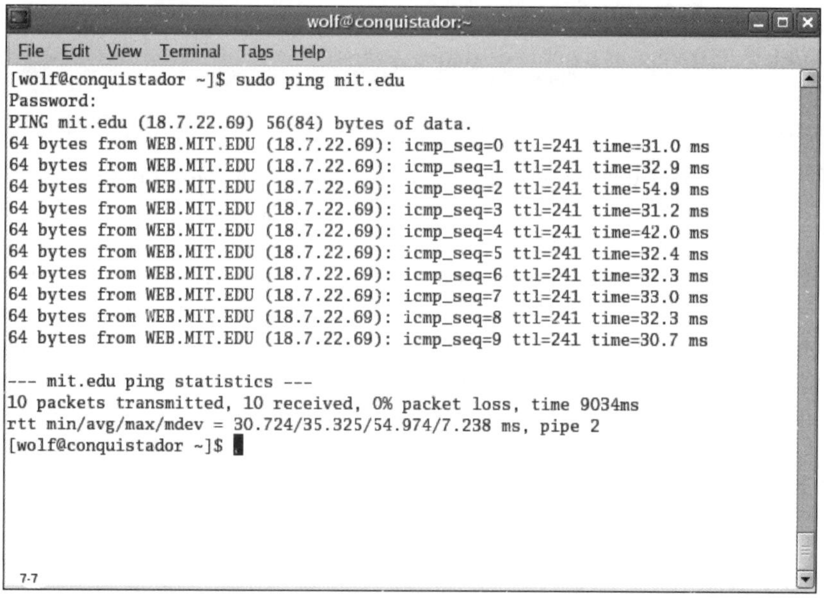

```
[wolf@conquistador ~]$ sudo ping mit.edu
Password:
PING mit.edu (18.7.22.69) 56(84) bytes of data.
64 bytes from WEB.MIT.EDU (18.7.22.69): icmp_seq=0 ttl=241 time=31.0 ms
64 bytes from WEB.MIT.EDU (18.7.22.69): icmp_seq=1 ttl=241 time=32.9 ms
64 bytes from WEB.MIT.EDU (18.7.22.69): icmp_seq=2 ttl=241 time=54.9 ms
64 bytes from WEB.MIT.EDU (18.7.22.69): icmp_seq=3 ttl=241 time=31.2 ms
64 bytes from WEB.MIT.EDU (18.7.22.69): icmp_seq=4 ttl=241 time=42.0 ms
64 bytes from WEB.MIT.EDU (18.7.22.69): icmp_seq=5 ttl=241 time=32.4 ms
64 bytes from WEB.MIT.EDU (18.7.22.69): icmp_seq=6 ttl=241 time=32.3 ms
64 bytes from WEB.MIT.EDU (18.7.22.69): icmp_seq=7 ttl=241 time=33.0 ms
64 bytes from WEB.MIT.EDU (18.7.22.69): icmp_seq=8 ttl=241 time=32.3 ms
64 bytes from WEB.MIT.EDU (18.7.22.69): icmp_seq=9 ttl=241 time=30.7 ms

--- mit.edu ping statistics ---
10 packets transmitted, 10 received, 0% packet loss, time 9034ms
rtt min/avg/max/mdev = 30.724/35.325/54.974/7.238 ms, pipe 2
[wolf@conquistador ~]$
```

Figura 7.8 Resultados do comando ping (terminal Linux).
Fonte: Unix/Linux

Quando o ataque termina, a máquina confiável deve ser liberada e devolvida ao normal, com o envio de uma sequência de pacotes FIN.

Custos da falsificação

Os custos para as vítimas dos ataques de falsificação bem-sucedidos estão relacionados à quantidade de informação copiada e a sensibilidade dos dados. Há perdas tangíveis e intangíveis. A perda tangível de 100 mil números de cartão de crédito e das respectivas informações dos clientes é rastreável e, em muitos aspectos, controlável, partindo-se do princípio de que a empresa vai agir rapidamente. Contudo, a empresa pode ter de contar a muitos outros clientes além dos que realmente foram afetados pelo roubo. A publicidade resultante, o impacto sobre a reputação da empresa e os possíveis processos contra ela são exemplos de perdas intangíveis que podem ser de fato muito dispendiosas.

Um uso comum da falsificação é como componente de um ataque de phishing no qual o remetente pode falsificar ou usar "falsificação" sobre o endereço de origem do e-mail na esperança de enganar o destinatário para que acredite que a mensagem provém de uma fonte confiável.

O que o invasor deixou para trás pode ser tão importante quanto o que foi roubado. Agressores de falsificação bem-sucedidos provavelmente vão deixar uma abertura, assim eles poderão voltar mais tarde. Na verdade, eles podem deixar várias aberturas de modo que mesmo os administradores de segurança cuidadosos tenham dificuldade em encontrá-las. Os agressores podem alterar configurações de roteador para permitir que aberturas específicas funcionem. Podem também raquear a senha do administrador da rede ou a senha de root, e acrescentar um nome de usuário não utilizado como membro do grupo do administrador para entrar depois que o furor diminuiu. Um invasor experiente então cuidaria ou apagaria os logs para tornar a detecção ainda mais difícil.

Tipos de perda tangível

Vários tipos de prejuízos podem resultar de um ataque de falsificação bem-sucedido, incluindo perdas econômicas, estratégicas e perda de dados gerais.

Perda econômica

Essa situação pode ocorrer quando dados valiosos se perdem ou são duplicados – por exemplo, quando os agressores que obtiveram o acesso a informações privadas utilizam salas de chat e grupos de usuários para distribuir os números de contas bancárias, saldos e dados de contabilidade de um grande conglomerado. Isso pode ter um impacto sobre muitas pessoas, incluindo funcionários e concorrentes da vítima. Ter esse tipo de conhecimento interno pode levar a oportunidades imprevistas para os outros, à custa da vítima. Há outras maneiras de obter esse tipo de dados, incluindo espionagem industrial, que ainda é uma área em crescimento. Contudo, a natureza sub-reptícia de um ataque de falsificação bem-sucedido faz que a empresa nunca saiba exatamente o que aconteceu ou quando. E, mesmo quando uma empresa detecta um ataque de falsificação e é capaz de revertê-lo, há uma perda significativa de tempo e recursos envolvidos na avaliação do ataque para determinar se o sistema ou os dispositivos associados estão comprometidos.

Perda estratégica

A perda ou publicação prematura de dados que descrevem o que a empresa planeja para o futuro é o que se entende por "perda estratégica". Esse conhecimento permite aos concorrentes planejar com precisão e eficiência suas próprias metas de negócios. Um exemplo disso é quando um cracker utiliza um endereço IP falsificado para ter acesso à estratégia de marketing da Empresa A. A Empresa B compra essa informação do cracker e usa-a para destruir os planos da Empresa A e criar uma vantagem competitiva. Isso pode causar tanto a perda de dinheiro como de clientela da empresa afetada. Se a vítima é uma agência governamental, a perda de segredos estratégicos pode levar a consequências que vão desde perder uma eleição como perder uma guerra. Por exemplo, decifrar o código Enigma dos nazistas foi um fator significativo para a vitória dos aliados na Segunda Guerra Mundial.

Perda de dados gerais

Nem todos os dados são iguais em termos de importância ou valor. Há potencialmente grandes quantidades de dados armazenadas em uma rede que teriam menos valor intrínseco do que os dados que envolvem propriedade intelectual e financeira. Dados gerais, muitas vezes, vêm de documentos sem segurança utilizados por funcionários que trabalham em vários projetos ou estão envolvidos nos negócios cotidianos da empresa. Essas informações não são cruciais ou insubstituíveis, e quando um hacker adquire esse tipo de dados geralmente precisa de muita imaginação para tornar essa aquisição valiosa aos compradores ou causar muito prejuízo à empresa da vítima.

Tipos de falsificação

Os hackers empregam vários tipos de falsificações, dependendo das circunstâncias e características específicas do alvo pretendido, bem como da forma como as informações sobre a rede estão disponíveis. Entre as categorias de falsificação, estão as seguintes:

- Falsificação cega.
- Falsificação ativa.
- Falsificação de IP.
- Falsificação de ARP (Protocolo de Resolução de Endereços).
- Falsificação de web.
- Falsificação de DNS.

Falsificação cega

Na **falsificação cega** apenas um lado da relação que está sob ataque está à vista. Nesses casos, como o agressor não tem acesso ao sequenciamento do pacote, não está ciente de todas as condições da rede e deve usar a adivinhação e outros meios para obter acesso à rede. A Figura 7.9 mostra um exemplo de falsificação cega baseado em uma falsa conversa.

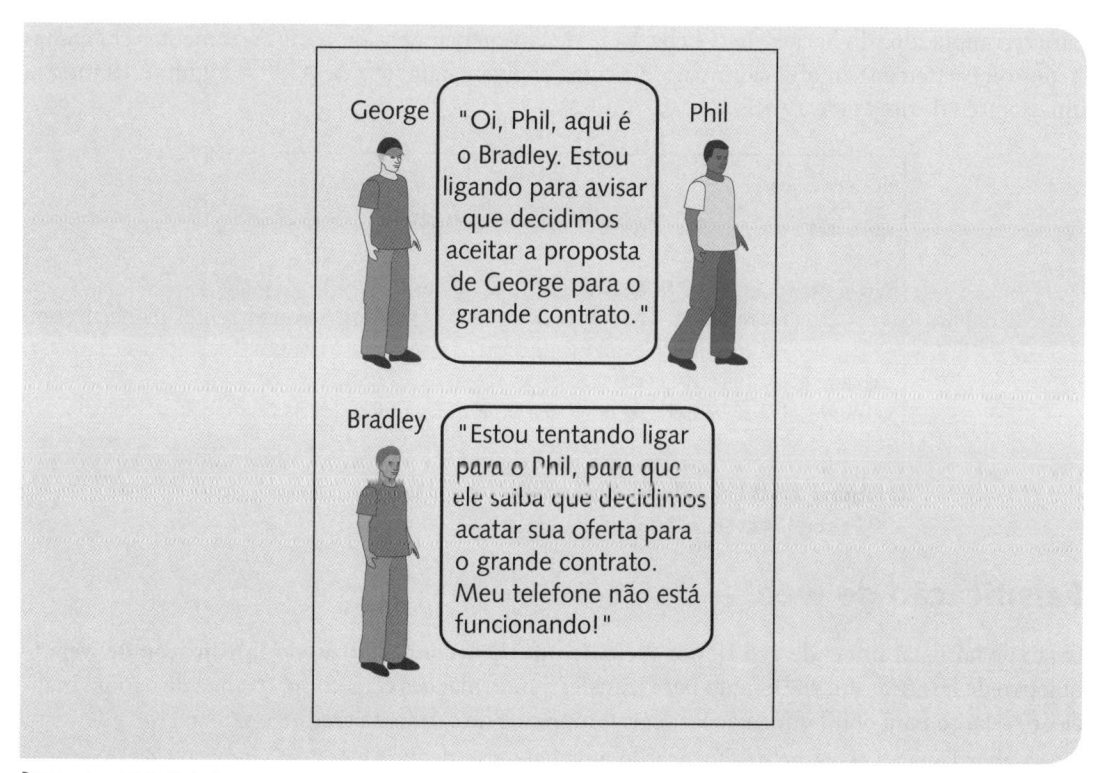

Figura 7.9 Falsificação cega.
© Cengage Learning 2014

Falsificação ativa

Na **falsificação ativa**, o hacker pode ver os pacotes que são transmitidos por ambas as partes, observar as respostas do computador destino e responder de acordo. O hacker nessa situação pode realizar várias explorações, como farejamento de dados, corrupção de dados, alteração do conteúdo de um pacote e até mesmo exclusão de pacotes. Nesse tipo de falsificação, o objetivo é uma possível desorientação ou alteração de conteúdo dos pacotes.

Falsificação de IP

Discutida anteriormente, essa técnica consiste em um hacker acessar determinado destino, disfarçado de alguém confiável. A falsificação de IP pode ser realizada tanto com métodos cegos quanto com ativos de falsificação.

Falsificação de ARP

Modificar a tabela ARP para fins de raqueamento é chamado de **falsificação de ARP**. Uma tabela ARP armazena o endereço IP e o endereço MAC correspondente do computador que tem de ser notificado para enviar dados. Quando um pacote chega à rede, o roteador procura na tabela ARP o endereço MAC do computador destino. Se o endereço não for detectado, o endereço IP é transmitido e o computador com o endereço IP correspondente responde com seu endereço MAC. Depois que o endereço MAC foi recebido, os pacotes são transmitidos ao computador destino.

O ataque de falsificação de ARP é um método de detectar transmissões, forjando o endereço IP e, em seguida, respondendo com o endereço MAC do computador do hacker. Após o roteador receber o endereço MAC, ele assume que o endereço MAC recebido está correto e envia os dados para o computador do hacker. Isso é chamado de envenenamento de ARP. Ferramentas chamadas Arpoison e Ettercap são utilizadas para executar o envenenamento de ARP. A Figura 7.10 mostra um exemplo de uma tabela ARP.

Static DHCP Client List

Host Name	IP Address	MAC Address	

Dynamic DHCP Client List

Host Name	IP Address	MAC Address	Expired Time
	192.168.0.102	00-A0-D2-14-A2-11	Apr/13/2012 11:49:29
	192.168.0.101	0009D500DBBA01	Apr/13/2012 11:49:22
unknown	192.168.0.104	00-07-95-29-99-32	Apr/13/2012 11:48:59
unknown	192.168.0.100	00-B0-D0-95-38-0A	Apr/13/2012 20:45:21

▶ **Figura 7.10** Exemplo de tabela ARP.
© Cengage Learning 2014

Falsificação de web

O ato de falsificar um endereço IP por meio de um site é conhecido como **falsificação de web**. O objetivo de falsificar um site é tanto para transferir informações (tais como trechos de código malicioso) quanto para obter informações (como números de cartão de crédito e senhas).

A abordagem a esse tipo de falsificação envolve o uso de uma estratégia que garanta que todas as comunicações entre o site e o usuário sejam direcionadas para o computador do invasor. O agressor também pode adquirir falsamente um certificado usado por um site para provar que é digno de confiança. Assim, a vítima acredita que está acessando uma fonte confiável. Um exemplo de exploração perigosa é quando um invasor obtém um certificado atribuído a um site popular de notícias. Com esse certificado, o agressor pode responder com êxito sempre que o navegador de internet do computador do usuário enviar uma solicitação para visitar esse site. Como o certificado em si é válido, o navegador do usuário legitima a resposta, assumindo que é um site confiável. Isso permite que o usuário interaja com o site (quando, na verdade, é um site falsificado que está sob o controle de um invasor). Depois de obter acesso à rede por meio do site, o invasor pode executar diversas ações, como a transferência de código malicioso ou cavalos de Troia para o usuário desavisado.

Falsificação de DNS

Em uma falsificação de DNS, o hacker substitui o endereço IP de um site pelo endereço IP do computador do cracker. Consequentemente, sempre que um usuário de uma sub-rede destino envia uma solicitação para esse site da web, os servidores DNS transformam o nome do host para associá-lo ao endereço IP incorreto. Alterar o endereço IP direciona o usuário para o computador intermediário. Como o usuário está sendo enganado para que acesse o computador errado, ele tem a impressão de que o site que está sendo acessado é legítimo. O invasor pode então enviar um código malicioso para o computador do usuário. Por exemplo, o código malicioso pode mostrar uma mensagem de alerta, sugerindo que todos os usuários baixem um programa específico para proteger seus computadores contra o perigoso vírus W32/Willies. Assim, usuários podem colaborar ativamente para sua própria morte, acreditando que estão no site verdadeiro. A falsificação de DNS coloca a informação de IP adulterada na cache de um servidor DNS, operação que precisa ser atualizada com frequência se a falsificação for de longa duração. Enquanto a falsificação está em processo, qualquer um que utilizar esse servidor DNS específico será direcionado para o site malicioso. A Figura 7.11 mostra uma exploração com a falsificação de DNS.

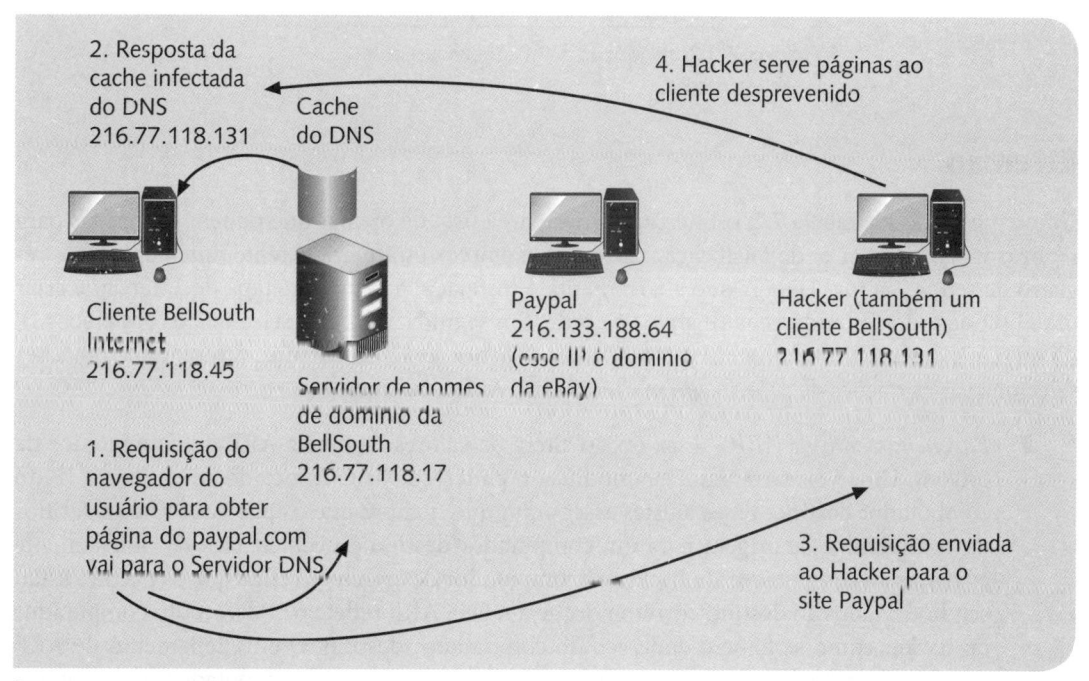

Figura 7.11 Falsificação de DNS.
© Cengage Learning 2014

Ferramentas de falsificação

Antes de discutirmos essas ferramentas detalhadamente, um lembrete: quem está disposto a se envolver com o raqueamento ético deve receber o treinamento completo nas ferramentas da área para evitar resultados inesperados que podem decorrer do uso cego. É essencial que qualquer pessoa que use uma ferramenta de geração de tráfego como as que serão descritas em seguida esteja totalmente ciente das implicações e da responsabilidade jurídica potencial associadas ao uso dessas ferramentas. O uso indevido de geradores de tráfego pode resultar em danos aos bens de informação; eles não devem ser utilizados sem a permissão por escrito do proprietário da rede.

Esta seção aborda as seguintes ferramentas de falsificação e seus usos:

- Mausezahn;
- Ettercap;
- Arpspoof.

Mausezahn

Mausezahn é um gerador de tráfego somente para Linux escrito em C e criado por Herbert Haas. Ferramenta de código aberto capaz de gerar uma grande variedade de pacotes, o Mausezahn é útil para simular ataques DoS contra firewalls e outros dispositivos de rede. A versão 0.40 foi lançada em 2010 e, com a morte de Haas em 2011, ainda não se sabe o que a ferramenta pode se tornar no futuro. A Figura 7.12 mostra um exemplo de ataque por inundação SYN com Mausezahn.

```
mz eth0 -A rand -B 1.1.1.1 -c 0 -t tcp "dp=1-
1023, flags=syn" \
        -P "Good morning! This is a SYN Flood
Attack.         \
        We apologize for any inconvenience."
```

Figura 7.12 Inundação SYN com Mausezahn.
Fonte: Mausezahn

Ettercap

Como mostrado na Tabela 7.2, o Ettercap fornece uma lista de opções que podem ser usadas para realizar várias operações de falsificação. Entre os exemplos estão farejamento, interceptação e registro de senha em log. Depois que a ferramenta é instalada, a primeira etapa do Ettercap é criar uma lista de todos os endereços IP ativos na rede. Em seguida, o hacker seleciona os endereços IP de origem e destino dos computadores nos quais as ações serão executadas. Em seguida, o hacker seleciona várias opções de ações a serem executadas. As opções incluem:

- *Envenenamento de ARP* – Essa opção altera os valores da tabela ARP do computador de origem. Uma vez executado, ele modifica o endereço MAC associado ao endereço IP do computador destino. Esses ajustes asseguram que, sempre que os pacotes são transferidos do computador de origem para um computador destino específico, eles são inicialmente enviados ao computador do hacker. O computador de origem acredita que os pacotes estão sendo enviados ao destino correto porque a tabela ARP reflete o endereço do computador do hacker como se fosse o endereço do computador destino. O envenenamento de ARP permite que o hacker observe a transferência de pacotes entre o computador de origem e o destino. Ele também pode colocar alguns pacotes extras no meio. No entanto, a probabilidade de transferência contínua de códigos de confirmação (ACK) entre os computadores de origem e os computadores destino é alta no método de envenenamento de ARP.

- *Interface de visualização* – Essa opção permite que o hacker exiba os comandos que estão sendo executados pelos computadores de origem e destino, bem como os resultados, na mesma janela.
- *Filtragem/derrubada de pacotes* – Essa opção permite a filtragem de pacotes para procurar determinada série. Essa série específica pode então ser substituída pelo hacker para executar ações.

Tabela 7.2 Opções Ettercap

[root@conquistador ˜]# ettercap –help	
ettercap NG-0.7.3 copyright 2001-2004 ALoR & NaGA	
Uso: ettercap [OPÇÕES] [ALVO 1] [ALVO 2]	
O alvo está no formato MAC/IP/Porta (veja comando man para maiores detalhes)	
Opções de farejamento e ataque:	
-M, --mitm <MÉTODO:ARGS>	executa um ataque mitm (homem no meio)
-o, --only-mitm	não fareja, somente executa o ataque mitm
-B, --bridge <IFACE>	move o tráfego de uma interface para a outra (requer 2 interfaces)
-p, --nopromisc	a interface não entra em modo promíscuo
-u, --unoffensive	não reencaminha pacotes
-r, --read <arquivo>	realiza o farejamento off line em arquivo compatível pcap <arquivo>
-f, --pcapfilter <filtro>	configura o filtro da biblioteca pcap<filtro>
-R, --reversed	seleciona ALVO reverso, ou seja, o alvo não.
-t, --proto <protocolo>	fareja somente o protocolo especificado (o padrão é tudo)
Tipos de interface de usuário:	
-T, --text	usa interface do usuário de texto
-q, --quiet	não mostra os conteúdos dos pacotes na tela
-s, --script <comandos>	envia comandos para a interface do usuário
-C, --curses	usa interface do usuário com Ncurses
-G, --gtk use	GTK+ GUI
-D, --daemon	executa ettercap como um daemon (sem GUI)
Opções de registro em arquivo:	
-w, --write <arquivo>	grava dados farejados no arquivo especificado <arquivo>
-L, --log <arquivo de registro>	registra todo o tráfego em arquivo <arquivo de registro>
-l, --log-info <arquivo de registro>	registra informações passivas em arquivo <arquivo de registro>
-m, --log-msg <arquivo de registro>	registra todas as mensagens em arquivo <arquivo de registro>
-c, --compress	usa compressão gzip sobre o arquivo de registro

(continua)

Tabela 7.2 Opções Ettercap (*continuação*)

Opções de vizualização:	
-d, --dns	resolve endereços IP em nomes de hospedeiros
-V, --visual <formato>	configura o formato de visualização
-e, --regex <registro>	trata somente pacotes correspondentes ao registro especificado
-E, --ext-headers	imprime cabeçalho estendido para cada pacote
-Q, --superquiet	não mostra usuário e senha
Opções gerais:	
-i, --iface <interface>	usa a interface de rede especificada
-I, --iflist	mostra todas as interfaces de rede
-n, --netmask <máscara de rede>	força a máscara de rede especificada sobre a interface
-P, --plugin <plugin>	executa plugin especificado
-F, --filter <arquivo>	carrega o filtro do arquivo especificado
-z, --silent	não executa o escaneamento inicial ARP
-j, --load-hosts <arquivo>	carrega a lista de hospedeiros do arquivo
-k, --save-hosts <arquivo>	grava a lista de hospedeiros no arquivo
-W, --wep-key <chave wep>	usa a chave wep para decriptografar pacotes wifi
-a, --config <arqconf>	usa o arquivo de configuração alternativo
Opções padrão:	
-U, --update	atualiza as bases de dados ettercap da web
-v, --version	imprime a versão e sai
-h, --help	mostra a tela de help

© Cengage Learning 2014

Como nesse exemplo, o Ettercap funciona em:

- Debian/Ubuntu.
- Backtrack.
- Fedora.
- Gentoo.
- Pentoo.
- Mac OS X (Snow Leopard e Lion).
- FreeBSD.
- OpenBSD.
- NetBSD.

Arpspoof

O Arpspoof, parte da suíte de ferramentas dsniff, pode ser usado para falsificar tabelas de ARP. A sintaxe geral para a execução do Arpspoof é a seguinte:

```
arpspoof [-i interface] [-t target] host
```

Essa ferramenta altera o endereço MAC especificado para o endereço IP do computador destino na tabela ARP do computador de origem. O endereço MAC atribuído ao endereço IP do computador destino é o endereço MAC do computador do hacker. Depois que os pacotes são transferidos do computador de origem para o computador destino, eles são inicialmente redirecionados para o computador do hacker. Nesse ponto, o hacker pode ou não enviar os pacotes de volta para o computador destino.

Prevenção e atenuação

Para se defender da falsificação de IP ou evitá-la você deve fazer o seguinte:

- Sempre que possível, evite relações de confiança que dependem somente de endereços IP.
    - *Em sistemas Windows* – Se você não consegue remover uma relação de confiança específica, altere as permissões no arquivo $systemroot$\hosts para permitir o acesso somente-leitura.
    - *Nos sistemas Linux* – Use wrappers TCP para permitir o acesso a serviços apenas a partir de certos sistemas.
- Instale um firewall ou uma regra de filtragem que negue o acesso de origens externas com endereços IP internos e também a origens internas com endereços IP externos. Por exemplo, as seguintes ACLs funcionarão para uma rede com um endereço de origem interno de 192.168.x.x:

```
access-list 101 deny ip 192.168.0.0 0.0.255.255 0.0.0.0 255.255.255.255
access-list 101 permit ip 0.0.0.0 255.255.255.255 0.0.0.0 255.255.255.255
```

- Utilize protocolos criptografados e protegidos, como o IPSec.
- Use ISNs aleatórios para evitar que os números de sequenciamento sejam implementados de forma previsível.

Para se defender de um envenenamento de ARP ou evitá-lo, faça o seguinte:

- Utilize métodos que neguem as alterações, a menos que haja autorização adequada para a tabela ARP.
- Use tabelas ARP estáticas.
- Registre as alterações da tabela ARP em logs.

Resumo do capítulo

- A falsificação pode ser definida como (1) uma maneira sofisticada de autenticar uma máquina para se passar por outra utilizando pacotes falsificados e (2) a adulteração do emissor da mensagem (e-mail, IM, carta, sumário etc.) de forma a fazer que o receptor humano se comporte de determinada maneira.
- Confiança e autenticação são os pontos centrais do trabalho em rede. Quanto mais confiança, menos necessidade de autenticação. As máquinas podem ser autenticadas por seus endereços IP, nomes de host do IP e endereços MAC.
- Um ataque de falsificação de IP bem-sucedido exige um diálogo completo e sustentado entre as máquinas por um mínimo de três pacotes: a solicitação inicial da máquina de origem, a resposta de confirmação (ACK) e uma confirmação final da máquina de origem.
- Para falsificar a relação com uma máquina de confiança, o agressor deve: identificar o par de máquinas de confiança alvo, anestesiar o host que o agressor quer personificar, falsificar o endereço do host que o agressor está tentando ser, conectar-se ao alvo como a identidade assumida e adivinhar apropriadamente o sequenciamento correto.
- Os custos para as vítimas de ataques de falsificação bem-sucedidos estão ligados à quantidade de informações que foi copiada e à sensibilidade dos dados. Perdas tangíveis incluem perdas econômicas, estratégicas e de dados gerais. As perdas intangíveis incluem danos à reputação da empresa e ameaça de processos.
- Os tipos de falsificação incluem falsificação cega, falsificação ativa, falsificação de IP, falsificação de ARP, falsificação de web e falsificação de DNS.
- Mausezahn, Ettercap e Arpspoof são as três ferramentas de falsificação mais comuns. Mausezahn é uma solução baseada em Linux usada para testar firewalls e também outras aplicações de rede. O Ettercap oferece várias operações de falsificação, incluindo farejamento, interceptação, registro de senha em log, envenenamento de ARP, interface de visualização e filtragem/derrubada de pacotes. O Arpspoof pode ser utilizado para falsificar tabelas ARP.
- Para se defender de uma falsificação de IP ou escapar dela evite relacionamentos de confiança baseados em endereços IP, instale um firewall, use protocolos criptografados e ISNs aleatórios.
- Para se defender de um envenenamento de ARP ou evitá-lo use métodos que negam mudanças a menos que haja autorização adequada para a tabela ARP, utilize tabelas ARP estáticas e registre mudanças da tabela ARP em logs.

Questões de revisão

1. O que é falsificação?
2. O que é falsificação de IP?
3. Qual é a diferença entre falsificação ativa e falsificação cega?
4. É possível executar falsificação de ARP se o computador destino for um Mac que executa OS X?
5. É comum o uso de e-mails de "phishing" para atrair a vítima para um site que usa falsificação de DNS?
6. Você pode utilizar o Wireshark para enviar pacotes IP falsificados?
7. O Wireshark é executado em computadores Mac?

8. O que é uma tabela ARP estática, e qual é a desvantagem de usá-la?
9. O que você faz com a fórmula (RTT/2) * 128.000?
10. Mausezahn, Ettercap e Arpspoof são três ferramentas comuns de falsificação. Verdadeiro ou falso?
11. O Ettercap funciona em qualquer máquina com Windows. Verdadeiro ou falso?
12. O Mausezahn é uma ferramenta comum de falsificação que funciona em plataformas Windows. Verdadeiro ou falso?
13. O Arpspoof, parte da suíte dsniff, pode ser usado para falsificar tabelas de MAC. Verdadeiro ou falso?
14. Autenticação e confiança têm uma relação inversa. Verdadeiro ou falso?

Faça a correspondência entre os tipos de falsificação e suas definições abaixo.

a. De IP
b. De web
c. Cega
d. Ativa
e. De Sistema de Nomes de Domínio (DNS)
f. De Protocolo de Resolução de Endereços (ARP)

15. Quando isso ocorre, apenas um lado da relação sob ataque pode ser visto.
16. Ao fazer isso, o hacker consegue ver os dois lados e está em posição de observar as respostas do computador destino.
17. Ao fazer isso, o hacker altera o endereço IP atribuído a um website para o endereço IP do computador dele.
18. Ao fazer isso, o hacker acessa um destino disfarçado como alguém confiável.
19. Isso ocorre quando a tabela ARP é modificada para fins de raqueamento.
20. Para fazer isso, o hacker falsifica o endereço IP por meio de um site.

Projetos práticos

A falsificação provavelmente é ilegal se feita na internet pública, por isso você deve realizar os projetos a seguir em computadores de laboratório.

PROJETO 7.1

1. Usando o modelo a seguir, preencha os nomes dos campos e o tamanho (em bits) de um cabeçalho TCP.

PROJETO 7.2

1. Usando o Wireshark na plataforma Linux ou Windows, desenvolva um filtro que lhe permita capturar os pacotes que transitam entre um computador específico de sua sala de aula e a internet. (Pergunte ao seu instrutor que computador você deve usar como alvo.) Em seguida, crie um relatório que inclua uma cópia impressa de uma seleção de pacotes capturados e identifique, em seu relatório, todos os campos do cabeçalho TCP que você listou no Projeto 7.1.

CAPÍTULO 8

Sequestro de sessão

Depois de ler este capítulo e realizar os exercícios, você será capaz de:

- Definir "sequestro de sessão".
- Explicar o que o sequestro de sessão causa.
- Identificar os tipos de sequestro de sessão.
- Descrever algumas ferramentas de sequestro de sessão.
- Explicar as diferenças entre sequestro de TCP e de UDP.
- Descrever várias medidas para se defender do sequestro de sessão.

De modo geral, sequestro (*hijacking*, em inglês) é a situação em que um indivíduo não autorizado assume o controle de um veículo de quem está autorizado a conduzi-lo. No **sequestro de sessão**, o "veículo" tomado é o fluxo de comunicação entre um emissor e um receptor, e o agressor pode se fazer passar tanto por emissor quanto por receptor. Sequestro difere de falsificação uma vez que a dominação ocorre durante uma sessão autenticada. Os agressores sequestram sessões a fim de enviar e executar comandos que normalmente não podem ser implementados por alguém de fora.

Se o sequestrado na sessão ativa tem privilégios de administrador, o hacker pode ser capaz de agir como administrador enquanto dura a sessão. Um exemplo seria uma sessão remota entre o responsável pelo suporte de TI e um novo usuário na qual o agressor é capaz de assumir o papel da pessoa de suporte de TI.

Os sequestros de sessão costumam ser comparados ao farejamento porque o único propósito do farejamento é recuperar e observar os dados enquanto estão sendo transmitidos. No sequestro de sessão, os hackers primeiro farejam a sessão a ser sequestrada, depois especificamente os dados de identificação para, em seguida, utilizá-los para infiltrar-se na sessão como uma das partes ou ambas.

Sequestro de sessão TCP

O sequestro de sessão TCP ocorre quando um hacker assume o controle de uma sessão TCP entre dois hosts. Uma sessão TCP só pode ser sequestrada depois que os hosts estiverem autenticados. O hacker não pode sequestrar uma sessão enquanto o processo de autenticação entre um host e um destinatário estiver em andamento. Isso se deve ao fato de que uma sessão não pode ser iniciada até que o processo de autenticação seja concluído.

Para entender o sequestro de sessão TCP, é importante primeiro compreender os procedimentos seguidos por um protocolo baseado em TCP a fim de que o emissor e o receptor criem uma conexão e interajam. Chamado de handshake de três passos, esse processo de autenticação utiliza flags de pacotes TCP de maneira especial. Em primeiro lugar, um pacote SYN é enviado ao receptor pelo emissor para iniciar uma conexão. Em segundo, o receptor envia um pacote SYN/ACK como confirmação de que a solicitação de sincronização do emissor foi recebida e então aguarda o passo final. Em terceiro lugar, o emissor original devolve um pacote ACK ao receptor. Nesse ponto, tanto o emissor quanto o receptor têm tudo de que precisam para permitir a transmissão de dados entre os dois pontos. A conexão termina com uma última troca que consiste em pacotes de Finalização (FIN) ou de Reset (RST).

Sequestro de sessão – O ponto de vista do hacker

O TCP funciona com o IP para gerenciar pacotes de dados na rede. O IP não é confiável e pode perder ou alterar o sequenciamento de pacotes durante a transmissão. O TCP garante que todos os pacotes de dados foram transmitidos e que a sessão só será encerrada depois que todos os pacotes foram recebidos. O TCP realiza essa tarefa ao rastrear os pacotes enviados ao receptor. Tanto o emissor quanto o receptor acompanham o número e a sequência dos pacotes de dados que são transferidos na transação. Somente depois de concluída a terceira parte do handshake de três passos é que os detalhes relativos aos números de sequenciamento de pacote são apagados do emissor. Uma vez que os números de sequenciamento do pacote não estão mais sendo lidos, essa remoção da informação de "estado" abre espaço para o sequestro.

Um método antes popular de sequestro de sessão envolve o uso de pacotes IP roteados na origem. O roteamento do remetente é uma técnica de depuração que permite que os pacotes fixem explicitamente a rota que vão seguir até o seu destino em vez de seguir as regras de roteamento dinâmicas normais. O roteamento do remetente foi abordado no Capítulo 5 como uma vulnerabilidade específica do TCP/IP. Habilitar o roteamento do remetente permite que um hacker no ponto C da rede participe de uma conversa entre A e B incentivando os pacotes IP a passar por sua máquina. Como essa é uma vulnerabilidade conhecida, a maioria dos roteadores agora é configurada para negar a passagem de pacotes roteados na origem. Se o roteamento do remetente é desativado, resta ao hacker usar o sequestro cego, no qual ele adivinha as respostas das duas máquinas. Assim como na falsificação cega, o hacker pode enviar um comando, mas nunca pode ver a resposta.

Um hacker pode envolver-se em sessões de sequestro tanto externamente quanto na mesma rede do emissor e do receptor, posicionando-se entre eles e utilizando um programa farejador para acompanhar a conversação. Essa é uma estratégia "homem no meio", e um aspecto comum dessa estratégia é executar um ataque de negação de serviço (DoS) contra uma extremidade para impedi-la de responder (ver Figura 8.1). Esse ataque pode ser tanto contra a máquina em si (para forçar o travamento) quanto contra a conexão da rede (para forçar a perda pesada de pacotes).

Em um sequestro bem-sucedido um hacker intervém em uma conversação TCP e assume o papel de emissor ou receptor. Então, o hacker recebe os pacotes antes do host real.

Dois cenários podem interferir na capacidade do invasor de sequestrar uma sessão. No primeiro cenário, o computador que foi sequestrado continua a enviar pacotes para o receptor e espera um pacote ACK em troca. No entanto, o destinatário, já tendo recebido os pacotes do computador do invasor, classificou-os como "recebido" e enviou um ACK para o emissor real. Quando o emissor envia o mesmo pacote para o destinatário, este assume que é uma cópia duplicada e, portanto, o ignora. Os dois pacotes não serão comparados. O destinatário, então, envia um ACK com a sequência correta

SEQUESTRO DE SESSÃO

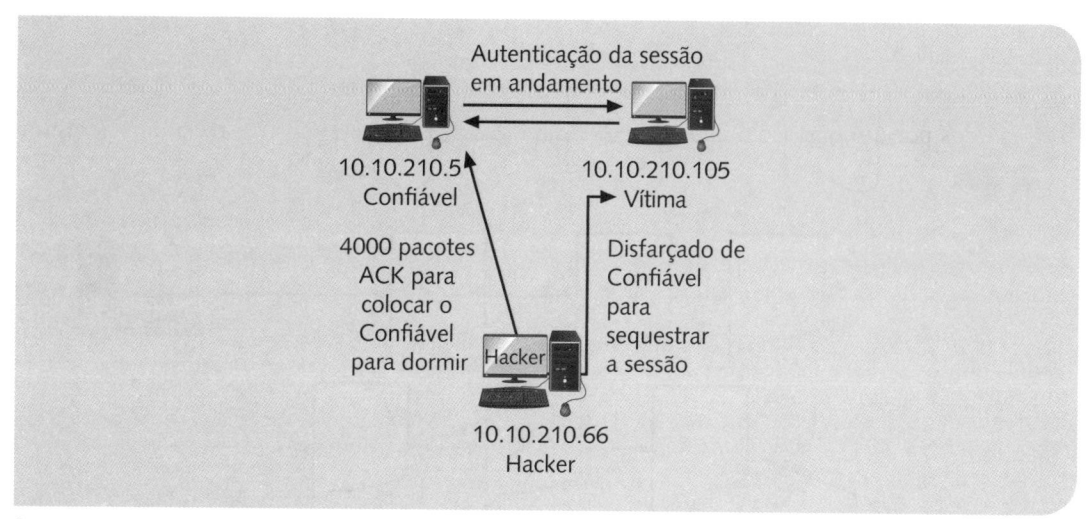

CAPÍTULO 8

Figura 8.1 Ataque de negação de serviço (DoS).
© Cengage Learning 2014

de pacotes para o host, mesmo que os dois pacotes tenham conteúdos diferentes. Os resultados ficam fora de ordem. Essa falha na comparação dos dois pacotes em busca de potenciais diferenças resulta no envio de outro ACK ao destinatário com a sequência correta de pacotes.

No segundo cenário, o destinatário envia um ACK para o emissor original depois de receber pacotes do computador do sequestrador. Entretanto, o emissor original está recebendo um ACK para um pacote que não foi enviado até aquele exato momento. Consequentemente, o emissor envia um ACK com uma cópia da sequência na qual os pacotes serão transferidos entre os dois computadores.

Em ambos os cenários, o resultado é uma grande quantidade de transmissões de ACK entre os dois computadores. Isso interrompe o tráfego de rede e a transferência de dados. A Figura 8.2 demonstra o sequenciamento dessa manipulação de SYN-ACK.

Transferência contínua de ACKs

Também conhecida como **tempestade de ACKs**, a transferência contínua de ACKs gera uma grande quantidade de respostas TCP ACK que pode consumir recursos até que uma condição de negação de serviço seja criada. Há três maneiras pelas quais um hacker pode interromper uma transferência contínua de ACK:

- Perder o pacote ACK.
- Encerrar a conexão TCP.
- Ressincronizar a conexão entre o emissor e o receptor.

O primeiro meio de defesa que pode ser utilizado para interromper uma transferência contínua de ACKs é perder o pacote ACK do emissor ou do destinatário durante a transmissão. Em seguida, um dos computadores perderá a conexão, encerrando assim a transmissão. Isso vai ocorrer com ou sem um sequestro em andamento.

A segunda maneira de parar uma transferência contínua de ACKs é interrompendo a conexão TCP. Conforme observado anteriormente, uma conexão TCP pode ser interrompida com a troca de pacotes FIN ou pelo envio de pacotes RST. Um pacote FIN aborta a conexão da mesma forma

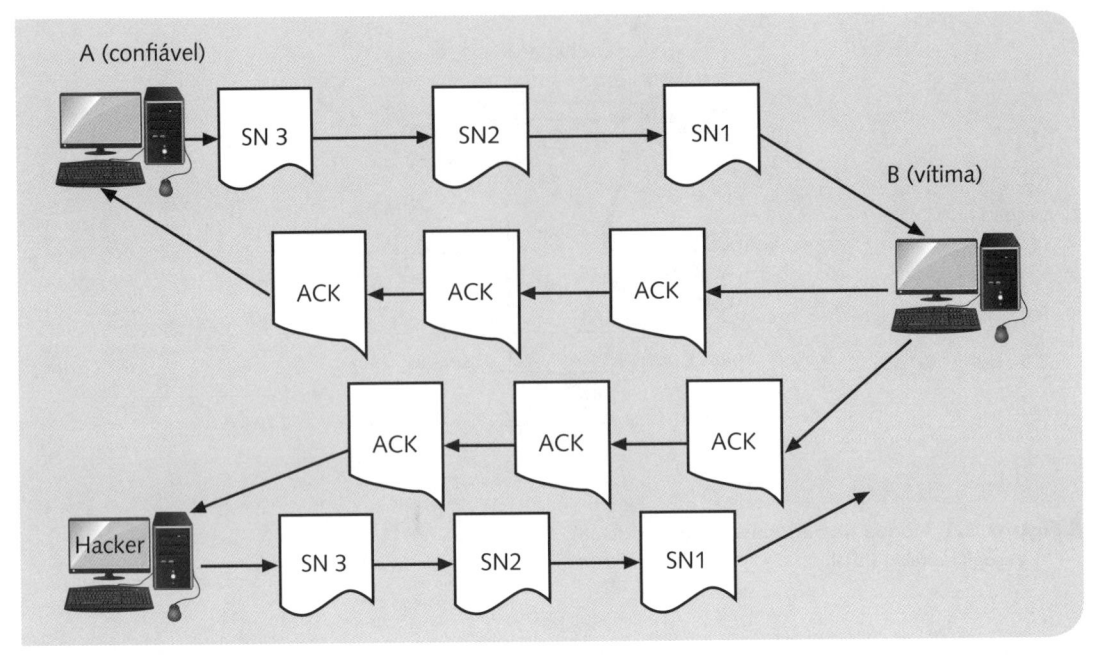

Figura 8.2 Ataque de ACKs.
© Cengage Learning 2014

que o handshake de três passos deu início à sessão. Se o invasor envia um pacote FIN à vítima, ela enviará um FIN/ACK ao computador confiável, esperando um retorno ACK para verificar o FIN. Se o computador confiável mantiver a conexão, então a resposta da vítima não será validada. Isso significa que um pacote FIN não pode encerrar a sessão. No entanto, um pacote RST terminará a sessão de repente, independentemente de sua origem. Isso permitirá que o hacker, que está fingindo ser uma máquina confiável, encerre a sessão. Uma vez terminada a sessão, a tempestade de ACKs cessará. Para a vítima real, a única entrada do log será um registro de fim de sessão. Isso não vai indicar que a sessão foi sequestrada. Não serão deixadas pistas sobre o sequestrador.

A terceira maneira de parar uma transferência contínua de ACKs é ressincronizando a conexão entre o emissor e o receptor. Executa-se a ressincronização do computador real confiável com o servidor da vítima porque ambos os computadores têm informações sobre a quantidade de pacotes que deve ser transferida. Sempre que o sequestrador insere pacotes adicionais no fluxo de dados entre o emissor real e o receptor, a vítima receptora recebe mais pacotes do que o emissor confiável realmente envia. Para evitar o loop de pacotes ACK entre o emissor e o receptor, o sequestrador sincroniza o número de pacotes enviado, o que leva ambos os membros válidos da sessão a acreditar na contagem de pacotes. Se isso for feito corretamente, não haverá nenhuma tempestade de ACKs porque nem o computador confiável nem a vítima terão uma contagem de pacotes muito alta ou muito baixa. O sequestro será um sucesso completo.

Sequestro de sessão TCP com bloqueio de pacotes

Bloqueio de pacotes é a capacidade de derrubar pacotes específicos com base em determinados critérios, incluindo o endereço de origem ou destino, portas ou serviços; pode ser utilizado para resolver o problema da tempestade de ACKs e facilitar o sequestro de sessão TCP. Uma tempestade de ACKs ocorre quando um invasor não é capaz de interromper ou excluir pacotes enviados pelo computador confiável. Uma tempestade de ACKs não ocorrerá se o agressor se colocar no fluxo real dos pacotes, mas fazê-la dessa maneira traz um risco considerável de detecção. O agressor tem de estar no controle da conexão para que a autenticação da sessão aconteça por meio do canal escolhido pelo invasor, como mostrado na Figura 8.3.

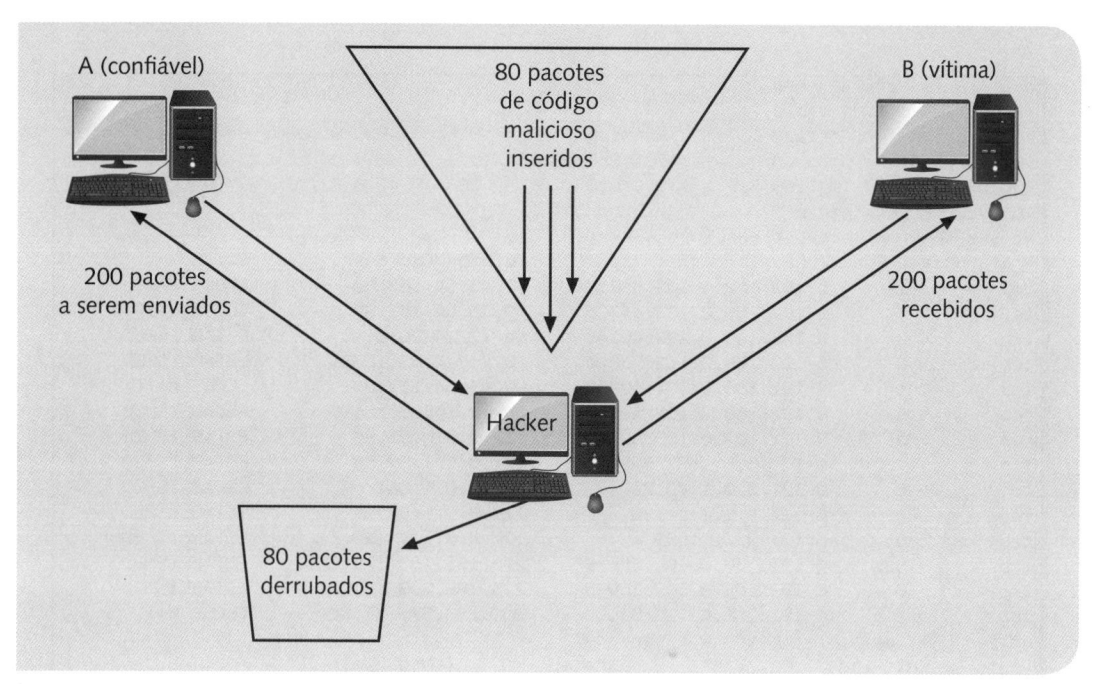

Figura 8.3 Bloqueio de pacotes.
© Cengage Learning 2014

Após a autenticação, o computador confiável indica ao receptor que 200 pacotes estão sendo transferidos para a sessão. O receptor, assim como o emissor, mantém uma cópia do número e da sequência de pacotes a serem transferidos na sessão. Ambos têm um registro de que 200 pacotes e suas subsequentes ACKs são esperados. No sequestro de sessão TCP típico, o sequestrador pode tanto esperar o pacote ACK cair quanto sincronizar manualmente os registros do emissor e do receptor por falsificação. Isso é feito para reduzir o risco. Ao bloquear os pacotes, um sequestrador pode derrubar o exato número de pacotes desejados para a transferência. Dessa forma, a geração de pacotes ACK incorretos no procedimento de transferência de dados pode ser evitada. Se o sequestrador não for capaz de derrubar os pacotes, o hacker pode ainda assim conseguir impedir que os pacotes ACK extras sejam gerados pela vítima.

Métodos

O sequestro de sessão TCP com bloqueio de pacotes pode ser executado de duas maneiras: pela modificação da tabela de roteamento, e por um ataque de Protocolo de Resolução de Endereços (ARP).

Modificação de tabela de roteamento

Para compreender a modificação de tabela de roteamento, você precisa saber como essa tabela é estruturada e o que acontece com as informações. Todos os computadores que usam um protocolo TCP/IP mantêm uma tabela de roteamento, que aponta o caminho para determinado endereço ou o nó mais próximo que possa conhecê-lo. Uma tabela de roteamento tem duas seções: as rotas ativas e as conexões ativas (ver Figura 8.4). Isso será explicado com mais detalhes adiante. Você pode ver uma tabela de roteamento, tanto do sistema operacional Windows como Linux/UNIX, digitando o seguinte comando no prompt:

```
netstat-nra
```

```
wolf@l8:~$ netstat -nra
Kernel IP routing table
Destination     Gateway         Genmask         Flags   MSS Window  irtt Iface
192.168.0.0     0.0.0.0         255.255.255.0   U       0   0       0    eth0
0.0.0.0         192.168.0.1     0.0.0.0         UG      0   0       0    eth0
wolf@l8:~$ netstat -n
Active Internet connections (w/o servers)
Proto Recv-Q Send-Q Local Address           Foreign Address         State
tcp       1      0 192.168.0.102:44714     69.45.64.163:80         CLOSE_WAIT
tcp       1      0 192.168.0.102:44706     69.45.64.163:80         CLOSE_WAIT
tcp       0      0 192.168.0.102:49148     64.12.24.26:5190        ESTABLISHED
tcp       0      0 192.168.0.102:56944     207.46.4.53:1863        ESTABLISHED
tcp       1      0 192.168.0.102:49980     69.45.64.171:80         CLOSE_WAIT
tcp       0      0 192.168.0.102:58298     64.12.165.67:5190       ESTABLISHED
tcp       0      0 192.168.0.102:39341     152.2.210.65:80         ESTABLISHED
tcp       0      0 127.0.0.1:32769         127.0.0.1:57156         ESTABLISHED
tcp       0      0 127.0.0.1:49129         127.0.0.1:631           ESTABLISHED
tcp       0      0 127.0.0.1:57156         127.0.0.1:32769         ESTABLISHED
tcp       0      0 127.0.0.1:631           127.0.0.1:49129         ESTABLISHED
tcp       0      0 192.168.0.102:36909     216.155.193.170:5050    ESTABLISHED
tcp       0      0 192.168.0.102:36935     205.188.2.80:5190       ESTABLISHED
tcp       1      0 192.168.0.102:53510     208.254.57.141:80       CLOSE_WAIT
Active UNIX domain sockets (w/o servers)
Proto RefCnt Flags       Type       State         I-Node Path
unix  7      [ ]         DGRAM                    4611381 /dev/log
```

Figura 8.4 Tabela de roteamento do Linux.
Fonte: Netstat

Na tabela de roteamento do Linux exibida na Figura 8.4 há apenas duas entradas (as duas linhas imediatamente abaixo de "Destination"). A primeira entrada mostra o caminho para todos os nós da LAN, e a segunda mostra o caminho para todos os endereços que não estão na LAN. Não há nenhum gateway listado para os endereços de computadores na LAN (qualquer coisa que tenha um endereço IP que comece com 192.168.0), e apenas um gateway listado para todo o resto. Esta última, em que há um gateway listado, é chamada de rota padrão e só é utilizada se não houver outra maneira de chegar ao destino. Se houvesse uma segunda sub-rede nessa rede com um endereço de roteador 192.168.0.2 e um endereço IP interno 192.168.100.0 (todos os nós que começam com 192.168.100), haveria a seguinte terceira entrada na tabela de roteamento:

```
192.168.100.0    192.168.0.2    255.255.255.0    UG000eth0
```

Se a tabela de roteamento não é capaz de localizar uma combinação perfeita do endereço IP para um pacote, ela tem de procurar a correspondência mais próxima possível na lista de endereços de rede. Depois que a combinação é encontrada, o computador A envia os pacotes para o endereço IP. Esse endereço é o endereço de gateway na saída de `netstat-nra` e é atribuído ao computador host. Mesmo que os pacotes não sejam transferidos diretamente para o endereço IP do computador destino, o computador de origem assume que o endereço IP do computador de roteamento corresponderá perfeitamente ao endereço IP do computador destino.

Na Figura 8.4, como mencionado, há apenas duas entradas na tabela de roteamento, e quase todas as rotas ativas (que não são conexões de loopback) para eth0 estão na porta HTTP (80) de vários servidores. Os sockets de domínio UNIX na lista truncada na parte inferior da figura são todas as conexões de uma aplicação ou processo em relação a si mesmo ou a outra aplicação ou processo por meio do **endereço loopback (127.0.0.1)**, que é o endereço projetado para testes internos do host. Consulte a Figura 8.5 para ter uma ideia de uma tabela de roteamento em ação.

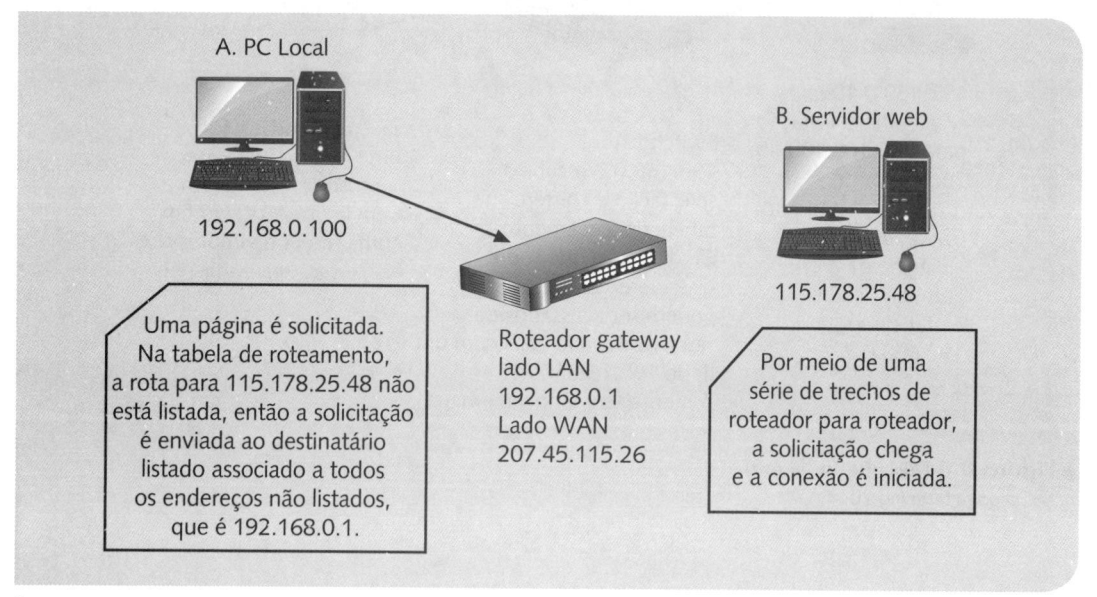

Figura 8.5 Tabela de roteamento em ação.
© Cengage Learning 2014

Para descobrir que aplicações usam que portas, acesse: *www.iana.org/assignments/port-numbers*. Portas específicas foram associadas a protocolos específicos. Elas são conhecidas como portas comumente usadas. Entre os exemplos estão a porta 80, que é associada ao HTTP; a porta 1863, que é dedicada ao Mensageiro MSN; a porta 5190, que é usada pelo Mensageiro Instantâneo da AOL e ICQ; e a porta 5050, para ferramentas de controle de conferência multimídia (provavelmente Yahoo! Messenger, nesse caso).

A Figura 8.6 mostra um computador enviando pacotes para uma impressora usando a correspondência mais próxima na tabela de roteamento de um gateway. Se a tabela não encontra uma correspondência, ela usa a opção de endereço de rede padrão de 0.0.0.0. Essa opção refere-se especificamente à solicitação do gateway de rede. O roteador gateway é preenchido com endereços de registro de rede a partir dos quais ele encontra uma correspondência. A tabela de roteamento utiliza a **máscara de rede**, que identifica o segmento do endereço IP que denota a rede e outro segmento desse endereço que se refere ao host. A máscara de rede é usada em combinação com o endereço de rede para decidir se o computador destino pertence a LAN (rede local) ou a uma rede externa.

Voltando à Figura 8.4, que mostra um exemplo de uma tabela de roteamento do Linux, você notará que a seção "Active Internet connections" é a segunda parte da tabela de roteamento que exibe abaixo as informações da tabela de roteamento. Ela mostra os endereços de rede dos computadores que estão conectados ao computador host.

Um sequestrador é capaz de alterar a tabela de roteamento de tal forma que o computador host suporá que o melhor caminho possível para a transferência de pacotes de dados é por meio do computador do sequestrador. Isso pode ser feito alterando-se o endereço de gateway que é atribuído a um endereço de rede específico. Por exemplo, se um sequestrador quer receber todos os pacotes enviados do Computador A ao Computador B, ele pode modificar o endereço de

Você não precisa de uma rota direta!

192.168.0.102 envia uma solicitação para 192.168.100.45. Sua tabela de roteamento não tem esse endereço, então ele envia para o gateway listado na tabela, o 192.168.0.2.

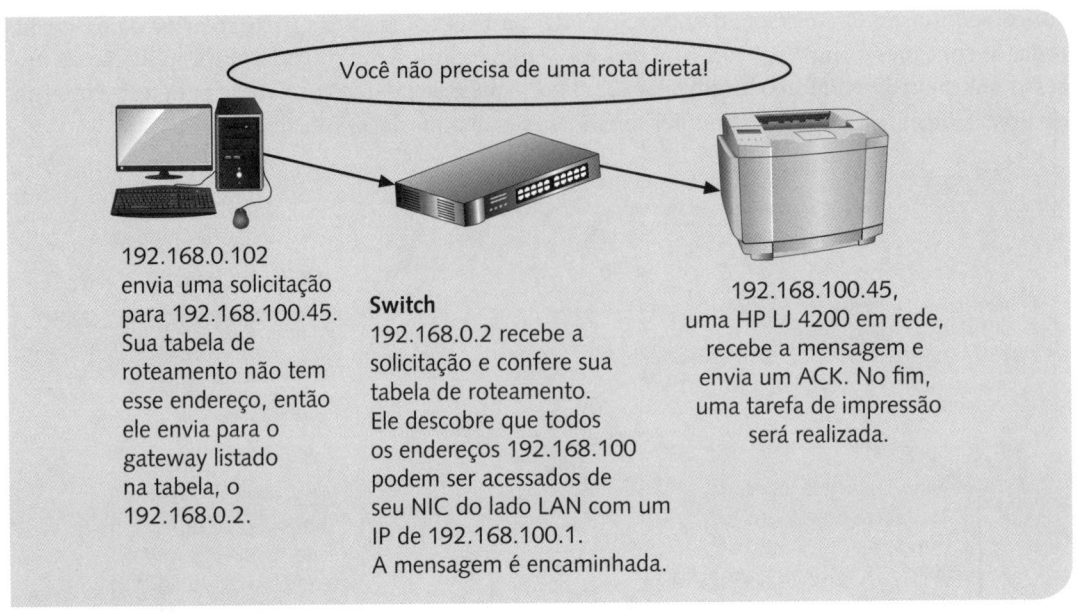

Switch
192.168.0.2 recebe a solicitação e confere sua tabela de roteamento. Ele descobre que todos os endereços 192.168.100 podem ser acessados de seu NIC do lado LAN com um IP de 192.168.100.1. A mensagem é encaminhada.

192.168.100.45, uma HP LJ 4200 em rede, recebe a mensagem e envia um ACK. No fim, uma tarefa de impressão será realizada.

Figura 8.6 Descoberta de rota.
© Cengage Learning 2014

gateway associado ao endereço de rede do Computador B na tabela de roteamento do Computador A. Sempre que o Computador A pesquisa sua tabela de roteamento em busca de um endereço de rede do Computador B, o endereço do gateway fornecido ao Computador A será então o endereço do computador do sequestrador. Essa ação vai redirecionar os pacotes para esse computador. Nesse ponto, o sequestrador pode transferir os pacotes para o computador destino real. Esse arranjo poderia continuar indefinidamente desde que o hacker não alterasse nada substancial no fluxo de pacotes.

A Figura 8.7 mostra um raqueamento de modificação da tabela de roteamento. Sequestradores podem modificar uma tabela de roteamento utilizando dois métodos. Um método é apagar todos os registros necessários da tabela de um computador e então fornecer o endereço IP do hacker como endereço de gateway padrão na tabela. Isso garantirá que todos os pacotes enviados desse computador sejam transferidos para o computador do sequestrador. Outro método é alterar a rota correspondente na tabela de roteamento do roteador gateway diretamente. Isso permite que os sequestradores recebam pacotes enviados a um receptor específico por determinado emissor.

O raqueamento de sessão é outra razão por que é melhor utilizar uma conta em nível de administrador ou root somente quando se está envolvido em atividades que exigem esse nível de acesso. Sequestradores precisam de apenas alguns segundos para utilizar uma linha de comando ou executar um script que lhes proporcione o acesso necessário para que se proceda ao sequestro da sessão por meio da modificação da tabela de roteamento. Por exemplo, o sequestrador teria tempo mais do que suficiente para digitar o seguinte:

```
route add -p 172.16.0.0 mask 255.255.255.0 192.168.0.3
route add -p 192.168.5.0 mask 255.255.255.0 192.168.0.3
```

Isso adiciona duas rotas diretas para fazer que o PC com Windows do sequestrador se torne a rota padrão entre a sub-rede privada local e o intervalo de IP não local 172.16.0.1–172.16.0.254.

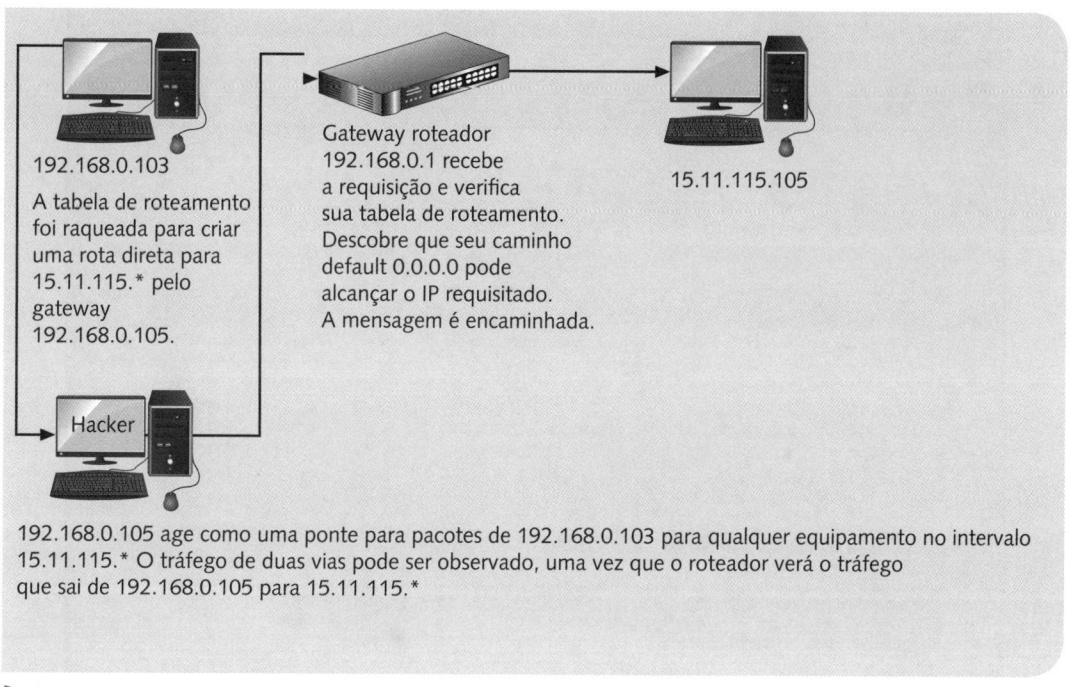

192.168.0.103
A tabela de roteamento foi raqueada para criar uma rota direta para 15.11.115.* pelo gateway 192.168.0.105.

Gateway roteador 192.168.0.1 recebe a requisição e verifica sua tabela de roteamento. Descobre que seu caminho default 0.0.0.0 pode alcançar o IP requisitado. A mensagem é encaminhada.

15.11.115.105

Hacker

192.168.0.105 age como uma ponte para pacotes de 192.168.0.103 para qualquer equipamento no intervalo 15.11.115.* O tráfego de duas vias pode ser observado, uma vez que o roteador verá o tráfego que sai de 192.168.0.105 para 15.11.115.*

Figura 8.7 Raqueamento de modificação da tabela de roteamento.
© Cengage Learning 2014

Se raquear uma máquina Linux, o sequestrador deve digitar o seguinte:

```
route del -host 0.0.0.0 mask 255.255.255.0 192.168.0.1 eth0
route add -host 0.0.0.0 mask 255.255.255.0 192.168.0.101 eth0
```

Isso exclui o gateway atual e inclui o IP 192.168.0.101 como o novo gateway.

Ataques de ARP

Todo computador tem um endereço IP único e um endereço MAC único (físico). Uma tabela ARP em um computador armazena o endereço IP e o endereço MAC correspondente. Isso é utilizado para transferir pacotes de dados. Como mostrado na Figura 8.8, a tabela ARP de um computador pode ser vista digitando-se `arp -a` na linha de comando.

```
wolf@l8.~$ arp
Address                  HWtype    HWaddress           Flags Mask        Iface
192.168.0.100            ether     00:B0:D0:95:38:0A   C                 eth0
192.168.0.1              ether     00:0D:88:A7:97:1C   C                 eth0
```

Figura 8.8 Tabela ARP.
Fonte: ARP

Quando um computador tem de enviar dados para outro computador, o computador host pode encontrar o endereço MAC do computador destino referenciando a tabela ARP. Se o computador host não tem o endereço MAC do computador destino, ele transmite uma mensagem broadcast na rede de requisição ARP para identificar o endereço MAC do computador destino. Isso é mostrado na Figura 8.9. Para enviar uma mensagem broadcast, o computador host informa o endereço MAC como FF-FF-FF-FF-FF-FF.

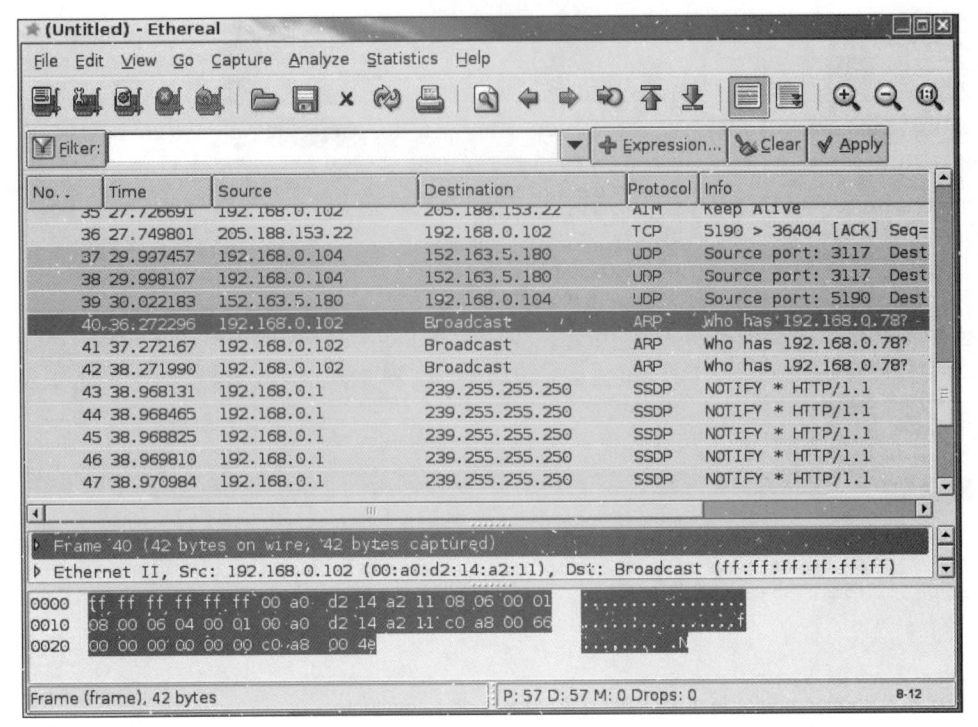

Figura 8.9 Solicitação ARP.
Fonte: Ethereal

O computador destino com um endereço IP que corresponde ao endereço IP mencionado na solicitação ARP envia o endereço MAC para o computador host em um pacote de resposta ARP. Isso cria uma entrada nova na tabela ARP do computador host. Depois que o endereço MAC do computador destino foi recebido, o computador host envia os pacotes ao computador destino utilizando o endereço MAC.

Se o computador host já tem o endereço MAC do computador destino, então nenhuma transmissão separada é liberada, e os pacotes são enviados diretamente ao computador destino. Se o computador-alvo confiável local já tem o ARP do servidor da vítima em sua tabela ARP, o invasor tem de editar a tabela ARP para incluir essa entrada. Isso é mais fácil de fazer por meio do computador de destino digitando-se o seguinte:

```
arp [-v]         [-i if ]  -d    host    [pub]  -Delete ARP entry
arp [-v]  [ HW ] [-i if ]  -s    host hwaddr [temp]  -Add entry
example:
arp  -d 192.168.0.102
```

ou

```
arp  -d dcheney
arp  -s 192.168.0.102 01:23:a1:b2:ff:09
```

ou

```
arp  -s dcheney 01:23:a1:b2:ff:09
```

Se o computador host não tem uma entrada para o endereço MAC do computador destino, ele envia uma mensagem de broadcast. O computador destino que tiver o endereço IP correspondente responde ao computador host. Como mostrado na Figura 8.10, um invasor pode interromper a resposta do computador destino e alterar seu endereço MAC para o endereço MAC do computador do invasor. Esse procedimento adiciona uma entrada, com o endereço de MAC do sequestrador, na tabela ARP do computador host. Consequentemente, todos os pacotes que são enviados ao computador destino serão enviados ao computador do invasor.

Poderia haver uma situação em que o computador host tenha se comunicado anteriormente com o computador destino e então já tenha o endereço MAC correspondente ao endereço IP desse computador. Nesse caso, o sequestrador tem de mudar a entrada ARP para o computador destino e especificar o endereço MAC do computador do sequestrador na tabela ARP do computador host. Isso deve resultar na transferência de pacotes para o computador do sequestrador em vez do computador destino real.

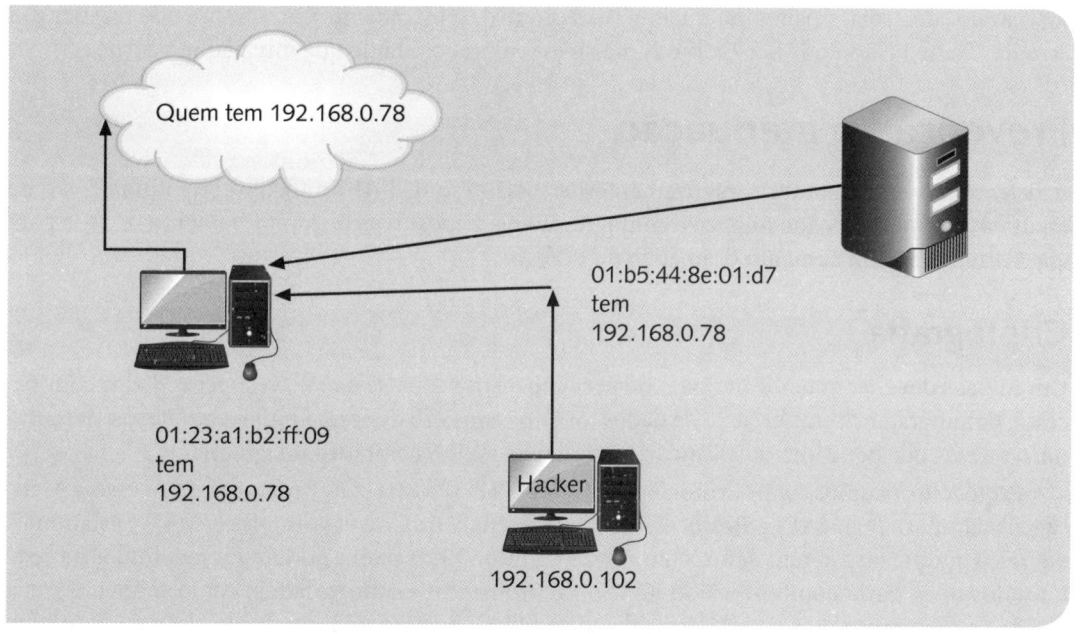

Figura 8.10 Captura da resposta broadcast ARP (disputa ARP).
© Cengage Learning 2014

Ferramentas de sequestro de sessão

Várias ferramentas podem ser utilizadas para o sequestro de sessão. Este capítulo discute somente uma delas: Hunt.

Hunt

Inspirado pelo Juggernaut, outra ferramenta de sequestro de sessão, o Hunt também executa o farejamento além do sequestro de sessão. Ele fornece as seguintes opções de menu: listagem, escuta e reinício de conexões. Especificar a letra atribuída a determinada opção na linha de comando faz que essa função seja executada. O Hunt é capaz de sequestrar uma sessão por meio de ataques de ARP. Como discutido anteriormente, esses ataques ajudam a evitar a troca contínua de ACKs entre o cliente real e o servidor. Ele também oferece meios para que o hacker sincronize a conexão entre o host e o servidor durante o sequestro de sessão.

Sequestro de UDP

O Protocolo Datagrama do Usuário (UDP) é um protocolo sem conexão que, como o TCP, executa por cima das redes IP. Diferentemente do TCP/IP, o UDP/IP fornece muito poucos serviços de recuperação de erros, oferecendo, em vez disso, um caminho direto para enviar e receber datagramas por uma rede IP. É empregado principalmente para transmitir mensagens por meio de uma rede.

Como o UDP não tem muitos recursos de recuperação de erros, ele é mais vulnerável a sequestro; o agressor precisa apenas farejar a rede em busca de uma requisição UDP para um site e inserir um pacote UDP falsificado antes que o servidor web responda. A vítima, nesse caso, seria o emissor, não o receptor. Ela pressupõe que o pacote UDP falsificado é o autêntico e continua sua sessão com a máquina do sequestrador. Este então envia pacotes UDP com códigos maliciosos, cavalos de Troia, vermes ou qualquer coisa que deseje transmitir. A vítima pode receber um erro de "Página Não Pode Ser Exibida", mas não se daria conta de que um ataque ocorrera.

Prevenção e atenuação

A defesa mais eficaz contra o raqueamento de sessão é o uso de protocolos criptografados e de **escuta de tempestade**, que implica a configuração de dispositivos de monitoramento de rede para que alertem para um aumento dramático no tráfego.

Criptografia

Um invasor deve ser autenticado na rede para sequestrar uma sessão ou recuperar dados com sucesso. Criptografar a transferência de dados torna o sequestro de sessão muito complexo e demorado, o que faz que fique fora do alcance de quase toda aplicação prática imaginável.

Protocolos padrão, como Protocolo de Correio (POP3), Telnet, Protocolo de Acesso a Mensagens da Internet (IMAP) e Protocolo de Transferência de Correio Simples (SMTP), estão mais em risco porque transferem dados como texto comum. Esses dados podem ser recolhidos na rede e usados mais tarde como desejado. O uso de protocolos criptografados, como o Shell Seguro (SSH) e o Segurança da Camada de Transporte (TLS), é eficaz na redução do risco de sequestro de sessão. Esses protocolos criptografam a sessão completa, prolongando o tempo necessário até obter as informações gerais sobre a sessão. O valor principal da criptografia é que aumenta o tempo que um sequestrador tem de gastar e eleva o nível de complexidade. Tempo é um fator importante que um invasor experiente considera ao selecionar um alvo. Se há criptografia envolvida na situação, é provável que o agressor fique suficientemente desanimado e siga para o próximo alvo ou procure um caminho menos complicado para atingir seu objetivo. A Tabela 8.1 mostra as opções de protocolo mais seguras que podem ser usadas para substituir as que estão sob maior risco de sequestro de sessão.

SSH e TLS são soluções de criptografia assimétrica que envolvem o uso de duas chaves: uma chave pública e outra privada. A chave pública pode ser acessada por todos os computadores e também é usada para criptografar dados, enquanto a chave privada fica disponível apenas para o destinatário da mensagem e é usada para decriptografar os dados. O receptor identifica a chave privada a ser usada na decriptografia com base na chave pública que é anexada aos pacotes criptografados.

▶ **Tabela 8.1** Protocolos seguros e inseguros

Protocolos inseguros	Protocolos criptografados
Protocolo de Correio (POP3)	POP3 sobre TLS
Protocolo de Transferência de Correio Simples (SMTP)	SMTP sobre TLS
Protocolo de Acesso a Mensagens da Internet (IMAP)	HTMLS, SSL
Telnet	Camada de Sockets Segura (SSL), SSH
Protocolo de Transferência de Arquivos (FTP)	SSL, SSH
Protocolo de Transporte de Hipertexto (HTTP)	Protocolo de Transporte de Hipertexto Seguro (HTTPS), SSL

© Cengage Learning 2014

O invasor deve ter o algoritmo do método de criptografia (e tempo de sobra) ou a chave privada do destinatário a fim de decriptografar corretamente os dados. Um administrador inteligente bloqueia serviços desnecessários e portas abertas do servidor no qual a chave privada é armazenada. Se um invasor é bem-sucedido e consegue raquear o servidor e obter as chaves privadas, qualquer sessão criptografada com as chaves públicas complementares pode ser lida e sequestrada. No entanto, há formas de raqueamento mais eficazes disponíveis para qualquer pessoa com acesso de root ao servidor, que tornam o sequestro de sessão uma preocupação relativamente trivial.

Escuta de tempestade

Escuta de tempestade é a criação de uma regra de sistema de detecção de intrusão (IDS) para observar aumentos anormais de tráfego de rede e alertar o responsável pela segurança quando eles ocorrem. Pacotes duplicados e retransmissão de dados são eventos raros na maioria das redes TCP/IP. A qualidade de serviço é muito melhor do que a de uma rede de celular mediana. Um aumento inesperado no tráfego poderia evidenciar uma tempestade de ACKs, como a que é criada no sequestro de sessão TCP. O tamanho do pacote pode também ser armazenado em cache por um período curto. Dois pacotes com a mesma informação de cabeçalho, mas de tamanhos diferentes, podem ser uma evidência de que um sequestro está em andamento.

Mesmo que um sequestro não esteja acontecendo, o aumento de tráfego de rede pode ser um sinal de outro tipo de ataque ou de falha do equipamento em algum ponto da rede.

Resumo do capítulo

- Sequestro de sessão TCP ocorre quando um hacker assume o controle de uma sessão TCP entre dois hosts; isso só pode acontecer depois que eles foram autenticados com êxito.
- Um sequestro bem-sucedido ocorre quando um hacker intervém em uma conversa, assume o papel de host ou de destinatário e então recebe os pacotes antes do computador a que se destina.
- O sequestro de sessão pode ser realizado com: o uso de pacotes IP roteados na origem, o que permite a um hacker participar de uma conversa encorajando pacotes IP a atravessar

sua máquina; o sequestro cego, no qual um hacker adivinha as respostas das duas máquinas; ou uma estratégia de ataque "homem no meio", que usa um programa de farejamento para acompanhar a conversa.

- Há três maneiras de interromper uma transferência contínua de ACKs: perder um pacote ACK, encerrar a conexão TCP e ressincronizar o emissor e o receptor.
- O bloqueio de pacotes coloca o hacker no fluxo real dos pacotes, resolvendo o problema da tempestade de transmissão de ACKs.
- O sequestro de sessão TCP com o bloqueio de pacotes pode ser realizado de duas maneiras: modificando-se a tabela de roteamento e iniciando-se um ataque de ARP.
- Uma ferramenta popular para sequestro de sessão é o Hunt.
- O UDP possui recursos limitados de recuperação de erros sendo, portanto, mais vulnerável a sequestro.
- Dois métodos utilizados para evitar o sequestro de sessão são criptografia e escuta de tempestade.

Questões de revisão

1. O que é sequestro de sessão?
2. Por que o sequestro de sessão é feito?
3. Qual é a diferença entre sequestro de sessão e falsificação de IP?
4. Como um invasor usaria o roteamento do remetente para sequestrar uma sessão?
5. Como a transferência contínua de ACKs pode ser interrompida?
6. Como um invasor realizaria uma sessão de sequestro de TCP com o bloqueio de pacotes?
7. O que faz o comando `netstat - nra` na linha de comando do Windows?
8. Qual é o endereço de loopback padrão?
9. Para onde vai um pacote se o endereço em seu campo de destino é desconhecido na tabela de roteamento?
10. Quais são as duas principais funções do Hunt?
11. Dê o nome de cinco protocolos de criptografia.
12. Pacotes duplicados e retransmissão são comuns na maioria das redes TCP/IP?
13. O método de criptografia envolvido no SSH e no TLS utiliza chaves pública e privada. Verdadeiro ou falso?
14. O TCP é mais vulnerável ao sequestro do que o UDP. Verdadeiro ou falso?

Combine esses protocolos de rede inseguros com seus correspondentes mais seguros e criptografados:

   a. Protocolo de Correio (POP3)
   b. Protocolo de Transferência de Arquivos (FTP)
   c. Telnet.
   d. Protocolo de Acesso a Mensagens da Internet (IMAP)
   e. Protocolo de Transporte de Hipertexto (HTTP)
   f. Protocolo de Transferência de Correio Simples (SMTP)

15. Cite uma contraparte mais segura, criptografada, do Protocolo de Correio (POP3).
16. Cite uma contraparte mais segura, criptografada, do Protocolo de

Transferência de Correio Simples (SMTP).

17. Dê o nome de uma contraparte mais segura, criptografada, do Protocolo de Acesso a Mensagens da Internet (IMAP).

18. Cite uma contraparte mais segura, criptografada, do Telnet.

19. Dê o nome de uma contraparte mais segura, criptografada, do Protocolo de Transferência de Arquivos (FTP).

20. Cite uma contraparte mais segura, criptografada, do Protocolo de Transporte de Hipertexto (HTTP).

Projeto prático

PROJETO 8.1

O sequestro de sessão é ilegal nas redes públicas e provavelmente ilegal na LAN de sua escola ou organização, por isso esse projeto será realizado configurando-se três servidores virtuais do VMware no servidor central do laboratório. O instrutor vai configurar uma sessão TCP entre dois deles e tentará uma sessão de sequestro do terceiro servidor virtual. (A critério do instrutor, podem-se também usar três computadores do laboratório para esse projeto.) O trabalho dos alunos será observar o tráfego de pacotes em busca de sinais do ataque.

1. Usando o Wireshark como root em sua interface Linux ou como usuário administrativo em sua interface Windows, defina o filtro básico para ignorar broadcasts e inicie o farejador antes que o instrutor comece a exploração.

2. Inicie o Tcpdump ou o WinDump para poder observar a rolagem dos eventos de rede, enquanto o instrutor configura a exploração. Por exemplo, para iniciar o Tcpdump em uma interface Linux digite o seguinte: **tcpdump - v -i eth0**.

3. Assista ao ataque enquanto ele acontece. Repare nos pacotes conforme eles vão rolando. (*Dica*: como a primeira seção da linha no Tcpdump é o tempo, com base no próprio relógio de seu sistema, você só pode observar aquele tempo para verificar os resultados do Wireshark). No trecho de código a seguir, o tempo é destacado:

```
18:28:58.041892 IP (tos 0x20, ttl 46, id 65434, offset 0,
flags [DF], proto: TCP (6), length: 40)
xmlrpc.rhn.redhat.com.https > constantine.local.39315: .,
cksum 0xc418 (correct), ack 1189 win 2532
```

CAPÍTULO 9

Raqueamento de dispositivos de redes

Depois de ler este capítulo e realizar os exercícios, você será capaz de:

- Identificar as vulnerabilidades de servidores proxy.
- Identificar as vulnerabilidades de roteadores e switches.
- Identificar as vulnerabilidades de firewalls.
- Identificar as vulnerabilidades de redes privadas virtuais (VPNs).

Este capítulo apresenta o básico em termos de raqueamento de dispositivos de rede, como servidores proxy, roteadores, switches, firewalls e redes privadas virtuais (VPNs). Esses dispositivos são usados em funções de interface externa, e a dificuldade em raqueá-los está em acessá-los de fora da rede.

Uma rede pode ser dividida em duas áreas principais, as quais podem funcionar como um corredor de acesso ao hacker que planeja atacar determinado computador-alvo. Essas duas áreas principais são:

- Software específico de rede.
- Dispositivos de hardware específicos de rede.

O software de rede pode ser dividido em três categorias:

- Software de segurança, como firewalls.
- Software de conexão, como um software de VPN.
- Software de transporte, como servidores proxy e sistemas operacionais de roteadores.

Por sua vez, dispositivos de hardware são aqueles que permitem que os computadores de uma rede interajam uns com os outros. Uma placa de rede, por exemplo, permite que um computador, uma impressora, uma câmera de circuito fechado ou qualquer outro dispositivo acessem a rede.

Assim, uma rede se faz pela combinação de software e dispositivos de hardware, criando uma plataforma interativa a ser utilizada para acessá-la.

Este capítulo abrange várias técnicas de raqueamento para executar determinados ataques a uma rede. Os componentes de rede discutidos aqui são:

- Servidores proxy.
- Roteadores e switches.
- Firewalls.
- Redes privadas virtuais (VPNs).

Servidores proxy

Os **servidores proxy**, como o mostrado na Figura 9.1, desempenham várias funções na rede de uma organização, como:

- Restringem o acesso de usuários a determinados sites da internet, usando regras de acesso como as que seriam impostas por um firewall.
- Mascaram os endereços IP dos PCs dos usuários da rede para conexões externas.
- Mantêm registros das solicitações e os detalhes dos usuários que estão acessando a internet.
- Mantêm uma cache dos sites visitados pelos usuários da rede. Quando uma solicitação qualquer é feita a um site da web, por exemplo, o servidor proxy faz uma busca na cache

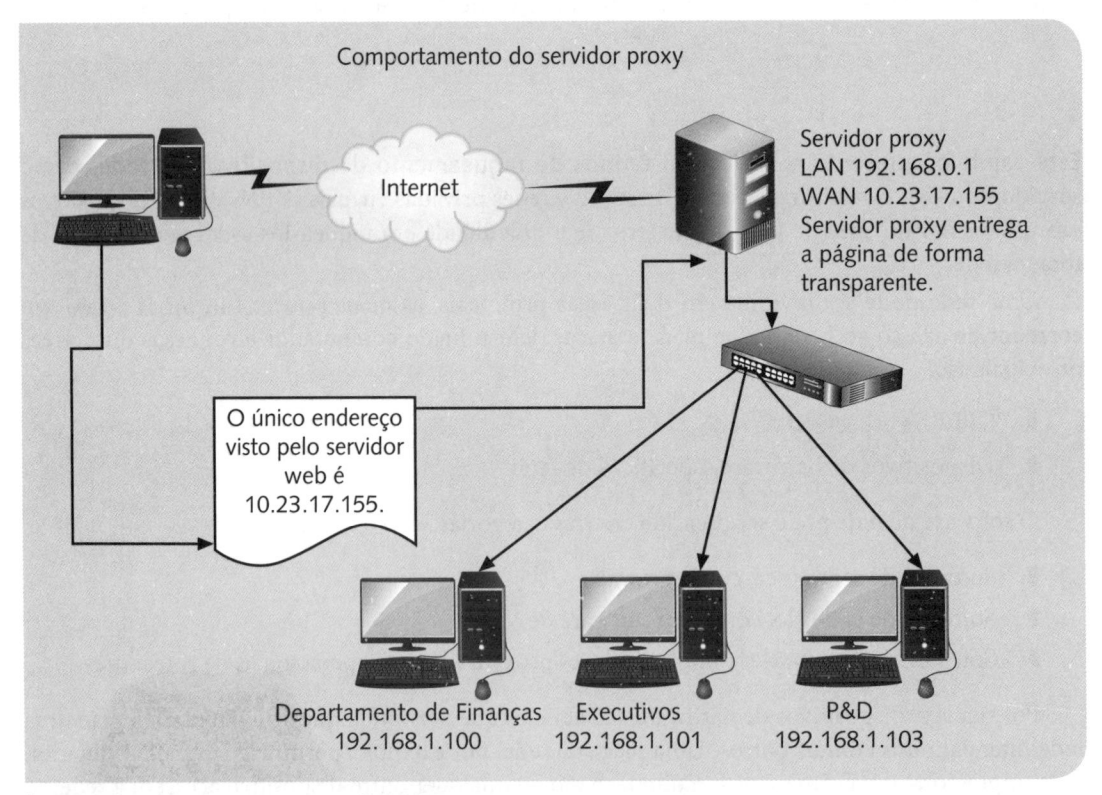

Figura 9.1 Servidor proxy em funcionamento.
© Cengage Learning 2014

para verificar sua disponibilidade. Se existe uma entrada na cache disponível para esse site em especial, o proxy nem sempre precisa enviar um novo pedido pela internet. Em vez disso, ele exibe o site a partir do que já está armazenado na cache em si.

A instalação de um servidor proxy é bastante simples. Muitas vezes, ele já faz parte do sistema operacional de um servidor que realiza armazenamento de arquivos ou serviços WWW e de correio; ou seja, em geral não requer hardware separado para funcionar. O uso do servidor proxy também é muito fácil, e ele costuma já estar incluído no software do roteador e do firewall.

Sempre que um usuário envia uma solicitação qualquer a um site da web, o servidor proxy armazena detalhes sobre esse usuário, tais como seu endereço IP e a hora da solicitação feita por ele. Em seguida, o proxy verifica, por medida de segurança, se o usuário tem a permissão de acesso necessária para visitar aquele site. Após a validação, ele confere se o site já está disponível na cache. Se estiver, o servidor proxy utiliza o histórico para exibir o site, sem enviar uma nova solicitação pela internet. Na falta de uma entrada na cache referente ao site em questão, esse servidor envia uma solicitação pela internet, localizando a página web. O endereço IP enviado do servidor proxy para o servidor web remoto é o mesmo do próprio proxy. O usuário que interage por meio do proxy está escondido, ainda que possa ser rastreado a partir do log armazenado no dispositivo.

Categorias de ataques

Quando se trata de servidores proxy, há dois grupos de possibilidades de ataques: aqueles *contra* os servidores proxy em si e os *por meio* desses dispositivos de rede.

Ataques feitos por meio de servidores proxy incluem os de estouro de buffer, os de negação de serviço (DoS) e os de sequestro de sessão. Com muita frequência, hackers procuram manter suas identidades ocultas acessando a internet por intermédio de servidores proxy.

Identidade oculta

Quando um usuário acessa a internet por meio de um servidor proxy, sua identidade fica escondida, e o servidor web remoto interage apenas com o endereço IP do servidor proxy. Hackers costumam utilizar esse padrão para executar suas operações de raqueamento de forma anônima: eles usam o servidor proxy de uma rede disponível qualquer, acessam o site-alvo e, em seguida, executam o ataque. Isso oculta o verdadeiro endereço IP do hacker, que não aparecerá nos arquivos de log do servidor web atacado.

No entanto, o verdadeiro endereço IP do hacker e a hora da operação são mantidos no servidor proxy usado no ataque. Se o administrador do servidor web vê que um servidor proxy em xyz.com raqueou seu computador em determinada data e hora, ele pode entrar em contato com o administrador de xyz.com e pedir que este examine os logs em seu servidor proxy. Dessa forma, ele será capaz de verificar quem estava listado como usuário no registro daquela operação específica. Isso poderia significar um sério risco ao hacker, já que os administradores de sistema seriam capazes de utilizar esse arquivo de log para rastrear o endereço IP do agressor.

Há duas maneiras de um invasor contornar o problema de registro automático em arquivo de log. A primeira delas consiste no uso de uma cadeia de servidores proxy para criar arquivos de log muito grandes, longos e maçantes. Isso funcionaria como uma cortina de fumaça, tornando muito difícil encontrar a informação útil escondida em meio a tantas outras, completamente dispensáveis. Devido ao tamanho dos arquivos de log criados dessa forma, seria bastante complexo rastrear o hacker a partir de uma série de redes de grandes volumes. A Figura 9.2 mostra como hackers podem usar uma cadeia de servidores proxy para ocultar suas identidades.

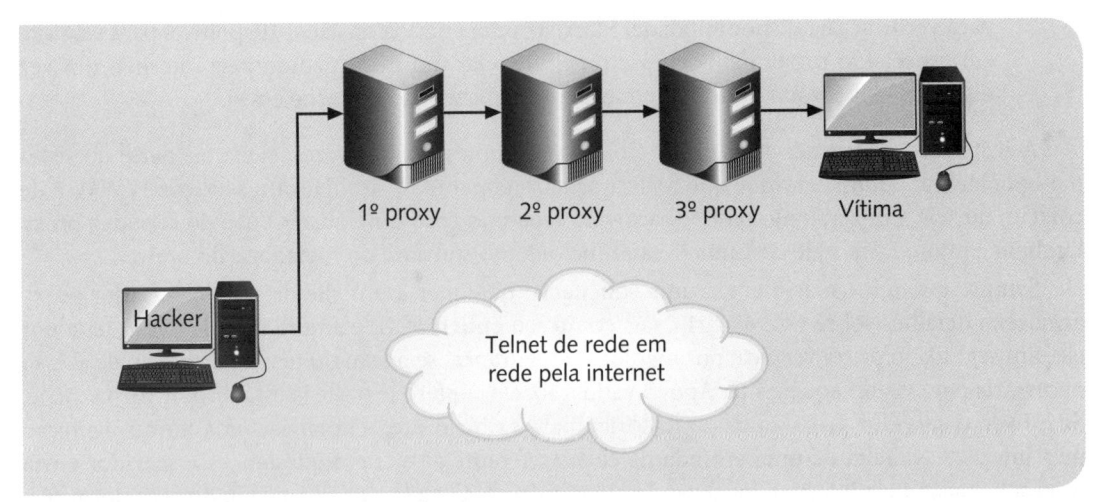

Figura 9.2 Uso de uma cadeia de servidores proxy para esconder a identidade do agressor.
© Cengage Learning 2014

Para contornar a questão dos arquivos de log o hacker também pode fraudar os detalhes de autenticação de rede. Tendo em mãos o endereço IP de um usuário válido, o hacker pode executar operações no computador a ser atacado por meio do servidor proxy daquela rede. Nessa situação, qualquer tentativa de rastrear o hacker levará ao endereço IP de um usuário inocente. Veja a Figura 9.3 a seguir.

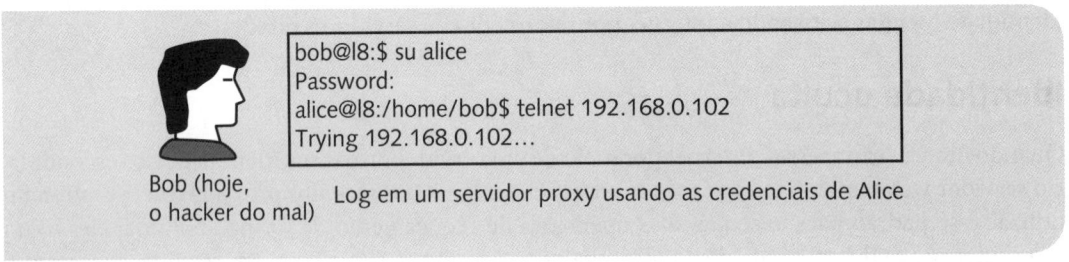

Figura 9.3 Raqueamento por meio de um servidor proxy usando detalhes válidos de autenticação.
© Cengage Learning 2014

A facilidade com que os hackers ocultam suas identidades é uma das fortes razões por que um contra-ataque deve ser empregado com extrema cautela. Um administrador que acredita ter sido raqueado pode ficar tentado a partir imediatamente para o ataque contra o agressor; no entanto, se o hacker estiver usando um servidor proxy comprometido, o administrador pode acabar atingindo o alvo errado.

Roteadores e switches

Tanto **roteadores** quanto **switches** são dispositivos que visam segmentar uma rede, e a maioria deles também é capaz de filtrar pacotes. Em geral, acredita-se que switches proporcionam menor segurança que roteadores. Por essa razão, os switches frequentemente são considerados apenas componentes internos das redes; com o advento da tecnologia de **rede de área local virtual (VLAN)** nesses dispositivos, entretanto, algumas redes estão sendo projetadas com switches gateway, conforme mostrado na Figura 9.4.

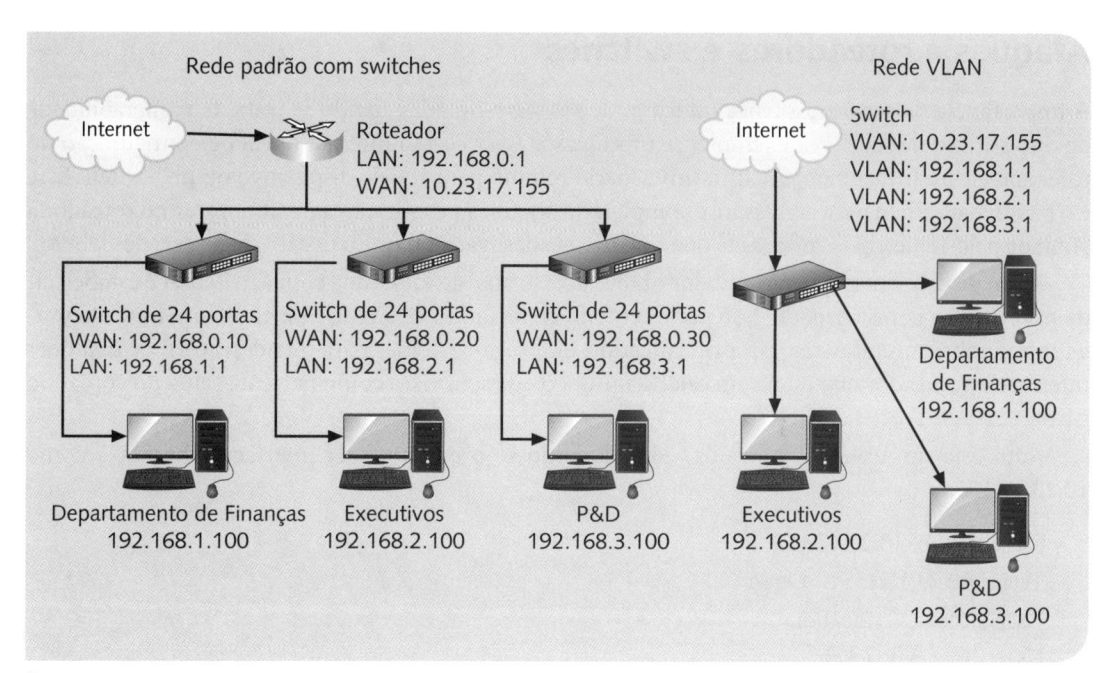

Figura 9.4 Arquitetura VLAN.
© Cengage Learning 2014

Como roteadores são basicamente switches na camada 2 OSI, faz sentido utilizar um switch como dispositivo gateway. As VLANs são uma forma de segmentação lógica de rede. Switches quase sempre têm múltiplas portas de interface interna. Assim, o que poderia ser mais natural do que associar sub-redes específicas a cada uma dessas portas? Isso acaba trazendo uma economia inegável, já que um switch de 24 portas é muito mais barato do que um conjunto de oito ou três dispositivos (dependendo de quantos segmentos de rede estejam sendo criados).

Contudo, o uso de switches para criar VLANs traz também alguns riscos. Haveria, por exemplo, um só switch entre o mundo exterior e a rede confiável. Não seria possível executar o mesmo nível de IDS, e um invasor poderia invadir a rede craqueando apenas uma senha, sendo então capaz de penetrar mais profunda e rapidamente. Caso a rede tivesse vários switches internos, isso implicaria ter de comprometer várias senhas diferentes antes de conseguir efetivamente invadi-la.

CUIDADO

Não é recomendável configurar todos os roteadores e switches com a mesma senha de administrador. A segurança é sempre mais eficaz quando implementada em camadas, tendo a plena defesa como meta. Usar diferentes senhas aumenta o nível de dificuldade que um potencial agressor enfrentará.

Se o administrador de determinada rede pede demissão, por exemplo, será necessário apenas alterar as senhas dos dispositivos que estavam sob seu controle direto. Se, porém, uma empresa utiliza uma mesma senha de administrador global para uma série de locais físicos, seria um grande aborrecimento ter de alterar a senha de todos esses locais. Isso dificilmente seria feito, já que, na teoria, a mudança de administrador exigiria a troca de senha em apenas um local. Essa é uma brecha valiosa para um potencial invasor, indicando que a prática de segurança dentro da organização pode ser relaxada, especialmente se houver um empregado descontente a par dessa informação.

Ataques a roteadores e switches

A importância da segurança física nunca pode ser subestimada quando se trata da vulnerabilidade de dispositivos de rede. Por exemplo, se um invasor tiver acesso direto à porta de configuração do roteador, ele pode facilmente definir um usuário remoto para aquele dispositivo ou um switch. Esse é o passo mais difícil para a invasão, e completá-lo significa permitir ao agressor entrar no roteador à vontade pela Telnet, pelo menos até que a porta seja desligada ou que o usuário falso seja descoberto.

A fim de confirmar que um invasor obteve acesso ao roteador, uma conexão Telnet é estabelecida para testar a conectividade. Isso pode ser feito conectando-se à rede a partir de um host diferente, mas também usando-se o próprio roteador: emprega-se Telnet para o endereço IP de qualquer interface do roteador que esteja em estado up/up, o que será visto como parte da saída do comando show interfaces.

Aqui está um exemplo de saída, considerando-se o endereço da interface ethernet 0 como 10.23.17.155:

router#telnet 10.23.17.155
Trying 10.23.17.155 ... Open
User Access Verification
Username: evilhacker
Password:
router

Agora, o agressor tem uma grande brecha via backdoor. Roteadores tendem a funcionar de forma semelhante entre si, mas um hacker decente faria bem em aprender o máximo possível sobre os tipos de roteadores mais comuns e como cada um deles funciona, especificamente. Entre o que há para aprender estão snippets de configuração, como no exemplo anterior, e também as senhas padrão e as explorações atuais.

A senha padrão para roteadores Cisco é admin/admin. Há uma variedade de recursos disponíveis na internet para quem procura combinações de conta e senha padrão. Um administrador de rede com mais experiência provavelmente estará ciente dessa vulnerabilidade em potencial e procurará atenuá-la antes de implantar um dispositivo de rede. Entretanto, a realidade é que alguns administradores não são experientes o bastante para sequer saber que essa vulnerabilidade existe. Muitas vezes, um roteador é instalado na ponta de uma rede sem esse tipo de cuidado, podendo, então, ser facilmente explorado por alguém capaz de determinar a marca do dispositivo e fazer uma simples busca na internet.

Explorações de roteador

Como mostrado na Figura 9.5, escaneamentos de portas são utilizados para descobrir se elas estão abertas, por quais aplicações elas estão sendo usadas no momento e até mesmo que sistema operacional do sistema está sendo executado. Quando se faz o escaneamento de intervalos IP na internet, existe a mesma chance de encontrar ou não roteadores de rede entre os nós ativos.

Na Figura 9.5, há somente uma porta aberta: a 80, que é a do HTTP. Roteadores D-Link usam uma página HTTP para configuração, cujo endereço padrão é 192.168.0.1, como se vê na figura.

Mesmo sem ter acesso físico e direto à rede para configurar a si próprios como administradores de sistema, hackers ainda são capazes de executar muitos ataques a roteadores e switches. A complexidade de configuração de um roteador afeta sua vulnerabilidade. Às vezes, adicionar proteção a uma área em particular pode tornar outra ainda mais vulnerável ao ataque.

```
root@18: ~ #nmap - sS -O -v 192.168.0.1

Starting nmap-6.00-1.i386.rpm (http://www.insecure.org/nmap/) at 2012-05-25 16:21 CST
Initiating SYN Stealth Scan against 192.168.0.1 [1663 ports] at 16:21
Discovered open port 80/tcp on 192.168.0.1
The SYN Stealth Scan took 0.55s to scan 1663 total ports
For OSScan assuming port 80 is open, 1 is closed, and neither are firewalled
Host 192.168.0.1 appears to be up ... good.
Interesting ports on 192.168.0.1:
(The 1662 ports scanned but not shown below are in state: closed)
PORT     STATE SERVICE
80/tcp   open  http
MAC address: 00:0D:88:A7:97:1C (D-Link)
Device type: WAP
Running: Linksys embedded, D-Link embedded
OS details: Linksys, D-Link, or Planet WAP
TCP Sequence Prediction: Class=trivial time dependency
                         Difficulty=0 (Trivial joke)
IPID Sequence Generation: Incremental

Nmap finished: 1 IP address (1 host up) scanned in 3.517 seconds
               Raw packets sent: 1679 (67.4KB)  | Rcvd: 1677 (77.2KB)
root@18:~ #
root@18 ~ #                                                            9-6
```

Figura 9.5 Resultados Nmap em um roteador D-Link.
© Nmap 2014. Todos os direitos reservados.

Eis alguns ataques básicos a roteador:

- *Ataque de negação de serviço (DoS)* – Um ataque DoS a um roteador é semelhante aos ataques desse mesmo tipo que visam a um servidor. O hacker transmite uma grande quantidade de pacotes para o roteador, que passa a ter de determinar caminhos eficazes e eficientes para transferi-los. Uma vez que o roteador gerencia pacotes na base de "primeiro a chegar, primeiro a ser servido", um pesado ataque DoS ocupa o dispositivo de forma a deixá-lo incapaz de validar o caminho para pacotes que tenham sido efetivamente enviados por usuários válidos. A rede fica mais lenta até que o roteador tenha lidado com o ataque DoS ou até que o administrador defina uma nova regra que ajude o dispositivo a filtrar o tráfego, identificando o IP ou o intervalo de IPs usados pelo agressor.

- *Ataque de negação de serviço distribuído (DDoS)* – De forma geral, o ataque DDoS funciona da mesma maneira que um DoS. No entanto, o DDoS vem de muitos endereços IP, tornando a defesa bem mais complicada. Se 500 PCs zumbis ou comprometidos (bots) de ISPs residenciais como AOL e Earthlink começassem a enviar DDoS a um roteador, até seria possível bloquear todos esses intervalos de IP. Contudo, essa seria uma resposta exagerada, e há outras abordagens orientadas que causariam menor impacto à disponibilidade.

- *Ataque de modificação de tabela de roteamento* – Assim como no próprio PC, dentro do roteador há disponível uma tabela usada para decidir o caminho mais rápido e eficiente para que um pacote chegue a seu destino. Essa tabela de roteamento deve conter IPs e os respectivos endereços de roteador, bem como os caminhos padrão. Quando um computador é solicitado a transmitir um pacote, ele inicialmente pesquisa dentro de sua própria tabela para determinar o caminho a utilizar. Se uma correspondência entre o endereço IP e um roteador não é localizada, os pacotes são encaminhados para o gateway padrão. O roteador gateway tentará, então, resolver o endereço IP em outro roteador, que disponibilize a correspondência mais próxima possível do IP em questão. Um invasor pode ser capaz de comprometer o roteador gateway, substituindo os atuais caminhos na tabela de roteamento por outros, fraudulentos. Isso possibilita ataques como pharming – por exemplo, um ataque "homem no meio", em que o caminho padrão para um site seguro é executado por meio de um dispositivo comprometido, seja ele um servidor proxy controlado pelo hacker, um site raqueado que tenha sido duplicado ou o computador do próprio hacker.

A Figura 9.6 ilustra o raqueamento de roteadores.

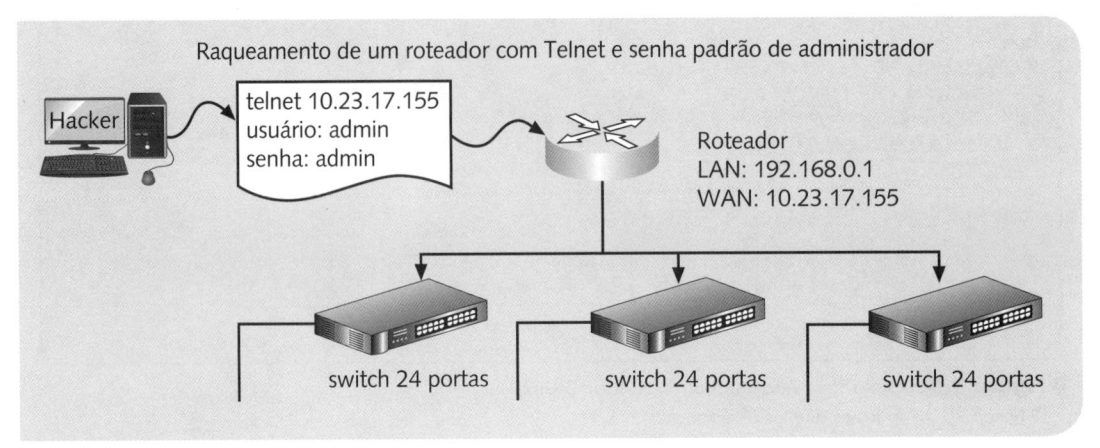

Figura 9.6 Raqueamento de roteadores.
© Cengage Learning 2014

Firewalls

A principal função de um **firewall** é centralizar o controle de acesso de uma rede, observando o tráfego de entrada e saída a fim de impedir usuários não autorizados e códigos mal-intencionados de entrar nela. Enquanto nos roteadores a função de filtragem de pacotes IP é executada na camada IP propriamente dita, alguns firewalls podem filtrar esses mesmos pacotes na camada de Aplicação. Isso dá aos administradores de rede uma vantagem adicional ao protegerem suas redes contra hackers, vermes e até mesmo spams. Firewalls são projetados para ser totalmente transparentes a usuários autorizados e muito agressivos aos que não possuam autorização de acesso à rede. Quando bem configurados, esses dispositivos fornecem um sistema de autenticação vigoroso, além de bloquear o tráfego não autorizado e esconder sistemas vulneráveis.

No entanto, os firewalls são frequentemente superestimados, tidos como a solução definitiva pontual para proteger redes contra todas as ameaças, tanto as internas quanto as externas. Na realidade, ter um firewall na ponta de uma rede cria a sensação de algo "duro por fora e mole por dentro", objetivo comum de muitos administradores de rede. Hoje em dia, no entanto, as organizações vêm desenvolvendo complexas teias de conectividade externa com seus parceiros de negócios, por meio de mídias sociais e marketing, por exemplo. Isso aumentou a pressão sobre os paradigmas de configuração de rede mais usuais que costumam delimitar uma linha clara entre o que seria uma rede privada "confiável" e o acesso à internet, "não confiável". Em algumas situações, essa nova necessidade resultou na abertura de uma grande quantidade de portas e serviços, de modo a tornar o firewall funcionalmente irrelevante. Um fator adicional a reduzir a importância dos firewalls como solução de segurança de redes é a capacidade de crackers em alavancar portas mais comumente usadas, como a 80, para impor um malware. À medida que mais organizações começam a adotar o IPv6 e, em resposta a determinadas legislações impostas nos Estados Unidos, a implantar o IPSec e outros algoritmos de criptografia para protegerem dados em trânsito, tecnologias que dependem de filtragem de pacotes estão sendo cada vez mais desafiadas, tendo de se adaptar às novas realidades para que não se tornem obsoletas.

Existem muitos fornecedores de firewalls no mercado, com produtos de características e vulnerabilidades diversas. A Figura 9.7 ilustra o conceito de firewall. Note que todo tráfego válido, como o pedido feito pelo Usuário Joe ao site Buy.com, passa pelo firewall. Contudo, o tráfego inválido – seja um hacker procurando entrar na rede ou o Funcionário X tentando acessar um site proibido – é bloqueado ou enviado a um "balde de bits".

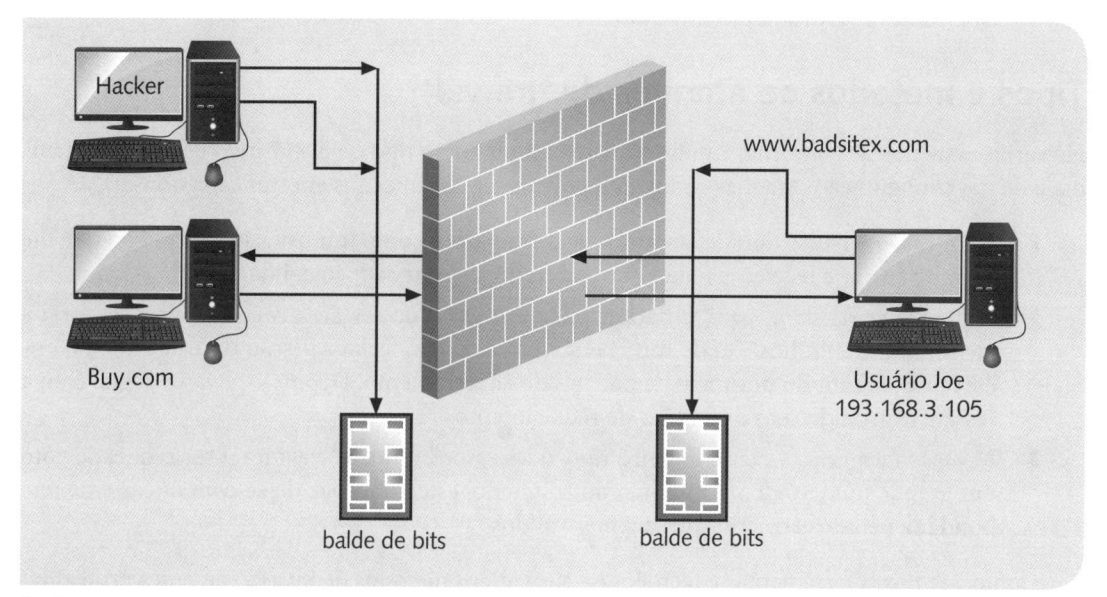

Figura 9.7 Funcionamento de um firewall.
© Cengage Learning 2014

As informações a seguir abordam vulnerabilidades gerais, aplicáveis a firewalls de todos os fornecedores.

Limitações dos firewalls

Os firewalls têm várias limitações que podem contribuir para sua vulnerabilidade:

- Esses dispositivos têm uma capacidade limitada de verificar a integridade de dados. Não seria possível que controlassem todos os dados que entram e saem de uma rede.
- Firewalls não conseguem filtrar pacotes que não tenham sido enviados por meio deles. Os dispositivos não são capazes de validar pacotes que entrem na rede a partir de soluções de controle remoto, como o GoToMyPC, de laptops externos ligados às portas de ethernet ou de servidores web que enviam dados diretamente aos usuários internos.
- Embora possam criptografar uma sessão, firewalls de diferentes fornecedores em geral não conseguem trabalhar bem juntos, o que pode reduzir o nível de segurança da sessão criptografada.
- Firewalls não fornecem um suporte robusto à segurança de aplicações. O tráfego de rede que esteja executando aplicações vulneráveis pode passar por servidores via **zona desmilitarizada** (**DMZ**), ou outros segmentos de rede não protegidos pelo firewall. Hackers sempre procuram oportunidades como essa para atacar a rede.

- Não há uma solução fornecida por firewalls que impeça completamente a entrada de códigos maliciosos na rede. Isso permite que hackers invadam a rede ou criem portas alternativas.
- Se não forem configurados corretamente, os firewalls poderão não ser capazes de detectar ataques. Ferramentas de detecção de intrusos, para verificar continuamente se há vulnerabilidades no firewall, devem fazer parte das políticas de segurança da organização.
- Firewalls não conseguem detectar hackers que estejam usando um nome de usuário e uma senha válidos.
- Os dispositivos só serão eficazes nesse caso se as políticas de segurança corretas forem estabelecidas e efetivamente aplicadas.

Tipos e métodos de ataques de firewall

Há várias maneiras de contornar um firewall, dependendo do tipo de dispositivo usado e da qualidade de sua configuração. Ataques de firewall podem ser classificados em três categorias:

- *Falsificação* – Nesse tipo de ataque, o hacker aparece como um usuário legítimo, o que lhe permite enviar e receber pacotes para e a partir de uma rede invadida.
- *Sequestro de sessão* – Aqui, o hacker intervém em uma sessão ativa. Primeiro, ele forja a identidade de um host ou de um cliente. Em seguida, fecha a sessão do usuário cujo endereço IP foi obtido por meio de pacotes de encerramento. Depois, o invasor segue com a sessão, realizando suas operações de raqueamento.
- *Negação de serviço* – Nesse terceiro tipo, o agressor inunda o servidor a ser raqueado com um grande número de pacotes. Como resultado, este é incapaz de se comunicar e de responder a pedidos enviados por clientes válidos.

Conforme novas ferramentas e tecnologias surgem, os métodos de invasão de redes protegidas por firewalls mudam. Entretanto, há três métodos básicos para raquear um firewall: backdoors, acesso de root e a internet.

Backdoors

Uma rede bem projetada normalmente tem um gateway central responsável pela conexão da rede privada à internet pública. Assim, cria-se um ponto comum de entrada, permitindo ao administrador de rede gerenciar os usuários que desejem ter acesso a serviços na rede privada. Backdoor é um método usado por hackers para acessar uma rede, contornando o controle do gateway central. Depois de um ataque, o hacker pode criar uma rota alternativa a ser utilizada para raquear a rede novamente. Um hacker pode, por exemplo, invadir a rede e criar um novo usuário no sistema, dando a ele direitos administrativos para que retorne mais tarde. Há inclusive uma categoria de malware, conhecida como rootkit, que cria um backdoor na rede. Essa via de acesso pode ser aplicada internamente, por um funcionário descontente que tenha acesso ao firewall, ou externamente, por um hacker que tenha se infiltrado no firewall, encontrando uma vulnerabilidade que lhe permita ter acesso a um recurso interno.

Há duas maneiras de restaurar um computador após um ataque:

- Formatar o disco rígido e reinstalar os dados.
- Corrigir a deficiência usada pelo hacker para acessar o computador.

A formatação do disco rígido fecha todos os backdoors e impede que o hacker use a mesma deficiência para voltar a invadir o computador. Em comparação ao tempo e à reflexão necessários para identificar a deficiência no sistema e acabar com ela, é mais fácil e relativamente barato apenas formatar e repor a imagem no drive. Esse método é bastante útil no nível da estação de trabalho porque o esforço ou o tempo de interrupção despendidos são consideravelmente menos preocupantes que o risco potencial de deixar para trás uma brecha que poderia comprometer toda a rede. Esse também é o método mais robusto e seguro, uma vez que um hacker habilidoso pode esconder várias rotas para o dispositivo, havendo uma grande probabilidade de que uma dessas rotas não seja descoberta.

Por outro lado, corrigir a deficiência sem recorrer à formatação do disco é um método mais adequado a servidores envolvidos em um grande número de transações, com múltiplos usuários. Nesse caso, o custo de corrigir a deficiência é inferior ao de formatar o computador. Se uma empresa usa um servidor de e-mail para interagir com clientes e funcionários, por exemplo, pode-se imaginar que formatar o servidor pararia todo o trabalho, causando grandes perdas. Entretanto, as chances de que um backdoor seja removido utilizando-se esse segundo método são baixas. Isso pode até resolver o problema imediato, mas, se a fonte do ataque não for identificada, o intruso poderá infiltrar-se no firewall e invadir a rede novamente.

Para entender quanto dano um hacker pode causar a uma rede com firewall, considere um agressor que tenha se infiltrado nesse dispositivo ou entrado na rede utilizando um backdoor. Em seguida, o hacker instala um software em um computador interno, permitindo-lhe interagir com esse computador, usando uma porta autorizada pelo firewall cuja finalidade seja fornecer acesso a entidades externas legítimas. Isso possibilita ao hacker invadir o firewall à vontade no futuro. Esse tipo de ataque é particularmente simples de fazer quando a base das regras do firewall é grande e complexa, o que torna ainda mais fácil de esconder um backdoor. Usando várias técnicas, um hacker pode induzir o próprio usuário a criar um backdoor, permitindo a invasão à rede. Isso poderia ser feito de duas maneiras: o hacker enviaria um programa como o MetaSploit, a fim de obter acesso remoto a um computador interno, ou colocaria um software similar na internet, como anexo de um arquivo, e em seguida o ofereceria como download gratuito. A Figura 9.8 mostra um backdoor.

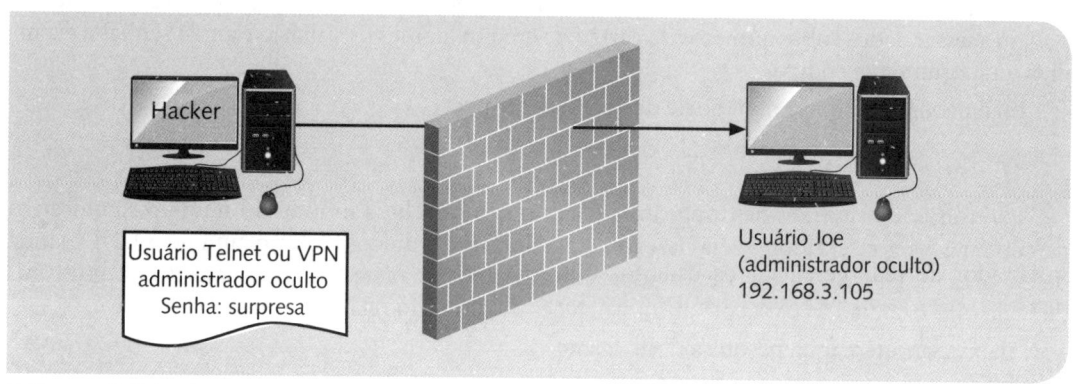

Figura 9.8 Backdoor.
© Cengage Learning 2014

Acesso de root

Esse método para contornar um firewall é usado quando hackers desejam retornar a uma rede para manipular seus dados via acesso de root ou administrador. O acesso é obtido utilizando-se um backdoor para farejar senhas ou algum outro código de programação, sequestrando se as sessões administrativas e assumindo-se o controle. Assim que tenha acesso à rede interna, o hacker também já se infiltrou com sucesso no firewall ou está usando um backdoor para obter privilégios de root. Em seguida, ele instala um rootkit, que pode ser usado para os mais diversos fins, como farejar senhas ou injetar cavalos de Troia na rede. A Figura 9.9 mostra o método de acesso de root.

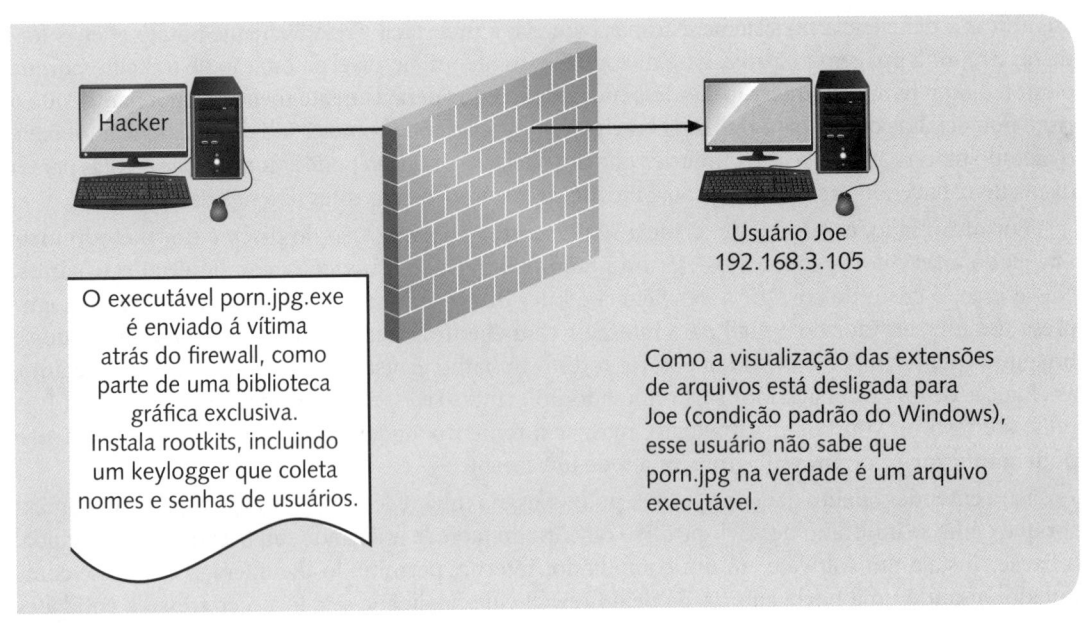

[Figura 9.9 – diagrama]

O executável porn.jpg.exe é enviado á vítima atrás do firewall, como parte de uma biblioteca gráfica exclusiva. Instala rootkits, incluindo um keylogger que coleta nomes e senhas de usuários.

Usuário Joe
192.168.3.105

Como a visualização das extensões de arquivos está desligada para Joe (condição padrão do Windows), esse usuário não sabe que porn.jpg na verdade é um arquivo executável.

Figura 9.9 Método de acesso de root.
© Cengage Learning 2014

A internet

Um hacker pode invadir um firewall por meio da internet de muitas formas diferentes, uma vez que a maioria dos firewalls permite o acesso a servidores remotos da web. (Se fizer uma pesquisa no Google pelo termo "Google Hacks", você encontrará dezenas de maneiras de obter mais informações de determinados sites, muito mais que seus proprietários gostariam que você tivesse.) Hackers podem acessar dados sobre números de cartão de crédito, nomes de usuário e ainda senhas e exemplos interessantes de código.

Imagine uma pesquisa no Google do seguinte termo:

```
Intitle:index.of
```

Isso traria informações de diretórios de servidores Apache. Embora um número significativo de computadores e servidores seja baseado em Windows, o único domínio em que o UNIX ainda detém uma vantagem é na área de servidores de internet. Isso oferece ao hacker uma boa oportunidade de usar o comando para coletar informações de diretório relativas à organização-alvo.

Agora, considere uma pesquisa deste termo:

```
allinurl:auth_user_file.txt
```

Isso resultaria em páginas como o arquivo de senhas do DCForum, oferecendo uma lista de senhas (craqueáveis), nomes de usuários, endereços de e-mail, países de origem e números de telefone tanto do DCForum quanto do DCShop (um programa de carrinho de compras).

Finalmente, considere uma busca no Google do termo a seguir:

```
Inurl:/view.shtml
```

Essa é uma de várias sequências de caracteres que detectam e exibem visualizações de webcams inseguras, incluindo as usadas como dispositivos de segurança. Conforme discutido anteriormente, a capacidade de comprometer a segurança física de uma rede pode ser um aspecto muito útil ao raqueamento de uma organização, em especial quando se tratar de ação combinada à engenharia social.

Ser capaz de comprometer a visão de câmeras de segurança pode dar ideias úteis a serem exploradas em fases posteriores do raqueamento.

Um firewall pode ser utilizado para impedir ataques à rede. No entanto, esse dispositivo deve ser considerado apenas uma parte da solução de segurança multicamadas de sua organização e não o recurso final para todas as necessidades de proteção da rede.

Firewalls são mais eficazes quando implantados em pares redundantes que evitem que os dispositivos se tornem alvos. Firewalls únicos que falham às vezes são configurados para "fail open", criando uma oportunidade para o hacker obter acesso à rede confiável. Ao implantar um par redundante, reduz-se o incentivo ao invasor, tornando-lhe muito mais difícil comprometer o firewall como meio de obter acesso à rede interna.

VPNs

Uma **rede privada virtual (VPN)** permite que funcionários de uma organização acessem remotamente a rede interna da empresa usando a internet como veículo de transporte, em vez do acesso discado ou de links WAN dedicados, que são mais caros. Com uma VPN, usuários externos podem acessar a rede e executar quase todas as ações que usuários da rede interna. A VPN usa protocolos como o tunelamento ponto a ponto (P2P) para enviar e receber informações sobre a rede. Uma VPN permite utilizar o pcAnywhere, ou outros serviços de terminal baseados em GUI, com mais segurança, fazendo isso de forma a não contornar os dispositivos tradicionalmente implantados nas extremidades de uma rede típica, componentes esses importantes ao plano de segurança global. Historicamente, usuários do pcAnywhere estabelecem a conexão direta via modem ligado a hosts individuais, e com isso retiram o controle de segurança dessa conexão dos administradores da rede. A Figura 9.10 representa a cópia de um computador baseado em LAN (que tem um cliente pcAnywhere instalado) e de um PC externo (que também tem um cliente instalado). O modelo VPN é mostrado abaixo.

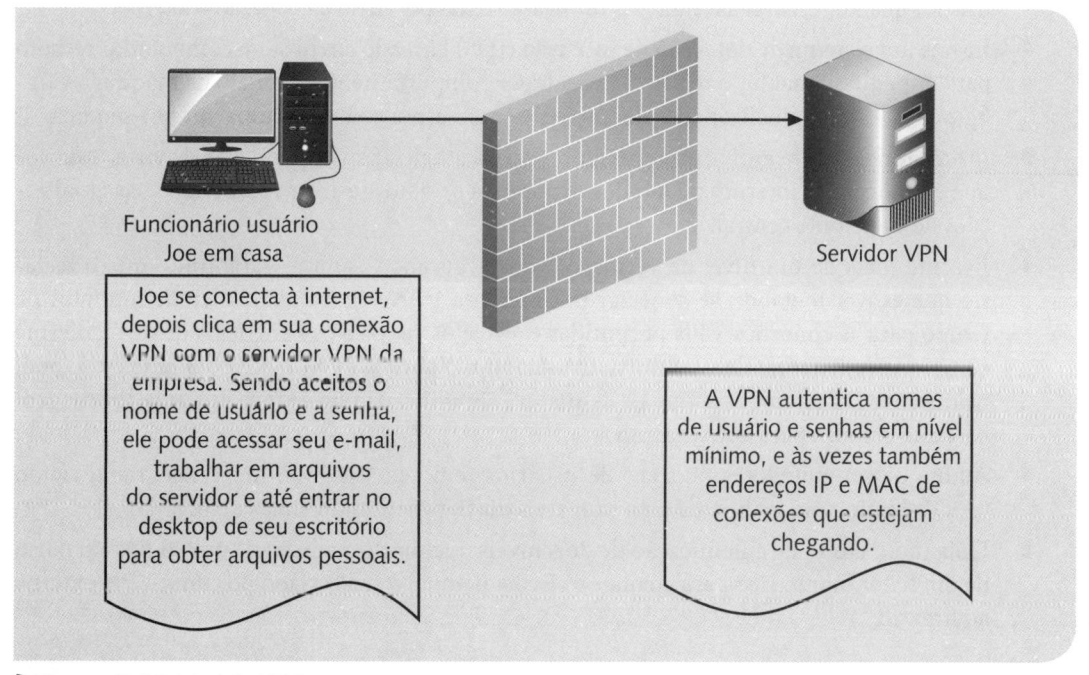

Figura 9.10 Modelo VPN.
© Cengage Learning 2014

Ameaças via VPN

Ataques à rede de uma empresa por meio de uma VPN muitas vezes resultam do raqueamento bem-sucedido do computador de um usuário remoto (ou até mesmo do roubo de um laptop). Depois de atacar com sucesso a máquina de um usuário remoto, o hacker passa a acompanhar o que ele faz. Se eventualmente uma conexão VPN for usada no computador comprometido, o hacker pode adquirir as informações necessárias para se conectar à rede da empresa pela VPN em questão. Conexões VPN são autenticadas, mas, se a conexão vem de um usuário legítimo e as senhas coincidem, então o servidor VPN pressupõe que ela é válida.

Uma conexão VPN estabelecida a partir da sessão de um usuário válido pode ser utilizada para executar os mais diversos ataques a uma rede, incluindo DoS, sequestro de sessão, falsificação ou até roubo, vandalismo e terrorismo. Como esses ataques não resultam necessariamente de pontos fracos da VPN em si, eles são considerados ataques indiretos.

Formas de proteger uma rede de ataques via VPNs

Os seguintes passos básicos podem ser seguidos para gerenciar uma VPN com eficiência e frustrar ataques, sem impedir que funcionários acessem a rede com segurança de qualquer local remoto:

- Proteja o ambiente físico do computador. Instrua os usuários da rede a não colocar seus laptops em risco de roubo ou assalto, esquecendo-os, por exemplo, no assento de passageiros de um automóvel. Um laptop roubado é o caminho mais fácil de entrar na VPN de uma empresa.
- Não use a função "Save" para uma senha de VPN. Isso equivale a escrever a senha no próprio cartão de crédito.
- Instale um firewall baseado em host (pessoal) no computador remoto. Um firewall tanto irá frustrar quanto registrar as tentativas de invasão feitas por meio da conexão à internet.
- Instale um **sistema de detecção de intrusão** (IDS) baseado em host no computador remoto para impedir ou manter o registro de qualquer comportamento anômalo na máquina. Configure o IDS para atualizar suas definições de assinatura ao menos uma vez por semana.
- Instale um software antivírus e configure-o para atualizar suas definições de vírus toda vez que se conectar à internet ou à rede corporativa se o host estiver recebendo suas atualizações de uma fonte central.
- Execute mais de um nível de verificações de segurança, sempre garantindo que o usuário que estiver tentando se conectar por meio da VPN seja válido. Adicione um fator de tempo para as conexões VPN permitidas e avalie os riscos e os benefícios de que a mesma combinação de nome de usuário/senha seja usada para a VPN, o acesso à rede e o e-mail pelo Active Directory. Esse tipo de assinatura simplificada tem se tornado uma abordagem bastante comum para autenticação.
- Audite os computadores pessoais de usuários remotos seguindo um cronograma rígido (por exemplo, semanalmente ou a cada dois dias), procurando sinais de invasão.
- Exija um método de autenticação de dois níveis, incluindo a adição de um código ou o uso de um leitor biométrico para atenuar o risco adicional à rede criado por uma VPN externa ao firewall.

Resumo do capítulo

- Dispositivos de rede, como servidores proxy, roteadores, switches, firewalls e VPNs, são frequentemente alvo de invasores. Os ataques podem ser dirigidos ao software ou ao hardware de rede.
- O software de rede pode ser dividido em três categorias: software de segurança, tais como firewalls; software de conexão, como o da VPN; e software de transporte, como servidores proxy e sistemas operacionais roteadores.
- Dispositivos de rede permitem que computadores de uma rede interajam uns com os outros.
- Servidores proxy restringem o acesso a sites específicos e mascaram endereços IP de usuários internos, além de manter logs de acesso à internet e cache de sites visitados.
- Ataques feitos por meio de servidores proxy incluem os de estouro de buffer, os DoS e os de sequestro de sessão. A maioria dos hackers acessa a internet por meio do servidor proxy para manter suas identidades escondidas.
- Roteadores e switches são utilizados para segmentar redes, filtrar pacotes e, mais recentemente, para atuar como dispositivos gateway.
- Um hacker que obtém acesso à porta de configuração do roteador facilmente consegue criar um usuário remoto para o roteador ou o switch. Depois disso, será capaz de entrar no roteador por Telnet até que a porta Telnet seja fechada ou o ataque seja descoberto.
- Ataques a roteadores incluem os DoS, os DDoS e os de modificação da tabela de roteamento.
- Firewalls centralizam o controle de acesso à rede, monitoram o tráfego de entrada e saída, fornecem um sistema robusto de autenticação, bloqueiam o tráfego não autorizado e escondem sistemas de redes vulneráveis.
- Os firewalls têm várias desvantagens. Eles não conseguem filtrar pacotes que não tenham sido enviados por meio deles. Dispositivos de fornecedores diferentes podem não funcionar muito bem juntos. Eles não dão suporte robusto para a segurança das aplicações nem propiciam uma solução completa para impedir que um código malicioso entre na rede. Se não forem configurados corretamente, podem não ser capazes de detectar ataques. Não conseguem detectar hackers que usem nome de usuário e senha válidos. Finalmente, firewalls são eficazes apenas se políticas rígidas de segurança forem estabelecidas e aplicadas à rede.
- Entre os tipos de ataques a firewalls podem ser citados a falsificação, o sequestro de sessão e os ataques DoS.
- Entre os métodos de raqueamento de firewall estão os backdoors, o acesso de root e o acesso à internet.
- As VPNs permitem que usuários acessem com segurança a rede de um local remoto, pela internet.
- Consideram-se as ameaças por meio da VPN como ataques indiretos. Elas incluem ataques DoS, de sequestro de sessão, falsificação, roubo, vandalismo e terrorismo.
- As etapas básicas para que a segurança da rede contra ataques pela VPN esteja garantida são: proteger o computador remoto contra roubo físico, não utilizar a função "Save" para senhas de VPN, instalar um firewall de host (pessoal) no computador remoto, instalar um IDS baseado em host no computador remoto; instalar um software antivírus e configurá-lo para atualizar as definições de vírus no mínimo uma vez por semana, executar mais de um nível de verificação de segurança; auditar os computadores pessoais de usuários remotos regularmente e exigir nome de usuário/senha para computadores remotos.

Questões de revisão

1. Quais são os benefícios do uso de um firewall?
2. Quais as limitações do software de um firewall?
3. Quais são os benefícios de utilizar a tecnologia VPN?
4. Quais são as vulnerabilidades de uma VPN?
5. Qual é a vulnerabilidade comum a todos os dispositivos abordados neste capítulo?
6. Qual é a vulnerabilidade comum a todos os softwares abordados neste capítulo?
7. Em que sentido a segurança física é um componente importante para reduzir ataques a roteadores e switches?
8. Qual a função de transporte de um roteador?
9. O firewall é o dispositivo de segurança perfeito para proteger uma rede?
10. Usuários remotos podem desabilitar o firewall pessoal de seus computadores?
11. Se seu laptop está em casa, você pode relaxar; a conexão VPN de sua empresa não poderá ser roubada nesse caso. Verdadeiro ou falso?
12. Você sempre deve usar a função "Save" para senhas VPN. Verdadeiro ou falso?
13. Um firewall é capaz de registrar e interromper tentativas de invadir um computador. Verdadeiro ou falso?
14. É importante configurar o IDS para atualizar suas definições de assinatura pelo menos uma vez por semana. Verdadeiro ou falso?
15. Você só deve instalar um software antivírus se configurá-lo para atualizar suas definições de vírus pelo menos uma vez por semana. Verdadeiro ou falso?
16. É eficiente que todos os usuários de sua rede empresarial utilizem uma senha para acesso à rede, ao e-mail e à VPN. Verdadeiro ou falso?
17. É necessário fazer apenas uma auditoria de rede por ano, perto da época de declaração de impostos. Verdadeiro ou falso?
18. É uma boa ideia colocar uma senha de inicialização nos computadores dos usuários remotos. Verdadeiro ou falso?
19. Biometria é um exemplo de método de autenticação de dois níveis. Verdadeiro ou falso?
20. Raqueamento do Google é ilegal. Verdadeiro ou falso?

Projetos práticos

Configure uma máquina – por exemplo, o servidor Linux central – atrás de um roteador, dentro da rede. Como craquear dispositivos na internet pública é antiético e ilegal em muitos países, a forma mais segura de praticar é criar uma sub-rede. Certifique-se de que seu roteador esteja configurado para aceitar o gerenciamento remoto e de que o bloqueio de porta ou as ACLs estejam devidamente desabilitados.

PROJETO 9.1

Como root, execute Nmap na sub-rede inteira para descobrir o que puder sobre seu roteador, incluindo o sistema operacional que estiver sendo executado. O que se segue é um exemplo de comando `Nmap` (o seu pode variar de acordo com a configuração de rede, portanto verifique com seu instrutor) e uma parte da saída que você deverá receber em retorno. O comando mostrado examina a sub-rede 192.168.0.x inteira, retornando informações sobre cada host que ele encontra. Nesse projeto, você só está interessado na informação referente ao roteador.

```
nmap -vv -sS -O 192.168.0.1/24
```

As linhas realçadas na saída apresentadas a seguir indicam que o dispositivo com endereço IP 192.168.0.1 está executando um sistema operacional embarcado Linksys ou D-Link.

```
Host 192.168.0.1 appears to be up ... good.
Interesting ports on 192.168.0.1:
Not shown: 1678 closed ports
PORT STATE SERVICE
80/tcp open http
MAC Address: 00:40:05:58:17:E3 (ANI Communications)
Device type: WAP
Running: Linksys embedded, D-Link embedded
OS details: Linksys, D-Link, or Planet WAP
OS Fingerprint:
TSeq(Class=TD%gcd=FA7F%SI=0%IPID=I%TS=U)
T1(Resp=Y%DF=N%W=2000%ACK=S++%Flags=AS%Ops=M)
T2(Resp=N)
T3(Resp=Y%DF=N%W=2000%ACK=O%Flags=A%Ops=)
T4(Resp=Y%DF=N%W=2000%ACK=O%Flags=R%Ops=)
T5(Resp=Y%DF=N%W=0%ACK=S++%Flags=AR%Ops=)
T6(Resp=Y%DF=N%W=0%ACK=O%Flags=R%Ops=)
T7(Resp=Y%DF=N%W=0%ACK=S%Flags=AR%Ops=)
PU(Resp=Y%DF=N%TOS=0%IPLEN=38%RIPTL=148%RID=E%RIPCK=E%UCK=
E%=ULEN=134%DAT=E)
TCP Sequence Prediction: Class=trivial time dependency
                         Difficulty=0 (Trivial joke)
IPID Sequence Generation: Incremental
```

Imprima o conteúdo da sondagem da rede e destaque ou circule todas as informações que o Nmap foi capaz de obter sobre o roteador.

PROJETO 9.2

1. Como muitos outros roteadores de home office, o roteador escaneado no Projeto 9.1 (D-Link) aceita gerenciamento remoto, permitindo que hosts na internet acessem suas telas de configuração por meio de um navegador web, normalmente usando a porta 8080. A gestão remota, por padrão, é desabilitada no roteador do exemplo, mas frequentemente está habilitada nos roteadores de unidades de negócio maiores. Para se conectar a seu roteador da mesma forma que um cliente remoto faria pela internet, digite o número da porta e o endereço IP do lado WAN – por exemplo, 23.191.23.191: 8080. (Seu instrutor deve oferecer o número da porta e o endereço IP corretos.) Isso abrirá uma caixa de diálogo de autenticação.

2. Faça o login usando o nome e a senha conhecidos e imprima a tela para seu instrutor.

CAPÍTULO 10

Cavalos de Troia

Depois de ler este capítulo e realizar os exercícios, você será capaz de:

- Entender a evolução dos cavalos de Troia.
- Listar as maneiras como os cavalos de Troia são usados.
- Identificar riscos associados aos cavalos de Troia.
- Citar os tipos de cavalos de Troia mais conhecidos.
- Relacionar medidas de prevenção contra ataques de cavalos de Troia.
- Listar ferramentas de detecção de cavalos de Troia.

Cavalo de Troia **é uma aplicação tipo malware que, disfarçada de arquivo legítimo, procura** enganar a vítima fazendo-a aceitar sua instalação. O cavalo de Troia original, mostrado na Figura 10.1, aparece na *Ilíada* de Homero. Na história, uma aliança de cidades-Estado gregas declara guerra à cidade-Estado de Troia, em uma disputa pelo amor de Helena, esposa de Menelau, rei de Esparta. A bela rainha é sequestrada pelo príncipe troiano Páris e levada para a forte e bem protegida cidade de Troia. Os gregos sitiam Troia, mas muitos homens de seu exército morrem, e a confederação grega dá todos os sinais de dissolução. Então, o guerreiro grego Odisseu pede que um artista crie uma grande e inspiradora estátua, mas oca e com uma porta secreta. Ela é construída no formato de um cavalo, daí a origem do termo "cavalo de Troia".

Acreditando que os gregos haviam se acovardado e criado o presente como forma de compensar os danos causados pela guerra, os troianos são enganados e levam a estátua para o centro de sua cidade. Em seguida, encobertos pela escuridão da noite, os gregos saem da estátua e matam todos os cidadãos de Troia.

O equivalente moderno do cavalo de Troia é um código malware oculto em uma atividade aparentemente inofensiva; de fato, muitos usuários são induzidos a inserir programas cavalo de Troia em seus computadores. Clicando em links supostamente inocentes em uma mensagem de texto, um site ou um e-mail, os usuários desavisados podem acabar abrindo uma porta secreta, permitindo que hackers possam acessar seus computadores e suas redes. Funções típicas de um cavalo de Troia incluem registrar as teclas que são digitadas, fazer capturas de tela, acessar arquivos em drives locais e compartilhados ou até mesmo agir como um servidor, no qual o cliente é o hacker. Resumindo, um cavalo de Troia pode executar em um computador praticamente as mesmas tarefas que poderiam ser operadas por um ser humano. As aplicações de cavalo de Troia geralmente são mascaradas como utilitários, jogos ou outros aplicativos úteis, e talvez até sejam capazes de executar

Figura 10.1 Cavalo de Troia.
© Cengage Learning 2014

as funções anunciadas enquanto realizam seus objetivos escusos. Por enquanto, os cavalos de Troia não conseguem se autorreplicar, como vírus ou vermes.

Como os cavalos de Troia funcionam

Para que os cavalos de Troia se tornem uma ameaça, eles precisam ser instalados pelo usuário e, em seguida, ativados. Usuários que costumam entrar no sistema como administradores ou root, ou ainda que tenham modificado seus perfis de usuário para que tivessem poderes administrativos, estão mais vulneráveis a esse tipo de ameaça.

Instalação

Alguns dos motivadores mais antigos do mundo são usados para induzir usuários a instalar cavalos de Troia: medo, ganância, hábito, preguiça e luxúria. Ataques recentes de cavalo de Troia utilizaram os mais diversos meios de distribuição:

- Anexos de e-mail enviados por um amigo (que deve ter pensado que o programa anexo poderia ser útil ou interessante) ou por um verme que se propagou em máquinas não corrigidas, vulneráveis.
- Scripts em e-mails HTML autorizados a executar automaticamente: se o e-mail estiver definido para exibir o HTML, ele automaticamente também executará o código JavaScript.

- Arquivos em servidores FTP, que são relativamente fáceis de raquear, de modo que mesmo sites legítimos se tornam fontes potenciais de cavalos de Troia.
- Scripts em sites fraudulentos.
- Scripts em sites legítimos raqueados.
- Oportunidades de download em sites.
- Arquivos oferecidos em informativos e fóruns.
- Engenharia social, tal como ligar para um administrador de rede passando-se por um usuário legítimo e convencê-lo a carregar um arquivo escolhido por quem ligou.

Todos esses meios usam a mente do próprio usuário para obrigá-lo a fazer o que o agressor quer. Um exemplo recente foi um e-mail de phishing que trazia uma réplica perfeita de um site totalmente legítimo, exceto pelo link de cancelamento da assinatura. Quando clicado, o link redirecionava o usuário para um site que automaticamente baixava um cavalo de Troia em todos os computadores que o visitassem.

Alguns cavalos de Troia vieram anexados a e-mails falsos da Microsoft, disfarçados como um patch para o Internet Explorer; outros fingiam ser pacotes RPM Linux-util, que de fato são pacotes de utilitários reais para Linux. Historicamente, esses arquivos também vêm sendo enviados como novos jogos de computador. O desejo de possuir o que há de mais novo no mercado ou o medo da vulnerabilidade de uma máquina não corrigida podem fazer que usuários descuidados instalem esse tipo de código malicioso pensando estar à frente de seus amigos. A tentação de se envolver em práticas seguras de computação também pode servir como motivação. Um exemplo disso poderia ser optar por não validar a soma de verificação que sites de download oferecem como forma de proteção. A **soma de verificação** envolve atribuir um valor ao site, que, quando validado, deve devolver o mesmo valor. Qualquer outro valor indicaria que o site foi alterado, e essa é uma boa maneira de garantir que um malware, como um cavalo de Troia, não foi adicionado ao site.

Funções de um ataque de cavalo de Troia

Quando o termo "cavalo de Troia" é digitado no mecanismo de busca em *www.cert.org* – um site do Instituto de Engenharia de Software da Universidade Carnegie Mellon que rastreia ameaças na internet –, o resultado é uma lista de mais de 150 alertas. Muitos cavalos de Troia foram desenvolvidos ao longo dos anos, e eles continuam a ser bem-sucedidos, o que significa que seguem sendo criados.

Apesar do que muita gente pensa, ataques de cavalo de Troia não se restringem a usuários de Windows. Embora o Windows tenha a reputação de ser mais vulnerável ao raqueamento, cavalos de Troia podem ser desenvolvidos de forma a executarem em qualquer sistema operacional. Há várias ameaças ao UNIX na lista da Carnegie Mellon. Em tempo, existem exemplos recentes de cavalos de Troia escritos especificamente para Mac OS X e para o sistema operacional de dispositivos móveis usado pelo Android.

O cavalo de Troia escrito para Mac OS X é conhecido como Revir.A; é semelhante a um cavalo de Troia lançado anteriormente para Windows, que usa um documento PDF para deixar um malware chamado Backdoor:OSX/Imuler.A na pasta tmp. Uma vez lá, o cavalo de Troia cria uma backdoor no sistema, que a partir daí o invasor poderá usar à vontade.

Cavalos de Troia, como qualquer aplicação administrativa remota comercial, pode realizar várias tarefas diferentes, como:

- Enviar e receber arquivos.
- Visualizar senhas em cache.

- Reinicializar o sistema.
- Dar início a processos.
- Modificar arquivos.
- Compartilhar arquivos.
- Modificar as chaves de registro.

Cavalos de Troia famosos

Muitos cavalos de Troia bem-sucedidos se tornaram famosos, e suas funções específicas bem conhecidas. No entanto, da perspectiva de um sistema de administradores, a notoriedade não garante imunidade, uma vez que novos usuários surgem o tempo todo, e muitas vezes estes nunca ouviram falar sobre esses "famosos cavalos de Troia". Aqui estão os mais famosos e suas respectivas descrições.

- PC-Write.
- AIDS.
- Back Orifice.
- Pretty Park.
- NetBus.
- SubSeven.
- BO2K.
- Zeus.

PC-Write (1986)

Disfarçado como a versão 2.72 do processador de texto *shareware* PC-Write da Quicksoft, esse foi o primeiro cavalo de Troia conhecido. (A empresa que criou o PC-Write não lançou uma versão 2.72.) Quando lançado, o PC-Write 2.72 apagava a tabela de alocação de arquivos (FAT) do usuário e formatava o disco rígido, apagando todos os dados salvos. Era na verdade um comando de arquivo em lote simples, codificado como arquivo binário .exe.

AIDS.exe/PC Cyborg (1989)

Foi distribuído pelo correio convencional em 1989. Chegava em um disquete que supostamente continha informações a respeito da síndrome da imunodeficiência adquirida (aids) e do vírus de imunodeficiência humana (HIV). O arquivo destrutivo em si era o aids.exe, que criptografava o disco rígido. O cavalo de Troia AIDS solicitava, depois, que o usuário pagasse uma taxa para obter a senha necessária para decriptografar o disco rígido. Nesse sentido, era bastante singular: em vez de destruir arquivos, o malware mantinha-os reféns, exigindo em seguida um resgate para que o usuário pudesse abrir e usá-los novamente.

Back Orifice (1998)

O Back Orifice, concebido por um grupo chamado de Culto da Vaca Morta, era um servidor de administração remota que permitia que administradores do sistema controlassem um computador a distância. Quando aparecia pela primeira vez, quase não dava indícios de que algo estava acontecendo. Depois de instalado, porém, tornava-se difícil que o servidor pudesse identificá-lo, e o malware dava controle quase total sobre a máquina ao invasor remoto caso ele soubesse o endereço IP do computador. (Endereços IP estáticos eram mais comuns em 1998; a falta de endereços IPv4 ainda não era um assunto urgente, e o uso de Tradução de Endereços de Rede (NAT) ou de outras ferramentas de gestão de endereços IP, como o DHCP, era algo raro.)

Pretty Park (1999)

Chamado de "PrettyPark.Worm" pela Symantec, esse pode ter sido o primeiro cavalo de Troia a usar um verme para se autopropagar. Uma vez instalada, a aplicação tentava enviar-se por e-mail a uma pessoa qualquer de um catálogo de endereços. Quando o arquivo de programa anexado, o PrettyPark.exe, era executado, acionava a exibição do protetor de tela Tubulação 3D. Ele também tentava estabelecer conexão a um servidor IRC e entrar em um canal específico. Era aí que a função cavalo de Troia assumia. O Pretty Park enviava informações para um canal IRC predeterminado a cada 30 segundos, como forma de manter-se conectado e de recuperar qualquer comando que fosse enviado por meio desse canal. Ao conectar-se ao IRC, o autor ou distribuidor do verme poderia acessar informações de sistema, como:

- Nome do computador.
- Nome do produto.
- Identificação do produto.
- Chave do produto.
- Proprietário registrado.
- Organização registrada.
- Caminho do root do sistema.
- Número da versão.
- Números de identificação ICQ.
- Apelidos ICQ.
- Endereços de e-mail.
- Senhas e nomes de usuário de rede dial-up.

Além disso, estar conectado ao IRC sem saber abrir uma brecha de segurança, permite que o computador seja usado para receber e executar arquivos.

NetBus (2001)

Escrito por Carl-Frederik Neikter, o NetBus permitia que qualquer pessoa executando a parte do cliente (o agressor) se conectasse e controlasse a parte de servidor do computador alvo do ataque, passando a ter os mesmos direitos e privilégios do usuário corrente. Isso tornava aleatório quem o administrador remoto poderia ser. Segundo o autor, o NetBus era capaz de executar as seguintes funções:

- Abrir/fechar o CD-ROM.
- Mostrar imagens BMP/JPG escolhidas.
- Inverter os botões do mouse.
- Iniciar aplicações escolhidas.
- Reproduzir arquivos .wav.
- Controlar o mouse.
- Mostrar vários tipos de mensagens.

- Encerrar o Windows.
- Fazer download e upload de arquivos ou excluí-los.
- Ir para uma URL escolhida.
- Enviar sequências digitadas e desabilitar teclas.
- Ouvir e enviar teclas digitadas.
- Fazer capturas de tela.
- Aumentar e diminuir o volume do áudio.
- Gravar sons do microfone.
- Fazer upload de arquivo escolhido.
- Fazer sons de clique toda vez que uma tecla é pressionada.
- Escanear endereços de Classe C adicionando "+Número de portas" ao final do endereço de destino.

A Figura 10.2 mostra a tela de configuração do Cliente NetBus.

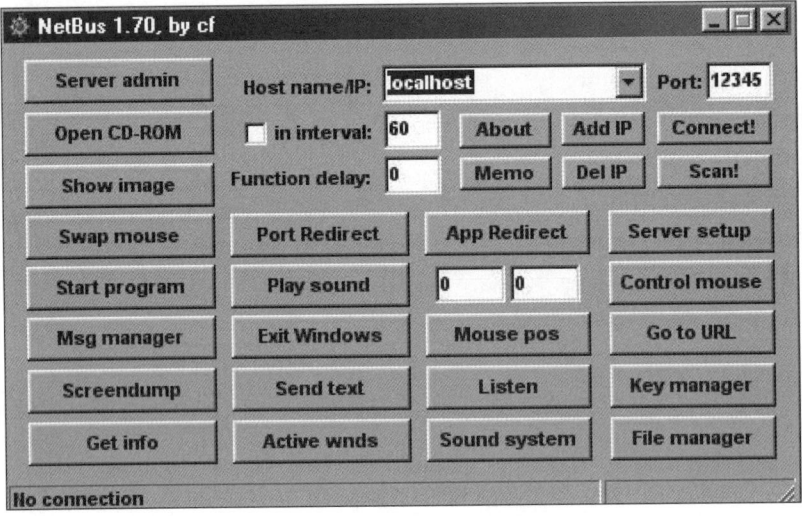

Figura 10.2 Tela de configuração do Cliente NetBus.
Fonte: NetBus

SubSeven (1999)

O SubSeven habilitava pessoas não autorizadas a acessar computadores pela internet sem que o proprietário do sistema tomasse conhecimento disso. Em julho de 2003, o Symantec Security Response passou a ser bombardeada por relatos de pessoas que receberam e-mails falsos, supostamente enviados pela Symantec. Os e-mails, incentivando os destinatários a baixar e executar o arquivo do SubSeven, eram escritos em espanhol e tinham as seguintes características:

De: Symantec Mexico [update@symantec.com]
Assunto: Urgente: Actualizacion Antivirus.

Os e-mails também ofereciam uma correção para o vírus w32.HLLW. Não se trata, no entanto, de um vírus real: ele não pode ser encontrado no mecanismo de busca da Symantec, nem mesmo em uma pesquisa no Google.

Quando a parte de servidor SubSeven era executada, o hacker passava a ter acesso remoto ao computador, podendo executar as seguintes tarefas:

- Configurar o servidor como servidor FTP.
- Procurar arquivos no sistema.
- Fazer capturas de tela.
- Capturar informações da tela em tempo real.
- Abrir e fechar programas.
- Editar informações nos programas em execução no momento.
- Mostrar mensagens pop-up e caixas de diálogo.
- Desconectar conexões dial-up.
- Reiniciar o computador.
- Abrir o CD-ROM.
- Editar informações de registro.

BO2K (2000)

Os criadores do BO2K (abreviação de "Back Orifice 2000") tentaram agir conforme a lei vendendo-o como uma ferramenta de código aberto de gestão administrativa, e não como algo projetado para craquear sistemas. De fato, havia ali uma combinação interessante de legalidade e ilegalidade, que tinha certo apelo para administradores de rede com usuários remotos de alto risco. A ideia era que poderiam ser aplicadas atualizações de definição em antivírus de computadores remotos, sendo, assim, uma forma de segurança funcional gratuita. Havia no mercado um produto chamado LANDesk que tinha essa função, então se concluiu na época que isso seria possível. O software BO2K permitia que máquinas infectadas fossem usadas como uma cadeia de servidores proxy. Ele também permitia que os usuários notificassem as máquinas infectadas, o que deixava o caminho totalmente aberto para uma rede de crackers. Era de pensar que só essa funcionalidade já bastasse para um administrador de rede legítimo desistir de aproveitar qualquer outro potencial benefício do software.

Zeus (2007)

O cavalo de Troia Zeus está associado a botnets (redes de computadores comprometidos por um indivíduo, ou por um grupo de pessoas, com a intenção de usá-los para diversos fins, inclusive como parte de um ataque coordenado). Tem sido usado e reutilizado sob vários nomes e com pequenas variações desde 2007. Em 2010, esteve envolvido em ataques a várias agências governamentais e continua a ser o cavalo de Troia preferido de criminosos que querem ter acesso a informações financeiras. O verme que carrega o Zeus é muitas vezes transmitido por meio de um e-mail infectado e inclui a funcionalidade de enviar ao invasor documentos armazenados no host comprometido. Para isso, usa um canal indireto, sem ser notado pelo proprietário do sistema.

Detecção e prevenção de cavalos de Troia

De longe, a melhor maneira de lidar com cavalos de Troia é nunca instalá-los. Eis aqui algumas maneiras de evitar o problema:

- Nunca abra um arquivo executável sem verificá-lo antes.
- Jamais aceite anexos não esperados.

- Não autorize que alguém na rede possa agir com privilégios de root ou de administrador.
- Certifique-se de que o usuário padrão não tenha permissão para carregar ou instalar programas.
- Instale um software de firewall que notifique o usuário ou o administrador quando algum processo no computador tentar agir como servidor ou acessar a internet sem que isso seja requisitado.

No entanto, saber evitar cavalos de Troia não garante que a rede não tenha sido exposta anteriormente a um, e a presença de malware e backdoors pode colocar essa rede em risco. Portanto, é necessário procurar por cavalos de Troia; alguns deles são reconhecidos por programas antivírus, caso o meio de ataque tenha sido por e-mail.

Um método amplamente utilizado para detectar cavalos de Troia é o chamado de reconciliação de objetos. Esse procedimento assemelha-se a fazer a conciliação de uma caixa registradora para verificar se o total de dinheiro em seu interior corresponde aos recibos gerados por ela. O termo "reconciliação do objeto" significa "verificar se as coisas são iguais". Os objetos, nesse caso, são os arquivos ou diretórios. A reconciliação, por sua vez, é o processo de comparar o *status* atual de um objeto com seu *status* em um momento anterior. Portanto, a reconciliação de objetos é um método aplicado ao sistema de arquivos instalados como parte do sistema operacional básico. Um exemplo disso pode ser comparar o tamanho de um arquivo do sistema com uma cópia backup salva vários meses antes. Se nenhuma alteração tiver sido feita no arquivo desde então, o tamanho do arquivo deve ser o mesmo. Se o tamanho do arquivo for diferente, existe a possibilidade de que o sistema tenha sido infectado por um cavalo de Troia.

Esse método permite executar qualquer uma das seguintes verificações, caso seja do interesse do usuário:

- *Data e hora:* É possível verificar a modificação mais recente de determinado arquivo. Sempre que um arquivo é aberto e salvo, uma nova data de modificação é registrada. Tenha em mente que verificar o *status* de um arquivo usando apenas a data e a hora é considerado um método fraco porque a data do sistema é algo fácil de modificar.
- *Tamanho:* Você pode examinar o tamanho do arquivo e depois compará-lo com o tamanho padrão. Esse método não é totalmente confiável, pois, quando hackers substituem o conteúdo original de um programa, eles muitas vezes tentam manter o tamanho do arquivo.
- *Soma de verificação:* Você pode somar os elementos de dados de um arquivo e, depois, executar um algoritmo para calcular um valor, a soma de verificação. Em outro momento, o algoritmo poderá recalcular essa soma de verificação e compará-la com o valor original, executando uma verificação de integridade. Contudo, se o valor da soma de verificação original estiver no mesmo sistema que os arquivos, os hackers poderão ser capazes de alterá-la. Assim, as somas de verificação devem ser mantidas em um sistema separado, ou mesmo em mídia removível que não esteja carregada no computador possivelmente comprometido. Como medida adicional de segurança, esses valores devem permanecer acessíveis apenas a usuários root ou administradores.

Além da reconciliação de objetos, as seguintes medidas podem ser implementadas para detectar cavalos de Troia:

- Comparar os binários do sistema com os arquivos originais da mídia de instalação para garantir que não houve qualquer modificação. Hackers geralmente alteram programas em sistemas UNIX. Alguns exemplos desses programas alterados são: login, su, telnet, netstat, ifconfig, ls, find, du, df, libc, sync e qualquer binário referenciado em /etc/inetd.conf, assim como outros programas críticos de rede e de sistema, além de bibliotecas de objetos compartilhadas. A Figura 10.3 mostra os resultados esperados para o comando `inetd.conf`.

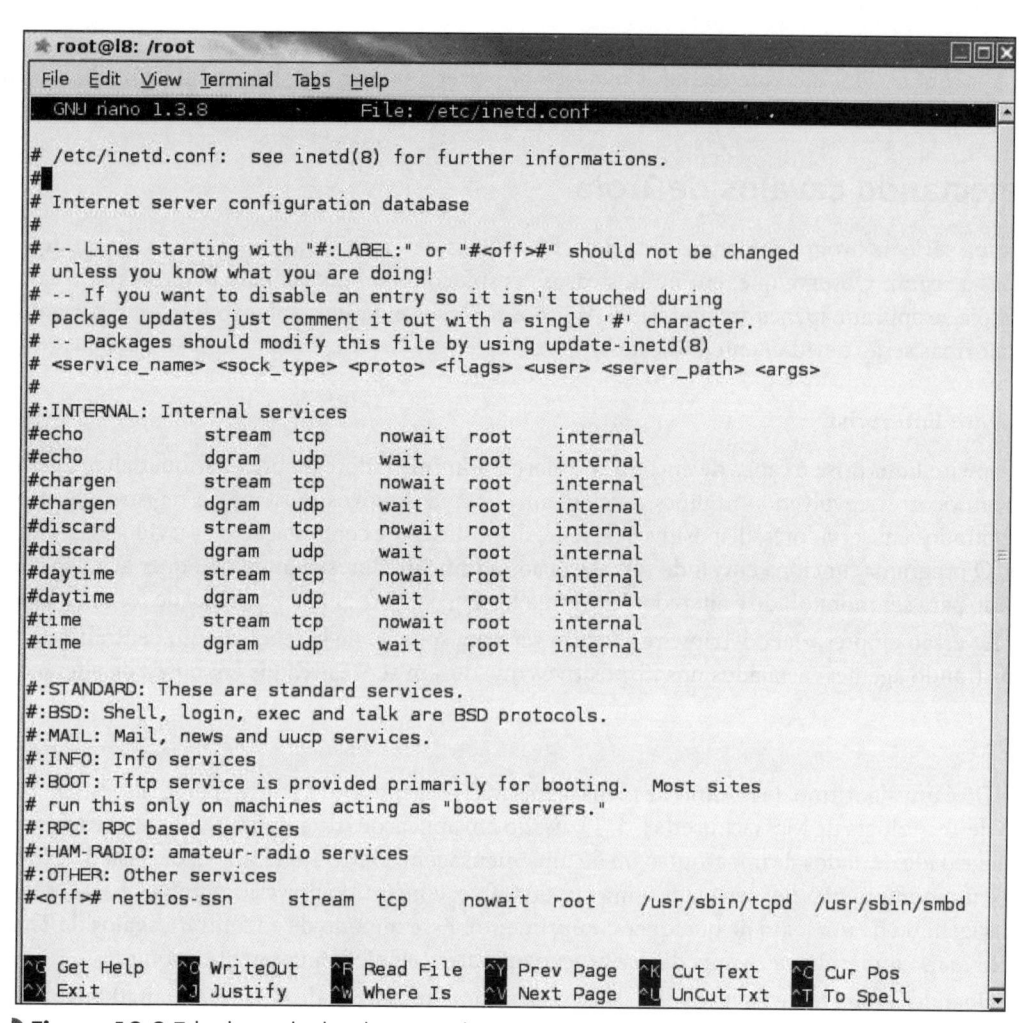

```
 root@l8: /root
 File  Edit  View  Terminal  Tabs  Help
  GNU nano 1.3.8                 File: /etc/inetd.conf

# /etc/inetd.conf:   see inetd(8) for further informations.
#
# Internet server configuration database
#
# -- Lines starting with "#:LABEL:" or "#<off>#" should not be changed
# unless you know what you are doing!
# -- If you want to disable an entry so it isn't touched during
# package updates just comment it out with a single '#' character.
# -- Packages should modify this file by using update-inetd(8)
# <service_name> <sock_type> <proto> <flags> <user> <server_path> <args>
#
#:INTERNAL: Internal services
#echo           stream  tcp     nowait  root    internal
#echo           dgram   udp     wait    root    internal
#chargen        stream  tcp     nowait  root    internal
#chargen        dgram   udp     wait    root    internal
#discard        stream  tcp     nowait  root    internal
#discard        dgram   udp     wait    root    internal
#daytime        stream  tcp     nowait  root    internal
#daytime        dgram   udp     wait    root    internal
#time           stream  tcp     nowait  root    internal
#time           dgram   udp     wait    root    internal

#:STANDARD: These are standard services.
#:BSD: Shell, login, exec and talk are BSD protocols.
#:MAIL: Mail, news and uucp services.
#:INFO: Info services
#:BOOT: Tftp service is provided primarily for booting.  Most sites
# run this only on machines acting as "boot servers."
#:RPC: RPC based services
#:HAM-RADIO: amateur-radio services
#:OTHER: Other services
#<off># netbios-ssn    stream  tcp     nowait  root    /usr/sbin/tcpd  /usr/sbin/smbd

^G Get Help    ^O WriteOut   ^R Read File   ^Y Prev Page   ^K Cut Text    ^C Cur Pos
^X Exit        ^J Justify    ^W Where Is    ^V Next Page   ^U UnCut Txt   ^T To Spell
```

Figura 10.3 Tela de resultados do comando `inetd.conf`.
Fonte: UNIX

- Verificar os arquivos de backup em busca de cavalos de Troia porque esses malwares são, por natureza, instalados sem o conhecimento do operador da máquina em particular.

- Como forma de detectar cavalos de Troia em hosts que executam Linux ou Windows, usar o algoritmo Resumo de Mensagem 5 (MD5), o TripWire e outras ferramentas de soma de verificação criptográficas. Cavalos de Troia podem simular a mesma soma de verificação e o carimbo de tempo da versão legítima do programa. Assim, não basta verificar o tamanho do arquivo e o carimbo de tempo da última modificação para determinar se certo programa foi substituído. Essas ferramentas de soma de verificação são suficientes para detectar cavalos de Troia, desde que sejam mantidas seguras em um local indisponível para os que desejam atacar o sistema.

- Verificar serviços não autorizados. Devem-se examinar /etc/inetd.conf ou /etc/xinetd.conf e seus arquivos e diretórios associados em busca de acréscimos, atualizações ou modificações não autorizadas. Procurar entradas que executam programas de interface shell, como /bin/sh ou /bin/csh, e verificar se algum dos programas especificados em /etc/inetd.conf e em /etc/xinetd.conf pode ser um cavalo de Troia mascarado como um programa legítimo.

- Conferir e examinar serviços legítimos que você tenha comentado com # em /etc/inetd. conf ou em /etc/xinetd.conf. Um agressor poderia iniciar um serviço que você pensou ter encerrado ou até substituir o programa inetd ou o xinetd por um cavalo de Troia.

Detectando cavalos de Troia

Há uma série de programas capazes de detectar cavalos de Troia, e vários deles são discutidos nas seções a seguir. Observe que, em muitos casos, as soluções comerciais para a detecção de cavalos de Troia se aplicam apenas a plataformas Windows. Casos em que a solução funciona para outras plataformas serão devidamente indicados.

Tripwire Enterprise

O Tripwire Enterprise é capaz de encontrar e alertar administradores sobre quaisquer alterações que possam ocorrer envolvendo milhões de elementos, como arquivos ou itens de registro, sejam eles encontrados em servidores, dispositivos de rede, dispositivos de computação ou servidores de diretórios. O programa funciona enviando um alerta aos administradores quando qualquer arquivo configurado para ser monitorado é alterado de alguma forma, o que facilita o potencial de resposta rápida.

A versão empresarial do Tripwire procura ser uma solução de gerenciamento centralizada, administrando agentes instalados nos dispositivos que devem ser rastreados em busca de alterações.

MD5

O MD5 é um algoritmo de resumo de mensagem (MD) desenvolvido por Ronald L. Rivest, do Instituto de Tecnologia de Massachusetts (MIT), usado em aplicações de assinatura digital para verificar a integridade de dados de um arquivo ou de uma mensagem. O MD5 cria um valor hash de 128 bits, que é um número não reversível, de comprimento fixo, convertido por criptografia a partir de uma mensagem ou de um texto de qualquer comprimento. Esse método de encontrar cavalos de Troia é muito mais confiável que a soma de verificação ou outras técnicas igualmente populares.

Quando o remetente envia dados a algum usuário, um cálculo de MD5 é executado na mensagem, bem como na chave secreta do remetente. Em seguida, a mensagem é comprimida de forma segura e assinada com uma chave privada. Finalmente, o resumo da mensagem resultante e os dados são transmitidos ao receptor.

O receptor executa um cálculo de MD5 sobre os dados e o resumo da mensagem. O resultado do cálculo é, então, comparado com o resumo enviado pelo remetente. Se os valores corresponderem, isso indica que os dados não foram alterados.

Spybot Search & Destroy

Aplicação antispyware capaz de detectar e remover spyware, adware, cavalos de Troia e outros tipos de aplicações indesejadas de um computador. Os antivírus mais atuais incluem a detecção de spyware como parte de suas funcionalidades com mais frequência do que acontecia quando o Spybot entrou em cena. No entanto, o Spybot ainda é uma solução de código aberto bastante popular, ajudando a complementar a prevenção contra malware.

VirusBlokAda

Criado em 1997, o VirusBlokAda é um detector de malware cuja peculiaridade foi ter sido o primeiro detector de malware a descobrir o Stuxnet, vírus que invadiu os sistemas SCADA em 2010.

GMER

O GMER é uma ferramenta antimalware projetada para detectar e remover rootkits. Ela trazia um diferencial de certa forma duvidoso, por ter sido usada como componente de cavalos de Troia bancários que apareceram pela primeira vez em 2009 no Brasil. Na época, tornou-se o primeiro produto antimalware do mercado a assimilar um criminoso cibernético para uso.

MetaSploit

O MetaSploit demonstra claramente a importância da intenção do usuário. Ele pode ser uma ferramenta de gerenciamento de redes poderosa quando usado para detectar cavalos de Troia, mas também pode ser utilizado por crackers para criar outros cavalos de Troia.

Trojan Remover

O Trojan Remover procura ajudar na remoção de cavalos de Troia e vermes da internet quando o software antivírus padrão falha ao detectar o problema ou é incapaz de eliminá-lo efetivamente. Escrito para as primeiras versões do Windows, foi atualizado para versões mais recentes, incluindo as 2000/XP/Vista/Windows 7 e Windows 8.

McAfee, Norton, Symantec

Essas são três das mais conhecidas versões de softwares completos para malware. São mais comumente encontradas em computadores domésticos e também carregadas como suíte empresarial de controle de malware em organizações de todos os tamanhos. Tais aplicações incluem o gerenciamento de cavalos de Troia, assim como de toda a gama de malwares aos quais um host pode estar exposto.

Distribuindo cavalos de Troia

As possíveis vias pelas quais os cavalos de Troia são distribuídos se ampliaram ao longo do tempo. Além disso, os desenvolvedores de malware também uniram forças com spammers e outros criminosos cibernéticos, promovendo ataques cada vez mais complexos. Esses ataques podem envolver links infectados, sites comprometidos, e-mails de phishing e outros truques de engenharia social, criados para diminuir as defesas do usuário regular e permitir, assim, que o cavalo de Troia entre na rede interna da organização.

Para muitos é menos comum para quem usa Linux ou Mac OS X acidentalmente disparar um instalador de cavalo de Troia porque o perfil padrão em geral não possui permissão para rodar um arquivo executável, e usuários de sistemas não Windows são menos propensos a executar uma sessão autenticada como root com permissões administrativas.

Historicamente, uma fatia esmagadora do mercado pertence a hosts baseados em Windows. Por muito tempo, essa tem sido considerada a principal razão para que tantos malwares sejam direcionados a esses sistemas operacionais. Assim, não deve ser nenhuma surpresa que a grande popularidade de produtos Apple, incluindo iPhones e iPads, tenha aumentado o número de cavalos de Troia escritos especificamente para Mac OS X. Houve também um caso recente de um cavalo de Troia carregado no Android de celulares ainda na fábrica, durante a produção. Os telefones foram despachados logo depois, já comprometidos, o que pode ser visto como outro bom exemplo do aumento de malwares como fonte de risco de segurança de informações.

Resumo do capítulo

- Cavalos de Troia usam truques para seduzir os usuários a instalá-los. Atualmente, eles ainda não são capazes de se autorreplicar, mas alguns usam táticas semelhantes às dos vermes para garantir sua distribuição.
- Para ser uma ameaça, os cavalos de Troia devem ser instalados e ativados pelo usuário.
- Cavalos de Troia agem como ferramentas administrativas remotas e podem ser escritos para desempenhar praticamente qualquer função de um usuário legítimo.
- Há vários meios de distribuição comumente usados, incluindo: anexos enviados via e-mail por amigos, por vermes ou usando endereços falsificados; scritps em e-mails HTML; arquivos em servidores FTP; scripts em sites falsificados ou raqueados; oportunidades de download em sites; arquivos oferecidos em quadros de aviso e fóruns; e engenharia social.
- Cavalos de Troia têm muitas funções, como registrar teclas digitadas, fazer captura de tela, acessar arquivos em drives locais e compartilhados, agir como servidor, enviar e receber arquivos, observar senhas em cache, reiniciar o sistema, disparar processos, modificar e compartilhar arquivos, e modificar chaves de registro.
- O primeiro cavalo de Troia conhecido era uma versão falsa do PC-Write, desenvolvido em 1986. Hoje, há milhares de cavalos de Troia, e mais surgem a cada instante.
- Alguns dos mais famosos cavalos de Troia são: PC-Write, AIDS, Back Orifice, Pretty Park, NetBus, SubSeven, BO2K e Zeus.
- Para evitar receber um cavalo de Troia, você nunca deve rodar um arquivo executável que não tenha verificado antes nem abrir anexos inesperados. Você também só deve permitir que usuários operem com privilégios de root ou administrador quando envolvidos em atividades que de fato exijam esse nível de acesso. Certifique-se de que usuários comuns não tenham permissão para carregar ou instalar programas. Instale um software de firewall e configure o Windows para sempre mostrar todas as extensões de arquivo.
- Cavalos de Troia podem ser detectados de várias formas, incluindo firewalls de software, sistemas IDS, alguns softwares de antivírus, programas comerciais, reconciliação de objetos e verificadores de registro.

Questões de revisão

1. Descreva uma aplicação de cavalo de Troia.
2. Explique por que todos os anexos são possíveis cavalos de Troia.
3. Qual é a diferença entre estratégia de instalação e meio de transmissão em relação a cavalos de Troia?
4. Cite quatro métodos de instalar um cavalo de Troia.
5. Cite seis meios de transmissão de um cavalo de Troia.
6. Há um motivo legítimo para o uso de aplicações de administração remota?
7. Cite dez arquivos executáveis (ou extensões) para plataformas Windows.
8. O que o TripWire envia a um administrador quando um arquivo sofreu alteração?

9. Que solução de gerenciamento está incluída na solução empresarial do TripWire?
10. O MD5 cria um valor hash de 128 bits. Verdadeiro ou falso?
11. Além de adware, o que o Spybot Search & Destroy remove de um computador?
12. Qual foi o primeiro detector de malware a localizar o malware Stuxnet?
13. Qual foi o primeiro detector de malware usado para criar um cavalo de Troia bancário?
14. Além de identificar cavalos de Troia, o MetaSploit pode ser usado para criar o quê?
15. Além de cavalos de Troia, o Trojan Remover foi criado para remover o quê?
16. Cite um exemplo de um antimalware comumente usado que tenha atingido um grande mercado comercial.
17. As possíveis vias de distribuição do cavalo de Troia diminuíram com o tempo. Verdadeiro ou falso?

Projetos práticos

Como é mais fácil bloquear os cavalos de Troia que removê-los, os projetos a seguir se concentram nesse aspecto da administração de rede.

Há muitos algoritmos comuns de criptografia, mas para os projetos aqui desenvolvidos você usará apenas três, descritos a seguir. Em ordem de popularidade, são eles: MD5, SHA1 e RIPEMD-160.

O algoritmo resumo de mensagem 5 (MD5) é uma função hash criptográfica bastante popular com um valor hash de 128 bits. Como um padrão de internet (RFC 1321), o MD5 tem sido usado em muitas aplicações de segurança, com frequência para conferir a integridade de arquivos. Um hash MD5 é tipicamente um número hexadecimal de 32 caracteres.

SHA1 é uma das funções hash da família SHA (algoritmo de hash seguro). O restante da família é SHA-224, SHA-256, SHA-384 e SHA-512. Essas funções hash foram criadas pela Agência de Segurança Nacional dos Estados Unidos (NSA) e coletivamente publicadas como padrão do governo dos Estados Unidos. A função SHA1 é empregada em uma grande variedade dos mais populares protocolos e aplicações de segurança, que inclui TLS, SSL, PGP, SSH, S/MIME e IPSec. É considerada por alguns como a sucessora do MD5.

PROJETO 10.1

Nem sempre é fácil detectar se você está baixando um programa que tem um cavalo de Troia anexado. No entanto, você pode usar uma função hash para checar os arquivos que baixou de locais aparentemente legítimos.

1. Vá para *www.wireshark.org/download.html* e baixe uma cópia da versão do instalador Wireshark Windows Vista para seu diretório home. (Você não instalará o Wireshark aqui, isso já foi feito no capítulo anterior. Neste projeto, você simplesmente vai checar a integridade do arquivo baixado.) Observe que, abaixo do cabeçalho de "Verificação de Downloads", o site informa algo como: "Hashes de arquivos para a versão 1.8.0 podem ser encontrados no arquivo de assinaturas. Está assinado com o id chave 0x21F2949A".

2. Clique no link do **arquivo de assinaturas** e observe os hashes MD5, SHA1 e RIPEMD160 para a versão do Wireshark que você acabou de baixar (por exemplo, wireshark-setup-0.99.5.exe). Os hashes vão ser parecidos com:

   ```
   MD5(wireshark-setup-0.99.5.exe)=6adee9c71780fbaf2a97de
   efdf48f1b4
   SHA1 (wireshark-setup-0.99.5.exe)=63c63af6fee52803715c
   bfc82e11fa42eddf86c5
   RIPEMD160 (wireshark-setup-
   0.99.5.exe)=b6106ad29b39664c55aaf88984a6ca6114e13815
   ```

   Baixe esse arquivo para seu diretório home e salve-o como **hashes.txt**.

3. Abra o terminal root e altere para seu diretório home.

4. Digite **md5sum wireshark-setup-0.99.5.exe** (substituindo o nome de seu arquivo baixado, se necessário) para ver a soma de verificação MD5 do arquivo. Compare-a com a soma de verificação MD5 apropriada, localizada no arquivo hash baixado. Se ele for legítimo, as somas de verificação deverão corresponder exatamente uma à outra.

PROJETO 10.2

1. Para criar um arquivo de soma de verificação md5sum formatado adequadamente para qualquer quantidade de arquivos, digite o seguinte no terminal root, substituindo os nomes dos arquivos fictícios *FILE1*, *FILE2*, e assim por diante pelos dos arquivos escolhidos dummy.txt:

   ```
   md5sum FILE1 FILE2 FILE3 FILE4 > CHECKSUM.MD5
   ```

   Com isso, será criado um arquivo chamado CHECKSUM.MD5. Nele você encontrará uma linha de soma de verificação, já propriamente formatada, para cada arquivo escolhido.

2. Para conferir seu trabalho, use o comando md5sum, como mostrado no Projeto 10.1.

PROJETO 10.3

O cavalo de Troia mais simples de ser criado é o arquivo em batch do Windows. Siga os passos a seguir em uma máquina com Windows.

1. Usando o Notepad, abra um novo documento. Nomeie de maneira falsa o arquivo como Lab-10-pix.gif.bat.

2. Utilizando seus conhecimentos DOS, escreva um pequeno arquivo em batch para fazer algo não prejudicial, como copiar um arquivo conhecido de Windows (por exemplo, config.sys) para outro arquivo com um nome novo.

3. Execute o arquivo e certifique-se de que ele tenha o efeito desejado sobre sua máquina Windows.

4. Envie o arquivo por e-mail para si mesmo. Sua aplicação de antivírus reconhece o programa como algo possivelmente danoso? Observe o que acontece quando você executa a aplicação do link do e-mail. Se o arquivo não tiver efeito, faça as mudanças necessárias para que isso aconteça.

CAPÍTULO 11

Ataques de negação de serviço

Depois de ler este capítulo e realizar os exercícios, você será capaz de:

- Explicar o que é um ataque de negação de serviço (DoS).
- Descrever as causas de ataques DoS.
- Expor os diversos tipos de ataques DoS.
- Explicar o que é um ataque distribuído de negação de serviço (DDoS).
- Discutir alguns ataques DoS e DDoS mais conhecidos.
- Descrever formas de prevenir ataques DoS e DDoS.

Ataque de negação de serviço (DoS) é uma estratégia concebida para evitar que o tráfego válido chegue ao alvo do ataque. Os DoS são tema deste capítulo por representarem uma das técnicas mais eficientes de abrandamento e, por isso, mais utilizadas por hackers como prelúdio para outras formas de ataque à segurança de um servidor. Um exemplo de ataque DoS é alguém carregar arquivos muito grandes para um servidor de FTP anônimo; outro é programar o envio de 5 milhões de mensagens de spam a um único servidor de e-mail. Neste capítulo, você vai aprender sobre os diferentes tipos de ataques DoS e alguns exemplos específicos.

Os principais alvos de ataques DoS são servidores web, servidores de aplicativos e links de comunicação. Ataques DoS funcionam negando acesso ao tráfego de rede legítimo, interrompendo e danificando conexões entre computadores, impedindo que usuários finais acessem os serviços de uma máquina, modificando as informações de configuração do sistema e, em alguns casos, destruindo os componentes da rede física. Esses ataques podem desativar uma rede, destruir dados e levar a perdas financeiras bastante significativas.

Causas de ataques DoS

Algumas vulnerabilidades simplesmente não podem ser resolvidas devido ao limite inerente de largura de banda ou de conexões ativas comum a todos os dispositivos de uma rede, sejam eles físicos ou de software. Por exemplo, se um servidor web só é capaz de aceitar mil pedidos por segundo, então o 1001º será negado. Uma solução comum para organizações que ultrapassam a capacidade de seu servidor é atualizar o software desse servidor para uma nova versão, ou até mesmo usar outro produto de software, que aceite mais pedidos. No entanto, muitas vezes a plataforma de hardware atual não é suficiente para executar o novo software, que pode exigir upgrades de CPU e de memória RAM. Se o hardware for muito antigo, nem mesmo uma CPU mais recente será capaz de resolver o problema, o que exigirá a substituição completa da máquina na qual a CPU deverá ser executada.

As organizações precisam encontrar o equilíbrio entre risco e benefício quando dimensionam a tecnologia usada para apoiar suas funções de negócio. O risco de um ataque DoS e o impacto que ele teria são fatores importantes nessa tomada de decisão. O custo de atualização do hardware pode ser maior que a perda potencial causada por um ataque DoS. Para uma organização em particular, mesmo que a probabilidade de um ataque DoS seja extremamente baixa, o impacto potencial de um ataque desse tipo poderia compensar o dinheiro gasto para atualizar sua tecnologia, garantindo ser possível lidar com a situação. Também deve ser levado em consideração o limite de recursos de rede imposto pelo tamanho da conexão de banda larga ou de telecomunicações. Se você usa um modem cabeado, trabalhando em casa ou em um escritório menor, em uma das filiais da organização, pode ter um limite fixo de largura de banda, compartilhado com um número desconhecido de assinantes do serviço. No entanto, se seu escritório é conectado à internet por um pacote de fibra óptica OC3, você é potencialmente capaz de aceitar uma taxa de 155,52 megabits por segundo. A Tabela 11.1 mostra as velocidades de algumas tecnologias comuns de conexão.

▶ **Tabela 11.1** Comparação de largura de banda

Categoria	Serviço	Largura de banda
ISDN	BRI	128 Kbps
	PRI (US)	1,480 Mbps
	PRI (EU)	1,930 Mbps
DSL	ADSL	640+ Kbps upload/1,544+ Mbps download
	HDSL	784+ Kbps
	SDSL	768 Kbps
	VDSL	19,2 Mbps upload/51,84 Mbps download
	IDSL	128 Kbps
T Carrier	T-1/DS1	1,544 Mbps
	T-3/DS3	44,736 Mbps
Optical Carrier	OC1	51,48 Mbps
	OC3	155,52 Mbps
	OC12	622,08 Mbps
	OC48	2,4 Gbps
	OC192	9,6 Gbps
	OC256	13,1 Gbps
	OC768	40 Gbps

© Cengage Learning 2014

Em um laptop, uma típica placa Ethernet e o equipamento de rede a ela associado executam uma velocidade de 100 Mbps. A capacidade que esse equipamento tem de maximizar a velocidade potencial é proporcional à largura de banda disponível na LAN global. Muitas vezes, um ataque DoS é considerado um evento externo; no entanto, é importante ter em mente que os próprios administradores da rede acabam contribuindo para o ataque ao deixarem de desempenhar certas tarefas essenciais. Este capítulo cobrirá tanto os ataques DoS maliciosos quanto os resultantes da má gestão de recursos.

Tipos de ataques DoS

Ataques DoS podem vir de várias formas, entre elas:

- Ataques evitáveis e não evitáveis
- Ataques baseados em software por inundação.
- Ataques isolados ou distribuídos.

DoS evitável

Ataque DoS evitável ocorre quando o sistema, seja em nível de rede ou de aplicação, é projetado pelo administrador para executar vários serviços sem que se levem em conta suas limitações. Como exemplo, considere-se um administrador que projeta um sistema baseado em VoIP (voz sobre IP) com 120 telefones, estimando que o telefone será usado em média por 20% do tempo. Medir a capacidade com base em um padrão de uso estimado é uma prática comum na área de telecomunicações. Nesse caso, o administrador admite que a capacidade do sistema seja suficiente para acomodar somente um em cada cinco usuários a cada momento. Isso funciona bem tanto na teoria quanto na prática, até que, digamos, o presidente da empresa convoque toda a equipe de marketing para uma audioconferência no fim do mês. Se 30% dos funcionários da empresa estiverem no departamento de marketing e todos eles tentarem ligar para a central da conferência ao mesmo tempo, o sistema vai falhar: as chamadas serão derrubadas e vão chover ordens de serviço de manutenção. A perda de recursos disponíveis resultante se deve a um tipo de DoS.

DoS não evitável

Ataque DoS não evitável é aquele que o administrador do sistema não pode prever e para o qual, portanto, não está preparado. Por exemplo, o administrador do sistema de determinada organização recebe um aviso de que uma das impressoras não está funcionando naquele dia. Quando ele se conecta ao servidor de impressão, descobre uma grande quantidade de trabalhos na fila, todos enviados por um usuário que saiu de férias há cinco dias. Os trabalhos não podem ser impressos por estarem mal formatados. Eles consomem todo o espaço disponível em disco, negando acesso a outros usuários. Nesse caso, é bem possível que tenha havido um ataque ao servidor de impressão, resultando em uma negação de serviço relacionada a esse dispositivo em particular. Embora controles baseados em permissão, ou mesmo outras formas de prevenção, pudessem ter evitado o problema, esse tipo de ataque é tão improvável que não chega a valer a pena despender recursos para evitá-lo.

Ataques por inundação

Processos em execução, seja em computadores ou em dispositivos de rede, demandam largura de banda e espaço de memória e em disco. Eles também precisam de estruturas de dados e tempo de CPU para funcionar. A maioria dos dispositivos é limitada em projeto a uma capacidade máxima de processamento de pacotes. **Ataques por inundação** consomem os recursos limitados de um computador ou de uma rede ao tentarem transmitir um grande número de pacotes o mais rapidamente possível. Isso sobrecarrega a rede, negando recursos a usuários legítimos.

Ataques por inundação ocorrem das seguintes maneiras:

- Elevado número de solicitações de conexão é enviado.
- Grande quantidade de largura de banda é consumida.
- Usam-se os recursos das vítimas contra elas mesmas.
- Empregam-se os recursos de outros contra as vítimas.

Envio de solicitações de conexão

Nesse tipo de ataque DoS, o alvo recebe elevado número de solicitações de conexão. Quando se trata de fato de um ataque, e não apenas de uma placa de rede com defeito, o agressor pode estar usando um endereço IP falso da rede para enviar os pedidos. No entanto, seja a operação maliciosa ou involuntária, o resultado é o mesmo. Processar um número excessivo de pedidos de conexão demanda o uso de todos os recursos do servidor, criando uma condição DoS e impossibilitando que a vítima processe solicitações de usuários legítimos. Por exemplo, considere-se uma organização com um serviço de Telnet ativo em um roteador que permite um máximo de cinco conexões simultâneas. Se um hacker abrir cinco conexões com esse servidor, ninguém mais será capaz de se conectar ao roteador pela Telnet.

Esse tipo de ataque é mostrado na Figura 11.1.

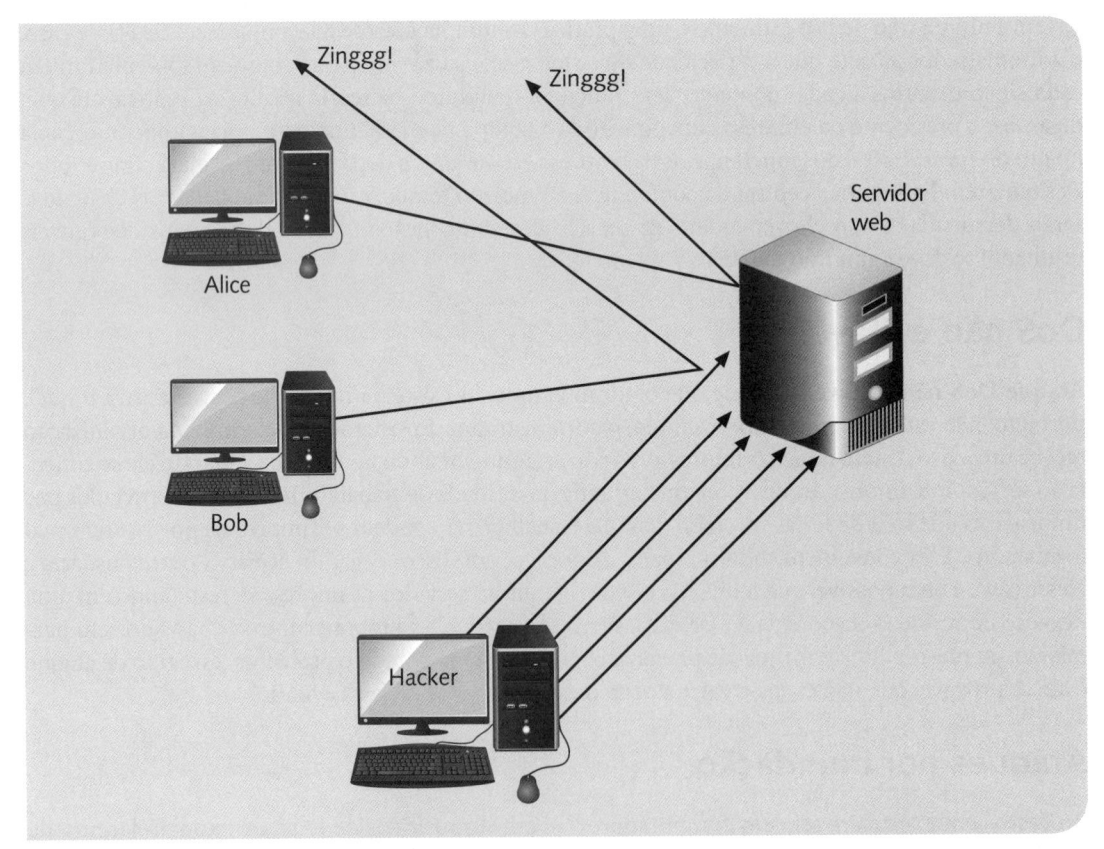

Figura 11.1 Ataque de solicitação de conexão.
© Cengage Learning 2014

Consumo da largura de banda

Nesse tipo de ataque DoS, o agressor consome toda a largura de banda disponível em uma rede, enviando um grande número de pacotes – por exemplo, inundando um switch com vinte vezes mais tráfego do que ele é capaz de processar. Com toda a largura de banda disponível em uso, pacotes legítimos não podem ser processados, resultando em uma negação de serviço.

Uso dos recursos das vítimas contra elas mesmas

Um hacker pode utilizar recursos de suas vítimas contra elas. Um exemplo seria usar pacotes falsificados do Protocolo Datagrama do Usuário (UDP) para conectar o serviço de eco de um computador com o de outra máquina.

Quando um hacker transmite uma requisição de eco de um endereço IP falsificado, a resposta para esse pacote é automaticamente enviada ao computador cujo endereço IP está sendo usado.

Da mesma forma, um hacker pode enviar não apenas um, mas vários pacotes de eco com um endereço IP falsificado, como mostrado na Figura 11.2. Nesse caso, os pacotes consomem toda a largura de banda disponível, afetando a conectividade de todos os computadores ligados à rede. Assim, o hacker cria um ataque DoS contra um segmento da rede usando um integrante confiável dessa própria rede.

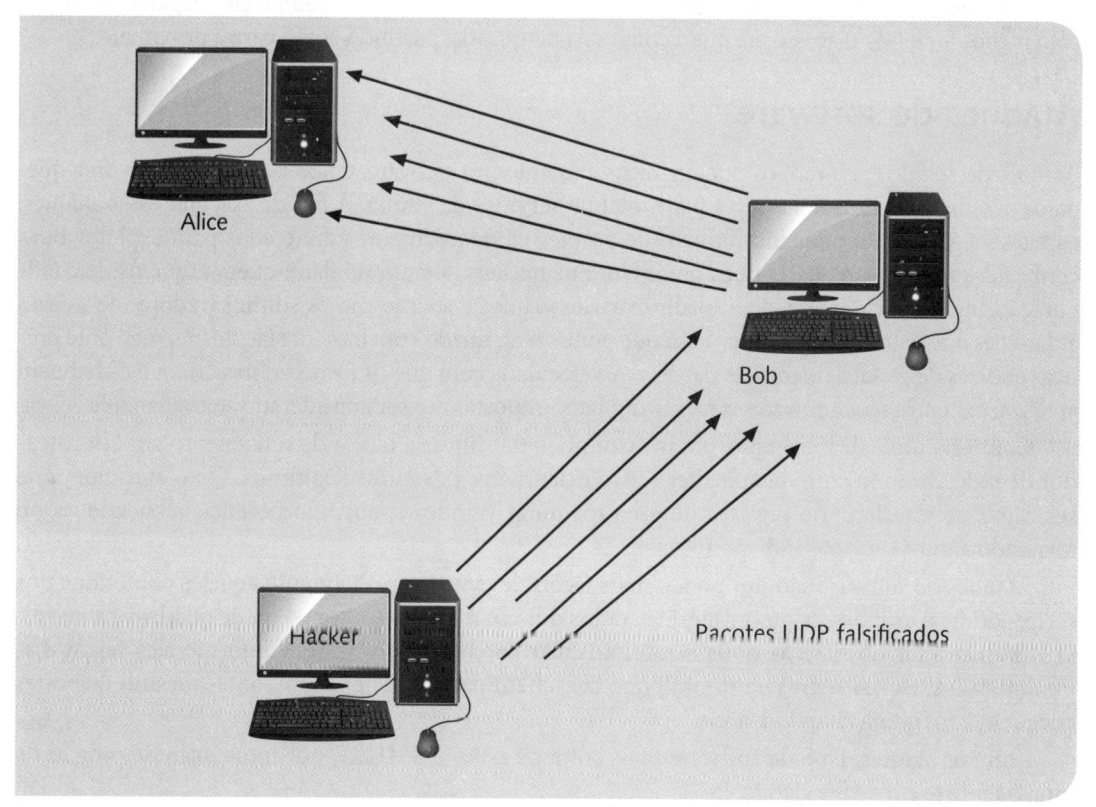

▶ **Figura 11.2** Ataque por requisição de eco.
© Cengage Learning 2014

Utilização dos recursos de outros contra a vítima

Hackers às vezes tentam consumir recursos dos sistemas-alvo de seus ataques, como a memória ou o disco rígido. Em muitos sistemas, um número limitado de estruturas de dados está disponível para armazenar informações dos processos. Um hacker pode ser capaz de consumir essas estruturas simplesmente escrevendo um programa ou um script que se autorreplique.

A tabela de processos do UNIX, por exemplo, permite apenas um número finito de entradas. Se um hacker cria entradas extras na tabela de processos, um usuário legítimo não será capaz de dar entrada a quaisquer outros processos válidos. Além disso, quanto maior o número de entradas na tabela, mais lenta a velocidade de processamento da CPU.

Hackers também procuram consumir espaço em disco, enviando, por exemplo, uma quantidade excessiva de mensagens de e-mail (o que gera erros e exige que o sistema reserve recursos para registrá--los), ou colocando arquivos em áreas anônimas de FTP e outras formas de compartilhamento em rede.

É importante ressaltar que qualquer operação de um sistema que envolva gravar dados no disco rígido pode ser usada como um meio de executar um ataque DoS.

Muitas aplicações de autenticação de usuário e sites têm políticas que impõem o bloqueio da conta após certo número de tentativas malsucedidas de login (geralmente, de três a cinco). Um hacker pode ser capaz de manipular essa política para impedir que usuários legítimos autentiquem-se com sucesso. Em algumas situações, até mesmo contas privilegiadas, como root ou administrador, podem ter o acesso negado. É prática comum nas organizações usar um padrão de nomenclatura ou algum tipo de convenção ao serem criadas as contas de usuário. Compreender essas convenções pode ser muito útil ao hacker, que passa a ser capaz de analisar cada conta, adivinhando suas senhas até chegar à correta ou pelo menos tentando o acesso até que a conta seja bloqueada, partindo então para a próxima.

Ataques de software

Ataques desse tipo exploram os pontos fracos existentes no software, tendo como resultado uma queda de desempenho ou até mesmo a pane total no servidor da vítima. A fim de executar esses ataques, os hackers geram um pequeno número de pacotes cuidadosamente adulterados para explorar bugs conhecidos de software. Esses bugs permitem que hackers alterem ou danifiquem arquivos de configuração, interferência que pode impedir usuários válidos e até mesmo os administradores de usar as aplicações normalmente. Esse tipo de ataque pode ser atenuado com bastante facilidade, mediante práticas eficazes de gerenciamento de patches. A velocidade com que os fornecedores criam e distribuem atualizações entre seus softwares deve ser um fator importante a ser considerado ao avaliar aplicações.

Como exemplo desse ataque, um invasor pode modificar a tabela de roteamento em um roteador de rede, fazendo com que pacotes sejam orientados a destinos ilegítimos. Ou o atacante pode ser capaz de interferir no registro de uma máquina Windows, abrindo potenciais backdoors ou tornando alguns serviços indisponíveis.

Ataques de software são um pouco mais fáceis de evitar, especialmente aqueles cometidos por script-kiddies, usando scripts antigos, baixados dos chamados sites warez ou de quadros de avisos. O administrador do sistema pode sempre instalar patches de software, conforme eles sejam disponibilizados, e criar regras de firewall que derrubem pacotes defeituosos, antes mesmo que estes cheguem à máquina alvo do ataque.

Entre os ataques DoS de software mais comuns estão o SMURF, por inundação de ping, o de ping da morte e o de Serviço DNS.

Ataque SMURF

Esse tipo de ataque explora um dispositivo que, mal configurado, permite acesso ao endereço de broadcast da rede. Com o endereço de broadcast, o agressor é capaz de enviar um grande número de IPs para esse dispositivo. Os ataques SMURF serão descritos mais detalhadamente em seguida, ainda neste capítulo.

Inundação de ping

Esse ataque ocorre quando um invasor envia um grande número de pacotes ICMP (ping) para um host. Há várias ferramentas disponíveis para gerar e transmitir pacotes ping, incluindo FPING e HPING. O ataque segue enquanto o atacante tiver largura de banda suficiente para enviar os pacotes acima da capacidade da vítima de processá-los. Embora aspectos de escalabilidade possam entrar em jogo, geralmente os procedimentos normais de gestão de risco não bastam para evitar inundações de ping, o que torna a prevenção a esses ataques cara demais.

Ping da morte

Na evolução dos DoS, o ataque de **ping da morte** foi um dos primeiros a usar o utilitário Ping para obter acesso a um sistema. Esse utilitário determina se uma máquina específica localizada em determinado endereço IP está on-line.

Após localizar um alvo em potencial, o hacker envia um pacote a esse computador. O tamanho do pacote a ser enviado a uma máquina por meio do utilitário Ping é limitado a 64 KB. O hacker altera o tamanho do pacote, enviando um maior. Uma vez que o alvo recebe um pacote de mais de 64 KB, o sistema pode travar ou reiniciar, por estouro de buffer no computador-alvo.

Sistemas operacionais mais antigos eram vulneráveis a ataques de ping da morte; no entanto, utilitários Ping mais legítimos não permitem que você envie um ping de mais de 64 KB. O controle de tamanho tornou o ping da morte relativamente inofensivo para os sistemas operacionais de hoje. Ainda existem riscos relacionados a esse tipo de ataque, no entanto. Por exemplo, pode-se usar o APSEND quando se deseja enviar um pacote com tamanho acima do limite. A Figura 11.3 mostra uma tentativa de enviar um ping excedente a partir de um terminal Linux, usando o comando `Ping`.

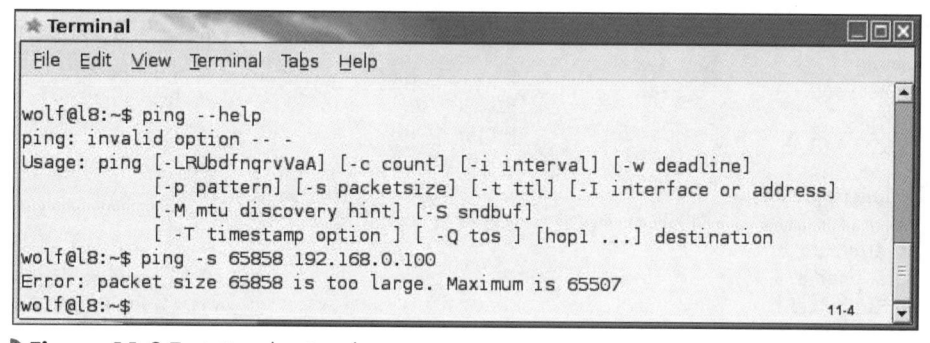

```
Terminal
File Edit View Terminal Tabs Help
wolf@l8:~$ ping --help
ping: invalid option -- -
Usage: ping [-LRUbdfnqrvVaA] [-c count] [-i interval] [-w deadline]
            [-p pattern] [-s packetsize] [-t ttl] [-I interface or address]
            [-M mtu discovery hint] [-S sndbuf]
            [ -T timestamp option ] [ -Q tos ] [hop1 ...] destination
wolf@l8:~$ ping -s 65858 192.168.0.100
Error: packet size 65858 is too large. Maximum is 65507
wolf@l8:~$
```

▶ **Figura 11.3** Tentativa de ping da morte.
Fonte: Linux

É comum que administradores de rede bloqueiem pings no firewall, como uma forma de atenuar esse tipo de ataque. Qualquer porta da rede que esteja em modo de escuta é um alvo em potencial para um pacote excedente, que poderia causar um estouro no kernel do sistema. Isso trabalha pela fragmentação dos pacotes em trânsito da origem até o destino. Se um computador, um roteador, um switch, uma impressora ou outro equipamento não possui o patch adequado para evitar o estouro no kernel, torna-se um possível alvo desse tipo de ataque.

Ataque de serviço DNS

O Serviço de Nomes de Domínio (DNS) é um banco de dados que mapeia nomes de domínio, associando-os a endereços IP. Computadores conectados à internet utilizam o DNS para resolver URLs. Sempre que os usuários precisam resolver um nome de domínio, enviam um pedido ao servidor DNS, que lhes devolve a URL requisitada. Ataques desse tipo incluem falsificação de DNS e a exploração de vulnerabilidades associadas a erros de configuração do comprimento do registro.

Falsificação de DNS

Esse ataque envolve obter acesso ao banco de dados de roteamento DNS de um dispositivo de rede, redirecionando, em seguida, a relação entre o nome DNS e o endereço IP. O resultado é o desvio do usuário a um host falso. Como um exemplo de falsificação de DNS, considere-se uma organização que pretenda lançar um novo produto, após extensa pesquisa de mercado. Esse produto é anunciado, e seus detalhes são publicados no site da empresa. Agora, qualquer usuário pode visualizar o produto e comprá-lo, fazendo um pedido on-line. No entanto, um invasor teve acesso ao banco de dados DNS da página web da organização e substituiu o endereço IP correto pelo de um host sob seu controle. Os usuários que entram com o nome de domínio dessa página podem nem mesmo estar cientes de que estão sendo redirecionados a um site falso. Nesse caso, a empresa só consegue descobrir o problema quando alguém suficientemente familiarizado com o site não é capaz de acessá-lo, sendo, em vez disso, direcionado a um site diferente. A Figura 11-4 mostra como um hacker falsifica uma entrada DNS.

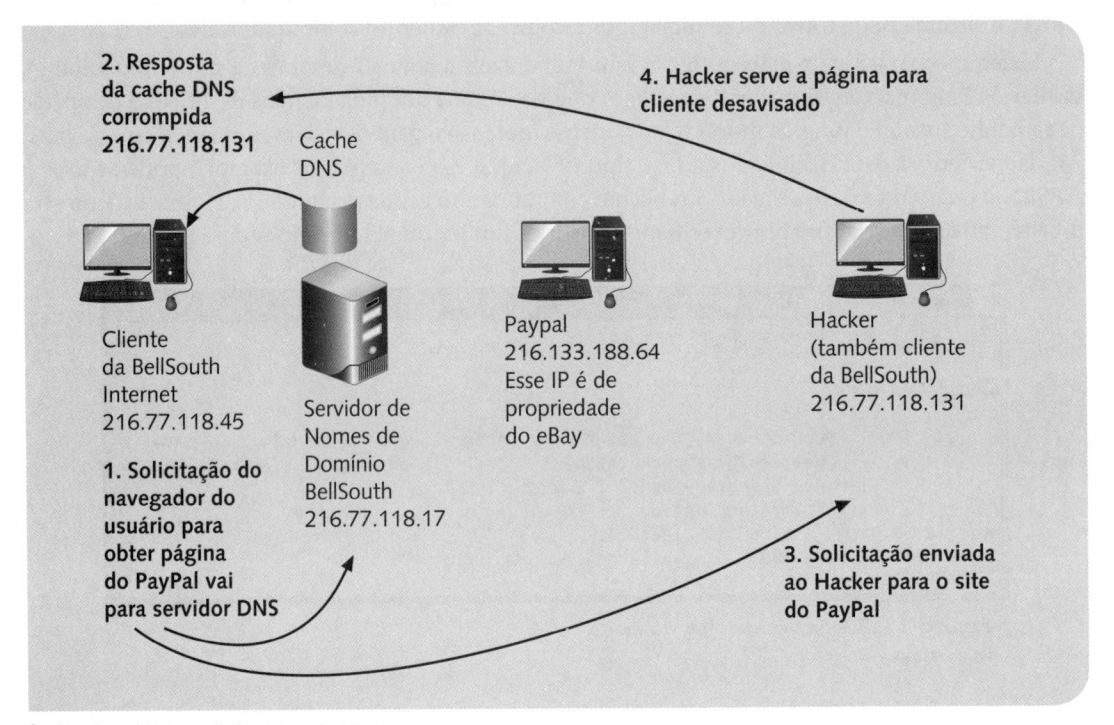

Figura 11.4 Falsificação de DNS.
© Cengage Learning 2014

Nesse cenário, um hacker teve acesso ao servidor web, enviando informações falsas. Assim, usuários ou clientes podem ser redirecionados para sites que não sejam os destinos pretendidos. Vale lembrar que não se trata de phishing, que ocorre quando um e-mail falsificado é enviado a um usuário, solicitando que ele acesse um site falso e faça login numa suposta página de seu banco ou algo do gênero. No phishing, o serviço DNS funciona perfeitamente.

Um ataque de Serviço DNS pode fazer que clientes passem informações de sua conta a hackers, que as usarão em seguida em esquemas de roubo de identidade ou de uso indevido de cartões de crédito ou débito.

Vulnerabilidades de DNS

O DNS é um dos serviços que inicialmente formaram a espinha dorsal da internet e das redes em geral. Esses primeiros protocolos de rede foram criados em uma época mais ingênua, quando acadêmicos e funcionários do governo não se preocupavam com aquela nova tecnologia sendo usada para fins mais maliciosos. O resultado é uma boa gama de vulnerabilidades, contribuindo para um interminável jogo de gato e rato que ocorre todos os dias: conforme novas fragilidades são descobertas e exploradas, atenuações e patches correspondentes vão sendo desenvolvidos. Essas vulnerabilidades incluem várias formas de estouro de buffer. Um dos exemplos mais recentes de vulnerabilidade do DNS, dando abertura a um ataque DoS, envolve a inserção de um comprimento zero do registro DNS rdata. Esse aspecto, se explorado, pode ser capaz de derrubar o sistema.

Ataques isolados

Um **ataque isolado** provém de uma única fonte, sendo facilmente combatido pelo bloqueio do tráfego dessa fonte até que o administrador de domínio consiga corrigir o problema. E, mesmo que o problema não possa ser resolvido, o usuário, ainda assim, pode bloquear o tráfego desse site indefinidamente. A maneira mais comum de barrar esse tipo de ataque é usando o firewall, que se coloca como uma proteção entre a rede confiável e a internet pública.

Ataques distribuídos

Ataques distribuídos provêm de várias fontes simultâneas. Essa estratégia é muito mais difícil de ser bloqueada com ACLs ou regras de firewall. **Ataques distribuídos de negação de serviço (DDoS)** dependem da habilidade do hacker em comprometer informações de um grande número de sistemas.

Profissionais de segurança são incapazes de estimar o número exato de sistemas comprometidos na internet; no entanto, conhecedores da área sugerem que há facilmente centenas de milhares deles. Esses hosts comprometidos inicialmente são computadores comuns, de usuários comuns. Os agressores fazem uma varredura na internet em busca de vulnerabilidades que lhes permitam instalar rootkits ou backdoors nos sistemas dos computadores. Esse tipo de software permite a atacantes controlar as máquinas, o que inclui forçar várias delas a atacar determinado host, levando a um ataque DDoS.

A Figura 11.5 mostra um ataque DDoS básico.

Centenas ou milhares de hosts comprometidos podem ser necessários para que um ataque DDoS seja bem-sucedido. Geralmente, esses hosts usam sistemas operacionais Windows, carregados com ferramentas especiais, capazes de atacar outro computador. Tipicamente, o ataque DDoS é um processo totalmente automatizado, envolvendo apenas a execução de um código no host para colocar em andamento um fluxo persistente de pacotes, vindos de todas as direções e apontados para um único destino específico.

Um ataque DDoS ocorre na seguinte sequência de passos:

1. O hacker identifica hosts vulneráveis (em geral, 100 ou mais).
2. Uma vez comprometidos, o hacker obtém acesso a esses hosts.
3. O hacker instala as ferramentas necessárias nos hosts para usá-los no futuro.
4. O hacker usa os hosts comprometidos em seus ataques.

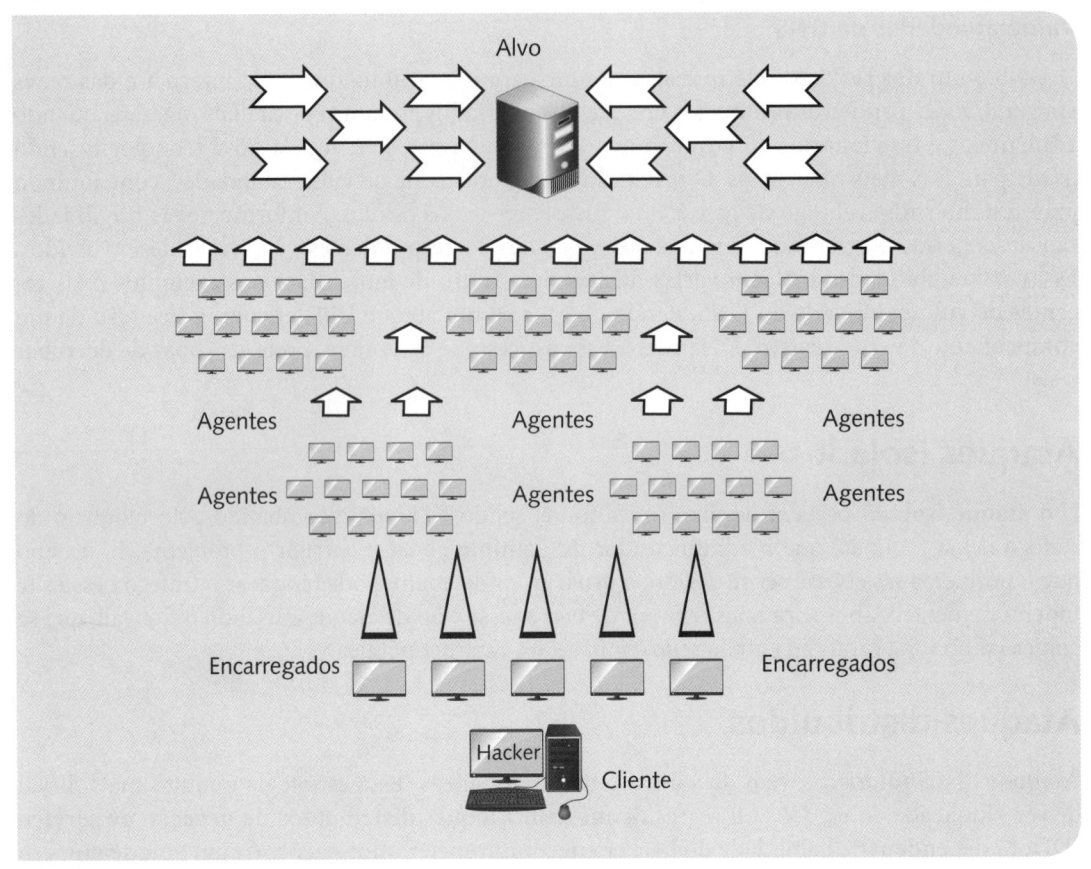

Figura 11.5 Ataque DDoS básico.
© Cengage Learning 2014

Ataques DoS conhecidos

Entre os ataques por inundação conhecidos estão os TCP SYN, SMURF e Fraggle. As seções a seguir abordam esses ataques em um nível geral, em vez de em situações ou sob explorações específicas.

TCP SYN

Em um ataque de TCP SYN, cliente e servidor trocam uma sequência de mensagens depois de estabelecida a conexão TCP. O processo completo usa o conhecido handshake de três passos do TCP. Um ataque de TCP SYN usa as mesmas três solicitações: SYN, SYN/ACK e ACK.

Para estabelecer uma conexão, o cliente deve enviar uma mensagem SYN para o servidor, o qual, em seguida, confirma a mensagem, transmitindo uma mensagem SYN/ACK para aquele cliente. Este então conclui o processo de conexão, respondendo com uma mensagem final de ACK. Depois que cliente e servidor estabelecem uma conexão, eles podem iniciar a troca de informações.

O ataque começa assim que o servidor envia a mensagem SYN/ACK de volta para o cliente e passa a aguardar sua resposta, numa situação conhecida por meia conexão. Quando muitos clientes estabelecem meias conexões com o servidor, a estrutura de dados da memória que sustenta todas essas conexões pendentes aumenta. Como essa estrutura tem um tamanho finito e específico, a estrutura de dados na memória pode acabar estourando, caso haja um número excessivo de meias conexões.

Para realizar um ataque desse tipo em um servidor na rede, um hacker só precisa usar a técnica de falsificação de IP para enviar solicitações SYN em excesso ao servidor. As mensagens virão como se fossem de usuários legítimos, quando, na verdade, são enviadas pelo hacker. A Figura 11.6 ilustra como várias solicitações SYN podem sobrecarregar um servidor.

O hacker transmite as solicitações SYN ao servidor em um ritmo mais rápido do que o dispositivo é capaz de encerrar conexões que estejam entrando. Assim, a memória e o processador são mantidos ocupados, enquanto o servidor aguarda, pacientemente, a chegada dos pacotes ACK do cliente. Como resultado, o dispositivo é incapaz de aceitar quaisquer novas conexões ou de responder às solicitações do usuário final. Isso pode travar os processos em andamento ou até mesmo derrubar o hardware servidor, exigindo uma reinicialização.

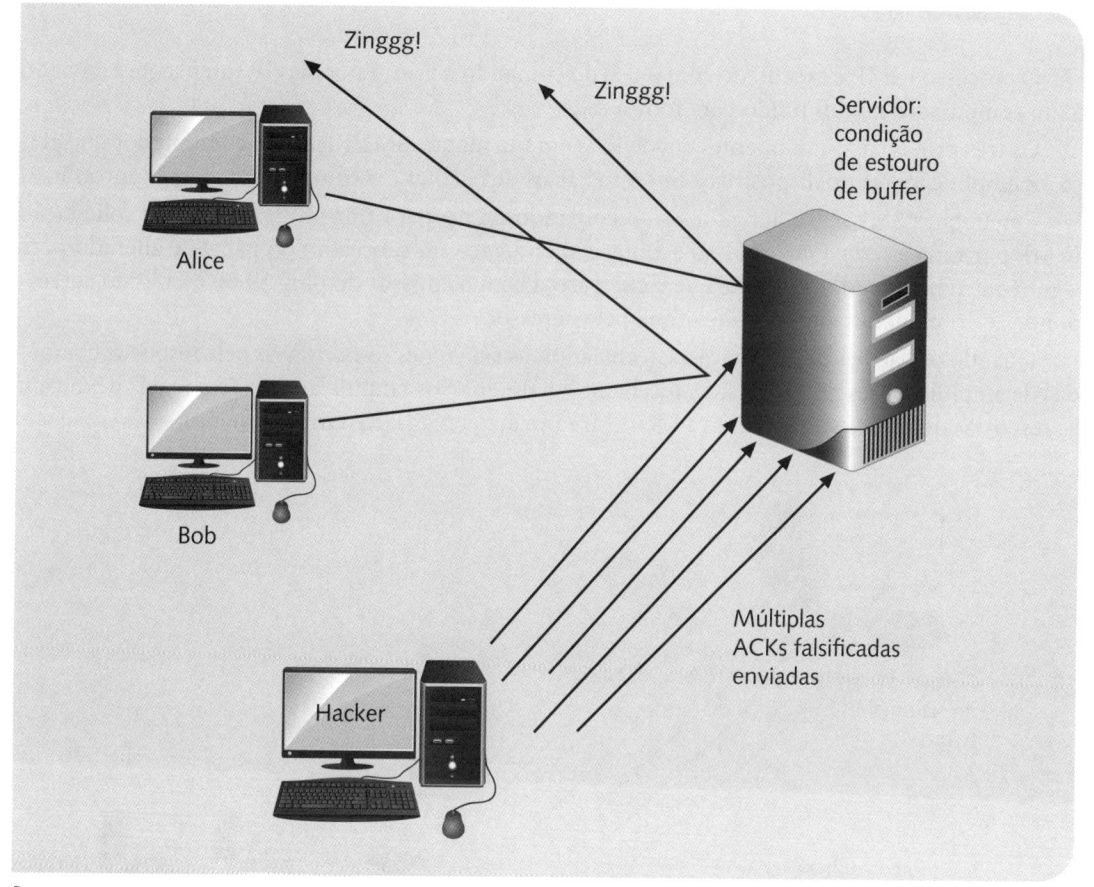

Figura 11.6 Ataque TCP SYN.
© Cengage Learning 2014

SMURF

Para entender como funciona um ataque SMURF, é preciso conhecer o Protocolo de Controle de Mensagens de Internet (ICMP). Usado para tratar erros e trocar mensagens de controle em uma rede, o ICMP também pode verificar se um computador da rede está respondendo. Para isso, um pacote de solicitação de eco ICMP é enviado ao computador. Se ele estiver vivo e for capaz de responder, retornará uma resposta de eco ICMP. A Figura 11.7 ilustra a implementação do ICMP.

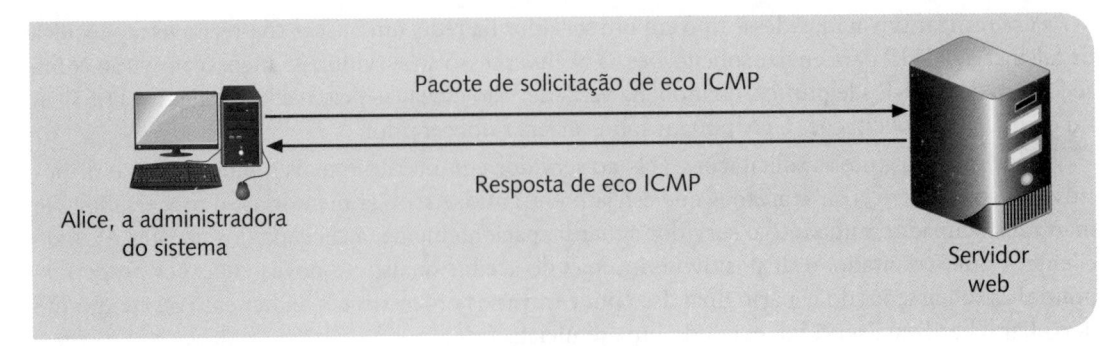

Figura 11.7 Eco ICMP.
© Cengage Learning 2014

O processo ICMP é executado com o uso do comando `ping`. Em redes IP, um pacote é enviado a um computador ou difundido para toda a rede.

Os três principais componentes envolvidos em um ataque SMURF são: o computador que ataca, os amplificadores ou dispositivos intermediários de pacotes e o computador alvo da agressão.

Em ataques SMURF, o agressor usa o comando `ping` para transmitir pacotes de solicitação ICMP por toda a rede. Quando isso acontece, o endereço no cabeçalho do pacote é alterado para algum outro nó da rede, de forma que ele se pareça com o emissor do ping. O nó escolhido corresponde ao computador eleito como vítima pelo agressor.

Quando os pacotes de solicitação são enviados, as sub-redes responsáveis pela resposta, chamadas de amplificadores de pacotes, os recebem. Finalmente, os amplificadores de pacotes devolvem as respostas de eco ICMP. A Figura 11.8 mostra um ataque SMURF em andamento.

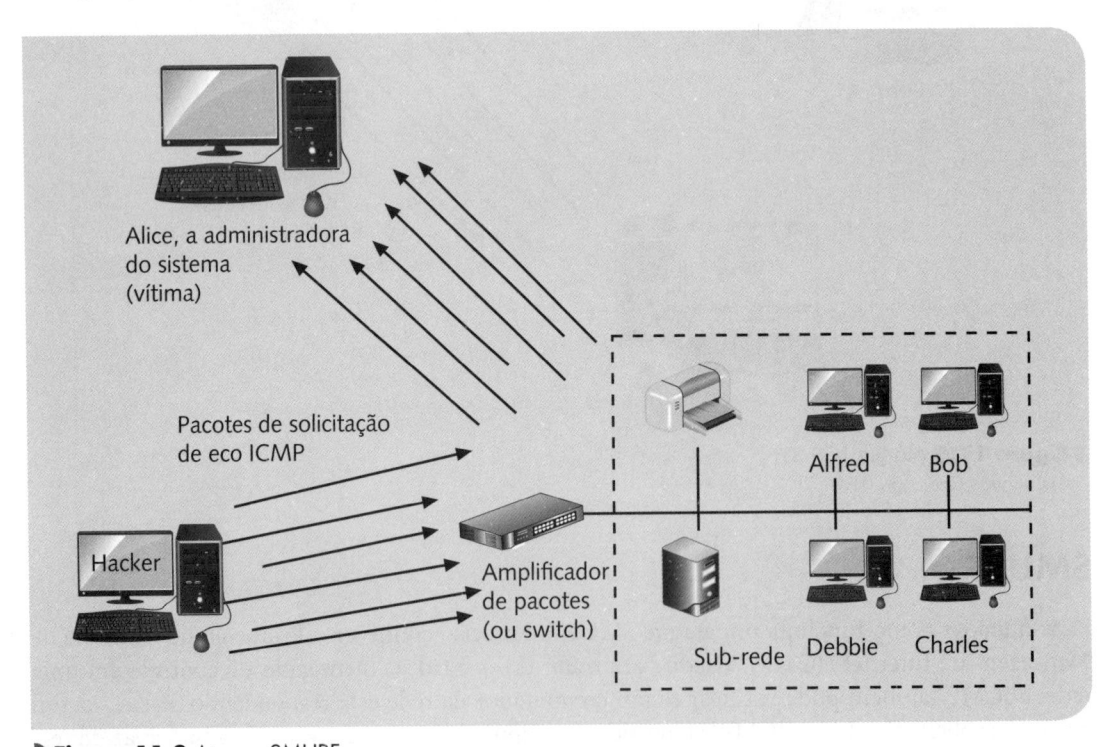

Figura 11.8 Ataque SMURF.
© Cengage Learning 2014

O computador do invasor, no entanto, não recebe as respostas de eco ICMP enviadas pelos amplificadores de pacotes e pelos computadores da rede porque o atacante usou um endereço falso. A resposta vai para o computador da vítima escolhida, que é a origem aparente dos pings. Essa máquina recebe vários pacotes de resposta de eco ICMP, vindos de todos os computadores e de sub-redes, o que entope o tráfego de rede e torna o computador da vítima inacessível.

Foram desenvolvidas ferramentas automatizadas a fim de habilitar agressores a enviar simultaneamente ataques a vários intermediários. Todos esses intermediários direcionam suas respostas à mesma vítima. Os atacantes também desenvolveram ferramentas que identificam roteadores de rede incapazes de filtrar o tráfego de transmissão, bem como redes que recebam respostas de vários hosts.

Fraggle

Ataques Fraggle são como ataques DoS SMURF, mas, em vez de usar pacotes ICMP, eles usam pacotes UDP. Nesse tipo de ataque, o agressor usa um endereço IP falso para transmitir centenas de pacotes UDP aos computadores da rede. Então, os dispositivos intermediários respondem ao computador da vítima com o envio de centenas de pacotes de eco UDP. O melhor resultado possível para o hacker é uma queda do sistema; no mínimo, o ataque vai produzir excesso de tráfego de rede.

Ataques DDoS conhecidos

Ataques DDoS têm como alvo as próprias ferramentas e estratégias utilizadas para acioná-los. Ferramentas de DDoS usam tecnologia distribuída para gerar uma grande rede de hosts, que, por sua vez, podem atacar milhares de computadores com a inundação de pacotes. Algumas das ferramentas usadas para ataques DDoS são Trinoo, Stacheldraht e botnets.

Trinoo

É uma ferramenta distribuída usada para inicializar ataques DoS por inundação UDP coordenados de várias fontes. Uma rede Trinoo é composta de um pequeno número de servidores e de uma grande quantidade de clientes. Assim, seus dois componentes são os chamados servidor Trinoo e clientes Trinoo.

Em um ataque DoS via rede Trinoo, o computador controlado por um invasor é conectado a um computador-mestre Trinoo. Então, a máquina do agressor instrui o computador-mestre a iniciar ataques contra um ou mais endereços IP. Em seguida, o computador-mestre comunica-se com seus clientes, dando-lhes instruções para atacar esses endereços em determinado período de tempo.

Stacheldraht

Também utilizada para lançar ataques DDoS por inundação coordenados de múltiplas fontes, a Stacheldraht é muito semelhante à Trinoo, consistindo em um programa-mestre, conhecido como handler, e vários agentes.

Os handlers são gerenciados por meio de clientes criptografados. Um invasor é potencialmente capaz de lidar com vários handlers ao mesmo tempo, expandindo assim o número de sistemas atingidos em um ataque, seja ele acionado contra um alvo específico ou um conjunto de alvos.

Essa ferramenta pode tanto detectar quanto facilitar a criação de endereços falsos. Além disso, contém componentes da Trinoo, de uma versão mais antiga conhecida como TFN, e criptografia.

Uma rede Stacheldraht pode gerar várias formas de ataques DDoS, incluindo:

- Ataques por inundação UDP.
- Ataques por inundação TCP SYN.
- Ataques SMURF.
- Ataques por inundação ICMP.

Uma diferença entre o Trinoo e o Stacheldraht é que o primeiro usa o UDP como protocolo subjacente, criando a condição para o DDoS, enquanto o segundo usa TCP e ICMP.

Botnets

Bot é um programa que se instala em um computador de forma clandestina, podendo ser controlado por um invasor. **Botnet** é uma rede desses computadores "robôs ou zumbis" que aproveita seu poder coletivo para fazer estragos consideráveis ou simplesmente incomodar a vítima com o envio de grandes quantidades de lixo eletrônico. Quando os botnets não estão sendo usados para outros fins, seus proprietários (às vezes conhecidos como botmasters) ganham dinheiro alugando suas redes para o envio de spams.

Prevenção e atenuação de ataques DoS e DDoS

A prevenção de ataques DoS e DDoS é crucial para todos os sistemas. Esses tipos de ataques usam métodos que simulam o tráfego normal de rede para derrubar sistemas. Administradores de rede podem usar filtros de pacotes nos roteadores IP para fornecer controle de acesso básico. No entanto, isso muitas vezes reduz o desempenho do roteador a um nível inaceitável. Assim, é preciso equilíbrio entre os danos potenciais de um ataque DoS ou DDoS e o custo atrelado ao equipamento necessário para reduzir esse dano.

Métodos de prevenção

Firewalls tradicionais podem barrar endereços IP específicos usando a Tradução de Endereços de Rede (NAT). Essa técnica previne ataques DoS recusando o tráfego de rede de portas TCP específicas, limitando o tráfego proveniente de endereços específicos e escaneando a rede em busca de aplicações indesejáveis ou vírus.

Essas soluções foram concebidas para impedir ataques aos sistemas das LANs e sub-redes, e não para um ambiente web: a instalação de firewalls adicionais em uma rede não é uma solução efetiva para um alto tráfego em um ambiente desse tipo.

Selecionar switches adequados pode garantir uma segurança abrangente ao site ou ao sistema servidor, sem que isso comprometa sua escalabilidade ou seu desempenho, eliminando assim os ataques DoS sem impacto no switch da web em si. A seleção adequada do switch fornece segurança em nível de site nas seguintes formas:

- *Prevenção de ataque DoS* – Valida todo o fluxo de sessão no momento da configuração do fluxo inicial, erradicando todos os ataques DoS baseados em conexão. Também elimina outras conexões maliciosas ou anormais. Isso é feito sem qualquer impacto sobre o desempenho do switch.
- *Segurança de firewall* – Fornece serviços de firewall, incluindo listas de controle de acesso (ACLs). Essas listas bloqueiam solicitações de conteúdo específicas pelo uso de um endereço IP, uma porta TCP, uma URL ou um tipo de arquivo.

- *NAT* – Esconde de forma adequada os endereços IP de todos os dispositivos, incluindo servidores web e caches posicionados atrás do switch da web. Isso reduz a probabilidade de um ataque que faça uso de endereços IP explícitos diretamente contra os servidores.
- *Balanceamento de carga* – Oferece segurança aos sistemas servidores ao fornecer o balanceamento de carga do firewall. Quando a segurança de firewall torna-se necessária no caminho da internet, ou quando redes ou sistemas servidores de missão crítica precisam ser protegidos, selecionar o switch certo pode detectar e evitar gargalos. Esses switches também têm o papel de abolir determinados pontos de falhas, distribuindo o tráfego entre vários firewalls de carga balanceada.

O switch certo abandonará frames sob as seguintes condições:

- O comprimento é curto.
- O frame está quebrado e fragmentado.
- O endereço IP de origem é similar ao endereço IP de destino.
- O endereço de origem não é um endereço unicast.
- O endereço IP de origem é um endereço de loopback.
- O endereço IP de destino é um endereço de loopback.
- O endereço de destino não é um endereço multicast ou unicast válido.

Outras medidas preventivas que podem ser tomadas contra ataques DoS incluem:

- Invasores frequentemente usam falsificação de endereço fonte para executar ataques DoS. Uma forma de atenuação eficaz desse problema é a inclusão de roteadores com função de filtros ou mesmo de filtros de entrada na maior quantidade possível de roteadores já existentes na rede. Esses filtros podem restringir os IPs dos pacotes de entrada, evitando assim pacotes que venham de endereços falsos.
- Invasores geralmente atacam computadores fracos e vulneráveis. Para dificultar e impedir ataques, os computadores devem ser constantemente atualizados com patches de segurança relevantes. Quanto mais máquinas há na rede de uma organização, mais importante se torna a automatização do gerenciamento de patches.
- Sistemas de detecção de intrusão (IDSs) em redes que contenham servidores web devem ser capazes de identificar ataques Trinoo ou Stacheldraht, com base nas comunicações entre seus computadores cliente e mestre. Para isso, a rede deve ser permanentemente monitorada a fim de que as assinaturas das ferramentas de ataque distribuído sejam identificadas.
- Serviços desnecessários devem ser desabilitados, reduzindo assim as chances de invasores encontrarem uma via por meio da qual possam comprometer o sistema.
- É possível utilizar técnicas de endurecimento, incluindo ajustes de configuração que habilitem cotas nos sistemas operacionais. Como o espaço em disco disponível em uma rede é limitado, todos os usuários legítimos terão acesso apenas ao espaço alocado a eles. Nessa situação, o hacker não será capaz de usar todo o espaço disponível em disco. Outra tática é colocar os diretórios /home ou o Documents and Settings em uma partição separada – ou até em um disco rígido separado – do sistema operacional e das aplicações.

É importante sempre estabelecer critérios de avaliação das atividades. Isso ajuda no monitoramento das atividades de disco, do uso de CPU e do tráfego de rede. Se determinado critério for atingido, então alguma atividade não autorizada estará acontecendo.

Em especial, as seguintes medidas podem ser tomadas para evitar ataques DoS:

- Filtrar todo o espaço de endereçamento RFC1918, usando listas de controle de acesso (ACLs).
- Aplicar filtro de entrada e saída, usando ACLs.
- Limitar as taxas de pacotes ICMP, se eles forem configuráveis.
- Configurar a limitação de taxas para pacotes SYN.

Atenuação de ataques DoS e DDoS

Deve ser usada uma ferramenta como o Tripwire para que alterações nas informações de configuração ou em outros arquivos sejam detectadas. O problema em tentar atenuar ataques DoS é que estes são facilmente confundidos com um pequeno aumento na atividade da rede. Quando um administrador percebe que há um ataque em andamento contra um computador, um sistema operacional ou uma aplicação, é possível bloquear pacotes que estejam sendo enviados a partir do IP de origem para a vítima. Em vez de reverter manualmente um ataque em andamento, pode ser mais eficaz instalar patches com frequência nas máquinas e nas aplicações, além de manter-se atualizado sobre novos relatórios de ataques e sistemas DoS e DDoS. Uma atenuação adicional é executar um sistema IDS que alerte quando a rede estiver enfrentando tráfego ou atividades incomuns.

Resumo do capítulo

- Dá-se o nome de ataque DoS a qualquer evento de rede que restringe ou nega o uso válido de um recurso. Os principais alvos de ataques DoS são os servidores web e os de aplicação e os links de comunicação.
- Ataques DoS são causados pela vulnerabilidade da arquitetura da rede, por alguma particularidade igualmente vulnerável do sistema, por defeitos e bugs no sistema operacional ou em software e por uma brecha na segurança do sistema.
- Há três agrupamentos principais de ataques DoS: ataques evitáveis e inevitáveis; ataques por inundação e de software; e ataques isolados e distribuídos.
- Entre os ataques DoS conhecidos estão os TCP SYN, SMURF e Fraggle.
- Ferramentas de ataque DoS conhecidas incluem Trinoo, Stacheldraht e botnets. Os ataques DDoS exigem ferramentas avançadas para organizar agentes distribuídos que, por sua vez, atacam a máquina da vítima.
- Métodos de prevenção de ataques DoS incluem: usar switches web apropriados, implementar roteadores com função de filtros ou filtros de entrada, atualizar constantemente os computadores com patches de segurança mais recentes e relevantes, monitorar a rede para identificar ferramentas de ataque, desabilitar serviços de sistema desnecessários e habilitar cotas no sistema operacional.
- Métodos de prevenção de ataques DDoS incluem: filtrar todo o espaço de endereçamento RFC1918, usando listas de controle de acesso (ACLs); aplicar filtragem de entrada e saída, usando ACLs; limitar as taxas de pacotes ICMP, se eles forem configuráveis; e configurar a limitação de taxas para pacotes SYN.
- Tentar atenuar um ataque dos tipos DoS e DDoS pode causar mais danos do que o ataque em si.

Questões de revisão

1. O que é um ataque DoS e em que ele difere de um ataque DDoS?
2. Se sua rede está passando por um ataque SMURF, qual a melhor ação responsiva a tomar?
3. Qual o melhor plano para evitar ataques DDoS?
4. Que tipos de ataques poderiam ser classificados como DoS por inundação?
5. Que tipos de ataques poderiam ser classificados como DoS de software?
6. Que tipos de ataques poderiam ser classificados como DoS isolados?
7. Que tipos de ataques poderiam ser classificados como DoS distribuídos?
8. Que tipos de ataques poderiam ser classificados como DoS evitáveis?
9. Que tipos de ataques poderiam ser classificados como DoS inevitáveis?
10. Como um ataque TCP SYN cria meias conexões?
11. Que protocolo fica comprometido para que se crie um ataque SMURF?
12. Que protocolo fica comprometido para que se crie um ataque Fraggle?
13. Uma placa Ethernet em mau funcionamento pode provocar uma condição de DoS?
14. Um firewall mal configurado pode causar uma condição de DoS?
15. Um colega pode causar uma condição DoS acidentalmente?
16. Não é possível criar ataques DoS a partir de uma conexão de internet discada. Verdadeiro ou falso?
17. Alguns ataques DoS são provocados por erros involuntários. Verdadeiro ou falso?
18. Trinoo é uma ferramenta para detectar ataques DDoS. Verdadeiro ou falso?
19. O ping da morte é incontrolável se o alvo estiver usando um sistema operacional moderno. Verdadeiro ou falso?
20. As máquinas com maior probabilidade de serem usadas para um ataque de ping da morte já foram aposentadas ou atualizadas para sistemas operacionais que não permitam que um pacote excedente ilegal seja enviado. Verdadeiro ou falso?

Projetos práticos

Os projetos deste capítulo têm por objetivo mostrar a você como os ataques DoS têm início e como saber se está sendo atacado. Os exercícios devem ser confinados a um ambiente de testes controlado.

PROJETO 11.1

Antes de continuar com esse projeto e com o seguinte, inicie o Wireshark como root e salve a captura para um arquivo chamado Capítulo_11_Projetos. Se seu computador não tiver o hping instalado, comece baixando essa ferramenta em *www.hping.org/download.html*.

Você vai usar os resultados para ver o que acontece quando um nó de sua rede estiver sendo alvo de um ataque DoS.

1. Nesse projeto você vai lançar um ataque por inundação a uma máquina-alvo (conforme especificações de seu instrutor), usando ping padrão em portas aleatórias.

Fique atento para perceber e tomar nota do momento em que o ataque tem início, certificando-se de executá-lo por apenas dez segundos. Digite o seguinte comando (substituindo o endereço IP correto se necessário): **/usr/sbin/hping -1 --flood 192.168.0.1**.

2. Pressione **Ctrl+c** para terminar a tortura. Quantos pacotes o hping relata terem sido transmitidos e recebidos?

PROJETO 11.2

1. O ataque a seguir corresponde a um ataque meio aberto, utilizando o padrão de handshake de três passos TCP/IP. Lembre-se de que o handshake de três passos exige que a máquina emissora envie um pacote SYN. A receptora envia a ela um pacote SYN/ACK de volta, recebendo, então, um ACK final como resposta. Um ataque meio aberto envia um SYN mas não o ACK final de volta. A vítima fica esperando por alguns segundos e finalmente libera a conexão. Se um grande número de pacotes SYN é enviado, a vítima pode ter seu buffer repleto de meias conexões, o que impede a passagem de tráfego legítimo. Depois de observar o horário inicial, digite o seguinte comando (substituindo o endereço IP pelo fornecido por seu instrutor) como usuário root: **/usr/sbin/hping -SV 192.168.0.103**.

2. Pressione Ctrl+c para interromper o ataque. Que estatísticas o hping relata depois de dez segundos de ataque à máquina-alvo da agressão?

PROJETO 11.3

1. Encerre a captura de Wireshark e cheque o arquivo Capítulo_11_Projetos para ver os resultados. Observe o início e o fim de cada ataque em seu log no Wireshark.

CAPÍTULO 12

Estouro de buffer

Depois de ler este capítulo e realizar os exercícios, você será capaz de:

- Definir o conceito de estouro de buffer.
- Listar os tipos de estouro de buffer.
- Identificar as técnicas utilizadas para causar estouros de buffer.
- Reconhecer as ferramentas que podem ser usadas para detectar condições de estouro de buffer.
- Explicar os métodos utilizados para que se evitem estouros de buffer.

Estouro de buffer (*buffer overflow*, em inglês) é uma condição comum quando se trabalha com linguagens de programação estruturadas, como a linguagem C, usada por desenvolvedores para escrever programas utilitários e sistemas operacionais, incluindo UNIX e Windows. Na época em que muitos dos fundamentos de rede contemporâneos foram criados, as linguagens de programação estruturadas estavam bastante em voga. Como resultado, suas vulnerabilidades acabaram deixando um profundo impacto no mundo da computação. A linguagem C, por exemplo, usa arquivos tais como as bibliotecas de funções padrão.

Um **estouro de buffer** ocorre quando a entrada aplicada a determinada variável é maior que o espaço de memória alocado a ela. Historicamente, programadores não costumam verificar seus programas a fim de saber o que acontece depois que os dados estouram o espaço a eles destinado, espalhando-se por outras áreas da memória. Técnicas de estouro de buffer são muito usadas por crackers para explorar os efeitos interessantes dessas condições. Depois que dados errôneos, anômalos ou mesmo mal-intencionados aparecem no espaço de memória correspondente a outra função, é difícil prever o resultado. Geralmente, no entanto, é algo surpreendente.

Quando um invasor envia uma entrada superior ao intervalo de valores esperado, o sistema-alvo trava ou executa o código malicioso enviado. Para esse tipo de ataque fazer sentido, deve-se compreender a sequência típica, ou padrão, de eventos ao executar uma aplicação escrita em uma linguagem de programação estruturada. Essa sequência será abordada neste capítulo.

Trabalhar com segurança de desenvolvimento de software exige um profundo conhecimento nas áreas de tecnologia da informação, de segurança da informação e de programação. Atualmente, faltam peritos completos nesse ramo, e a amplitude dos conhecimentos e da experiência necessários para isso torna uma mudança em tal cenário bastante improvável. Esse é um dos motivos por que estouros de buffer ainda são uma vulnerabilidade muito comum, ainda que a programação adequada *devesse* incluir práticas de codificação seguras para impedi-los.

Fornecedores de malware, assim como outras indústrias de segurança relacionadas a códigos, descobriram que há padrões a serem compreendidos, de forma que explorem os estouros de buffer e determinados erros de codificação que contribuem para essas condições. Isso permitiu o crescimento de uma indústria de ferramentas de revisão de código, automatizando a tediosa tarefa de revisão. Ferramentas assim podem analisar uma grande quantidade de código em um curto espaço de tempo, permitindo a desenvolvedores encontrar e atenuar erros antes que o software seja entregue ao cliente.

Ocasionalmente, um estouro de buffer pode resultar em uma negação de serviço; no entanto, o objetivo primário do invasor costuma ser o acesso ao sistema-alvo, aproveitando uma oportunidade criada por esse estouro. Sistemas são projetados para desligar da forma mais elegante possível, mas os programadores nem sempre têm tempo para explorar o que acontece se o desligamento não for tão elegante assim. Uma das características mais comuns aos hackers de todos os tipos é o desejo de investigar, testar e examinar esses eventos "atípicos" a fim de ver como eles podem ser controlados e explorados de acordo com seus objetivos.

A próxima seção vai apresentar alguns exemplos de como os erros de código podem criar as condições que permitem a um invasor usá-los para criar um estouro de buffer.

Execução padrão de um programa em C

No exemplo a seguir, um usuário solicita a execução de um arquivo. A função primária referenciada é a função principal, `main()`. Esse é o ponto de entrada para o código detalhado na aplicação, cujo efeito esperado pelo programador seria, após a execução completa, recuperar os resultados necessários. A função main é responsável por acionar outras funções. Em seguida, cada uma delas executa uma tarefa específica, podendo, por sua vez, acionar mais outras funções. Funções usam variáveis para armazenar valores em um espaço de memória, seja de forma temporária ou permanente. Uma vez que uma função tenha completado as tarefas atribuídas a ela, o controle do programa volta para a função chamadora, ou invocadora. No programa a seguir, os comentários que descrevem as funções começam com uma barra e um asterisco (`/*`). Aqui, portanto, mostramos um pequeno e simples programa escrito em linguagem C:

```c
#include <stdio.h> /* esta é uma biblioteca padrão, que
                      permite ao programa acessar o teclado,
                      o mouse e o monitor de vídeo. */
void print_converted(int pounds) /* Converte a medida de
                      peso americana em unidades imperiais e
                      internacionais. Imprime os resultados. */
{
    int stones = pounds / 14;
    int uklbs = pounds % 14;
    float kilos_per_pound = 0.45359;
    float kilos =pounds * kilos_per_pound;
    printf(" %3d %2d %2d %6.2f\n", pounds, stones, uklbs,
        kilos);
```

```
}
main()
{
        int us_pounds [10]; /* Esta linha cria uma variável
                de tipo inteiro chamada us_pounds. O [10]
                não se refere a quantos pounds o usuário
                poderia usar como entrada, mas ao número
                de caracteres no conteúdo. Aqui está onde
                um estouro de buffer poderia facilmente
                ocorrer nesse programa. */
        printf("Digite um peso inteiro em pounds : ");
        scanf("%d", &us_pounds);
        printf(" US lbs UK st. lbs INT Kg\n");
        print_converted(us_pounds);
}
```

O bug do estouro de buffer tem como alvo variáveis usadas pelas funções para armazenar valores. Variáveis definidas em uma função aceitam valores de usuários ou os geram automaticamente, sendo então associadas a um espaço de memória fixo que armazena os dados a elas especificados. Por exemplo, no programa descrito anteriormente, o código define que a variável us_pounds terá um espaço de memória de dez caracteres associado a ela:

```
int us_pounds [10];
```

O objetivo de um estouro de buffer é extrapolar o espaço de memória reservado à variável. Isso pode permitir que o invasor cause uma pane no sistema ou invada o computador. Sempre que um valor superior à memória associada à variável for especificado, os caracteres extras serão armazenados em um espaço de memória não atribuído a ela, como mostrado na Figura 12.1.

A função na qual uma variável sobrecarregada é introduzida não é capaz, em geral, de determinar sua função chamadora. Assim, a operação não pode ser finalizada. Eis aqui um exemplo de falha do programador que não cumpriu sua tarefa de prever possíveis problemas no processo de certa função, dentro de uma aplicação a ser executada. Se a função corrente é incapaz de determinar sua chamadora, isso pode resultar inclusive na quebra do programa. Hackers podem manipular o valor de uma variável de forma que o excedente seja armazenado em um espaço de memória específico, executando algum código malicioso. O programador que não instrui explicitamente a função sobre como lidar com essa situação delega o controle de seu sistema a outros.

Quando uma função é concluída, o programa procura por um ponteiro, chamado "ponteiro de instrução", que lhe indica de onde a execução deve prosseguir. Já que as grandes aplicações são transparentes às funções que delas fazem parte, ponteiros como esses são necessários para manter a programação nos trilhos, indicando endereços de memória específicos. Quando os hackers estouram buffers, podem fazer que os endereços de memória indicados pelos ponteiros se tornem parte da própria string (código de computador) usada para o estouro. Esse novo código pode, por exemplo, chamar uma função que acione um download não autorizado de código para a memória do servidor, à escolha do hacker.

Sistemas estão sujeitos a uma série de condições desfavoráveis, tanto de forma intencional quanto acidental. Estouros de buffer não são sempre intencionais. Os programas podem conter erros de codificação ou não ser capazes de alocar memória suficiente para certos tipos de variáveis. Além disso, funções necessárias para verificar o comprimento dos dados fornecidos às variáveis podem não existir.

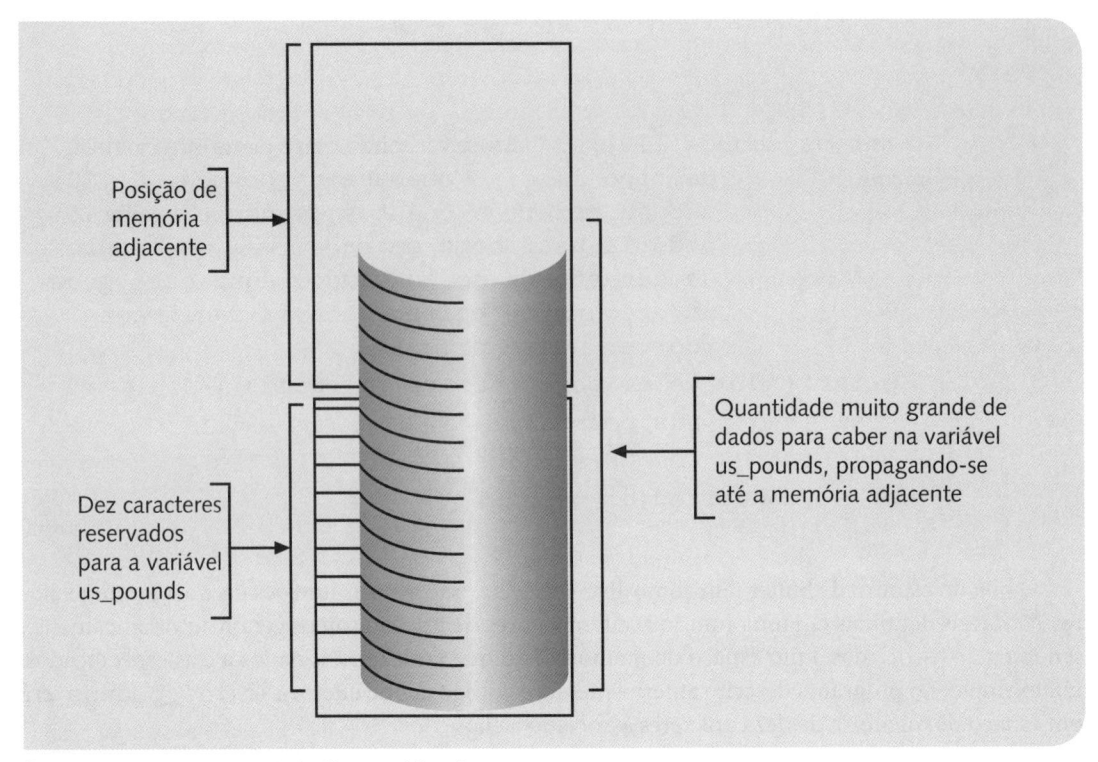

Figura 12.1 Estouro de buffer simplificado.
© Cengage Learning 2014

Um estouro de buffer pode ser evitado de duas maneiras: verificando-se que nenhum valor maior que a memória associada à variável seja inserido; ou antecipando-se uma potencial interrupção em uma função, definindo-se a sequência de passos que o programa deve seguir no caso de um estouro de buffer. Todas as soluções exigem que as aplicações sejam reescritas a fim de corrigir esses erros. Normalmente, não há muito o que os usuários finais dessas aplicações possam fazer a esse respeito, a não ser continuar impondo correções a seus sistemas operacionais, atualizando seus softwares assim que as respectivas atualizações se tornam disponíveis. Em certos casos, como no de equipamentos médicos e sistemas de uso militar, o processo de desenvolvimento foi modificado para que esses tipos de erros de programação sejam cada vez mais frequentemente detectados. Se uma aplicação é responsável por manter seu coração batendo, mesmo que ela esteja ativa em 99,999% do tempo, isso não é bom o suficiente: não há qualquer janela aceitável de tempo de inatividade. O advento de novas e aprimoradas ferramentas, automatizando ainda mais a busca por erros de código, e nossa crescente dependência da tecnologia para executar infraestrutura crítica podem chamar a atenção para a necessidade de que tudo seja feito da maneira certa já na primeira vez.

Tipos de estouro de buffer

Estouros de buffer podem ser divididos em duas categorias: estouros de pilha e de heap.

Estouro de pilha

Uma **pilha da aplicação** é uma área do programa onde se aloca a memória necessária para executar operações internas ou armazenar os valores calculados nessas operações. Programas usam determinada área de pilha da memória para armazenar os valores de suas variáveis. Esses valores são criados como parte das instruções do programa ou especificados pelo usuário, como parte de uso da aplicação. Uma pilha destina-se a garantir que haja espaço suficiente para todas as funções operarem, o que normalmente acontece se a memória estiver sendo limpa da forma correta.

Ocasionalmente, há situações em que a memória disponível definida na pilha é insuficiente para completar as funções que estão sendo chamadas, o que gera uma condição de erro. Essa situação de desequilíbrio pode causar os mais diversos resultados, dependendo de algumas características do programa. Por exemplo, uma função pode se tornar incapaz de verificar a quantidade de memória disponível; nesse caso, a função continua bombeando novos valores para a pilha, o que gera sobreposição. Assim, a pilha torna-se corrompida, e isso pode levar a uma falha da aplicação ou, às vezes, do próprio computador.

Uma pilha destina-se também a armazenar informações sobre a função que inicialmente chamou a que apresentou falhas, ou seja, o ponteiro de instrução. Se a aplicação não tem meios específicos para o tratamento de erros, o resultado pode ser a perda de dados de ponteiros. Hackers se aproveitam dessa vulnerabilidade escrevendo um código que, ocorrendo um estouro de buffer, redirecione um ponteiro para outra função à sua escolha, e não para a esperada em uma situação de execução normal do programa. Depois que as funções param de procurar por ponteiros de instruções, eles passam a apontar para o código armazenado pelo hacker na memória. Esse código pode prejudicar o funcionamento do computador ou até transferir informações do computador-alvo para o do hacker.

O código a seguir fornece um exemplo de um estouro de buffer por meio de uma pilha:

```
#include <stdio.h>
#include <string.h>
    void check (char *x)
    {
        char var1[20];
            strcpy (var1, x);
            printf (var1);
    }

        int main (int argc, char* argv[])
        {
check ("Though tired, the explorer set off yet again on a quest for a sandwich");
            return 0;
        }
```

Nesse código, a memória alocada é de somente 20 caracteres. No entanto, a frase direcionada para ocupar esse espaço é claramente maior do que isso. A função main chama a check, passando o valor: "Though tired, the explorer set off yet again on a quest for a sandwich". A função check recebe esse valor e o copia para a variável var1, que tem uma memória equivalente a 20 caracteres associada a ela. Dessa forma, um estouro de buffer é inevitável, já que uma sequência de 70 caracteres é copiada para a variável (var1). Se esse código é executado, aparece uma mensagem de "Segmentation fault", sinal de que ocorreu um estouro de buffer. Claramente, os 50 caracteres extras são empurrados para a área de memória adjacente àquela antes reservada para var1.

Nesse exemplo, a aplicação falhará, criando uma condição de negação de serviço. No entanto, aqui isso não levaria a formas adicionais de ataque que poderiam explorar esse estado de falha.

Como outro exemplo, imagine que o mesmo programa contenha um texto adicional, como: "...`explorer set off yet again on a quest for a sandwich`", seguido de "`%user%\evil.exe%windir%\calculator.exe`". Isso aumentaria a quantidade de danos causados por esse erro de codificação, passando de uma simples negação de serviço à execução de evil.exe toda vez que o programa de cálculos fosse acionado. Essa não é uma aplicação comum de ser acionada; portanto, tornar-se-ia muito difícil descobrir o que aconteceu e quando se deu o ataque.

Processo de exploração de um estouro de pilha

Na grande maioria dos casos, há um período de tempo entre a descoberta da vulnerabilidade de determinada aplicação e o momento em que o desenvolvedor é capaz de criar, testar e distribuir a atualização do sistema, eliminando tal vulnerabilidade. Isso cria oportunidades para ataques, e organizações conhecidas por usarem uma tecnologia específica podem facilmente se tornar um alvo.

Aplicações que não tenham sido devidamente codificadas podem não ser capazes de evitar estouros de buffer, quando certas variáveis nas aplicações não verificam nem garantem que os dados de entrada não ultrapassem, em tamanho, a memória a eles reservada. Não é necessário que um hacker, à procura de vulnerabilidades em uma aplicação, reveja todo o programa para encontrar essas áreas. Ele pode simplesmente verificar algumas funções específicas e determinar a possibilidade de um estouro de buffer. Funções mais suscetíveis a um estouro de buffer incluem as seguintes:

```
strcpy
scanf
fgets
wstrcpy
wstrncat
sprintf
gets
strcat
```

Na primeira etapa de uma exploração de estouro de pilha, um hacker sai à procura de funções nos **binários**, programas compilados que destacam áreas do programa onde os dados são armazenados. Isso ajuda a determinar as funções que devem servir como alvo quando forem atribuídos valores às variáveis.

Na segunda etapa, o hacker verifica o tamanho da memória atribuída à variável-alvo. Isso é realizado na marra, inserindo-se cadeias de caracteres ou valores progressivamente maiores até que a aplicação seja interrompida ou que tratadores de erros do programa passem a agir. Essa ação pode ser a exibição de uma caixa de diálogo, indicando a presença de um código na aplicação cuja função é garantir que o tamanho da variável de entrada seja menor ou igual que determinado valor. Isso permite ao hacker definir o comprimento da sequência de entrada, bem como a função-alvo.

Em outras palavras, essa atividade resulta em saber quão grande é o espaço alocado para aquela variável e, possivelmente, conseguir algumas informações sobre a própria localização da memória a ela associada. Esse detalhe pode ser determinado por vários métodos. O hacker pode seguir o procedimento que acabamos de descrever ou obter uma cópia do código-fonte da aplicação, procurando, a partir daí, funções mais suscetíveis. Ferramentas de revisão de código, muito convenientes para desenvolvedores na identificação de potenciais áreas de vulnerabilidade, também são úteis para hackers que queiram deixar a tecnologia fazer parte de seu trabalho. Aplicações de código aberto são mais vulneráveis a essas ferramentas do que as comerciais, menos propensas a distribuir seus códigos-fonte. Aplicações criadas antes da descoberta do bug de estouro de buffer e das respectivas correções subsequentes facilitam possíveis ataques de hacker.

Uma vez que um hacker tenha determinado uma área de potencial vulnerabilidade dentro de uma aplicação, o próximo passo é definir um valor para a variável cujo tamanho seja superior ao da memória a ela associada. Nesse ponto, uma variedade de fatores pode influenciar o processo de estouro de buffer. As medidas tomadas pelo desenvolvedor original para lidar com a introdução de um valor excessivamente grande podem variar, tornando-se essa uma situação desconhecida ao hacker. A ação tomada pelo programa quando ele não é capaz de tratar tais situações também pode variar, o que torna a resposta do sistema imprevisível.

As motivações do hacker influenciam seu comportamento diante da descoberta de uma vulnerabilidade. Os valores passados, por exemplo, não contêm necessariamente um código malicioso. O hacker pode ser apenas um script-kiddie que encontrou um script pré-preparado na internet e está curioso para ver o que acontece quando ele é executado.

No entanto, ainda é possível que um hacker projete valores de modo que, enquanto o buffer está sendo estourado, ele também substitui valores no ponteiro de instrução. O resultado será a execução de uma aplicação imposta pelo hacker, em vez de retornar à função original. Assim, o hacker ganha controle sobre o processador, o que, em seguida, capacita-o a perpetrar atividades mais destrutivas por meio da adição de malware projetado para danificar ou roubar ativos organizacionais. Além de travar o computador ou de acionar um código inesperado, a execução adicional pode permitir ao hacker evitar a passagem de um valor NULL a uma variável. Um NULL é diferente de um valor igual a zero porque zero é, na verdade, um valor válido. NULL significa "sem valor", inclusive sem o valor zero. Valores nulos podem atuar como finalizadores de operações, encerrando a execução de um estouro de pilha.

A última etapa de um estouro de buffer envolve a variável aceitar o valor e, então, transbordar a pilha. A pilha estoura e torna-se corrompida quando um valor maior passa por ela. A aplicação executará em seguida a função armazenada na área de memória foco do ponteiro de instrução. Isso pode ser mudado pelo hacker para realizar tarefas específicas.

Estouro de heap

Um **heap** é semelhante a uma pilha, pois fornece a memória necessária para permitir que as várias funções da aplicação funcionem e completem suas tarefas. Um heap concede um espaço de memória permanente, ao contrário do temporário que é fornecido por uma pilha. Os dados armazenados em um heap podem ser usados em diversas funções e comandos. Um heap é acessado aleatoriamente, por armazenar valores de forma estática. Se determinada variável for armazenada dentro do intervalo de memória 1289/A200, por exemplo, todas as funções serão capazes de encontrar seu valor nesse mesmo endereço. Isso é útil quando os valores de certas variáveis são necessários ao longo de diversas funções. Mesmo que a finalidade principal de um heap seja fornecer memória às funções em execução e a suas variáveis, o tamanho de um heap geralmente cresce à medida que são introduzidos valores de novas variáveis. As duas funções usadas para expandir o heap manualmente são malloc() e brk().

As diferenças entre uma pilha e um heap são apresentadas na Tabela 12.1 a seguir.

> **Tabela 12.1** Diferenças entre pilhas e heaps

Característica	Pilha	Heap
Memória	Alta	Baixa
Uso	Chama funções de armazenamento de variáveis de curto prazo	Armazenamento de dados de longo prazo
Acesso	Acessado com frequência	Acessado de forma aleatória
Expansão	Automaticamente	Automaticamente e usando `malloc()` e `brk()`
Sequência de armazenamento de valor	LIFO	Não aplicável
Crescimento	Cresce de endereços mais altos para mais baixos	Cresce de endereços mais baixos para mais altos

© Cengage Learning 2014

Um estouro de heap indica que o ponteiro de instrução foi corrompido. Ponteiro de instrução é aquele que aponta para a área de memória onde a função a ser executada é armazenada, podendo ser corrompido usando-se um segundo heap ou substituindo-se o código nas classes ou estruturas que estão armazenadas no heap original. A prática de alterar o código para corromper o ponteiro é conhecida como **trespassing**.

Mais métodos para causar um estouro de buffer

Os métodos tradicionais para causar um estouro de buffer envolvem o fornecimento de valores de entrada maiores que a memória alocada para determinada variável. Esta seção detalha dois métodos:

- Codificação conjunto-de-caracteres.
- Compressão nybble-to-byte.

Codificação conjunto-de-caracteres

Para contornar o estouro de buffer de pilha, programadores acabam criando aplicações que não permitem que uma variável aceite caracteres extras, medida que dificulta o uso do método tradicional de estouro de buffer. Essa verificação feita pelas aplicações de controle pode ser contornada por meio do método de codificação conjunto-de-caracteres, que usa caracteres lidos de forma diferente pelo computador e exigem um espaço maior de memória. Na recepção de valores, a variável primeiro verifica o comprimento da entrada; depois da validação, a entrada é aceita. Quando a aplicação for efetivamente ler esses valores, vai convertê-los em um conjunto de caracteres diferentes, usando mais de um byte por caractere. Bytes adicionais de dados podem fazer o valor da entrada ultrapassar o limite de memória alocada à variável.

Exemplos dessas conversões de caracteres são mostrados na Tabela 12.2.

> **Tabela 12.2** Conversão de caracteres

Símbolo do caractere	Ler como
Símbolo de exclamação invertida	&#161
Símbolo de centavo	&#162
Símbolo de libra	&#163
Cifrão	&#164
Símbolo de parágrafo	&#167
Símbolo de direitos autorais	&#169
Símbolo de graus	&#176
Aspas duplas apontando para a direita	&#187
Letra A maiúscula com acento	&#192

© Cengage Learning 2014

Imagine uma situação em que a sequência de entrada seja de um símbolo de direitos autorais e de um símbolo de parágrafo. Ela será lida como &#169&#167, ou seja, uma sequência de dez caracteres em vez de dois, conforme especificado pelo usuário. Nesse caso, mesmo que seja feita uma verificação do comprimento da sequência, o valor será aceito pela variável, uma vez que a entrada é especificada pelo usuário como tendo apenas dois caracteres. No entanto, se a memória alocada serve apenas a dois caracteres, essa situação levará a um estouro de buffer.

O código a seguir foi gerado usando-se o conceito de codificação conjunto-de-caracteres para um estouro de pilha:

```c
#include <stdio.h>
#include <string.h>
    void check (char *p)
    {
       char var1[3];
       if (strlen(p) >= 2){ printf( "\nErro: o valor de entrada
          é maior que 2 caracteres. Por favor, entre com
          um valor menor que 3 caracteres. \n\n");
       return;
    }
    strcpy (var1, p);
    printf (var1);
}
int main (int argc, char* argv[])
{
    char str[5];
    int result;
    printf( "Entre o valor:");
    result = scanf( "%s", str);
    check (str);
return 0;
}
```

Nesse exemplo, o código contém uma verificação, solicitando que o usuário especifique um valor. Se ele marcar uma sequência de caracteres que exceda esse comprimento, a seguinte mensagem de erro será gerada:

"Erro: o valor de entrada é maior que 2 caracteres. Por favor, entre com um valor menor que 3 caracteres".

Isso mostra que é realizada uma verificação do comprimento da entrada nesse programa. No entanto, se o usuário especificar o valor como ©§, a verificação será contornada e a variável vai aceitá-lo como válido.

Esse código não irá funcionar porque deve ser compilado e executado na mesma interface. O conceito de codificação conjunto-de-caracteres é aplicável a situações em que o usuário especifica um valor de uma página HTML. Essa codificação torna-se uma vulnerabilidade sempre que um script de back-end lê o código e, depois de expandido o valor, chega-se a um estouro de buffer. A saída do seguinte código HTML é mostrada na Figura 12.2:

```
<HTML>
PERSONAL INFORMATION FORM
<FORM METHOD="GET" ACTION = "http://172.17.68.154/cgi-bin/a.out">
Name: <INPUT TYPE="TEXT" SIZE="20" NAME="T1"><BR>
    <INPUT TYPE="SUBMIT" NAME="B1" VALUE="Submit">
    <INPUT TYPE="RESET" NAME="B2" VALUE="Reset"><BR>
</FORM>
</HTML>
```

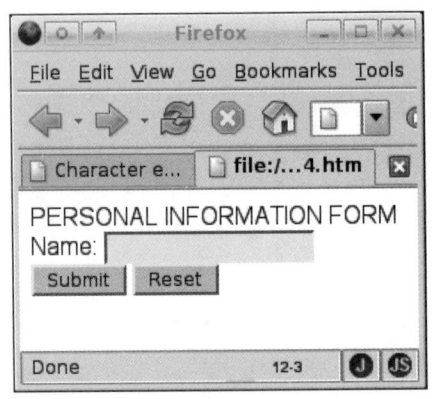

▶ **Figura 12.2** Saída de um formulário em código HTML.
Fonte: Firefox

Nesse exemplo, quando o código HTML é executado, o usuário deve especificar um valor na caixa de texto "Name". O programador deve codificar a página para que a verificação do comprimento da string especificada seja feita, seja no front-end, codificada em HTML, ou no back-end, codificada para o script CGI do servidor, que interpreta o conteúdo dos campos do formulário. Essa página em especial não foi codificada para verificar o comprimento da sequência de caracteres, o que sugere que o método de codificação conjunto-de-caracteres pode funcionar aqui.

A seguir, o código back-end que aceita os valores especificados pelo usuário:

```
#include <iostream>
#include <stdio.h>
#include <string>
#include <signal.h>
void myfunc(int i)
{
cout << "A segmentation fault has occurred";
exit(0);
}
int main()
{
signal (SIGSEGV, myfunc);
cout <<"Content-type:text/html"<<endl<<endl;
char input[20];
strcpy(input, getenv("QUERY_STRING"));
printf("O valor de QUERY_STRING é: %s<BR>", input);
printf("O comprimento do dado armazenado na variável input é:
  %d<BR>", strlen(input));
return 0;
}
```

Nesse exemplo, o código aceita o valor especificado pelo usuário na página HTML para, em seguida, salvá-lo na variável chamada `input`. Essa variável tem um espaço de memória de 20 caracteres associado a ela. Se o usuário entrar com um valor que exija um espaço de memória maior que o suportado pela pilha, a mensagem "A segmentation fault has occurred" será exibida. Se ocorrer um estouro de buffer, a função-chave será codificada de forma que capture o sinal `SIGSEGV` e acionar a função `myfunc`. Essa função, por sua vez, pode ter sido codificada para tomar medidas de precaução no caso de um estouro como esse. No entanto, uma mensagem de falha de segmentação será exibida por esse código. O tamanho da pilha depende do computador, e um estouro de buffer pode não acontecer até ser especificado um valor que o exceda.

Dar o valor "öööööööööööööö" à página HTML codificada e ao script do servidor vai gerar uma mensagem de falha de segmentação, pois a entrada de dados decodificará 58 caracteres.

Um estouro de buffer pode ocorrer quando a verificação do comprimento do valor de entrada for feita na interface do lado do cliente, sendo esse valor aceito pelo script de back-end sem que se executem novas verificações. Então, a interface do cliente aciona apenas uma verificação simples do comprimento da sequência de caracteres. Se um usuário passa o valor ©§, em seguida a verificação é contornada, alcançando-se o script de back-end para a continuação do processamento. Se uma nova verificação não for feita pela aplicação do lado do servidor, os valores &#169&#167 serão lidos e atribuídos a uma variável com espaço de memória para apenas dois caracteres, resultando em um estouro de buffer. Isso pode, portanto, ser evitado por meio de verificações duplas do comprimento do valor de entrada, conforme mostrado anteriormente.

A validação executada no lado do cliente serve para aumentar a velocidade de processamento do servidor. No entanto, esse tipo de validação em HTML é extremamente simples de vencer. Assim, o aumento de velocidade do servidor é algo conquistado a um risco potencialmente elevado, nesse caso. Depois de verificados os valores pela aplicação do lado do cliente, o script deve executar outra checagem do lado do servidor. Uma dupla validação como essa indica aos potenciais hackers que explorações de estouro de buffer não são possíveis no site em questão. Para ver isso em um site, especifique uma string de pesquisa com os caracteres acima mencionados. A barra de endereço mostrará os valores reais desses caracteres, que são os lidos pela aplicação de back-end.

A Figura 12.3 ilustra os valores de entrada codificados na barra de endereços conforme estes são lidos pelo script de back-end. O termo de pesquisa inserido é @&^, sendo lido como .%40%26%5E&.

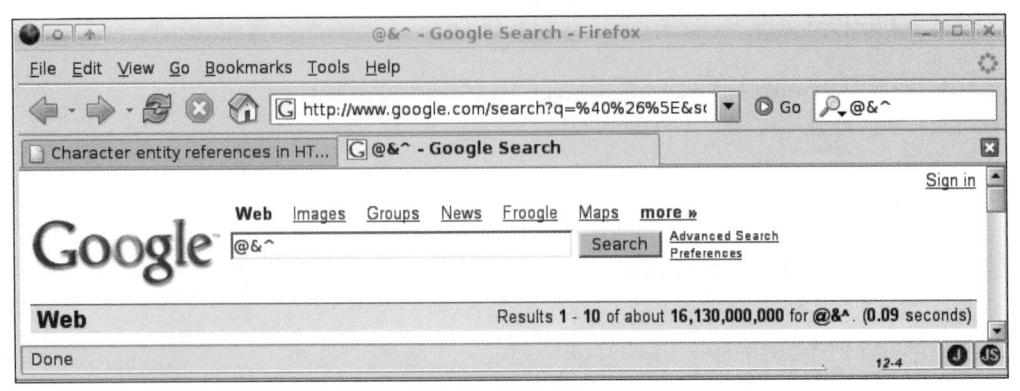

Figura 12.3 Entrada como lida pelo script de back-end.
Fonte: Google

Compressão nybble-to-byte

Esse método envolve a compressão de dados que são passados como valores de entrada para as variáveis da função que podem ser estouradas. Ele é aplicado para usar o buffer de forma mais eficiente, com maior quantidade de dados. Pode ser comparado a zipar arquivos para reduzir o tráfego na rede. No entanto, como um método para causar estouros de buffer, não é focado na redução do tráfego; em vez disso, concentra-se em minimizar o tamanho do código para que os hackers possam dobrar sua quantidade em um buffer.

Estouro de buffer: detecção e prevenção

Depois de demonstrarmos alguns dos potenciais perigos que envolvem explorações de estouro de buffer, agora vamos identificar as práticas de programação e as funções potencialmente mais vulneráveis a estouros de buffer.

Detectando estouros de buffer

Para identificar funções e variáveis que podem levar ao estouro de buffer, o código de programação da aplicação deve incluir uma função cuja finalidade seja detectar sempre que um grande conjunto de dados seja fornecido a uma variável. Isso garante que a aplicação antecipe todos os dados que um usuário poderia inserir na variável em questão.

A função pode, por exemplo, incluir a verificação de comprimento e a exibição de uma mensagem de erro quando os dados excederem o tamanho esperado. Essa aplicação é codificada de uma maneira segura, e um hacker pode não ser capaz de travar o computador com o método de estouro de buffer. Programadores conscientes em relação à segurança de seus códigos vão sempre escolher o texto exibido em suas mensagens de erro de forma que suprimam detalhes que possam ajudar um hacker a encontrar outra rota para seu objetivo.

Verificar as funções vulneráveis a um estouro de buffer pode ser um processo tedioso e meticuloso, já que todas as variáveis que aceitam valores devem ser conferidas.

Além disso, devem ser tomadas precauções para garantir que os dados de entrada sejam fornecidos no formato correto. Como exemplo, considere a possibilidade de um bug de estouro de buffer na página de um shopping que contém campos para a interação com o cliente. Os formatos de dados podem incluir nome, data, código do item a pesquisar, nome e detalhes dele. Vale lembrar que dados ocultos devem ser considerados parte da entrada dada para a sequência de caracteres. Ao especificar os dados de entrada, é importante verificar se algum caractere NULL (campos vazios) está sendo passado. Isso é relevante porque pode gerar descontinuidade no estouro de buffer, tornando difícil detectar um bug desse tipo.

Prevenindo estouros de buffer

Depois de detectada uma exploração de estouro de buffer, há uma grande possibilidade de a mesma situação que cria a vulnerabilidade existir em outras aplicações do mesmo fornecedor. Dessa forma, deve ser realizada uma verificação de todas essas aplicações. Os erros mais comuns a resultar em um estouro de buffer são normalmente resolvidos pela inclusão de uma verificação de validade da entrada em funções vulneráveis. Lembrando: essa verificação se refere ao código implementado para que se examine o comprimento dos dados na sequência de caracteres fornecida como entrada. O usuário deve-se certificar de que valores excedentes não sejam aceitos. Além disso, ele deve ser solicitado a fornecer valores corretos para a variável. Esse é um método sábio para impedir que um bug de estouro de buffer trave seu computador.

Pode-se também prevenir um estouro de buffer fornecendo um terminador NULL depois de aceitos os valores. Esse método impede o estouro mesmo que tenham sido especificados valores adicionais.

Estouros de buffer podem ser devastadores para uma organização. São erros críticos, que os desenvolvedores precisam entender. Ao criarem novas aplicações, desenvolvedores devem sempre verificar a precisão da sequência de entrada de acordo com vários critérios, incluindo seu comprimento e seu formato.

Organizações desenvolvedoras de softwares fariam bem em adotar políticas e diretrizes de programação específicas. As melhores e mais rigorosas práticas de codificação segura podem não ser totalmente infalíveis, mas com certeza agregam muito valor à esfera de codificação, incluindo uma proteção maior contra explorações de estouro de buffer.

Há maneiras de evitar o uso de chamadas de função mais vulneráveis a estouros de buffer. A Tabela 12.3 ilustra esses exemplos de chamadas de função inseguras e suas chamadas de função seguras correspondentes.

▶ **Tabela 12.3** Funções alternativas

Chamadas de função inseguras	Chamadas de função seguras
gets( )	fgets( )
strcpy( )	strncpy( )
strcat( )	strncat( )
sprintf( )	snprintf( )

Verificações devem ser feitas para validar os valores de entrada tanto nas novas aplicações quanto nas antigas, criadas antes do bug de o estouro de buffer ser detectado. Os valores de entrada podem ter sido especificados pelo usuário, criados automaticamente pelo computador, transmitidos de uma função para outra após o processamento ou calculados por meio de determinadas operações, como a concatenação e a multiplicação de sequência de caracteres.

Pode-se instalar um software que mantenha uma verificação contínua, em busca de uma condição de estouro de buffer. Esse software deve sempre ser atualizado com todas as correções de segurança disponíveis.

Resumo do capítulo

- Estouro de buffer é uma condição comum a linguagens de programação estruturadas. Ocorre quando a entrada aplicada a uma variável é maior que o espaço de memória destinado a ela. Quando um invasor envia entradas além do alcance esperado do valor, o sistema-alvo do ataque pode entrar em colapso ou executar o código malicioso inserido pelo agressor.
- O bug do estouro de buffer foca variáveis usadas por funções para armazenar valores. Variáveis definidas em uma função aceitam valores dos usuários ou os geram automaticamente. Essas variáveis são associadas a um espaço de memória fixo a fim de armazenar os dados a elas atribuídos.
- As melhores formas de evitar ou manejar com um estouro de buffer estão relacionadas à programação: manter uma verificação que garanta não haver valor especificado maior que a memória associada à variável e definir a sequência de passos a ser seguida pelo programa em caso de estouro de buffer.
- Existem duas categorias principais de estouro de buffer: estouro de pilha e estouro de heap.
- São três os passos principais no processo de estouro de buffer tradicional: o hacker busca por uma chance de estourar o buffer, identifica a memória associada à variável e especifica a ela um valor maior que sua capacidade máxima.
- Dois métodos menos tradicionais usados para causar condições de estouro de buffer são a codificação conjunto-de-caracteres e a compressão nybble-to-byte.
- Para que as funções e as variáveis que podem levar a um estouro de buffer sejam adequadamente identificadas, deve-se checar a reação da aplicação sempre que um grande conjunto de dados de caracteres for fornecido a qualquer variável.
- Se uma exploração de estouro de buffer for detectada, a probabilidade de a mesma vulnerabilidade existir também em outras aplicações do mesmo fornecedor é bastante alta.
- É possível prevenir um estouro de buffer programando funções a fim de que estas executem uma verificação de validade da entrada, fornecendo um terminador NULL depois de aceitos os valores ou usando preferencialmente funções que não sejam tão suscetíveis a condições de estouro de buffer.

Questões de revisão

1. Uma função na linguagem de programação C limita automaticamente entradas maiores que o buffer de memória?
2. Um terminador NULL previne o estouro de buffer?
3. Que tipo de variáveis é armazenado em uma pilha?
4. Para que é usado um heap?
5. Na execução de uma exploração de estouro de buffer, o hacker precisa ter uma relação de confiança com o PC alvo do ataque?
6. Que caractere é decodificado pela sequência ¢?
7. A mensagem de erro "A segmentation fault has occurred" se refere a quê?
8. Como um hacker desmonta a validação do lado do cliente em um formulário da web?
9. UNIX foi escrito em Java e reescrito posteriormente em C, o que causou muitos problemas de estouro de buffer. Verdadeiro ou falso?
10. Bugs normalmente são resolvidos por meio da programação de funções que executem uma verificação de validade da entrada. Verdadeiro ou falso?
11. As variáveis do usuário são armazenadas em pilhas. Verdadeiro ou falso?
12. Variáveis elásticas usadas por mais de uma função são armazenadas em heaps. Verdadeiro ou falso?
13. Pilhas não podem ser automaticamente aumentadas ou diminuídas. Verdadeiro ou falso?
14. Heaps são incrementados automática e manualmente usando os comandos `malloc()` e `brk()`. Verdadeiro ou falso?
15. Você pode deletar heaps e pilhas ao executar a limpeza de disco. Verdadeiro ou falso?
16. A validação executada no lado do cliente diminui a velocidade de processamento do servidor. Verdadeiro ou falso?

As seguintes funções são inseguras e sujeitas a estouros de buffer. Relacione-as à lista de funções seguras abaixo.

a. `strcpy( )`
b. `gets( )`
c. `sprintf( )`
d. `strcat( )`

17. `fgets( )`
18. `strncpy( )`
19. `strncat( )`
20. `snprintf( )`

Projeto prático

Como é a exploração mais famosa na web, o estouro de buffer pode ser a mais difícil de evitar. Por se tratar de uma vulnerabilidade construída no interior de várias linguagens de programação, incluindo a linguagem C, corrigir o problema de forma global é simplesmente impossível. A linguagem C é a base do UNIX, do Linux e do Windows, tendo sido empregada para criar a maioria dos serviços que usamos hoje; assim, só o fato de o estouro de buffer ser uma vulnerabilidade inerente a essa linguagem mostra que ele afeta muitos tipos diferentes de sistemas ao redor do mundo.

PROJETO 12.1

1. Forneça as informações que faltam na Tabela 12.4. Na coluna do meio, explique o propósito de cada uma das funções vulneráveis listadas à esquerda. Na coluna da direita, identifique as alternativas seguras a essas funções vulneráveis. Todas as funções fazem parte da linguagem de programação C.

Tabela 12.4 Exercício de funções vulneráveis

Função vulnerável	Propósito da função	Função segura
strcpy()		
strcat()		
sprintf()		
gets()		

© Cengage Learning 2014

CAPÍTULO 13

Explorações de programação

Depois de ler este capítulo e realizar os exercícios, você será capaz de:

- Descrever a evolução das explorações de programação.
- Reconhecer as vulnerabilidades nas linguagens de programação C e C++.
- Identificar medidas para combater vulnerabilidades nas linguagens de programação C e C++.
- Reconhecer as vulnerabilidades da plataforma .NET.
- Identificar medidas para combater vulnerabilidades na plataforma .NET.
- Reconhecer as vulnerabilidades do HTML5.
- Identificar medidas para combater vulnerabilidades no HTML5.
- Reconhecer as vulnerabilidades de Java e JavaScript.
- Identificar medidas para combater vulnerabilidades em Java e JavaScript.

A indústria de desenvolvimento de software é altamente dinâmica. Em vez de pensar no software como um produto finalizado que, após a compra, será usado durante anos por uma organização ou um indivíduo, é mais produtivo considerar que se trata de algo nunca realmente acabado. Além disso, é provável que esse produto seja substituído por outro antes mesmo de estar completo.

Dentro desse contexto, a questão da segurança, seja no desenvolvimento ou na manutenção de software, deve ser tratada considerando-se sempre as vulnerabilidades associadas ao produto, fonte de interesse para o analista de invasão.

Defeitos nas mais diversas linguagens de programação, ou na forma como estas são usadas para criar aplicações, levam a explorações de programação de software. Algumas falhas de programação são descobertas por acaso, enquanto outras são detectadas por programadores responsáveis por administrar ou executar aplicações. Muitos hackers, tenham eles propósitos éticos ou não, têm se ocupado justamente em procurar vulnerabilidades em softwares a fim de explorá-las.

Também há os cientistas de segurança da informação, os engenheiros e os pesquisadores que procuram essas vulnerabilidades para objetivos acadêmicos ou relacionados a atividades industriais.

Durante os primórdios da internet, a maioria das páginas era criada usando HTML estático. Assim, as explorações de programação eram limitadas aos navegadores do cliente, com o qual os usuários podiam ver conteúdos web baseados em texto. Com a evolução da tecnologia, o conteúdo dinâmico passou a ser usado em uma enorme variedade de formas inovadoras. Cada uma delas trouxe novas vulnerabilidades e novos riscos a scripts incorporados ao código de sites cada vez mais sofisticados, tanto do lado do cliente quanto do servidor. As expectativas dos consumidores pressionam constantemente a tecnologia atual para que esta evolua, garantindo que os sites apresentem seus conteúdos de formas ainda mais atraentes a seus visitantes. Sites mais complexos e sofisticados podem conter milhares de páginas de código do lado do servidor, fornecendo uma interface de e--commerce simples e prática, um sistema de gerenciamento de contas e uma grande variedade de outros tipos de páginas, de todas as categorias.

Alguns sites de álbuns de fotos privadas, por exemplo, contêm conteúdo e tecnologia guiados por dados de servidor que, se fossem codificados de forma personalizada, teriam custado milhares de dólares para ser implementados. Por meio do uso de código-fonte aberto, essa tecnologia está amplamente disponível para personalização, e de graça. O código interativo também é usado por hackers, podendo ser preparado para atacar as vulnerabilidades de um navegador. Tecnologias e linguagens surgem sem parar, e formas de explorações continuam a ser encontradas. Muito tem sido feito para melhorar a segurança em transações, mas fragilidades de linguagens e técnicas de programação continuam a vir à tona.

Neste capítulo, serão apresentadas as formas de explorações de programação para algumas das linguagens mais usadas. A realidade prática é que o desenvolvimento baseado em web, em particular, é altamente dinâmico. Assim, mudanças nesse ambiente são frequentes, exigindo que hackers interessados nessa área prestem muita atenção para se manter informados sobre as tendências mais atuais. Algumas das linguagens de programação mais usadas são: C e C++, .NET, HTML5, JavaScript e Java.

A diferença entre um **script** e uma **linguagem de programação** é que uma aplicação escrita com a segunda deve ser compilada usando-se um software compilador, projetado para formatar o programa ao ambiente em que ele será executado. Um script, por sua vez, é executado da forma como está escrito, sem a necessidade de ser compilado ou reformatado para funcionar em um sistema operacional específico.

Entre as linguagens compiladas, Java é a preferível para o ambiente web porque as aplicações desenvolvidas em Java independem de plataformas. Aplicações C++ precisam de compilação para ser executadas em determinado sistema operacional.

Quando uma aplicação é compilada para um ambiente Microsoft Windows, é dada a ela uma extensão .exe, ajustada de inúmeras maneiras para executar em máquinas em que rode esse sistema operacional. A aplicação compilada dessa forma não poderá ser executada em nenhum outro ambiente. Em alguns casos, inclusive, só será possível executá-la em uma versão específica do Windows.

Java, ao contrário, é um script projetado para a execução em um ambiente virtual chamado Máquina Virtual Java, ou **Ambiente em Tempo de Execução Java (JRE)**. O JRE é compilado de modo que rode nos sistemas operacionais mais comumente usados, sendo instalado na maioria dos computadores conectados à internet. Quando se clica em um link que dispara uma aplicação Java, um arquivo é baixado para a cache da máquina. Esse arquivo é, em seguida, iniciado e executado dentro da Máquina Virtual Java do computador.

Vale notar que "independência de plataforma" é um termo relativo: programas Java não funcionam sem um JRE, o que os torna dependentes da plataforma JRE. Assim, aplicações Java não agem de modo totalmente independente, sendo essa uma das formas de proteção construídas na linguagem. C, C++ e outras linguagens são projetadas para interagir mais diretamente com o sistema operacional e o hardware, tornando-se mais poderosas e perigosas por isso.

C e C++

A linguagem de programação C é uma linguagem compilada. C++ é um desdobramento do C, sendo comum que programadores aprendam C como base para o aprendizado de C++. A linguagem C tem sido usada há décadas, servindo como base para uma série de linguagens mais modernas, incluindo PERL, C#, JavaScript e PHP.

C é uma linguagem de programação estruturada de baixo nível projetada para executar de forma relativamente rápida, o que a torna bastante popular na criação e no desenvolvimento de jogos de computador, do sistema operacional subjacente e de outros programas básicos cuja finalidade seja reduzir o impacto de um programa de comando no tempo de resposta. Uma linguagem de programação de baixo nível é facilmente convertida em **linguagem de máquina**: binários de 1 e 0 bits que rodam na interface entre hardware e software em um computador. Por outro lado, tem-se um grau de abstração maior quando se usa uma linguagem de programação de alto nível que com uma de baixo nível, estando-se mais distante da linguagem de máquina. Em termos práticos, linguagens de baixo nível são tipicamente menos "amigáveis", enquanto as de alto nível são potencialmente mais próximas da linguagem natural, facilitando a um ser humano ler e compreender o que o programa está fazendo. Esses conceitos são maleáveis e, de certa forma, subjetivos. De fato, C até foi considerada uma linguagem de alto nível no momento de sua criação; no entanto, suas muitas ramificações colocam-na hoje em um nível mais baixo, se comparada com linguagens mais recentes.

Já surgiram inúmeras versões da programação C padrão desde seu início, na década de 1970. A versão mais recente é conhecida como C11, um padrão ISO/IEC.

C++ é uma linguagem de programação tanto de baixo quanto de alto nível. Foi construída em C, mas estendida para fornecer mais flexibilidade que a linguagem original. A contrapartida a essa flexibilidade adicional é um aumento dos recursos de processamento necessários. A principal motivação para que se criasse a C++ foi adicionar funcionalidades indisponíveis na linguagem C crua, incluindo classes e outros conceitos de programação orientados a objetos que surgiram desde o início da C. A C++ também tem experimentado uma variedade de revisões de padrão, sendo a mais recente a C++11, também um padrão ISO/IEC.

Vulnerabilidades das linguagens de programação C e C++

Os benefícios da programação em C, incluindo uma pegada mais leve e certa simplicidade, também tornam a linguagem menos segura que a C++. Isso acontece porque a linguagem original tem menos funcionalidades projetadas para impedir e corrigir erros como parte da programação e da compilação, o que coloca mais pressão sobre o programador: este deve vislumbrar áreas de risco sem a ajuda da tecnologia. Como C++ é uma linguagem de programação de alto nível, oferece proteções adicionais, mais aptas a perceber riscos potenciais. Aqui seguem as descrições de algumas das áreas mais vulneráveis das linguagens de programação C e C++:

- *Saturações de buffer* – Em geral, uma saturação de buffer ocorre quando um programador não consegue prever que determinado usuário teria a permissão de inserir em um campo uma sequência de caracteres maior que o espaço reservado a ele. Normalmente, sendo

C uma linguagem de programação de nível mais baixo que C++, seu compilador é menos sofisticado e, portanto, menos apto a identificar uma condição de potencial estouro de buffer. C++ não é imune à condição; no entanto, seu compilador possui lógica adicional, não disponível em C, a fim de fornecer alguns avisos. Esses conceitos foram abordados no Capítulo 12.

- *Falha ao manipular erros* – Programas de computador são projetados para funcionar de acordo com uma rotina previsível, permitindo que o código seja processado passo a passo. Essa falta de flexibilidade significa que, quando a entrada recebida por um programa está fora dos parâmetros esperados, a resposta pode ser imprevisível, criando uma vulnerabilidade a ser potencialmente explorada. Manipulação imprópria de erro pode incluir o fornecimento de uma mensagem de erro revelando informação demais, que pode ser usada por um hacker para tentar explorá-lo. Outra vulnerabilidade é não se antecipar a variedade de maneiras pelas quais um hacker poderia explorar a forma de gestão de determinado erro. Por exemplo, a função `strncpy` de C não gera um valor de erro, apenas um ponteiro para o buffer de destino. Isso pode resultar em uma sobrecarga quando o valor de retorno apontar para o início de um buffer já sobrecarregado, criando uma condição de negação de serviço (DoS).

- *Acesso indevido a arquivos* – Quase todas as linguagens de programação modernas, inclusive as C e C++, têm múltiplas fragilidades na área de acesso de arquivo. A condição conhecida como Tempo de Verificação e Tempo de Uso (TOCTOU) refere-se a atrasos ou interrupções que tenham ocorrido fora do previsto, durante o processamento de uma aplicação; esses atrasos ou interrupções podem criar uma resposta inesperada. Um exemplo disso seria quando, entre o tempo de verificação e o tempo de uso, um hacker substituísse o arquivo original por um arquivo malicioso de mesmo nome.

Uma segunda vulnerabilidade de acesso a arquivos diz respeito ao raqueamento ou à engenharia social. A desorientação é uma abordagem de raqueamento particularmente frequente. Nela, um hacker usa um link falso, direcionando usuários desavisados a clicar nele (pensando tratar-se de outra coisa) e, a partir daí, provendo recurso malicioso. Muitas vezes, essas transações passam completamente despercebidas, e os usuários vão embora sem saber que forneceram a outra pessoa suas informações de identidade ou que baixaram uma backdoor em seus computadores. A terceira questão sobre o acesso a arquivos (que está cada vez mais difícil de ser implementada) é quando um hacker redireciona um caminho de arquivo a fim de levar um usuário a um arquivo malicioso ou, em versões anteriores da arquitetura de serviços de diretório do Windows, a interferir nos arquivos do diretório de senha. Projetistas de sistemas operacionais modernos aprenderam com algumas das falhas em modelos mais antigos e restringiram consideravelmente a capacidade de manipulação ou interceptação de arquivos de senha.

Medidas de segurança de C e C++

Instruir e esperar que programadores utilizem práticas de codificação seguras deveria ser suficiente para eliminar as vulnerabilidades de saturação de buffer. O estouro de buffer é uma condição facilmente identificada por uma boa ferramenta de revisão de código. No entanto, sempre haverá programadores inábeis, inexperientes, apressados ou apenas descuidados, bem como empresas de desenvolvimento que não procuram investir em ferramentas e no tempo necessário para que seja feita uma revisão de código completa e eficiente.

Já que provavelmente o estouro de buffer não se tornará uma situação rara em breve, uma das estratégias para atenuar um já existente é o uso de versões mais atuais do compilador. Compiladores estão em constante evolução, tanto quanto as aplicações sendo compiladas. Isso significa que versões mais recentes são mais propensas a ter ferramentas adicionais que possam capturar erros de código como parte do processo de desenvolvimento. Como C está em circulação há muito tempo, ainda estão em vigor programas muito antigos escritos nessa linguagem, provavelmente usando funções vulneráveis que já poderiam ter sido substituídas por uma abordagem mais segura. A Figura 13.1 mostra como um pedaço de código em C teria sido escrito no passado e um exemplo do mesmo código reescrito de forma que atenue a vulnerabilidade.

```
Esta é a maneira incorreta de se codificar uma função de impressão em C:
printf(user_input);
Esta é a maneira correta de se codificar essa função de impressão em C:
printf("%s", user_input);
```

Figura 13.1 Exemplo de codificação segura.
© Cengage Learning 2014

C++ é mais segura que C, tanto por ser mais flexível quanto por ter sido construída com base nas possibilidades de exploração do código em C. As ferramentas utilizadas para o desenvolvimento em C++ são mais robustas e propensas a identificar potenciais vulnerabilidades. A razão por que alguns programadores continuam a usar C é semelhante à motivação de administradores de UNIX que preferem esse sistema ao Windows. Há um nível de granularidade e controle que reduz a distância entre o que um programador espera ver em uma tela e o que realmente aparece, atraente para aqueles que dominem bem a linguagem e suas ferramentas.

Plataforma .NET

A plataforma .NET, uma ferramenta de desenvolvimento baseada em Windows, consiste em dois componentes primários. O primeiro deles é o **Runtime de Linguagem Comum** (CLR), que contém os aspectos funcionais da ferramenta, tais como segurança, tratamento de erros, alocação de memória e gerenciamento. O segundo componente é uma **biblioteca de classes da plataforma** (Interfaces de Programação de Aplicações ou APIs), que permite que os objetos sejam compatíveis com diversas linguagens de programação, incluindo Visual Basic e C++.

A plataforma .NET foi apresentada pela primeira vez no início dos anos 2000. Desde então, passou por uma série de mudanças de versão (a vigente na época da redação deste artigo é a 4.0, lançada em fevereiro de 2012), complementando e melhorando a original. As versões mais recentes têm uma capacidade cada vez maior de interoperar com outras linguagens, embora o ambiente Windows seja a aplicação realmente testada para o uso da plataforma .NET.

A .NET pode ser usada para criar aplicações tanto do lado do cliente quanto do servidor. Fornece funcionalidade predefinida, sustentando o código padronizado utilizando o Protocolo Simples de Acesso a Objetos (SOAP), baseado em XML. Isso significa que os desenvolvedores podem focar o objetivo principal do programa, enquanto se apropriam fortemente da plataforma .NET para os componentes de comando e controle da aplicação.

Vulnerabilidades da plataforma .NET

As vulnerabilidades da plataforma .NET incluem:

- *Scripts de sites cruzados* – Quase todas as aplicações criadas para a web hoje em dia tiram proveito da funcionalidade conhecida como "cookie", um trecho de código de computador criado por um site quando um usuário visita uma página em particular. "Cookie" se tornou um termo relativamente genérico, usado para uma ampla gama de abordagens e motivações que injetar esse código nos computadores dos visitantes de um site. O script de site cruzado (XSS) geralmente é resultado de um desenvolvedor inexperiente ou descuidado que cria um cookie de forma que permita, como parte da funcionalidade desse cookie, seu comprometimento, dando a invasores acesso aos dados armazenados pelo usuário. Por meio desse acesso, um hacker pode substituir links a fim de direcionar usuários a sites inapropriados ou mesmo de enviá-los a uma página de phishing, em uma tentativa de roubo de identidade.

- *Estouro de inteiro* – O conceito de estouro de inteiro refere-se a uma função, dentro de um programa de computador, que envolva o uso de matemática ou da manipulação de números. Tal como acontece com um estouro de buffer, se um campo é associado a determinado número de dígitos e um usuário insere um número maior, torna-se possível uma falha no sistema. Essa falha poderia colocá-lo em risco de ser explorado por um agressor ou resultar em uma situação de DoS. Um exemplo disso é o conceito de um inteiro "com sinal". Em matemática, há situações em que um cálculo resulta em um número negativo; o sistema precisa estar preparado para isso e saber o que fazer diante dessa situação.

Combatendo as vulnerabilidades da plataforma .NET

Promover um trabalho rigoroso para avaliar qualquer funcionalidade que envolva a introdução de dados: esse é o método principal para atenuar algumas das fragilidades mais prejudiciais de aplicações que usam componentes da plataforma .NET. Isso inclui o uso de definições de campo específicas e parâmetros admissíveis, limitando a chance de que um agressor venha a injetar códigos mal-intencionados ou a comprometer um cookie. Para as situações em que tempo e recursos para revisão de código são limitados, deve-se focar particularmente as áreas de um programa em que dados sejam inseridos, como meio de tornar esses recursos limitados mais eficazes.

A fim de prevenir estouros de inteiros, o uso de versões atualizadas da plataforma .NET pode impedir que muitas práticas de codificação potencialmente infelizes ocorram por meio de edições e controles. Ao lidar-se com algumas APIs mais antigas (Win32, por exemplo), algumas fragilidades continuam a existir, porque essas interfaces são menos sofisticadas na definição e na acomodação de inteiros sem sinal, sem que se especifique quando se trata de um número negativo ou positivo.

HTML5

HTML, ou Linguagem de Marcação de Hipertexto, é o script básico mais usado no desenvolvimento de páginas da web. Ele usa um conjunto de rótulos de marcação (por exemplo, <script> </script>) para definir a estrutura de uma página da web. O HTML surgiu em 1991 e, desde então, já passou por uma série de versões de atualização. Como a plataforma .NET, o HTML5 torna disponíveis APIs que permitem o uso de linguagens de programação mais sofisticadas em páginas web HTML5. Esse script alterou a forma de integração ao **Modelo de Objeto Documento** (**DOM**), uma especificação de interface de programação que permite que páginas HTML e XML sejam criadas como objetos distintos, tendo, portanto, implicações relacionadas à segurança.

Navegadores apresentam páginas pela interpretação dos rótulos. Como o HTML não é uma linguagem dinâmica, não pode ser executado com sucesso se não for por meio de um navegador web. Foi desenvolvido para apresentar dados ou informações de modo independente de qualquer plataforma. Um programador não pode garantir quais máquinas ou sistemas operacionais os usuários da internet estarão usando a cada momento. Por isso, o HTML fornece uma maneira simples de obter informações, fazendo isso para uma base de usuários mais ampla possível.

A seguir, apresenta-se um exemplo de página web extremamente simples, que pode ser escrito em notepad.exe ou qualquer outro editor de texto. Essa página, intitulada "Simple Simon the Pirate", exibe a seguinte frase: "Yo, ho, ho, and a bottle of water!"

```
<html>
<head>
<title> Simple Simon the Pirate </title>
</head>
<body>
<p> Yo, ho, ho, and a bottle of water! </p>
</body>
</html>
```

O HTML é essencialmente benigno, pelo menos enquanto for usado para exibir texto estático. No entanto, pedidos mais caprichosos por páginas cada vez mais completas e sofisticadas têm exigido o desenvolvimento de muitos outros rótulos e de novas convenções de formatação. O HTML não é uma linguagem de formatação; portanto, muito teve de ser feito para que as limitações inerentes a configurações HTML e dos navegadores fossem superadas. Usuários finais agora podem substituir qualquer texto ou exibir determinada cor definida; também podem desativar imagens de fundo e alterar o tamanho e a cor da fonte, adaptando-a à sua vontade.

Contudo, como vale para a maioria das linguagens de computação mais modernas, o aumento da complexidade também resultou em uma oportunidade maior para que hackers descubram suas vulnerabilidades.

Vulnerabilidades em HTML5

O HTML5 não resolve algumas das vulnerabilidades presentes já nas versões anteriores do HTML. Com efeito, há até quem sugira o contrário, isto é, que as fragilidades tenham aumentado. Aqui estão as descrições dessas áreas mais vulneráveis:

- *Scripts de sites cruzados (XSS)* – Como na plataforma .NET, essa é uma área potencialmente vulnerável no HTML5. Graças à criação do "supercookie", a quantidade de danos a serem causados é maior que na plataforma .NET. Isso inclui a possibilidade de o armazenamento local ser acessado, o que pode comprometer a privacidade do usuário ou mesmo contribuir para o roubo de sua identidade. Esse tipo de ação não é possível com cookies de sessão, ou simplesmente por meio da visualização de dados de cabeçalho. Um hacker que consiga acesso a um desses supercookies, porém, tem alcance adicional.

- *Comprometimento do Agente Usuário* – O **Agente Usuário (UA)** é um componente do HTML que usa um cabeçalho entre o navegador e o servidor a fim de permitir a troca de informações, como as relacionadas à versão. No HTML5, a funcionalidade do UA foi aumentada, o que acabou introduzindo um novo potencial de vulnerabilidade. Um exemplo de exploração dessa fragilidade seria um hacker comprometer o UA por meio da introdução de malware em uma memória cache de aplicação off-line. A capacidade que um servidor tem de proteger o browser é reduzida quando se introduzem funcionalidades adicionais no lado cliente da equação.

- *O Modelo de Objeto Documento (DOM)*. Foram adicionadas funcionalidades no HTML5 que permitem ao desenvolvedor criar uma aplicação executada em um único DOM. Essa consistência em toda a aplicação aumenta drasticamente o impacto do XSS, estendendo o período por todo o ciclo de vida da aplicação.

Combatendo as vulnerabilidades do HTML5

A maneira mais eficaz de combater às explorações relacionadas ao HTML é certificar-se de que seu patch esteja sempre atualizado e prestar a devida atenção ao surgimento de novos tipos de exploração. Talvez seja inviável que o usuário final comum acompanhe todo o volume de erros e de fragilidades encontrados, mas até mesmo esse tipo de usuário pode ativar o software de gerenciamento de atualizações automáticas, disponível desde o Windows 2000. Também é sensato desativar certas características e serviços desnecessários que introduzam vulnerabilidades conhecidas.

A transferência segura de dados foi disponibilizada a partir da implementação de protocolos como a Camada de Sockets Segura (SSL). A SSL criptografa a sessão, bem como os dados que estejam sendo nela utilizados, usando a Infraestrutura de Chave Pública (PKI). A PKI emprega chaves públicas e privadas para criptografar e decriptografar dados. Não é possível decriptografar dados dentro de um prazo razoável, a não ser que as chaves de criptografia utilizadas estejam disponíveis. Foi descoberto que o modo como o Internet Explorer manipula a SSL é suscetível a uma exploração do tipo "homem no meio" e que ferramentas como a sslsniff foram desenvolvidas para ajudar script-kiddies a realizar essa façanha. Gerar chaves de criptografia aleatórias de 40 ou 128 bits de comprimento tem resolvido esse problema.

O aumento do risco de XSS resultante do acréscimo de funcionalidades do HTML5 introduz ainda mais chances para que analistas de invasão comprometam um código mal escrito. Já que o HTML5 ainda está em processo de desenvolvimento e de teste, é importante que os analistas estejam cientes de quais ambientes estão usando essa linguagem, procurando atualizar sua biblioteca de potenciais vulnerabilidades antes de se comprometer com um trabalho, tendo assim as informações mais precisas e atuais.

Java e JavaScript

Apesar das muitas semelhanças entre Java e JavaScript, existem também diferenças bastante claras entre os dois. Java é uma linguagem de programação compilada em aplicações ou applets. Aplicações Java são autônomas, executadas no servidor ou baixadas para o computador do cliente. Por sua vez, JavaScript é uma linguagem de script que executa entre rótulos <script> em uma página da web. Um JavaScript não é capaz de operar por conta própria e independe de compilação para ser executado.

Java

Java é linguagem de programação orientada a objetos (OOP) desenvolvida pela Sun Microsystems. Foi projetada para executar de forma independente de plataforma, usando o JRE instalado no computador do cliente como seu sandbox. Em Java, os programas não são projetados processualmente, como em C++, em que se utiliza uma árvore de decisões se/então. Cada função em Java é modularizada. Não seria necessário projetar uma sub-rotina de impressão para um programa Java: há um objeto de impressão que pode simplesmente ser associado à nova aplicação. Programadores Java podem definir objetos e usá-los.

Objetos OOP não têm ciclos de realimentação em si. Determinado objeto tem entradas e saídas conhecidas e específicas, e o fluxo de variáveis no processo não precisa de *feedback* de informações para saber que tipo de dados enviar a esse objeto: os dados enviados a determinado objeto são sempre os mesmos. Com essa modularização de baixo nível, há poucas chances de que, sendo atualizada uma parte da aplicação, outras sejam corrompidas. Comparar a OOP à programação procedural é um pouco como comparar a construção de uma habitação modular à de uma casa personalizada. Java tem o objetivo de ser desenvolvido rapidamente, usando-se peças testadas previamente, em vez de exigir testes para verificar se toda a construção iria funcionar. As ferramentas fornecidas pela Sun e outros fornecedores oferecem a opção de gerar applets Java que proporcionem funcionalidade na internet. Navegadores habilitados para Java podem ter suporte interno para executar esses applets ou podem executá-los por meio de um plug-in.

Java também é projetado para ser seguro para as máquinas, podendo apenas agir sobre outros objetos dentro do JRE. Java não tem acesso para escrever, alterar ou excluir arquivos do disco rígido, nem para modificar o sistema operacional.

JavaScript

JavaScript é uma linguagem de script desenvolvida pela Netscape Communications Corporation, semelhante ao VBScript em termos de implementação. No entanto, tem maior utilidade, já que quase todos os navegadores, em quase todas as plataformas, são habilitados para JavaScript. Visualizar o código-fonte de uma página web em HTML pode expor a estrutura JavaScript usada para fornecer conteúdo interativo dentro dela. Em contraste com Java, JavaScript não é usado para gerar aplicações isoladas. Contudo, assim como Java, o script exige um ambiente de tempo de execução. JavaScript pode ser executado em navegadores como Netscape Communicator, Opera, Internet Explorer, Mozilla Firefox, Galeon, Epiphany e Konqueror, que possuem um interpretador de JavaScript embutido. Sendo um script, a largura de banda de rede necessária e os recursos de memória do cliente usados em seu processamento são menores que os precisos para o maior e mais robusto Java. JavaScript é relativamente fácil de aprender; no entanto, pode ser usado para desenvolver scripts bastante complexos. O código a seguir é um exemplo de um formulário simples em JavaScript:

```
<FORM method="POST" action="mailto:webmaster-email@yourdomain.
com" onSubmit="alert("Message being delivered');">
<B>Please type your name: </B><input NAME="username" size="35">
<B>Please type your address: </B><input NAME="address" size="40">
<B>Please type your favourite colour: </
B><input NAME="color" size="15">
<!-- Muitos outros campos podem ser incluídos. -->
<input type=submit onBlur="doVerify()" value="Send Request!">
<input type=reset value="Reset">
<SCRIPT LANGUAGE="javascript">
    function doVerify ()
{
    location.href "http://www.yourdomain.com/forms/thanks-page.
htm"
//Isso pode ser direcionado a qualquer lugar (uma barra dupla
 traz comentários fora da linha)
}
</script>
</form>
```

Vulnerabilidades de segurança em Java

A principal característica da linguagem Java é ela só funcionar dentro do sandbox do JRE. No entanto, códigos mal-intencionados podem invadir o sandbox ou até mesmo enganar um usuário, levando-o a executar uma ação que permita o lançamento de determinado programa no sistema operacional. As vulnerabilidades de Java podem ser de três tipos: applets maldosos do lado do cliente, scripts cruzados e falsificação de endereço do lado do servidor. Dos inúmeros "Alertas" listados no site de Suporte da Sun Microsystems, uma porcentagem substancial está relacionada a fragilidades no JRE, que podem resultar em applets atribuindo-se arbitrariamente um alto nível de privilégios. Alguns são alertas de atualizações para o Servidor de Aplicação Web Java e outros servidores que executam sistemas operacionais da Sun; alguns estão relacionados ao Sun Desktop Java (um ambiente GUI para Linux e Solaris) e outros são revisões de alertas de anos anteriores.

Como Java é uma tecnologia independente de plataforma, códigos maldosos e outras modalidades de ataques podem ser usados contra qualquer plataforma em que o JRE esteja instalado. Ataques ao cliente incluem:

- *Ataques à integridade de arquivo* – Excluem ou modificam arquivos do cliente, permitindo que o invasor leia, roube, danifique ou apague os dados. Esse tipo de ataque pode levar a vítima a parar de responder ou pode adicionar, na máquina-alvo, funcionalidades úteis ao invasor.
- *Estouro de buffer* – Muitas variáveis nas bibliotecas Java predefinidas não checam vulnerabilidades de estouro de buffer. Assim como em outros eventos de estouro de buffer, esse tipo de situação pode não se tratar necessariamente de um ataque, podendo ser inocentes sobrecargas de variáveis.
- *Ataques de tempestade* – Desviam recursos por meio do envio de grandes rajadas de pacotes à vítima. Esses ataques também podem preencher o espaço em disco com arquivos pequenos até que a máquina da vítima seja incapaz de continuar funcionando, ou ainda criar milhares de janelas no GUI para esgotar recursos e impossibilitar qualquer trabalho eficaz.
- *Ataques DoS* – Desviam o tráfego pesado de uma rede para um servidor específico, sobrecarregando os recursos dele para que não consiga processar pedidos válidos.
- *Ataques de divulgação* – Transferem informações do computador do cliente para um computador remoto. Ataques nessa categoria incluem o registro de toques no teclado de um computador e a transferência para outra máquina do arquivo de log.
- *Ataques de aborrecimento* – Esses ataques incluíam, historicamente, um grande número de truques divertidos de computador, desde a reprodução de arquivos de áudio até abrir e fechar a unidade de CD-ROM em intervalos irregulares. Em geral não há nenhuma intenção maldosa nesses casos, mas eles tendem a perturbar o destinatário tanto quanto se você voltasse para casa e descobrisse que sua TV de 25 polegadas tivesse sido substituída por outra de igual valor e alguém tivesse varrido o chão de sua sala. Nenhum dano real é feito, mas ainda assim há uma violação de espaço e limites.

Vulnerabilidades em JavaScript

Vulnerabilidades em JavaScript são semelhantes àquelas em VBScript, podendo a elas ser comparadas, já que as duas linguagens de script são entregues em páginas HTML agrupadas com rótulos <script>. No entanto, ter semelhanças em fragilidades não significa que o mesmo conjunto de funções possa ser usado para raquear ambos os casos. Tarefas cuja execução decorre das vulnerabilidades de JavaScript incluem enviar mensagens de e-mail com informações sobre o computador--alvo do ataque a um cliente, abrir e fechar aplicações no computador-alvo e modificar arquivos no computador da vítima. A principal ameaça ao JavaScript é que ele pode ser usado para baixar componentes no computador de um usuário sem seu conhecimento.

Combatendo vulnerabilidades em Java e JavaScript

As melhores medidas preventivas que um usuário final pode tomar são executar todas as atualizações assim que elas se fizerem disponíveis e manter sempre atualizadas as definições de vírus nos programas antivírus ou de segurança de sistema. Em seguida, é importante definir as Opções de Internet no Painel de Controle a fim de que o sistema sempre peça permissão ao usuário antes de executar JavaScript ou de fazer o download de applets Java. Usuários são, além disso, aconselhados a verificar continuamente a autenticidade das assinaturas de validação anexadas a applets e scripts, em especial quando o navegador exibe uma caixa de diálogo informando que determinado script é suspeito. É possível que invasores copiem scripts e os atrelem a arquivos cujos códigos escondam intenções maliciosas. Nesses casos, o navegador da vítima pode identificar o script como seguro. Isso pode ser evitado pela checagem dupla da autenticação do script.

Uma consideração adicional: verifique a segurança dos links disponíveis nos scripts assinados. Essa ação se faz necessária porque a janela do navegador do cliente pode simplesmente abrir todos os scripts assinados e as respectivas funções baseando-se na ideia de que as interações com scripts assinados são sempre seguras. Os links nesses scripts apontam para páginas que podem ter sido raqueadas ou modificadas de forma que causem problemas de insegurança.

Programadores são aconselhados a desenvolver e a adotar diretrizes de programação seguras, bem como a assinar seus scripts. Um script assinado é uma maneira de enviar uma mensagem aos navegadores dos usuários de que aquele código é seguro. Essa atitude também evita sua adulteração por hackers, já que isso se refletiria na assinatura. Os criadores de Java têm conseguido tapar a maioria dos buracos no JRE, medida que a Microsoft vem repetindo com o Microsoft VM.

Resumo do capítulo

- Entendem-se por "explorações de programação" os defeitos e as vulnerabilidades em linguagens de programação ou programas usados para desenvolver aplicações, sejam elas para o cliente ou o servidor.
- As linguagens de programação diferem dos scripts porque as primeiras exigem o uso de um compilador projetado para formatá-las de acordo com um ambiente operacional específico antes de poder ser executadas.
- C é uma das linguagens de programação mais antigas ainda em uso; uma grande variedade de outras linguagens foi projetada a partir dela, incluindo C++, PERL e C#.
- Invasores podem mirar suas ações em programas escritos em C e C++, vulneráveis a estouros de buffer, tratamento inadequado de erros e falhas ao codificar acesso adequado a arquivos.
- C e C++ podem se tornar linguagens mais seguras com o uso de um compilador sempre atualizado e com a revisão de programas antigos em C, aproveitando-se as técnicas de codificação mais seguras que foram desenvolvidas ao longo do tempo.
- A plataforma .NET fornece componentes funcionais que permitem a desenvolvedores integrar objetos e funções padrão a programas customizados por meio de Runtime de Linguagem Comum (CLR) e dos componentes da biblioteca de classes da plataforma.

- As vulnerabilidades da plataforma .NET incluem XXS, que pode injetar conteúdo malicioso ou expor informações privadas mantidas em cookies, e o perigo de estouros de inteiros, causados pela falha na avaliação com propriedade das entradas de um programa baseado nessa plataforma.
- Estratégias para atenuar as fragilidades potenciais de aplicações baseadas na plataforma .NET incluem fazer a triagem cuidadosa de recursos limitados, focando-os nas partes de um programa que envolvam a aceitação de entradas. Isso é particularmente verdade para as partes de um programa que possam envolver um inteiro com sinal: deve-se garantir que os cálculos matemáticos sejam construídos de forma que ofereçam espaço de armazenamento suficiente e clareza na distinção entre valores negativos e positivos.
- HTML é o script básico mais usado para desenvolver páginas na web. Em geral, o HTML não é uma linguagem dinâmica, não podendo ser executado com sucesso fora de um navegador web. É essencialmente à prova de balas e bastante amigável enquanto for usado para exibir texto estático; no entanto, o desenvolvimento de convenções de formatação que pudessem superar as limitações inerentes ao HTML abriu as portas para os hackers.
- As vulnerabilidades no HTML5 (a versão mais recente do HTML) incluem: XSS, mais perigoso agora graças ao advento do "supercookie", uma versão persistente do conceito tradicional de cookie; a capacidade de comprometer o Agente Usuário (UA), porque se introduz o risco de que um malware seja injetado no armazenamento off-line, reduzindo assim a capacidade do servidor de proteger o cliente; e, finalmente, a expansão da capacidade de um DOM para cobrir uma aplicação inteira, aumentando a quantidade de danos potenciais se ele for comprometido.
- A forma mais eficiente de que explorações relacionadas ao HTML sejam evitadas é sempre acompanhar as últimas correções e prestar atenção quando novas explorações forem reportadas por usuários. A transferência segura de dados se tornou disponível por meio de protocolos como o SSL e o PKI. Analistas de invasão são encorajados a atualizar seu conhecimento sobre as vulnerabilidades do HTML5 em particular porque ele ainda está em desenvolvimento, sendo possível que passe por mudanças de rotina, já que as fragilidades são descobertas e eliminadas ao longo do tempo.
- Java é um OOP desenvolvido pela Sun Microsystems e projetado para executar de forma independente de plataformas, usando o JRE instalado no computador cliente como sandbox.
- JavaScript é uma linguagem de scripts desenvolvida pela Netscape Communications Corporation. É parecida com VBScript em termos de implementação; no entanto, tem muito mais utilidade, já que quase todo navegador, em quase toda plataforma, é habilitado para JavaScript.
- Existem três tipos de vulnerabilidades em Java: applets maldosos do lado do cliente, scripts cruzados e falsificação de endereço do lado do servidor.
- Os ataques de Java do lado do cliente incluem investidas à integridade de arquivos, estouros de buffer, ataques de tempestade, ataques DoS, ataques de divulgação e ataques de aborrecimento.
- As vulnerabilidades do JavaScript permitem a execução de tarefas como envio a um cliente de mensagens de e-mail com informações sobre o computador alvo do ataque, abertura e fechamento de aplicações no computador-alvo, modificação de arquivos no computador da vítima e download de componentes para o computador de um usuário.
- As melhores medidas preventivas que um usuário final pode tomar são executar todas as atualizações assim que elas se fizerem disponíveis e manter sempre atualizadas as definições de vírus nos programas antivírus ou de segurança de sistema, além de configurar as Opções de Internet para que o sistema peça permissão antes de executar o JavaScripts ou de fazer o download de qualquer applet Java. Programadores são aconselhados a desenvolver e a adotar diretrizes seguras de programação, bem como a assinar seus scripts.

Questões de revisão

1. Qual a diferença entre linguagens de programação e linguagens de scripts?
2. Em que linguagem foram baseadas as linguagens C++, C# e Pear?
3. Dê um exemplo de vulnerabilidade em linguagens de programação escritas usando-se C ou C++.
4. Dê um exemplo de estratégia para combater a vulnerabilidade identificada na Questão 3.
5. A plataforma .NET costuma ser usada no sistema operacional UNIX?
6. Dê um exemplo de vulnerabilidade em aplicações construídas usando-se a plataforma .NET.
7. Qual a estratégia para combater a vulnerabilidade identificada na Questão 6?
8. O HTML5 é considerado uma linguagem dinâmica?
9. Quais os três tipos de explorações em Java?
10. Quando a internet era jovem, não existiam servidores. Verdadeiro ou falso?
11. Sites orientados a dados contêm milhares de páginas de códigos de servidor que fornecem uma interface simples e útil para e-commerce e outros tipos de site de todas as categorias. Verdadeiro ou falso?
12. A diferença entre um script e uma linguagem de programação é que um script é executado sem nenhum controle. Verdadeiro ou falso?
13. Java é um script. Verdadeiro ou falso?
14. Aplicações C++ ou Python devem ser compiladas para que possam executar em sistemas operacionais específicos. Verdadeiro ou falso?
15. Java é projetado para executar em um ambiente virtual chamado Reserva de Aplicação Java (JAR). Verdadeiro ou falso?
16. As aplicações Java na verdade não atuam de forma independente, e isso é uma das salvaguardas dentro da linguagem Java. Verdadeiro ou falso?
17. A versão 5 do HTML ainda está em fase de desenvolvimento. Verdadeiro ou falso?
18. A adição de funcionalidades aprimoradas na versão mais recente do HTML resulta em um aumento do nível de risco graças ao XSS. Verdadeiro ou falso?
19. A resposta da Microsoft para a linguagem JavaScript da Netscape foi a plataforma .NET. Verdadeiro ou falso?
20. Programas Java podem ser construídos por meio do uso de componentes já existentes emprestados de outras fontes. Verdadeiro ou falso?

Projetos práticos

Esse projeto foca as explorações de programação web e nas maneiras com que elas podem ser evitadas. As explorações mais comuns são projetadas levando-se em consideração as vulnerabilidades de estouro de buffer e as fraquezas específicas em aplicações web. Como um administrador, seu principal recurso é atualizar constantemente seu patch, reduzindo o número de incidentes que exploram vulnerabilidades conhecidas. No entanto, como projetista web, você deve ser capaz de fazer mais que isso.

PROJETO 13.1

1. Existem inúmeras versões demo das várias ferramentas de revisão de código disponíveis na internet. Baixe uma versão da ferramenta à sua escolha e faça um experimento para ver como ela funciona para identificar vulnerabilidades em determinado software. Faça algumas capturas de tela e use-as para criar uma apresentação que explique como essa ferramenta de revisão de código funciona.

PROJETO 13.2

1. Faça uma pesquisa para determinar se é melhor esvaziar o campo de entrada por meio do uso de regras inclusivas ou exclusivas. Inclua argumentos que sustentem seu posicionamento.

2. Aproveitando a pesquisa que acabou de fazer, dê um exemplo de regra de validação inclusiva (código HTML real, por favor). Seu código funcionou?

PROJETO 13.3

1. Quais os perigos da validação de um campo de formulário pelo cliente?
2. Qual o valor de uma validação pelo cliente?

CAPÍTULO 14

Vulnerabilidades de e-mail

Depois de ler este capítulo e realizar os exercícios, você será capaz de:

- Descrever vulnerabilidades do SMTP.
- Descrever vulnerabilidades do POP.
- Descrever vulnerabilidades do IMAP.
- Identificar algumas vulnerabilidades de aplicações de servidor específicas.
- Listar os tipos de ataques relacionados a e-mails.
- Identificar algumas vulnerabilidades específicas baseadas em navegador.
- Discutir medidas de proteção a ataques.

Sistemas e aplicações de e-mail, ou seja, servidores e clientes de e-mails, são alguns dos alvos mais comuns de ataques maliciosos. Muitas das fragilidades de sistemas de e-mail envolvem o uso da **Linguagem de Marcação de Hipertexto (HTML)** para dar a esses sistemas a mesma formatação e as mesmas opções de estilo que os usuários experimentam em seus softwares de processamento de texto. Assim, as vulnerabilidades HTML discutidas no Capítulo 13 têm grande efeito também nos sistemas de e-mail.

Explorações de engenharia social, como phishing de senha e o chamado "golpe 419", têm seu front-end baseado em e-mail. O envio de e-mails comerciais não solicitados, conhecidos como "spam", alcançaram nos dias de hoje proporções epidêmicas, e alguns servidores de e-mail corporativos vêm experimentando ataques de DoS distribuído (DDoS) originados de centenas de zumbis residenciais.

Neste capítulo, você aprenderá mais sobre os vários tipos de ataque de e-mail, incluindo os de Protocolo de Transferência de Correio Simples (SMTP), os de Protocolo de Agências de Correio (POP), os de Protocolo de Acesso a Mensagens da Internet (IMAP) e outros. Conhecer esses tipos de ataque é essencial para o trabalho de testes de invasão.

O e-mail pode se tornar um ponto de vulnerabilidade bastante crítico graças ao trabalho de determinados peritos que permitem que administradores inexperientes ou mal treinados iniciem um servidor de e-mail sem compreender totalmente as implicações das escolhas de configuração que estão sendo feitas. O e-mail é também um meio vulnerável por ser uma das primeiras funções de internet e, portanto, possuir protocolos mais velhos e menos seguros como base.

Principais protocolos de e-mail

SMTP, POP e IMAP são os principais protocolos a apoiar sistemas de e-mail em todo o mundo.

Protocolo de Transferência de Correio Simples (SMTP)

O **SMTP** é um dos protocolos das camadas superiores mais utilizados na pilha de Protocolo da Internet, sendo o método principal de transferência de e-mails de um servidor para outro ou de um computador cliente a um servidor.

Um jogo de palavras para se lembrar do SMTP é "Send Mail Today, Please" ("Envie o correio hoje, por favor"), e esse é um lembrete de memória bastante razoável, já que o SMTP é usado pela maioria dos servidores de e-mail corporativos para transferir o correio entre eles.

Um cliente de e-mails usando POP ou IMAP pode recuperar suas mensagens. Por essa razão, ao configurar um aplicativo de e-mail, os administradores de serviço podem ou não especificar os servidores POP ou IMAP, mas sempre devem especificar o SMTP.

O SMTP usa o conceito de enfileiramento, conforme mostrado na Figura 14.1. Sempre que uma mensagem de e-mail é enviada de uma aplicação local para a aplicação SMTP, o SMTP armazena-a em um buffer conhecido como "fila SMTP", verificada periodicamente pelo servidor. Quando uma mensagem é encontrada, ele a entrega. Se o destinatário da mensagem de e-mail não estiver

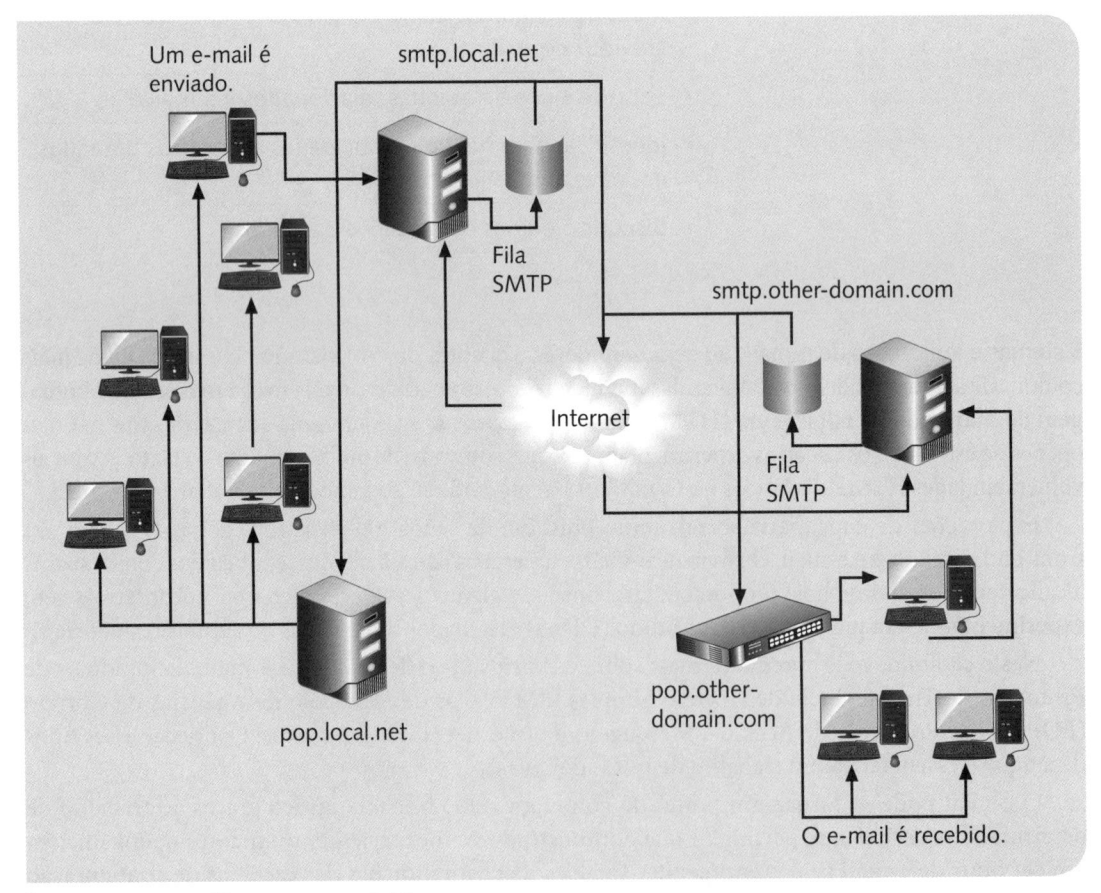

Figura 14.1 Enfileiramento no SMTP.
© Cengage Learning 2014

disponível, o servidor tenta enviá-la novamente mais tarde. Se a mensagem não puder ser entregue porque o destinatário não foi localizado, porque sua caixa está cheia ou porque ele é desconhecido, ela é descartada e o remetente é devidamente notificado. A prática de armazenar todas as mensagens na fila até que elas possam ser entregues é conhecida como "entrega fim-a-fim".

O modelo de SMTP

Para que uma mensagem de e-mail seja entregue, o computador do cliente deve estabelecer uma conexão TCP com a porta 25 do computador destino. Para isso, o computador do usuário, operando como cliente, envia uma mensagem de e-mail ao servidor, aguardando, em seguida, uma resposta.

Se o computador destino não está disponível, o servidor envia uma mensagem de texto de uma única linha para o computador cliente, informando esse fato. Em seguida, o computador cliente libera a conexão, tentando novamente mais tarde. Se o servidor aceita a mensagem do computador cliente, ele envia detalhes sobre o remetente e o destinatário do e-mail em questão.

Caso o destinatário exista em alguma das caixas de correio de destino no servidor de e-mail local, as mensagens serão copiadas para as caixas apropriadas. Quando uma mensagem não pode ser entregue devido a algum problema, tal como a não existência de um destinatário específico, um relatório de erro é enviado de volta ao computador cliente. Se mais mensagens de e-mail tiverem de ser enviadas, o computador cliente mantém a conexão com o servidor. Finalmente, quando todas as mensagens foram trocadas entre o computador cliente e o servidor, a conexão é liberada.

Comandos SMTP

O computador cliente se comunica com o servidor usando comandos específicos. Os mais comuns são explicados a seguir.

HELO ou EHLO: Identifica o remetente SMTP para o receptor SMTP, sendo o primeiro a ser enviado pelo computador cliente ao servidor.

MAIL: Comando responsável por identificar o originador da mensagem.

RCPT: Identifica o destinatário de um e-mail, podendo ser usado para enviar uma mensagem a um usuário. Se houver vários destinatários, mais que um comando RCPT pode ser enviado.

DATA: O computador cliente usa esse comando para enviar o conteúdo da mensagem de e-mail.

RSET: Finaliza a transação atual de e-mail entre o computador cliente e o servidor.

VRFY: Solicita ao receptor uma confirmação de quando um usuário tiver sido identificado.

EXPN: Pede ao receptor que confirme a identificação de uma lista de distribuição.

QUIT: A conexão entre o computador cliente e o servidor é encerrada por esse comando.

Vulnerabilidades do SMTP

Um servidor SMTP sofre mais ataques quando configurado incorretamente. Hackers rastreiam a internet em busca de qualquer servidor SMTP que tenha sido mal configurado, enviando-lhe um e-mail. Ao fazer isso, os agressores podem explorar esse servidor de duas maneiras:

- Enviando e-mails de forma anônima. Os destinatários dessas mensagens não serão capazes de descobrir de onde elas vieram, já que esses e-mails irão alcançá-los de forma anônima, por meio de uma fonte autorizada, e não diretamente do hacker.

- Enviando ao servidor SMTP um único e-mail com a intenção de alcançar centenas, milhares ou mesmo milhões de usuários. Esse método permite a um invasor enviar megabytes de spam por meio de conexão rápida do servidor.

Hackers podem usar vários comandos para explorar servidores SMTP. Alguns dos comandos explorados com mais frequência por agressores serão descritos em seguida.

Estouros de buffer

Como discutido em um capítulo anterior, estouros de buffer estão entre os principais tipos de ataques na internet. Hackers podem tentar estourar o buffer do sistema do usuário. Nesse caso, um nome de usuário, uma senha ou um nome de arquivo longos demais são enviados ao servidor. Ao fazer isso, o hacker pode ser capaz de interromper um processo em execução e inserir código malicioso a ser executado no servidor. Um estouro de buffer em um sistema pode ser gerado quando um hacker envia um comando HELO longo demais, nomes de e-mail muito grandes nos comandos MAIL ou RCPT ou um argumento muito extenso. Um argumento de HELO com mais de 10 mil caracteres, por exemplo, pode causar um estouro de buffer, enquanto um com mais de 12 mil caracteres pode até quebrar o servidor.

Entrada Backdoor

Uma entrada backdoor permite que hackers assumam o controle total de um sistema de e-mail. Ao executarem uma busca por vulnerabilidades em um sistema e explorarem a execução de serviços e protocolos, comandos SMTP podem abrir uma porta para esses agressores.

Varredura de servidores de e-mail

Alguns comandos SMTP, como o EXPN e o VRFY, podem permitir que invasores adquiram informações de um servidor de e-mail.

O EXPN é usado legitimamente como uma ferramenta administrativa para as atividades de gerenciamento da lista de distribuição. O objetivo desse comando é localizar contas de usuário e informações sobre o sistema de e-mail. Contudo, ter acesso a informações sobre conexões a contas com pseudônimos, a nomes de usuário e a dados de assinantes também é útil a hackers, que, com isso, podem aperfeiçoar seus métodos de ataque contra alvos específicos.

O VRFY é usado em sua forma legítima para determinar se um servidor de e-mail tem permissão para aceitar e-mails de um usuário em particular. No entanto, esse comando pode fornecer ao hacker informações sobre nomes de usuário, que podem ser posteriormente exploradas como parte de um ataque maior. Por exemplo, o conhecimento sobre configuração de nomes de usuários permite a um hacker transmitir e-mails de phishing ou, mais que isso, pode fornecer uma abertura para a introdução de malware no sistema de uma vítima inocente.

Envio de spam a servidores de e-mail

Nesse tipo de ataque, um invasor envia uma única mensagem de e-mail para um grande número de destinatários usando o comando RCPT do SMTP. O hacker pode lançar o ataque visando a qualquer um dos seguintes fins:

- *Ataque de negação de serviço (DoS)*: Nesse tipo de ataque, um servidor de correio pode falhar por não ser capaz de lidar com todo o tráfego de entrada.
- *Ataque de conta de usuário*: Nesse ataque, um hacker, à procura de endereços de e-mail válidos, envia mensagens para todas as combinações possíveis de endereços. Dessa forma, mensagens não rejeitadas provavelmente atingirão usuários legítimos.
- *Ataque de retransmissão de spams*: Aqui, um hacker pode enviar um e-mail para o servidor com múltiplos destinatários. Em seguida, o servidor envia mensagens para cada uma das pessoas especificadas. Isso permite a um hacker diminuir drasticamente o desempenho de um sistema ao encarregá-lo de enviar milhares de mensagens indesejadas.

- *Enviando comandos* `MAIL` *corrompidos*: Para atacar um sistema, um invasor pode enviar um comando `MAIL` corrompido ao servidor SMTP a fim de raquear o serviço de correio. Também é possível enviar um comando `RCPT` corrompido, ganhando-se, assim, acesso ao serviço de e-mail por meio de um estouro de buffer nesse comando.
- *Manipulação de comandos como* `EXPN` *ou* `VRFY`: Isso pode causar uma falha no sistema, danificando o agente de transferência de e-mail com um estouro de buffer. Hackers podem transmitir comandos disfarçados como administradores de rede, explorando os privilégios de acesso a um programa de envio de mensagens. Uma vez que o servidor tenha sido comprometido, o invasor pode executar todos os tipos de truques de raqueamento, como alterar arquivos de configuração, substituir arquivos de sistema ou colocar cavalos de Troia em um servidor de e-mail.
- *Retransmissão de mensagens de terceiros*: Isso ocorre quando um cliente de fora da organização envia mensagens a um servidor de e-mail. O servidor processa, e depois entrega, as mensagens provenientes do cliente externo.

Se um servidor de e-mail permite a retransmissão de mensagens oriundas de terceiros, qualquer pessoa na internet pode enviar e-mails a ele. Em seguida, a mensagem retransmitida vai parecer ter vindo do domínio do servidor em questão, e não de onde ela realmente foi originada. Essa é mais uma forma que um usuário não autorizado tem para manter o anonimato.

Aqui está um exemplo: Momlast.biz é um ISP que usa o domínio de e-mail user@momlast.biz. Usuários de Momlast.biz podem usar seus clientes de e-mails para receber mensagens dos servidores POP de seus empregadores. Em geral, isso funciona bem; no entanto, muletide@work.com deseja enviar e-mails de sua casa, ainda que o servidor SMTP do trabalho não esteja acessível, a não ser de dentro da própria rede da empresa. Isso gera um contratempo, até que Muletide tente usar smtp.momlast.biz e o e-mail finalmente saia, sem problemas. Assim, Momlast.biz foi usado como um retransmissor de terceiros.

Protocolo de Agências de Correio (POP)

O respeitável servidor **Protocolo de Agências de Correio (POP)** é responsável por entregar as correspondências aos usuários, baixando-as para seus dispositivos locais. Essa é uma maneira usual (possivelmente a mais comum) de distribuir e-mails a usuários. O correio é baixado por meio de um cliente de e-mails, como Outlook, Eudora, Opera Mail ou Thunderbird, pacotes de software que permitem ao usuário executar as seguintes tarefas:

- Ler mensagens de e-mail.
- Mover correio de uma pasta (diretório) para outra.
- Adicionar e editar contas de e-mail.
- Criar pastas de e-mail.
- Excluir pastas.
- Renomear pastas.
- Verificar novas mensagens.
- Excluir mensagens.

Vulnerabilidades do correio POP

O correio POP já passou por várias versões desde que foi desenvolvido, em 1984. A mais atual é a POP3. O POP3 pode funcionar em um servidor central, mas em geral ele é configurado para que as mensagens sejam baixadas para o cliente e excluídas do servidor. Isso elimina o conjunto centralizado de dados, mais comum com o IMAP4; no entanto, aumenta o risco de dados serem armazenados em inúmeros clientes.

Uma das maiores diferenças entre IMAP4 e POP3 é que este último é menos eficiente, tendo, por exemplo, um sistema menos robusto de atribuição de identificação para mensagens que dão entrada em um servidor de e-mail. Isso pode resultar em violação do identificador exclusivo, criando um número duplicado. O processo pelo qual o identificador é atribuído cria uma resistência no sistema, contribuindo para tornar o protocolo mais vulnerável às condições DoS.

O POP4 está sendo estudado e inclui melhorias como as desenvolvidas para o IMAP4. No entanto, se aprovado em sua forma atual de desenvolvimento, o POP4 provavelmente terá o mesmo aumento de risco visto no IMAP4, devido à sua maior complexidade.

Protocolo de Acesso a Mensagens da Internet (IMAP)

O **IMAP** é um protocolo de cliente de e-mails que pode ser usado para recuperar mensagens de um servidor de correio. Essencialmente, o IMAP permite que usuários acessem os e-mails que permanecem no servidor, ao contrário do POP3, que baixa as mensagens, apagando-as do servidor e salvando-as como arquivos no computador local.

Papel do IMAP

Uma mensagem de e-mail armazenada em um servidor IMAP pode ser modificada de qualquer local remoto com acesso à internet, incluindo um computador desktop em casa, uma estação de trabalho no escritório, um notebook, um telefone celular ou um PDA. Não é necessário baixar nada para o computador local, o que é extremamente útil quando são utilizados vários dispositivos ou quando há uma limitação de espaço de armazenamento em disco. Dispositivos públicos, incluindo computadores em laboratórios, escolas ou bibliotecas, também representam um risco de privacidade quando as mensagens são salvas no disco local.

As funções do IMAP incluem:

- Permitir que usuários leiam, editem, respondam, encaminhem, criem e movam mensagens de e-mail.
- Criar caixas de correio.
- Excluir caixas de correio.
- Renomear caixas de correio.
- Verificar se há novas mensagens de e-mail.
- Excluir mensagens de e-mail.

A fim de proporcionar segurança aos usuários durante o acesso a seus e-mails, o IMAP é projetado para:

- Ser compatível com padrões de mensagens da internet.
- Habilitar o acesso e o gerenciamento de mensagens a partir de mais de um computador.
- Permitir o acesso a arquivos sem depender de protocolos menos eficientes.
- Suportar acesso simultâneo a todas as caixas de correio compartilhadas.

Vulnerabilidades do IMAP

O IMAP passou por várias revisões desde que foi desenvolvido, em 1986. A versão atual é o IMAP4. Ao longo dos anos, o protocolo IMAP original foi reforçado e estendido de maneira que o tornaram muito mais complexo, o que, em contrapartida, também aumentou seu potencial de vulnerabilidade. Um exemplo dessa complexidade adicional é a possibilidade de que múltiplos clientes compartilhem uma mesma caixa de correio.

O protocolo IMAP contém inúmeras fragilidades que devem ser corretamente atenuadas ou configuradas feita corretamente para que se evitem explorações. Entre elas está permitir conexão usando-se nome de usuário ou senha vazios. Tais recursos adicionais aumentam o risco associado à complexa funcionalidade de controle de acesso.

Outro risco potencial associado ao protocolo IMAP é sua habilidade de usar texto não criptografado, o que acaba expondo informações de pacotes em trânsito. Um administrador, ao utilizar tecnologias de criptografia de maneira equivocada, pode criar uma oportunidade para que um invasor monitore sua rede e dela recolha todas as informações que estiverem sendo transmitidas.

Um bom hacker tentará tomar o caminho mais fácil possível para alcançar seu objetivo. Em geral, a presença de um conjunto centralizado de mensagens é um alvo mais atraente que um fluxo de e-mails. Assim, o protocolo IMAP pode representar um alvo maior que um sistema de correio POP, no qual os dados são apagados do servidor e movidos inteiramente para o cliente.

Vulnerabilidades de aplicações de servidor

Determinadas formas de exploração estão associadas a aplicações específicas de servidor de e-mail. Contudo, todas as aplicações de servidor são vulneráveis a uma ou outra exploração. A seguir, são apresentados alguns exemplos de explorações, levando-se em consideração dois dos mais populares servidores de correio corporativo e de envio de mensagens.

Servidor Microsoft Exchange

As quatro vulnerabilidades a seguir, relatadas em *http://support.microsoft.com/?kbid=2706690*, afetam várias versões do Servidor Microsoft Exchange:

- O serviço de visualização de documentos WebReady pode permitir a execução remota de código, 2012.
- Em um ambiente do Servidor Exchange 2010, o item enviado é copiado para a pasta "Itens Enviados" da caixa de correio errada, quando um usuário recebe o Sent As Permission, 2012.
- Uma falha em um servidor Exchange Server 2010 é causada repetidamente pelo processo EdgeTransport.exe, 2012.
- O ItemSubjectField está vazio no log MailboxAudit, 2012.

IBM Lotus Domino Notes

As quatro explorações a seguir, reportadas em *www.saintcorporation.com/cgi-bin/demo_tut.pl?tutorial_name=Lotus_Notes_e-mail_client_vulnerabilities.html&fact_color=&tag=*, afetam várias versões do Lotus Domino:

- Vulnerabilidade do tratador de URI do Notes, 2012.
- Três vulnerabilidades no Speed Reader, 2011.
- Vulnerabilidades de processamento de arquivos, 2011.
- Vulnerabilidades múltiplas de visualização de arquivos, 2011.

Ataques a e-mails

Explorando as vulnerabilidades de e-mail, invasores podem interromper os serviços de rede, disseminar vírus e negar serviço a usuários da rede. Ataques a e-mails incluem ligação de listas, bombardeio de e-mails, envio de spam, farejamento e falsificação, anexos de e-mail, 419s, golpes e phishing. Buscar por evidências dessas fragilidades é um passo comum a ser tomado durante um teste de invasão típico.

Ligação de listas

Ligação de listas, como técnica, é bastante semelhante ao bombardeio de e-mails. No entanto, sua operação se dá de forma diferente, envolvendo o registro de centenas de alvos em potencial por meio de listas de endereços de usuários e de sistemas de mensagem de e-mail distribuídos.

Os servidores de listas funcionam da seguinte maneira: a mensagem enviada a um desses servidores não segue para uma conta de e-mail regular, mas para um banco de dados de usuários. O e-mail enviado a esse endereço é distribuído, assim, a todos os membros da lista. A Figura 14.2 mostra um exemplo de funcionamento de um servidor de listas.

A ideia por trás dessa enxurrada voluntária de e-mails é que determinados assuntos são interessantes a todos os membros que constem na lista. Listas de e-mail acabam produzindo mais ou menos tráfego dependendo de quantas pessoas estão envolvidas e do quanto elas têm a dizer. Algumas listas produzem menos de dez mensagens por semana, já outras geram um tráfego bem maior. Listas maiores e mais ativas têm produzido historicamente centenas de mensagens individuais por dia. Todos os membros da lista recebem todas as mensagens, incluindo cópias daquelas enviadas por eles mesmos. A Figura 14.3 mostra um exemplo de uma lista em que foram configurados apenas três membros. Uma vantagem de usar uma lista legítima para que se crie um grande número de mensagens é que cabeçalhos de e-mail contendo esses endereços em geral já foram previamente aprovados, sendo, assim, entregues diretamente ao receptor.

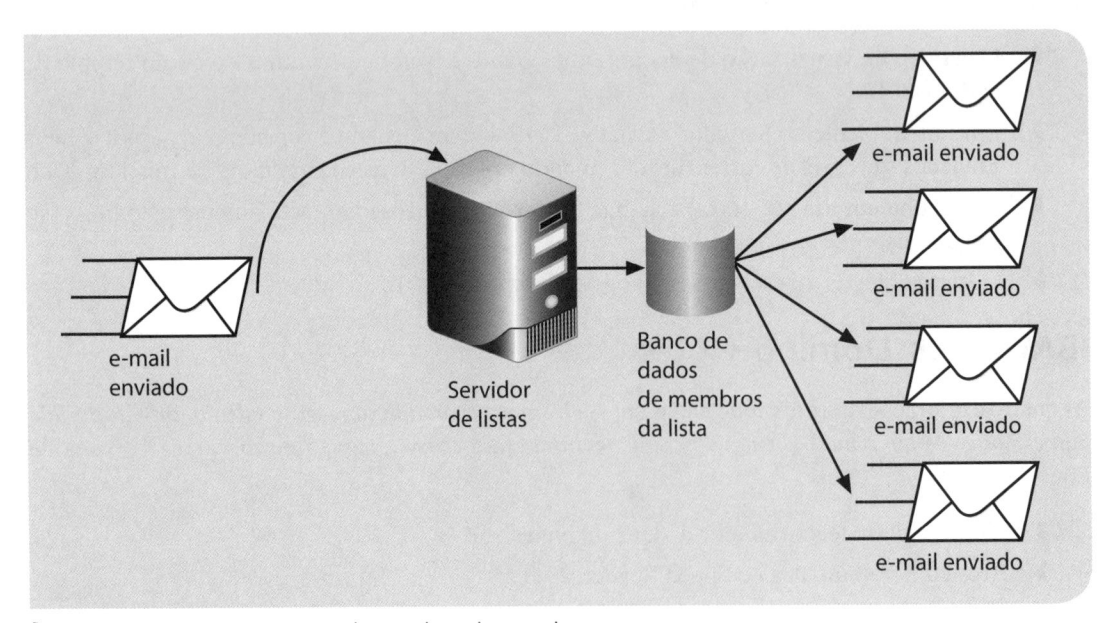

Figura 14.2 Funcionamento de uma lista de e-mail.
© Cengage Learning 2014

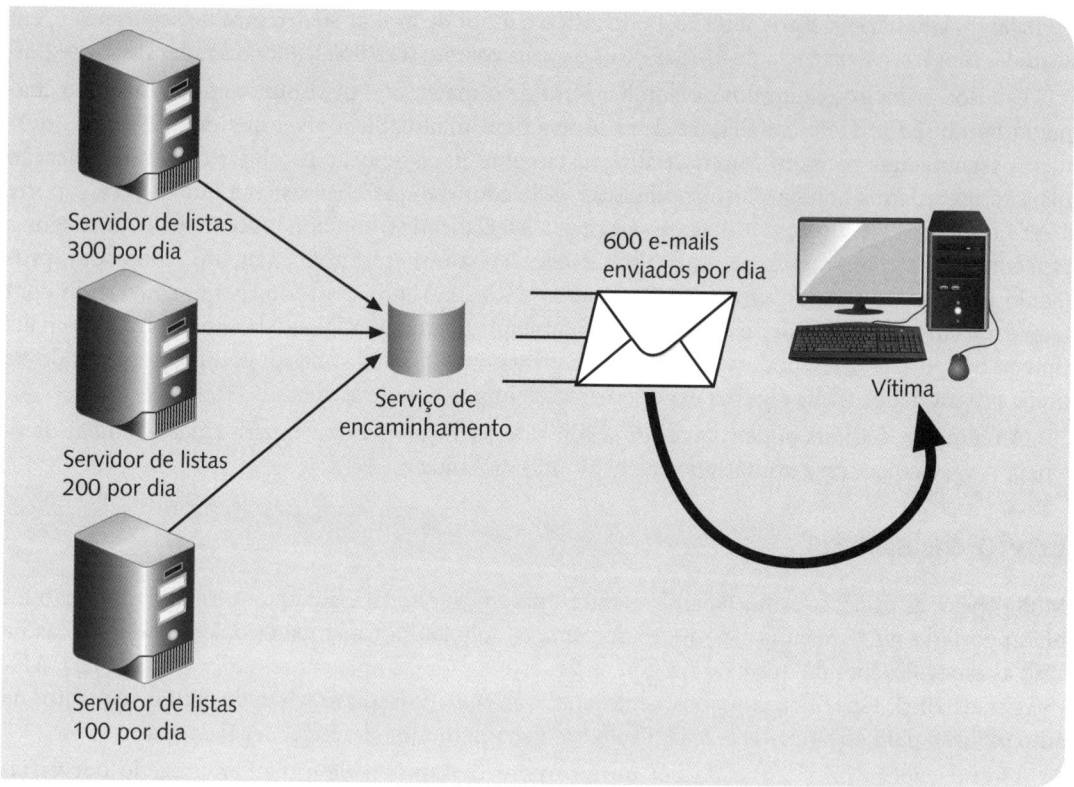

Figura 14.3 Ligação de listas.
© Cengage Learning 2014

Bombardeio de e-mails

Dá-se o nome de bombardeio de e-mails à prática do envio repetido de mensagens idênticas a um usuário. Em algumas situações, isso pode exceder o armazenamento ou a largura de banda reservada a uma conta de e-mail, impossibilitando que outras mensagens, legítimas, sejam recebidas. Alguns serviços de e-mail cobram taxas extras se as contas ultrapassam seus limites de armazenamento, e isso promove o ataque da categoria de simples aborrecimento para a de perdas monetárias. O mais comum é que usuários individuais tenham, de fato, uma quantidade limitada de armazenamento disponível para suas contas de e-mail profissional. Se todo o espaço é preenchido com as mensagens do ataque, esses usuários podem ficar sem acesso ao correio até que entrem em suas caixas e façam uma limpeza.

Fornecer a comerciantes e outros interessados o serviço de envio de uma grande quantidade de e-mails é um excelente negócio. Há uma enorme variedade de ferramentas disponíveis para praticar o bombardeio de e-mails. Normalmente, uma aplicação desse tipo funciona como descrito a seguir.

Bombardeiro de e-mails

Dá-se o nome de "bombardeiro" ao utilitário de ataques de bombardeio de e-mails. Sua funcionalidade básica envolve escrever um pequeno script que automatiza as atividades feitas por um ser humano ao enviar um e-mail repetidas vezes. Esse tipo de atividade acaba atraindo a atenção de uma grande variedade de controles, incluindo firewalls, servidores de e-mail e tecnologias de detecção de invasão. Um hacker usaria a resposta do sistema a fim de avaliar suas regras de segurança e, em seguida, checaria a existência de formas de os e-mails voarem fora do alcance do radar dessas regras.

Um dos primeiros exemplos de bombardeiro de e-mails foi o distribuído em um arquivo chamado bomb02.zip. Hoje em dia, ele se encontra bem menos disponível que em 1997, mas inúmeras ferramentas recentes foram criadas justamente para replicar os objetivos dessa aplicação mais antiga. Alguns bombardeiros podem ser utilizados em qualquer sistema que ofereça suporte a servidores SMTP. Outros utilitários são mais especializados, funcionando apenas em sistemas específicos, como o America Online. No passado, havia um aplicativo chamado Doomsday, projetado para enviar e-mails em massa no sistema da AOL, sendo posteriormente convertido com facilidade em um bombardeiro de e-mails. Em uma plataforma UNIX, um bombardeiro de e-mails típico é bastante simples, podendo ser escrito com apenas algumas linhas de código, presumindo-se que o programador tenha alguma experiência com linguagem de scripts.

Atualmente, hackers podem obter uma cópia do Metasploit e usá-lo para enviar bombas de e-mail. A versão 4.4 desse utilitário roda em Windows, Linux e UNIX.

Envio de spams

Muitas pessoas usam o termo "spam" quando querem se referir a qualquer e-mail de que não tenham gostado ou que tenha sido recebido sem ser solicitado. Cada usuário, assim, define caso a caso as especificações do que é ou não spam. Na esfera pública norte-americana, o ato de lei CAN-SPAM, de 2003, especifica punições a entidades que enviarem spams, além de definir requisitos de autoexclusão para esse tipo de e-mail. O ato ainda contém uma definição legal de spam.

Outra acepção de spam, dada por um provedor de serviços de e-mail empregado por várias comunidades de usuários, é a seguinte: "e-mail de caráter comercial ou incômodo sem um sistema eficaz para que o usuário possa optar por sair da lista de envio". Aqui, "eficaz" significa que deve haver um link de autoexclusão no próprio e-mail e que esse link deve realmente levar à retirada da pessoa da lista. Os remetentes de spams costumam enviar suas mensagens a partir de várias contas de e-mail falsas, por isso é muito difícil filtrá-las de maneira eficiente. Com frequência, são usados servidores em outros países para o envio de spam, já que neles não se aplicam as leis americanas que regem esse tipo de prática.

O envio de spam custa tempo de ISP e largura de banda. As estimativas atuais sugerem que mais de 80% do tráfego de e-mail nos Estados Unidos seja relacionado a spam ou a tentativas de autoexclusão de uma lista. Corporações e agências governamentais, obrigadas por motivos regulamentares a arquivar todos os seus e-mails, precisam também armazenar todos os seus spams por um período de vários anos, e os custos dessa operação podem ser bastante altos. É quase impossível impedir o recebimento de um e-mail de spam porque cada usuário da rede tem suas próprias definições do que é ou não spam, quando envia e recebe seus e-mails. Comerciantes legítimos que respondem a pedidos de informação são frequentemente acusados de enviar spam, ou porque os destinatários não se lembram da solicitação que fizeram ou porque perderam o interesse na resposta. Uma grande quantidade de mensagens de spam leva um usuário a pressupor que todos os e-mails comerciais são indesejados ou não solicitados. O spam é muitas vezes considerado um perigo para a segurança de um sistema, especialmente quando os remetentes dessas mensagens usam os servidores de e-mail corporativo para retransmiti-las. Outro risco relacionado a spam é a rede de conexões formada entre aqueles com habilidades e recursos para o envio dessas mensagens e a comunidade criminosa que visa enviá-las com links de phishing que direcionam para sites maliciosos, comprometendo seus visitantes. Controles capazes de detectar e evitar esses tipos de atividades são componentes úteis de um teste de invasão eficaz.

Farejamento e falsificação de e-mail

Farejadores de pacotes são capazes de coletar todos os dados não criptografados que viajam na sub-rede Ethernet em que esses farejadores estejam ligados. Então, todos os pedidos de e-mail POP3 mostrarão ao invasor o nome do usuário e sua senha em texto comum. Se um farejador estiver sendo executado em uma rede corporativa, todos os nomes de usuário e senhas serão copiados para todos os e-mails dessa rede. Ethereal (conhecido como Wireshark) também é capaz de capturar o texto comum da totalidade dos e-mails. Elementos gráficos não serão exibidos na tela de Ethereal, apenas texto. Quão útil isso poderia ser para um criminoso? Apenas imagine o que as pessoas escrevem em seus e-mails todos os dias, na crença de que aquele é um meio seguro: números de registro de estudantes, números de cartão de crédito, números de telefone, confissões que podem ser usadas como prova em tribunal etc. O céu é o limite se um farejador estiver sendo executado em uma sub-rede ativa. No mínimo, o farejador terá todas as informações privadas de um colega de trabalho. Vale lembrar que quase tudo o que discutimos neste capítulo é ilegal, caso seja feito sem permissão.

Falsificação, por sua vez, é uma forma de adulteração de e-mails para que a mensagem recebida pareça ser de outra pessoa, conhecida e confiável, quando na verdade é enviada por um impostor. Isso é fácil de conseguir se tal impostor também tem um farejador em execução na rede. Ele pode, assim, ler o e-mail no servidor antes que o verdadeiro usuário tenha a chance de fazer o download para, em seguida, enviar mensagens fraudulentas da conta do usuário autêntico com um endereço de resposta diferente. A pessoa a ser imitada não estará ciente de que isso está acontecendo.

Anexos de e-mail

A maioria dos usuários de computador de hoje em dia já sabe que anexos de e-mail podem conter vírus e vermes. Esse fato é conhecido há tanto tempo que algumas pessoas nem sequer abrem qualquer tipo de arquivo anexo. Vermes são capazes de enviar e-mails para o próprio usuário e para todos os endereços de sua agenda de contatos, levando os destinatários a pensar que o e-mail veio do usuário-alvo do ataque. Os e-mails enviados pelos vermes são frequentemente muito mal escritos, e um receptor atento decerto se dará conta de que aquelas não são mensagens normais. De qualquer forma, algumas pessoas abrem os anexos mesmo assim, sem saber que ali pode haver qualquer coisa, exceto fotos de férias ou documentos de trabalho. Se a infeliz vítima estiver justamente usando o sistema operacional para o qual o verme foi escrito, esse malware se replicará rapidamente para todos os endereços de e-mail de sua agenda de contatos. É claro que aqueles que não abrirem o anexo não serão infectados pelo vírus ou pelo verme. Controles de segurança eficientes deveriam ser adotados como prática padrão, idealmente impedindo que essas mensagens fossem sequer enviadas ao primeiro receptor, para começo de conversa. Algumas tecnologias de conexão remota permitem que usuários ignorem os controles típicos da rede ao abrirem seus e-mails privados. Essas são áreas de risco potencial, e é importante que sejam levadas em consideração em qualquer planejamento de teste de invasão que se proponha eficaz.

419s, golpes e phishing

Esses três ataques são variedades de e-mails não solicitados que caem em uma caixa de entrada, sendo aqui discutidos por terem soluções semelhantes.

419 ou Fraude de antecipação de recursos

Os "419s" são assim nomeados em homenagem a uma seção relevante do Código Penal da Nigéria, que se refere à "Fraude de antecipação de recursos". Um regime de antecipação de recursos ocorre quando a vítima dá dinheiro a alguém na expectativa de receber algo de maior valor – como um empréstimo, algum tipo de contrato, um investimento ou um presente – para, depois, receber pouco ou nada em troca. É muito comum que se recebam e-mails de pessoas fingindo ser funcionários do governo ou de bancos que estejam tentando transferir enormes quantias de dinheiro para fora da Nigéria (ou outros lugares). De alguma forma, essas pessoas conseguem o nome (e/ou seu endereço de e-mail) da potencial vítima, seduzindo-a em seguida para supostamente fraudar o governo ou um banco em alguns milhões de dólares. Esses agressores pedem às vítimas pequenas somas de dinheiro para agilizar o processo de transferência, passando então a exigir quantias cada vez maiores, até que essas vítimas fiquem sem dinheiro ou abram mão do negócio. Muitos dos esquemas desse tipo envolvem artimanhas como prêmios de loterias internacionais ou pedidos de ajuda a crianças órfãs feitos por bilionários. Milhares desses golpes são dados todos os dias, e são infinitas as variações das justificativas para o envio de dinheiro ao agressor.

Outros golpes

Outros tipos de golpes incluem os que se parecem com ofertas de emprego, em que a vítima desavisada é convidada a receber dinheiro em nome de uma empresa no exterior, que não pode obtê-lo de outra forma. Em troca, é oferecida à vítima, por exemplo, uma comissão de 10% do dinheiro. Isso poderia até parecer razoável, a menos que o destinatário saiba que nenhuma empresa legítima no exterior teria problemas em receber dinheiro, nem em convertê-lo em uma moeda de sua escolha. Se a vítima responde à oferta, começa imediatamente a receber chamadas telefônicas, cartas e cheques falsificados de milhares de dólares. Uma auditoria feita pelas empresas cujos cheques foram roubados logo descobrirá o desconto indevido de um cheque, e em poucos meses um representante chegará à porta da vítima pedindo a devolução do dinheiro. A essa altura, o golpista já estará longe e com 90% do dinheiro.

Phishing

O phishing usa e-mails de uma suposta instituição financeira (muitas vezes o eBay ou o PayPal), afirmando que há algo de errado com determinada conta e que seu titular precisa se conectar para configurá-la corretamente. Então, é fornecido um link a esse titular que, se usado, direciona a um site aparentemente idêntico ao da empresa real. Quando o titular se conecta, os golpistas capturam seu nome de usuário e sua senha.

Vulnerabilidades com base em navegadores

Todos os navegadores disponíveis no mercado são aplicativos escritos em alguma linguagem de programação desenvolvidos por seres humanos. Assim, não existe navegador que não tenha sua cota de bugs, erros de codificação e vulnerabilidades a ser exploradas por um invasor. As próximas seções discutem várias fragilidades de navegadores, mas não se trata de uma lista exaustiva. Ao escolher um navegador, é importante encarar essa escolha no geral, incluindo questões como a base de instalação, sua compatibilidade com determinado sistema operacional e os recursos exigidos pelos padrões de uso ou por necessidades específicas de uma organização.

Microsoft Outlook 2010

O Microsoft Outlook 2010, como a versão de 2007, pode ser configurado a fim de que o controle de segurança seja feito de acordo com a Política de Grupo do Active Directory, ou ainda para depender do Template Integrado de Segurança do Outlook. A maioria das organizações que usa o Active Directory tem nele sua fonte central de autenticação.

O número de vulnerabilidades de segurança do Outlook 2010 está diretamente relacionado a como ele é configurado; o navegador também tem outras fragilidades específicas, que não foram ainda incluídas em pacotes de correção do software. A flexibilidade de opções para o gerenciamento de autenticação, por exemplo, cria uma oportunidade para a ocorrência de erros nas configurações iniciais feitas por administradores.

Existem poucas formas de controles e muitas permissões no Outlook para aqueles que recebem privilégios de administrador. As organizações normalmente precisam, assim, contar com seus administradores para que estes tomem todas as precauções necessárias, incluindo o uso da conta de administrador somente quando o trabalho a ser feito exigir esse nível de privilégio; na realidade, porém, os administradores não costumam ser tão cuidadosos, a menos que isso seja exigido por sólidos procedimentos e regras de governança bastante rígidas.

Organizações que usam o Template de Segurança do Outlook podem acabar não entendendo que os usuários que também fazem uso do Outlook Web App irão operar em dois conjuntos diferentes de autenticação.

Mozilla Thunderbird 15

A versão 15 do navegador Mozilla Thunderbird foi disponibilizada em 2012. Existem várias características dessa versão destinadas a resolver problemas encontrados em versões anteriores do Thunderbird, incluindo vulnerabilidades ao armazenamento de memória e outras que criam potenciais aberturas para estouros de buffer. Usuários que ainda utilizam uma versão anterior desse navegador permanecem em risco. Como acontece com qualquer software novo, sem dúvida serão descobertas fragilidades também nessa versão mais recente, à medida que ela se tornar mais amplamente adotada.

Correio do Opera

O Correio do Opera é uma função integrada disponível para uso com o navegador Opera. A versão mais recente é a 12.02 e, assim como acontece com a maioria dos softwares, ela inclui correções de vulnerabilidades das anteriores. Entre as novas funcionalidades estão um filtro de spam e um gerenciamento de listas mais sofisticados, que podem inclusive ajudar a eliminar alguns dos riscos abordados anteriormente neste capítulo.

Proteção

Ligação de listas, bombardeio de e-mails, envio de spam, farejamento e falsificação, anexos de e-mail, 419s, golpes e phishing não são problemas relacionados a vulnerabilidades no código de aplicações de distribuição de e-mail em si, ou a qualquer tecnologia particular de cliente de e-mails. Eles existem simplesmente em virtude de haver e-mails. Como sempre, algumas contramedidas bastante eficazes podem ser tomadas a fim de evitar essas ameaças e os aborrecimentos delas decorrentes. Essas medidas podem ser pessoais ou corporativas. Sistemas de correio baseados em navegador trazem riscos adicionais, associados a fragilidades de segurança no código da aplicação do navegador em si ou no código específico para as funções de e-mail.

Medidas pessoais de segurança para e-mails

Três medidas pessoais de segurança para e-mails são abordadas aqui: segmentação de e-mail, filtragem de mensagens e uso de diligência prévia para verificar se o e-mail é seguro antes de abri-lo ou de abrir seus anexos. A diligência prévia pode incluir um software antivírus atualizado regularmente.

Segmentação de e-mail

É comum que organizações permitam certa quantidade de uso pessoal de seus sistemas de e-mail corporativos. Por uma variedade de motivos de privacidade e de segurança, entretanto, é sempre benéfica a separação entre os usos pessoal e profissional do e-mail, com vantagens tanto para a organização quanto para o usuário. Uma organização que não estabelece de forma clara políticas, procedimentos e controles técnicos suficientes para reduzir o uso pessoal do sistema de e-mail corporativo é mais sujeita a se tornar um alvo fácil para um invasor envolvido em engenharia social e atividades de phishing.

Filtragem de mensagens no nível do cliente

Todos os clientes de e-mails (Outlook, AOL, Mozilla, OperaMail etc.) disponibilizam aos usuários ferramentas para filtrar e-mails. Normalmente, a funcionalidade de filtragem usa "listas de exceções" em vez de "listas negras". A lista de exceções aceita e-mails usando critérios previamente aprovados, enquanto a lista negra os rejeitaria, usando os mesmos critérios.

A maioria dos clientes de e-mails coloca automaticamente na lista de exceções as mensagens que um usuário responde. Uma boa estratégia é escolher regras para colocar mensagens nessa lista e criar novas pastas para cada uma dessas regras. A lista de exceções leva a poucos falsos positivos, o que torna razoavelmente fácil restringir a correspondência apenas ao que é de fato desejado. Alguns sistemas são mais sólidos, exigindo uma intervenção mais ativa, ou seja, uma resposta de validação de um novo usuário, que deve ser formalmente aprovado pelo receptor antes que qualquer e-mail possa ser enviado.

A lista negra em geral é tratada pelo ISP, que normalmente coloca o spam suspeito na pasta Bulk. O spam pode vir de diversas contas, escolhidas de forma aleatória, e os termos usados na pesquisa para determinar se uma mensagem deve ser enviada à lista negra estão sempre mudando. Assim, os remetentes de spams devem ser bastante inteligentes, quase sempre usando erros ortográficos ou caracteres especiais como uma forma de contornar esses filtros de e-mail. Por exemplo, alguns administradores podem optar por bloquear "Viagra", mas não "\/|AGR/\", ainda que isso possa representar uma abertura potencial para que spams cheguem até o receptor.

Diligência prévia

A diligência prévia usa a mesma quantidade de esforço que uma pessoa razoavelmente instruída empregaria. Os usuários devem sempre ter um software antivírus e, nesse caso em particular, uma solução antivírus com funcionalidades capazes de executar varreduras em seus e-mails. Também faz sentido levar-se em consideração sempre avaliar a veracidade dos e-mails recebidos, mesmo aqueles que aparentemente vêm de pessoas já conhecidas pelo usuário. Não há nenhuma razão para aceitar algo de desconhecidos, muito menos para abrir seus anexos. Nada justifica aceitar qualquer coisa escrita por usuários conhecidos se a mensagem enviada estiver fora de seu estilo habitual. Um telefonema para perguntar se determinado e-mail foi enviado é muito mais fácil que limpar os vírus de um computador comprometido. Essa também pode ser uma oportunidade para que um hacker instale um rootkit, permitindo-lhe controlar o sistema e colocá-lo à venda como parte de um botnet.

Assinatura e certificados digitais

Uma assinatura ou um certificado digital é um arquivo que valida a identidade de um usuário. Assinaturas digitais são usadas por programas na internet (remotos) e no computador do usuário (locais) para confirmar sua identidade a terceiros. Quando um usuário recebe um e-mail de alguém usando PGP ("Privacidade Muito Boa") ou GPG ("Guarda de Privacidade Gnu"), uma chave aparece na parte inferior da mensagem, sinalizando que ela não foi adulterada ou danificada durante a transmissão. Um navegador pode decriptografar e-mails antes que eles sejam abertos, mas se um e-mail for desviado por um terceiro os navegadores não serão capazes de lê-lo, editá-lo ou reenviá-lo.

Um certificado digital é emitido por uma Autoridade de Certificação (CA) terceirizada, autorizada e credenciada para emiti-los. Thawte e VeriSign são exemplos de empresas com essa autoridade. O certificado digital inclui informações sobre o remetente, dando-lhe crédito com a assinatura da mensagem. O CA verifica se o endereço de e-mail do remetente pertence realmente a ele. Se for o caso, o endereço é então incorporado ao certificado digital. Essa verificação da posse do endereço, feita por uma empresa externa, garante que o conteúdo da mensagem realmente veio do remetente que consta no campo "de:" de um e-mail assinado digitalmente.

O gerenciamento correto de certificados é altamente complexo e caro. Há muitas questões relacionadas à forma de tornar a tecnologia compatível, à validação adequada de usuários e à distribuição de credenciais que precisam ser resolvidas antes que essas tecnologias se tornem uma alternativa viável aos dispositivos de autenticação já existentes.

Medidas corporativas de segurança para e-mails

Os administradores de e-mails corporativos podem oferecer proteção mais eficaz que a garantida pelas medidas pessoais discutidas há pouco. Essas contramedidas incluem políticas de segurança de e-mail, ferramentas antivírus e antispam administradas de forma centralizada, termos de responsabilidade, criptografia e regras de firewall.

Políticas de segurança de e-mail

Se uma organização ainda não tem uma política de segurança de e-mail, a administração não deve perder tempo para desenvolver uma, informando-a acerca das regras de envio de e-mails. A política pode ser simplesmente uma versão mais limpa das medidas de segurança de e-mail pessoal discutidas anteriormente neste capítulo. Os funcionários devem ser incentivados a participar de treinamentos sobre a diferença entre um e-mail aceitável e um suspeito. A política organizacional também deve conter diretrizes a respeito de infrações dos protocolos de mensagens.

Software de segurança

A infraestrutura de uma organização deve a mais segura possível. Softwares antivírus devem ser implementados em todas as máquinas Windows e Mac, como uma camada adicionada a soluções baseadas em servidor. Deve-se, além disso, considerar o uso de firewalls a fim de prevenir infecções por meio de compartilhamentos de rede. É sempre útil garantir o gerenciamento centralizado de atualizações para todas as máquinas, particularmente em organizações maiores, em que o processo manual é trabalhoso demais para se manter eficaz. A aplicação de correções no servidor de e-mail por si só já é bastante prudente. As organizações podem ter de considerar várias soluções de software antes de encontrar os pacotes que melhor atendam às suas necessidades.

Requisitos importantes a serem considerados incluem a transparência para o usuário final, o impacto sobre o desempenho da rede e a facilidade de implementação e administração do pacote escolhido.

Ferramentas antispam

As ferramentas antispam de hoje podem ser soluções de software, carregadas em servidores de correio, ou de hardware, colocadas na rede. A grande variedade de opções disponíveis, além da ampla gama de custos a elas associados, torna esse assunto merecedor de um livro inteiramente dedicado a ele.

Para os fins da discussão aqui pretendida, basta dizer que os critérios de escolha de ferramentas antispam devem seguir o mesmo princípio de equilíbrio entre pesquisa de mercado e avaliação dos requisitos da organização sugerido para uma aplicação de segurança. Todas as ferramentas antispam são reativas, sendo a maioria baseada em algoritmos de filtragem. Elas procuram em uma longa lista de palavras e frases as que considerem levar a uma alta probabilidade de que determinada mensagem seja spam; em seguida, bloqueiam, classificam ou eliminam o e-mail analisado.

Ferramentas antispam reduzem o armazenamento necessário para fins de regulamentação, bem como o tempo gasto pelos funcionários em ler, analisar e processar e-mails indesejados mais óbvios. Algumas ferramentas mais avançadas incluem a verificação do conteúdo de e-mails de entrada e saída, impedindo sua transmissão ou colocando-os em quarentena. Muitas vezes, são dadas opções para que o administrador decida a solução desejada. Um teste de invasão de um sistema de correio deve incluir, como informação ao analista, quais controles e configurações estão sendo usados em um ambiente em particular.

Checagem de conteúdo

É mais comum que softwares de segurança de e-mail se concentrem em ameaças que chegam de fontes externas não confiáveis, mas algumas organizações estão igualmente interessadas na filtragem de conteúdo que sai de seu sistema de correio. Uma ferramenta de verificação de conteúdo, por exemplo, pode ser instalada para monitorar se os usuários estão revelando segredos comerciais a destinatários não aprovados, ou ainda para verificar se há troca de conteúdo ofensivo ou impróprio, como comentários racistas ou pornografia. Essa ferramenta separa as mensagens com conteúdo suspeito e impede seu envio. Um moderador autorizado dentro da organização deve, então, aprovar quaisquer mensagens classificadas como suspeitas.

Termos de responsabilidade

Algumas organizações optam por usar termos de responsabilidade anexados a cada mensagem enviada da empresa, o que é considerado por alguns uma forma eficaz de informar a posição oficial dessa organização acerca do uso de e-mails, além de suas regras de governança. Esses termos podem, de fato, ter algum efeito sobre o comportamento de alguns funcionários, mas não representam uma inibição total ao uso do serviço de correios de forma maliciosa, como no caso de espionagem industrial, nem por ignorância, como no envio de e-mails de natureza delicada e pessoal. As opiniões jurídicas divergem a respeito do valor de termos de responsabilidade como uma forma de controle preventivo eficaz.

Criptografia

Técnicas de criptografia, como PGP, tornam a captura de informação útil pelo farejamento de pacotes uma tarefa particularmente desafiadora. A criptografia baseia-se em algoritmos e chaves relacionados entre si. As mensagens são criptografadas de acordo com uma chave pública e poderão ser decriptografadas em seguida, usando-se uma chave privada adequada.

As duas chaves, a pública e a privada, são geradas ao mesmo tempo. Cada uma pode decriptografar o que a outra criptografa. A chave privada destina-se a permanecer em segredo, não podendo ser transmitida a terceiros, mas a pública pode ser deixada amplamente disponível. Se um usuário criptografa uma mensagem de acordo com a chave pública, somente outro usuário que tenha uma cópia da chave privada original será capaz de decriptografá-la em um intervalo de tempo praticável.

Antivírus

Um antivírus confiável verifica todas as mensagens de e-mail de entrada e de saída, além de seus anexos, procurando por vírus ou vermes. Soluções de antivírus baseadas em servidor reduzem o tempo gasto pelos usuários com e-mails potencialmente carregados de vírus. Essas soluções devem alertar os administradores de correio sobre o vírus, comunicando como ele foi tratado ou se ainda precisa ser resolvido manualmente. Dessa forma, os malwares podem ser barrados antes de causar qualquer dano ao sistema, já que os administradores são alertados de sua presença antes de ter seus sistemas infectados. Algumas ferramentas antispam incluem proteção antivírus, baseada em seus algoritmos de detecção. Vale ressaltar que é sempre aconselhável usar várias camadas de defesa, não apenas uma solução.

Resumo do capítulo

- As vulnerabilidades de sistemas de correio são dependentes dos principais protocolos de e-mail, de softwares de servidores que implementam esses protocolos, de intenções de usuários e invasores e de vulnerabilidades específicas nos códigos de cada um dos navegadores.
- Os principais protocolos de e-mail são o SMTP, o POP e o IMAP.
- O SMTP é usado para transferir mensagens de e-mail de um servidor para outro ou de um computador cliente para um servidor.
- A maioria das vulnerabilidades do SMTP ocorre porque o servidor não foi configurado corretamente. Hackers vasculham a internet em busca de servidores SMTP configurados incorretamente para que assim possam enviar mensagens de e-mail anônimas a um desses servidores.
- Alguns comandos do SMTP podem ser usados por invasores para criar um estouro de buffer, abrir uma backdoor, ler um e-mail em busca de informações do usuário ou enviar spams a um servidor de e-mail.
- O IMAP é um protocolo de cliente de e-mails que resgata as mensagens do servidor de correio. Uma mensagem armazenada em um servidor IMAP pode ser modificada remotamente de qualquer localização com acesso à internet.
- Versões mais antigas dos protocolos IMAP e POP são suscetíveis a condições de estouro de buffer, que concedem a invasores privilégios administrativos no acesso aos servidores.
- O POP entrega os e-mails aos usuários baixando-os para seus dispositivos locais.
- Além da fragilidade em relação ao estouro de buffer, os clientes de e-mails são vulneráveis a mensagens superdimensionadas, especialmente nos casos em que o acesso à internet é feito via modem.
- Todas as aplicações de servidor de e-mail são vulneráveis a explorações, incluindo Servidor Microsoft Exchange e IBM Lotus Domino Notes.
- Ataques a e-mails incluem ligação de listas, bombardeio de e-mails, envio de spam, farejamento e falsificação, anexos de e-mail, 419s, golpes e phishing.
- Todos os navegadores de e-mail têm sua parcela de bugs, erros de codificação e outras vulnerabilidades.
- As três medidas pessoais de segurança para e-mail são a segmentação de e-mail, a filtragem de mensagens e o uso da diligência prévia para garantir que o e-mail é seguro, antes mesmo que ele ou seus anexos sejam abertos pelo usuário.
- Medidas corporativas de segurança para e-mails incluem a implementação de uma política de segurança eficaz, o uso de softwares de segurança e antivírus, a instalação de ferramentas antispam e de checagem de conteúdo, a anexação de termos de responsabilidade a todos os e-mails que saem da companhia e o uso de criptografia.

Questões de revisão

1. Pelo que o SMTP é responsável e o que ele faz?
2. Pelo que o IMAP é responsável e o que ele faz?
3. O que é o POP (ou POP3) e o que ele faz?
4. Qual a causa mais comum de vulnerabilidade em servidores SMTP?

5. Qual a vulnerabilidade (ou queixa) de e-mails mais comum?
6. Qual cliente de e-mails tem a maior base de instalação?
7. O que faz o cliente de e-mails Thunderbird?
8. Cite um servidor de e-mails e mensagens da Microsoft.
9. Dê o nome de um servidor de mensagens da IBM.
10. Phishing é uma ameaça comum a sistemas de e-mails. Verdadeiro ou falso?
11. Os e-mails POP não podem ser armazenados no servidor depois de ser baixados. Verdadeiro ou falso?
12. Os e-mails IMAP são armazenados em um servidor para ser restaurados e lidos de qualquer computador conectado à internet. Verdadeiro ou falso?
13. Vírus saem do computador local por meio do correio POP. Por isso, o POP deve ser desativado. Verdadeiro ou falso?
14. Na Caixa de Entrada do Thunderbird, os e-mails são armazenados em um grande arquivo chamado INBOX. Verdadeiro ou falso?

Relacione os números de porta a seguir com os protocolos abaixo.
a. 465
b. 995
c. 25
d. 143
e. 110
f. 993

15. Servidor de e-mails SMTP.
16. Servidor de e-mails POP3.
17. Servidor de e-mails IMAP4.
18. SMTPS: Protocolo SMTP sobre TLS|SSL.
19. IMAPS: IMAP criptografado sobre SSL.
20. SPOP: POP criptografado sobre SSL.

Projetos práticos

Neste projeto, vamos estudar as vulnerabilidades de servidores de e-mail, bem como as formas de identificar quando uma mensagem sofreu falsificação. Você vai configurar um servidor de e-mail em sua máquina Linux e usar um GUI com base na web para administrá-lo.

PROJETO 14.1

De acordo com o SMTP, um e-mail deve ter um ponto de origem. No entanto, devido à natureza do TCP/IP, esse ponto pode sofrer falsificação de diversas formas. Usando os comandos whois e nslookup, descubra os nomes de domínio plenamente qualificados de todos os endereços de IP (aqui destacados em negrito) dos cabeçalhos de e-mail mostrados a seguir. Compare-os aos nomes de domínio dos emissores que aparecem associados a cada um deles para verificar se houve falsificação.

```
Return-path: <info@hi5.com>
Envelope-to: wolf@networkdefense.biz
Delivery-date: Fri, 03 Nov 2012 08:05:54 + 0200
Received: from [204.13.50.162] (helo=mailman162.hi5.com) by
```

```
        allhyper.com with esmtp (Exim 4.50) id 1GfsBd-0007DPQP
        for wolf@networkdefense.biz;
        Fri, 03 Nov 2012 08:05:53 +0200
Received: from sfapp089 (10.100.10.188) by mailman162.hi5.com
        id h9be4409c7s3; Thu, 2 Nov 2012 22:05:54 -0800
        (envelope-from <info@hi5.com>)
Message-ID: <1110398059.1162533953228.JavaMail.root@sfapp089>
From: hi5 <info@hi5.com>
To: wolf@networkdefense.biz
Subject: =?ANSI_X3.4-1968?Q?Nun_Yabiz_has_sent_you_a_hi5_
Message?=Mime-Version: 1.0
Content-Type: multipart/alternative; boundary "----=
_Part_88475_970375511.1162533953227"
Date: Thu, 2 Nov 2012 22:05:54 -0800
X-Evolution-Source: pop://wolf%40networkdefense.
        biz@networkdefense.biz/

Return-path: <karpaasi68@luukku.com>
Envelope-to: wolf@networkdefense.biz
Delivery-date: Fri, 03 Nov 2012 08:54:18 +0200
Received: from [220.129.70.110] (helo=mail.allhyper.com) by
        allhyper.com with smtp (Exim 4.50) id 1GfswT-0004cCWC
        for wolf@networkdefense.biz;
Fri,
        03 Nov 2012 08:54:18 +0200
Reply-to: "kari Raatikainen" <karpaasi68@luukku.com>
From: "kari Raatikainen" <karpaasi68@luukku.com>
Date: Fri, 3 Nov 2012 14:39:26 +0800
Message-ID: <646911281857346742.263120022900054170@luukku.com>
To: "wolf@networkdefense.biz" <wolf@networkdefense.biz>
Content-type: text/html; Charset=Windows-1251
Subject: Get a huge sexy bulge on your head with Ear Enlarge
        Patch.
X-Evolution-Source: pop://wolf%40networkdefense.biz@
        networkdefense.biz/
Mime-Version: 1.0

Return-path: <Ann_Onnymus@aol.com>
Envelope-to: wolf@networkdefense.biz
Delivery-date: Fri, 03 Nov 2012 08:43:12 +0200
Received: from [64.12.137.3] (helo=imo-m22.mail.aol.
        com) by allhyper.com
```

```
            with esmtp (Exim 4.50) id 1Gfslk-0003PR-
            44 for wolf@networkdefense.biz;
            Fri, 03 Nov 2012 08:43:12 0200
Received: from Ann_Onnymus@aol.com by imo-m22.mx.aol.com
            (mail_out_v38_r7.6.) id 4.beb.62c492e
            (29672) for <wolf@networkdefense.biz>;
            Fri, 3 Nov 2012 01:42:57 -0500 (EST)
From: Ann_Onnymus@aol.com
Message-ID: <beb.62c492e.327c3ef0@aol.com>
Date: Fri, 3 Nov 2012 01:42:56 EST
Subject: Re: As the Urn Turns
To: wolf@networkdefense.biz
MIME-Version: 1.0
Content-Type: multipart/alternative;
            Boundary="-----------------------
            1162536176"
X-Mailer: 9.0 SE for Windows sub 5032
X-Spam-Flag: NO
X-Evolution-Source: pop://wolf%40networkdefense.
            biz@networkdefense.biz/

From Hanne Palencia Wed Nov 1 05:30:44 2012

X-Apparently-To: bill@yahoo.com via 216.252.100.158;
            Fri, 03 Nov 2012 02:28:34 -0800
X-YahooFilteredBulk: **84.6.72.147**
X-Originating-IP: **[84.6.72.147]**
Return-Path: <jos@a1s.com>
Authentication-Results: mta143.mail.re3.yahoo.com
            from=a1s.com;
domainkeys=neutral (no sig)
Received: from **84.6.72.147** (HELO bitterseas.com)
            **(84.6.72.147)** by mta143.mail.re3.yahoo.com with SMTP;
            Fri, 03 Nov 2012 02:28:34 -0800
Message-ID: <000001c6fdb9$ef2711d0$a8b9a8c0@exaxho>
Reply-to: "Hanne Palencia" <jos@a1s.com>
From:"Hanne Palencia" jos@a1s.com
To:bill@yahoo.com Subject:
Re: 482
Date: Wed, 1 Nov 2012 05:30:44 -0800
MIME-Version: 1.0
Content-Type: multipart/alternative; boundary="----
```

=_NextPart_000_0001_01C6FD76.E103D1D0" X-Priority: 3 X-MSMail-Priority: Normal

X-Mailer: Microsoft Outlook Express 6.00.2800.1106

X-MimeOLE: Produced By Microsoft MimeOLE V6.00.2800.1106

X-Antivirus: avast! (VPS 0645-3, 02/11/2012),
    Outbound message

X-Antivirus-Status: Clean Content-Length: 494

From Channel Watch Wed Nov 1 10:40:00 2012

X-Apparently-To: bill@yahoo.com via **216.252.100.162;**
    Thu, 02 Nov 2012 14:22:04 -0800

X-YahooFilteredBulk: **205.162.43.7** X-Originating-IP:
    [205.162.43.7]

Return-Path: <channel-watch@eweek-zannounce.com>

Authentication-Results: mta265.mail.re2.yahoo.com from
    eweekzannounce.com; domainkeys neutral (no sig)

Received: from **205.162.43.7** (HELO 3.7.omessage.com) **(205.162.43.7)**
    by mta265.mail.re2.yahoo.com with SMTP;
    Thu, 02 Nov 2012 14:22:04 -0800

From: "Channel Watch" <channel-watch@eweek-zannounce.com>

To:BILL@YAHOO.COM

Subject: Channel Watch: Easy Does It: Buiilding the Future
    with Managed
Services

Date: Wed, 1 Nov 2012 12:40:00 -0600

Content-Type: multipart/alternative; boundary="----_NextPart_kqr9kiqoVpOwnsXH2mQZWLx84Y8ABXdbAAM8CAE="

MIME-Version: 1.0 X-MailSessionID: kqr9kiqoVpOwnsXH2mQZWLx84Y8 ABXdbAAM8CAE=

Content-Length: 2561

Outgoing message - Note that the routing information is not there yet:

Subject: Bug Report: Base uses all available cpu cycles to
    perform any operation

From: Wolf Halton <wolf@networkdefense.biz>

To: users@openoffice.org

Content-Type: multipart/alternative; boundary="= -
    721rdUs6DGH5MQ21VB8C"

Message-Id: <1161190654.9891.3.camel@localhost>

Mime-Version: 1.0

X-Mailer: Evolution 2.6.1

```
Date: Wed, 18 Oct 2012 12:57:37 -0400
X-Evolution-Format: text/html
X-Evolution-Account: 1160504578.15909.0@yossarian
X-Evolution-Transport: smtp://wolf@smtp.comcast.net/;use_
        ssl=never
X-Evolution-Fcc: mbox:/home/wolf/.evolution/mail/local#Sent
```

PROJETO 14.2

1. Usando sua própria conta de e-mail, tente encontrar cinco mensagens nas quais o endereço de e-mail que consta no campo "De:" e o endereço IP correspondente do servidor de e-mail HELO sejam diferentes.

2. Para cada e-mail encontrado nessa situação, você acha, pelo cabeçalho da mensagem, que se trata de uma mensagem legítima, enviada via retransmissão (como um e-mail de trabalho enviado de casa), ou de um e-mail que sofreu falsificação, enviado por um remetente de spams ou um hacker malicioso? Escreva um parágrafo descrevendo como seria possível determinar isso.

PROJETO 14.3

Neste projeto, você vai explorar algumas formas de falsificação de um e-mail, usando a linha de comando em Windows. Essencialmente, você estará emitindo comandos que seu programa de e-mail em geral já emite de forma implícita sempre que envia uma mensagem. Para completar esse projeto, você precisará se conectar a um servidor de e-mail. Pergunte a seu instrutor que servidor deverá ser usado. Neste exemplo, você enviará uma mensagem falsificada a seu próprio endereço de e-mail; vale sempre lembrar que você nunca deve enviar uma mensagem falsificada a ninguém, a não ser você mesmo.

1. Para abrir uma janela de linha de comando, clique em **Iniciar**, depois em **Executar**. Em seguida, digite **cmd** e pressione **enter**.

2. Lembre-se de que a porta 25 é a mais usada para enviar mensagens SMTP. Conecte-se a ela no servidor de e-mail, digitando o seguinte comando:

    `telnet mail_server 25`

3. Uma mensagem de boas-vindas aparece; isso varia de acordo com o servidor de e-mail em uso. Em seguida, apresente-se a ele, digitando o comando abaixo:

    `HELO mail_server`

4. Para parecer ao destinatário que o e-mail vem do endereço indicado por você, digite o comando a seguir, usando o endereço que deseja mostrar. (Digite com cuidado, pois a tecla de espaço não funciona durante a edição desses comandos.)

    `MAIL FROM:penguin@southpole.com`

5. Para endereçar o e-mail a você mesmo, digite o seguinte comando:

    `RCPT TO:your_email_address`

6. Para falsificar o cabeçalho da mensagem, digite os comandos:

    `data`

    `from:penguin@southpole.com`

```
Date: Sat, 10 Dec 1863 8:15:11 -0500
Subject: Greetings from down below!
```
7. Pressione **Enter** e, em seguida, digite o que será o corpo de sua mensagem:
```
It's cold down here!
```
8. Para criar uma linha em branco, pressione **Enter**. Para encerrar sua mensagem, digite um ponto (.) e aperte **Enter**.
9. Para sair do servidor, digite **quit**.
10. Veja a mensagem em sua conta de e-mail, verificando o remetente e as informações de cabeçalho que você forjou.

CAPÍTULO 15

Vulnerabilidades de aplicações web

Depois de ler este capítulo e realizar os exercícios, você será capaz de:

- Reconhecer as vulnerabilidades de servidores web.
- Discutir formas de proteger servidores web, considerando suas vulnerabilidades.
- Identificar vulnerabilidades de navegadores web.
- Explicar explorações de ID de sessão.
- Listar várias medidas de proteção para navegadores web.

A internet é uma coleção de redes interconectadas. Os usuários da web podem acessar os mais diferentes tipos de servidores, indo desde servidores FTP bastante primitivos até aplicações de servidores extremamente complexas, como intranets corporativas e portais comerciais. A maioria dos usuários, no entanto, não está sequer ciente do tipo de aplicações que estão acessando a cada momento, e há uma boa razão para isso. Servidores web não se destinam a ser a "estrela do show". Espera-se que eles sejam tão discretos quanto os sons das rodas de um carrinho de supermercado: você só se dá conta desses sons quando há algum problema. Da mesma forma, o usuário comum só está ciente de um servidor web quando surgem mensagens de erro em resposta a uma solicitação de transmissão malsucedida. A Tabela 15.1 mostra algumas dessas mensagens de erro mais comuns e o que elas significam.

Com toda a conveniência dos serviços web transparentes vem, contudo, a possibilidade de que informações potencialmente valiosas sejam perdidas, roubadas, corrompidas ou usurpadas. Uma informação que tenha sido gravada em sites web é vulnerável à duplicação em outros lugares na internet, como em um fragmento de e-mails, ou à inclusão em trabalhos escolares, dando-se o devido crédito ou não. Além disso, se o site é carregado por acesso via FTP remoto, o usuário e a senha FTP podem ser adivinhados, ou até mesmo raqueados. Se o site é guiado pelos dados, invasores podem usar a complexidade de sua programação em benefício de suas intenções de agressão, procurando por aberturas no software da aplicação. Sites podem ser raqueados para que neles sejam inseridos links para explorações de phishing. Intranets podem ser atacadas de forma que forneçam informações sobre o cliente. Arquivos podem ser alterados e removidos. Alguns desses ataques são óbvios para a vítima, como quando ocorre substituição do conteúdo da página inicial do usuário, mas alguns são quase impossíveis de ser detectados.

Tabela 15.1 Mensagens de erro HTTP

Código do erro e texto	Significado
400 Bad File Request	Em geral, trata-se de um erro de sintaxe na URL; esse tipo de erro é raramente visto, uma vez que a maioria dos navegadores atuais interpreta textos que não podem analisar como um termo de pesquisa. Esse erro pode ser exibido em resposta a parâmetros excedentes de upload de arquivos configurados em um servidor particular.
401 Unauthorized	O servidor está procurando por uma chave de criptografia do cliente ou respondendo a uma entrada de senha errada.
403 Forbidden/Access Denied	É necessária uma permissão especial para acessar o site. Esse tipo de controle é usado em áreas protegidas por senhas ou zonas privadas para as quais o administrador não permita qualquer acesso, como é o caso dos diretórios de armazenamento de dados /cgi-bin/.
404 File Not Found	Também conhecido como "Foi para Atlanta", já que "404" é o código de área de Atlanta, Georgia, nos Estados Unidos; essa é uma mensagem de erro muito comum, retornada quando a página que se deseja acessar foi movida, renomeada ou deletada.
408 Request Timeout	O cliente interrompeu a solicitação antes que o servidor pudesse terminar de devolvê-la. Às vezes, isso quer dizer que o firewall da rede fechou a conexão; em outros casos, significa que o usuário apertou o botão de parada, tentou fechar o navegador ou clicou em um link antes que a página fosse inteiramente carregada. Essa mensagem de erro em geral é vista quando as conexões de rede ou de servidores são lentas e o tamanho dos arquivos é muito grande.
500 Internal Error	Aqui, erros de configuração de servidor impediram que a página fosse exibida. Se puder, contate o administrador do site para reportar um erro desse tipo.
501 Not Implemented	O servidor web não suporta uma das características solicitadas.
502 Service Temporarily Overloaded	Congestionamento de servidor; muitas conexões; tráfego alto.
503 Service Unavailable	O servidor está ocupado, o site foi movido ou você perdeu sua conexão com a internet.
Connection Refused by Host	A página que você solicitou é protegida por senha e você não tem permissão de acesso, ou digitou a senha incorreta.
File Contains No Data	Uma aplicação guiada pelos dados é incapaz de produzir o que foi solicitado. A solicitação pode ter sido malformada, a formatação da tabela pode ser incompatível com os dados requisitados ou os cabeçalhos IP podem ter sidos desprovidos de alguma das informações necessárias. Às vezes, um reenvio da solicitação pode resolver o problema.
Bad File Request	O navegador não suporta o formulário ou outro tipo de codificação que se está tentando acessar. Se seu navegador é de uma geração mais recente, o problema pode estar no servidor.

(Continua)

> **Tabela 15.1** Mensagens de erro HTTP (*Continuação*)

Código do erro e texto	Significado
Failed DNS Lookup	O Serviço de Nomes de Domínio não conseguiu traduzir sua solicitação de domínio para um endereço IP válido. O servidor DNS pode estar ocupado ou fora do ar, ou pode ter sido informada uma URL incorreta. Essa condição normalmente retorna uma página de pesquisa em vez de um erro.
Host Unavailable	Trata-se aqui de um erro retornado pelo navegador do usuário. O servidor do host pode ter caído ou estar cheio de solicitações (talvez devido a um ataque DoS).
Unable to Locate Host	Esse é mais um erro retornado pelo navegador do usuário. O servidor do host caiu, a conexão com a internet foi perdida ou a URL foi digitada incorretamente.
Network Connection Refused by the Server	O servidor web está ocupado.

© Cengage Learning 2014

Por que a web é vulnerável

Os protocolos nos quais a internet está baseada são, por natureza, inseguros. O conjunto TCP/IP contém alguns protocolos seguros; no entanto, a função esperada e o comportamento adequado do TCP e do IP foram desenvolvidos entre pessoas que se conheciam. Com a evolução da internet, o desenvolvimento de aplicações web nos últimos 30 anos procura incluir características mais comercialmente viáveis. Entre elas, uma maior taxa de transferência, permitindo a exibição de multimídia mais complexa, e a transparência de controles, garantindo que até mesmo indivíduos inexperientes ou minimamente treinados possam usar a internet. Também houve avanços significativos nos campos de computação virtual e em nuvem e no uso de **Voz sobre IP (VoIP)**. Embora muitos ainda reconheçam que segurança é um tema importante, velocidade e transparência são os impulsores-chave da internet de hoje, ainda que avanços nesses campos às vezes tornem os sistemas menos seguros. A ausência de uma infraestrutura essencialmente segura, combinada ao conjunto de expectativas do usuário citadas acima, pode facilmente resultar em ataques rápidos, de fácil execução e baratos na web, embora a prevenção ou a detecção desses ataques se tornem cada vez mais complicadas e difíceis.

A maioria dos usuários confia demais na infraestrutura da internet. Uma das razões para isso poderia ser a falta de informação da maioria deles a respeito do suporte estrutural subjacente da web. Organizações contratam especialistas para tapar os buracos conhecidos em sua rede, mas esses profissionais podem ou não possuir a autoridade necessária para isso. O público em geral muitas vezes imagina que, se não possui nada que valha a pena ser roubado, então não há nada a perder. Surpreendentemente, há administradores que parecem acreditar que seus servidores ou sites nunca seriam alvo de um ataque, por serem tão bem protegidos ou insignificantes demais. Na realidade, a internet é composta de software constantemente vasculhado por potenciais agressores à procura de áreas de vulnerabilidade. Há disponível uma grande variedade de ferramentas gratuitas que se destinam a revelar essas fragilidades, destinadas tanto a hackers inexperientes como aos altamente qualificados. Existem, é claro, incidentes em que um hacker escolhe determinado alvo, movido por uma razão específica. No entanto, é igualmente provável que hackers inexperientes apontem essas ferramentas a alvos aleatórios, à procura de aberturas a explorar simplesmente como prova de que eles são capazes disso.

Alguns dos fatores que levam à vulnerabilidade de aplicações e de dados na web são os seguintes:

- Senhas fracas.
- Configurações inseguras de software.
- Facilidade na distribuição de informações sobre novas vulnerabilidades descobertas e suas respectivas formas de exploração.
- Disponibilidade de ferramentas de raqueamento.
- Aumento de oportunidades para atividades criminosas relacionadas com a internet.

Senhas fracas

A internet está repleta de nomes de usuário e senhas. Antes mesmo que possam entrar na internet, os usuários devem sempre fornecer autenticação, o que é justificado pela exigência de "transparência" do uso da web. Ainda que você esteja usando o acesso de T1 e, como usuário, nunca efetivamente perceba essa transação de usuário/senha, seu ISP e seu administrador de LAN estarão cientes das chaves de autenticação de sua organização que permitem seu acesso. Contas DSL empregam aplicações para autenticar seus clientes, enquanto contas de acesso discado fazem uso de nomes de usuários e senhas. Todas as contas de e-mail exigem autenticação de usuário/senha, embora muitos deles utilizem o recurso transparente de "salvar senha" em seus computadores, esquecendo-se até mesmo de ter feito isso. Muitos sites usam esquemas de autenticação, oferecendo níveis variados de segurança. Como usuário, é difícil verificar se um site oferece um sistema de controle de senha robusto. É responsabilidade do próprio site ou, por vezes, do administrador de seu servidor torná-lo um ambiente seguro.

Nesse caso, a única coisa que um usuário final pode fazer para manter sua segurança é escolher um conjunto de senhas fortes. Vale ressaltar que um conjunto de senhas é sempre melhor que apenas uma, já que até a senha mais forte pode ser craqueada se houver tempo suficiente para isso. Um dos erros mais comuns de usuários da internet é a tendência de usarem a mesma senha para garantir acesso a vários sites diferentes. Um cracker pode ser evitado com mais eficiência quando se combina o uso de frases de segurança com o de uma frase exclusiva para cada aplicação. Assim, se uma frase por acaso for comprometida, então só será possível acessar, por exemplo, sua área de compartilhamento de arquivos de música, mas não sua conta bancária on-line ou as de cartão de crédito. Uma frase de segurança ajuda a evitar um ataque do tipo "dicionário", baseado nas palavras que aparecem em um dicionário comum. A frase é normalmente composta por uma combinação de palavras e caracteres especiais, oferecendo uma boa mistura de complexidade e pistas amigáveis, de forma que ajude as pessoas a se lembrar dela depois, se necessário. Um exemplo de boa frase de segurança é "G0od$ecur1ty!". Checar a força de uma senha tem sido um aspecto importante de sistemas de teste de segurança há anos, sendo uma medida útil a um administrador de sistema, bem como um componente significativo de qualquer teste de invasão que se proponha eficaz.

Configurações inseguras de software

Historicamente, os servidores web da Microsoft já chegavam ao consumidor em um estado padrão, no qual os serviços estavam amplamente disponíveis. Esse, no entanto, não é o caso das versões mais recentes, mais alinhadas com o Apache, exigindo que os administradores decidam com clareza quais serviços específicos desejam implementar. Contudo, nem todos os administradores serão sofisticados o suficiente para implementar configurações de sistemas que tornem seus servidores mais seguros. O preço da proteção deficiente de um servidor web pode ser bastante elevado. Em 2012, o tempo médio entre o momento de execução de um servidor inseguro (ou um cliente) na internet e o de sua infecção por um dos milhares de vermes em circulação foi medido em minutos, em vez de horas. A maior parte do tráfego de rede na web não é criptografada. Um farejador de pacotes simples pode descobrir um novo servidor web tão rapidamente quanto tornar sua presença conhecida ao servidor DNS mais próximo.

Todos os meses, cada vez mais novos servidores entram na internet, e o número de usuários cresce a uma taxa ainda maior. Os usuários da internet há muito tempo já não discutem se imagens carregadas de recursos são um bom uso da largura de banda, em favor de aplicações web cada vez mais complexas e sofisticadas, que exigem conhecimento muito especializado para que sejam configuradas corretamente. Cada script ou trecho de código que gera uma nova função ou um recurso diferente vem com um potencial de vulnerabilidade. Se essa discussão lhe parece familiar, é porque é a mesma que tivemos no Capítulo 13, ao avaliarmos a questão de segurança de software. Servidores web possuem um componente de tecnologia no qual o software se apoia, mas eles dependem de software para que essa tecnologia possa trabalhar de forma útil. Cabe aos administradores de sites e de servidores web manter as versões e as respectivas correções sempre atualizadas. Não acompanhar as atualizações de determinado software é uma das maiores fontes de exploração por parte de hackers. Por isso, essa é uma questão tão importante de um teste de invasão eficaz.

Facilidade de distribuição de informações

A internet é acima de tudo uma via rápida para a distribuição de informações. Assim, também as notícias de novas explorações e vulnerabilidades recém-descobertas viajam de forma rápida, ampla e para cada vez mais longe. Existem diversos grupos de usuários e áreas de bate-papo na internet em que hackers se reúnem para comprar, vender e compartilhar os recursos de seus negócios.

Disponibilidade de ferramentas de raqueamento

Tanto os profissionais de segurança de rede quanto os hackers desenvolvem e descobrem a cada dia novas ferramentas e métodos inovadores de ataques, aplicando-as a novos recursos de software e sistemas de segurança. Com sofisticadas ferramentas e técnicas, são capazes de monitorar constantemente a internet, em busca de novas conexões. Sistemas recém-conectados à internet muitas vezes não estão configurados corretamente, tornando-se suscetíveis a ataques maliciosos.

Ferramentas de segurança de redes disponíveis para atacar (ou testar) um sistema ou uma rede se tornaram mais eficazes, fáceis de usar e acessíveis ao público geral. As interfaces de usuário dessas ferramentas, mesmo as das baseadas em Windows, tornam possível brincar com raqueamento sem que seja necessário muito conhecimento sobre sistemas operacionais ou sobre as complicações do uso de linha de comando. Mesmo aqueles sem grandes competências técnicas ainda são capazes de invadir sistemas vulneráveis. Certas ferramentas capacitam um hacker a examinar programas em busca de vulnerabilidades, mesmo sem o código-fonte. Essas ferramentas são projetadas para ajudar os administradores de sistemas na identificação de problemas, mas hackers podem usá-las justamente para explorar esses problemas, invadindo esses sistemas. Houve uma grande melhora em automação nas ferramentas usadas por hackers, permitindo-se coletar informações sobre milhares de hosts web com muita rapidez e um mínimo de esforço. Tornou-se possível o escaneamento remoto de redes inteiras, identificando hosts web individuais com fraquezas específicas.

Algumas ferramentas podem até mesmo automatizar ataques múltiplos, como um de negação de serviço (DoS). Um invasor pode também usar um farejador de pacotes para obter senhas em um roteador ou firewall. Esse agressor será capaz, então, de desabilitar filtros no firewall e de ler dados de um servidor seguro.

As ferramentas utilizadas para explorar as vulnerabilidades web incluem as seguintes:

- Escaneadores de rede.
- Ferramentas de craqueamento de senha.
- Farejadores de pacotes.
- Programas cavalo de Troia.
- Ferramentas para modificar arquivos de log do sistema.
- Ferramentas para modificar automaticamente arquivos de configuração do sistema.

Aumento de oportunidades para atividades criminosas relacionadas à internet

A cada ano, um número crescente de pessoas ganha acesso à internet, assim como a conexão rápida por meio de cabos ou DSL também está aumentando. O aumento das vendas de dispositivos móveis contribuiu para o crescimento de usuários de internet, combinado com a disponibilidade de conexão sem fio pública em grande parte das áreas urbanas.

Infelizmente, o número de pessoas suficientemente treinadas, ou até mesmo de autodidatas, capazes de explorar as vulnerabilidades dos sistemas supera o de profissionais de segurança encarregados de defender as redes corporativas. Em sua maioria, os crackers não são programadores muito sofisticados tecnicamente, mas são pessoas que conseguiram todas as peças que, segundo eles próprios, são necessárias para compreender a topologia, a segurança, os protocolos e as operações de rede. Os ataques mais populares na internet são os feitos por vermes e vírus, muitas vezes trabalho de hackers que acabaram de iniciar suas operações. Raqueamentos muito prejudiciais ainda são raros, sendo geralmente trabalhos internos às corporações. O aumento no número de crackers em busca de formas de explorar as fragilidades de novas aplicações eleva a pressão sobre as empresas de desenvolvimento de software. Como resposta, foram criados grupos de recursos a fim de oferecer suporte ao profissional de segurança de software, como o **Projeto Aberto de Segurança em Aplicação Web (OWASP)**.

Vulnerabilidades de servidores web

Existem centenas, talvez até milhares, de variedades de softwares de servidores web. Muitos deles são programados de forma especializada, focada em uma única implementação restrita, e os dois mais utilizados são o Apache e o Servidor de Informação da Internet (IIS), da Microsoft. Os melhores números disponíveis atualmente a respeito das populações de servidores web são os fornecidos pela Webcraft, uma empresa britânica de serviços de internet. Em seu relatório, o Apache representa 64,91% dos servidores web usados em janeiro de 2012 (*http://news.netcraft.com/archives/2012/01/03/january-2012-web-server-survey.html*). A Microsoft ficou radicalmente para trás, com uma fatia de mercado de 14,46%. Esse tipo de estatísticas é bastante útil aos hackers, que se tornam cientes das chances em seu favor quando uma nova vulnerabilidade relacionada ao Apache surge no horizonte. Existem inúmeras razões para que um servidor web seja considerado vulnerável. Essas fragilidades podem ocorrer devido a erros de engenharia e de projeto ou apenas por uma falha na implementação do servidor. Entre as vulnerabilidades de servidor web mais importantes, citam-se as seguintes:

- Redes inseguras.
- Hardware inseguro.

- Ameaças de pessoas internas.
- Falhas nas ferramentas de administração dos sites.
- Falhas na aplicação ou no desenvolvimento de protocolos.
- Falhas no software do sistema operacional.

Redes inseguras

Quando a rede de uma organização não é segura, nenhuma transmissão de dados, seja por meio da internet ou da rede local (LAN), é segura. Usuários que tenham acesso a essa rede podem interceptar mensagens com o uso de farejadores de pacotes. A maior parte do tráfego não criptografado, incluindo nomes de usuários e senhas, mensagens de e-mail, solicitações de páginas web e chamadas VoIP, é vulnerável a um farejador definido dentro do segmento de rede.

Hardware inseguro

Se o hardware do servidor web não estiver protegido contra acessos físicos não autorizados, nenhuma segurança de software será suficiente para proteger seus dados. Um servidor web em um cômodo sempre aberto ou em alguma área comum, a que todos os usuários tenham acesso, não é seguro. Depois de dez minutos sem monitoramento, um cracker pode ser capaz, com as ferramentas certas, de reconfigurar totalmente um servidor, deixando-o livre para raqueamento externo mais tarde. Na grande maioria dos casos, por maior que seja a proteção implementada contra ameaças externas à rede, nada pode salvar a organização de uma violação interna de segurança.

Ameaças de pessoas internas

Há um mito corrente que diz que intrusos externos à rede são os responsáveis pela maioria dos crimes de invasão. Descontando os ataques por vermes e vírus, em geral autoperpetuados, os crimes de informática mais eficientes originam-se justamente no âmbito das organizações. Em uma organização, é um erro supor que todos os que tenham acesso aos recursos do sistema seguirão suas diretrizes de segurança. É fácil adulterar documentos. Assim como a polícia, os CFOs e outros encarregados, de uma forma ou de outra, da proteção de uma organização, administradores de rede também podem ser induzidos a adaptar ou a quebrar suas promessas de defender a lei ou as políticas de sua empresa. Esses profissionais são muito mais capazes de concluir uma exploração bem-sucedida do que aqueles que não possuem acesso direto à rede ou conhecimento especializado. Entre os motivos que os levam a essas ações estão o tédio, a curiosidade, um desafio, uma forma de vingança ou alguma recompensa financeira. Uma organização de grande porte pode ter vários servidores web diferentes, destinados a suas divisões de marketing, contabilidade e vendas, por exemplo. Qualquer um desses servidores pode ser atacado por funcionários, consultores ou fornecedores que trabalhem dentro da empresa.

Falhas nas ferramentas de administração dos sites

Websites são projetados para ser dinâmicos, e o conteúdo de um site bem-sucedido deve ser atualizado e renovado frequentemente. Portanto, um servidor que hospede um desses sites também deve ser monitorado de forma contínua. Um administrador de servidor web deve monitorar arquivos de log a fim de obter informações sobre os usuários que visitam o site: os tipos de navegadores usados por eles, seus acessos FTP (especialmente uploads) e quaisquer adições inesperadas de novos arquivos e diretórios a áreas dentro da estrutura do site. Conhecer a demografia dos usuários e os softwares usados por eles ajuda o administrador a configurar adequadamente o site, para que este funcione cada vez melhor. Se determinado navegador ou sistema operacional é usado por 38% dos visitantes de um site, é razoável testar esse site naquele navegador ou SO, garantindo o acesso e o uso corretos aos usuários. Se grande parte dos usuários vem de dois países em especial, com diferentes bases linguísticas, um administrador pode considerar fazer uma bifurcação no site (ou seja, copiar e converter o código-fonte), para que ele se torne amigável a ambos os idiomas. No mínimo, nesse caso seria recomendável que se fizesse uma pesquisa a fim de descobrir se o segundo maior grupo linguístico deseja ter acesso a uma área do site em seu idioma. Se novos diretórios estão sendo adicionados ao site, é possível que alguém esteja acrescentando páginas de destino para explorações de phishing. Quando esse tipo de problema é notado pelo administrador do site, ele é extremamente simples de resolver. Por outro lado, ataques assim, quando não percebidos, podem resultar em um risco à reputação da organização, ou até mesmo envolvê-la em alguma atividade ilegal.

Administrar localmente um servidor torna mais simples manter as ferramentas de administração seguras. O desafio de garantir a segurança das ferramentas de administração é sempre maior quando o servidor é configurado para permitir administração remota ou quando se dá permissão a vários administradores de host de diversos sites. Administradores de sites diferentes podem monitorar o mesmo servidor web. Dessa forma, o servidor acaba tendo de permitir edição e criação remotas. Alguns sites são atualizados a partir de um computador cliente na rede local do próprio servidor, enquanto outros o acessam por meio da internet. Quanto mais fácil for o acesso autorizado aos sites, mais fácil se tornará o acesso por usuários não autorizados a partes do servidor web em que esses sites estão hospedados.

Falhas na aplicação ou no desenvolvimento de protocolos

Quando um software é projetado, nem sempre a segurança é a prioridade máxima do desenvolvedor. Alguns desenvolvedores de software adotam o processo de codificação em fases com a intenção de se preocupar com controles de segurança em etapas posteriores do desenvolvimento. Esse tipo de estratégia em geral produz um software com vulnerabilidades inesperadas, uma vez que os componentes de segurança foram um elemento adicional ao projeto, em vez de algo fundamental ao longo do desenvolvimento do software.

Protocolos definem regras e convenções para que computadores se comuniquem por meio de uma rede. Assim, se um protocolo apresenta uma falha fundamental de projeto, torna-se vulnerável a vários ataques, e basicamente para sempre. Cada vez que uma nova aplicação é desenvolvida usando-se esse protocolo defeituoso, a mesma falha deve ser corrigida. Um exemplo é o estouro de buffer decorrente de uma falha de projeto nas linguagens C e C++; como essas linguagens são a base de quase todos os sistemas operacionais usados como plataformas para servidores web, o estouro de buffer é uma vulnerabilidade potencial para todos esses sistemas operacionais.

Falhas no software do sistema operacional

Todos os softwares de sistema operacional possuem vulnerabilidades devido à natureza do ciclo de vida de um software, às linguagens utilizadas para programá-lo, à filosofia e ao foco das empresas de desenvolvimento. Um software de sistema é algo muito complicado, destinando-se a fornecer a base necessária a todo o software das camadas de aplicação e de apresentação subsequentes.

A Figura 15.1 mostra a arquitetura básica de todos os projetos de sistema operacional. O sistema operacional e o núcleo (onde as chamadas são originadas) repousam no coração do sistema como um todo, logo acima do hardware; a seu redor, colocam-se as aplicações, cercadas, por sua vez, pelas interfaces. Um usuário não interage diretamente com um sistema operacional, mas por meio de duas camadas de abstração. Há algumas questões a respeito desse assunto, como se os drivers de dispositivos são separados do núcleo (arquitetura de micronúcleo, como em AIX e AmigaOS) ou se são incorporados (arquitetura monolítica, como em Linux, Windows e UNIX), mas essa discussão está além do escopo deste texto.

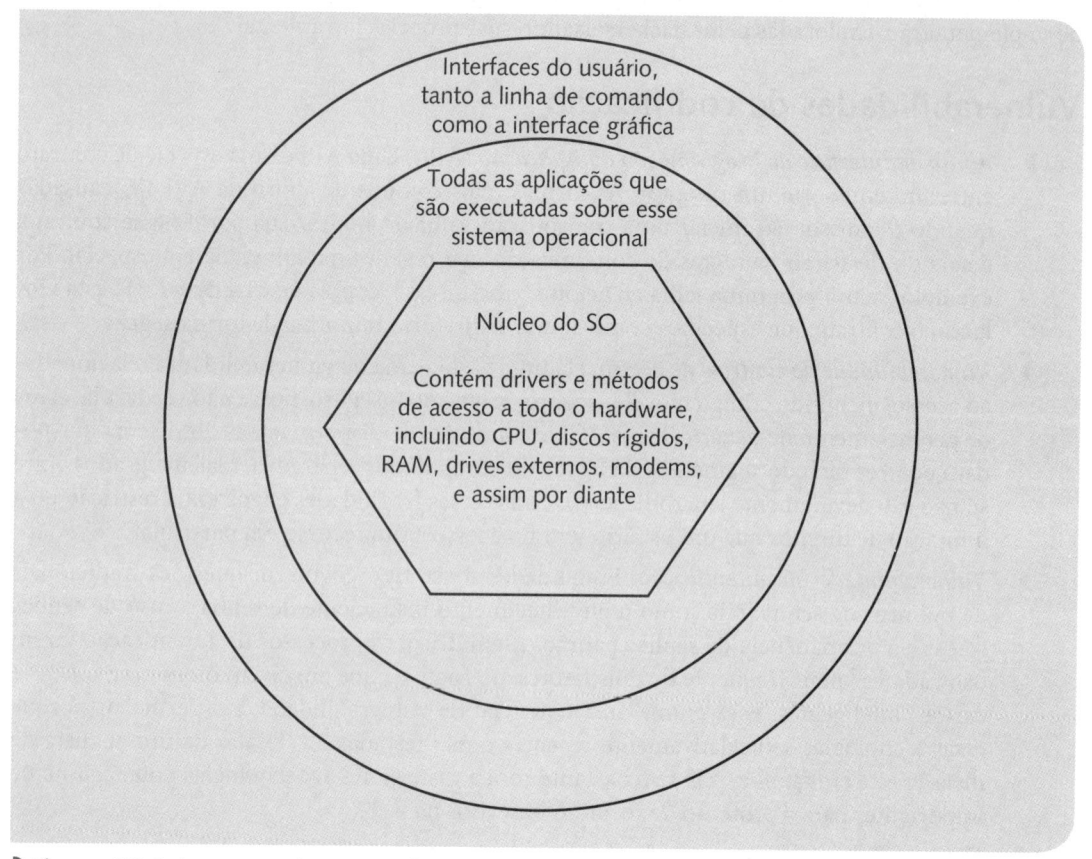

Figura 15.1 Arquitetura de computador.
© Cengage Learning 2014

A Figura 15.1 mostra que o software de sistema é a fundação sobre a qual até o melhor software de aplicação repousa. Já que o software de sistema, como o de aplicação, está sujeito a limitações de tempo, de ênfase na transparência e de facilidade de uso, a mesma questão de a segurança ser uma reflexão tardia no processo de desenvolvimento se aplica nesse caso.

Na arquitetura de sistema do Windows, os serviços de rede e os recursos de configuração remota são habilitados por padrão, e as políticas de acesso a arquivos do sistema são liberais. Esse é um resquício de quando o Windows era projetado como uma interface gráfica ao usuário para o Microsoft DOS. O Windows integrou a GUI e o sistema operacional em disco, criando um grande pacote indivisível, a ponto de o DOS ser hoje (no Windows Server 2000 e versões posteriores) uma máquina virtual, operando como uma aplicação sobre o sistema operacional. Sistemas UNIX e Linux, por outro lado, foram criados como modos operacionais multiusuários e multiprocessos. Dessa forma, eles já vêm com segurança de redes integrada. (Sistemas de rede são desabilitados por padrão, exigindo a instalação e a configuração antes de ser usados.) A Microsoft cada vez mais segue esse modelo, fornecendo servidores e hosts que exigem habilitação dos serviços. Ao exigir que um administrador decida ativar determinado serviço, o nível de risco envolvido nesse processo é menor que em versões antigas do Windows, quando os administradores tinham de perder tempo desativando serviços indesejados. A identificação das diferenças de vulnerabilidades de segurança existentes entre as diversas versões de sistemas operacionais é uma das funções da fase inicial de levantamento, ou "enumeração", de um teste de invasão.

As fragilidades do software de sistema podem ser divididas entre as categorias de codificação e de implementação, exploradas pelos hackers usando suas próprias ferramentas.

Vulnerabilidades de codificação

- *Abuso da Interface de Programação da Aplicação (API)*. Uma API é uma espécie de contrato entre um emissor e um receptor. As formas mais comuns de abuso da API são causadas quando o emissor, ao iniciar uma transmissão, falha ao honrar sua parte nesse contrato, deixando de seguir as regras de comunicação que regem uma atividade em especial. Por exemplo, se um programa falha ao acionar chdir( ) depois de chroot( ), está violando o contrato que especifica como alterar o diretório raiz ativo de forma segura.

- *Vulnerabilidade de controle de acesso*. Há uma vasta gama de vulnerabilidades relacionadas ao acesso, incluindo código móvel inseguro, privilégio inseguro, posse não verificada, erros de gerenciamento de usuário, erros ACL e condições de disputa (falhas do sistema que podem ocorrer quando segmentos da lógica do computador separados, mas integrados entre si, não são devidamente sincronizados). Todas essas fragilidades envolvem a restrição ou a limitação de direitos que um usuário tem no acesso a um recurso em particular.

- *Vulnerabilidade na autenticação*. Fragilidades desse tipo envolvem questões tradicionais de políticas de senha, tais como o envelhecimento insuficiente de senha, o uso de senhas fracas e a permanência de senhas padrão. Além disso, os processos de autenticação fazem uso cada vez mais frequente de dois fatores alternativos que envolvem biometria: tokens e cartões inteligentes. Essa é uma área potencial de vulnerabilidade, em particular porque essas tecnologias são relativamente recentes e não testadas. O desafio de um analista de invasão está em familiarizar-se o bastante com a vasta gama de tecnologias potencialmente importantes para a proteção de recursos baseados na web.

- *Vulnerabilidade de permissão de código*. Refere-se a controles fracos de acesso no código. Por exemplo, um método ou uma variável pode ser public( ) em vez de private( ).

- *Vulnerabilidade de qualidade de código*. A baixa qualidade de um código pode levar o programa a um comportamento imprevisível. Na perspectiva do usuário, isso pode aparecer mera usabilidade ruim, mas um invasor pode usar essa fragilidade como oportunidade para estressar o sistema das mais inesperadas formas.

- *Vulnerabilidade criptográfica*. Uma vulnerabilidade comum está no controle usado para manter a chave criptográfica protegida. Alguns algoritmos de criptografia são ferramentas poderosas, mas foram criados a partir de chaves protegidas com nada mais que uma simples senha fraca. Versões mais antigas de criptografia podem se basear em algoritmos que usam um comprimento de chave mais curto, o que os torna mais vulneráveis a ataques de força bruta.

- *Vulnerabilidade ambiental*. Essa categoria abrange tudo o que é externo ao código-fonte, como uma configuração insegura de compilador, a falta de segurança física da embalagem e problemas no processo de entrega.

- *Vulnerabilidade no tratamento de erro*. Um código pode tomar duas atitudes diante de um erro em um processo: tratar o erro mediante um processo secundário que se destine a isso ou parar o processo principal. Há uma vulnerabilidade no tratamento de erro quando o processo falha e não é finalizado de forma adequada.

- *Vulnerabilidade de erro de lógica geral.* Um erro de lógica é um bug em um programa que leva a resultados ou operações inesperados, mas não a uma falha geral. Erros de lógica são em geral os mais difíceis de ser depurados, justamente porque não fazem o programa falhar por completo. O Capítulo 13 cobriu revisões de código e ferramentas disponíveis para se envolver em um desenvolvimento desse tipo. Erros de lógica às vezes estão além da capacidade das ferramentas de revisão de código existentes, sendo normalmente descobertos por um ser humano, antes ou depois que uma parte do software já tenha sido entregue. Uma técnica comum para resolver erros de lógica, uma vez que tenham sido descobertos, é imprimir as variáveis do programa, seja em um arquivo ou no monitor, a fim de isolar o problema no código.
- *Vulnerabilidade de validação de entrada.* A vulnerabilidade de validação de entrada mais comum é o estouro de buffer, quando dados orientados a um campo específico excedem o espaço reservado à entrada desse campo, sobrepondo-se à memória adjacente. O estouro acaba sendo executado em outras áreas da RAM, substituindo ponteiros de dados que levariam a subfunção de volta à função chamadora.

Vulnerabilidades de implementação

- *Configuração imprópria de acesso ao servidor web.* Em um servidor físico, um servidor web é tratado como um usuário do sistema operacional e do hardware. Ele possui certas exigências de direitos e privilégios de acesso, assim como um usuário humano qualquer. Um servidor web configurado corretamente tem apenas os direitos e os privilégios necessários para operar de forma eficaz.
- *Privilégios administrativos.* Se o perfil de usuário do servidor web tem privilégios administrativos, ou está executando como root em um sistema UNIX/Linux, qualquer usuário é capaz de acessar todos os arquivos no servidor físico, dos arquivos particulares aos protegidos, incluindo os de sistema.
- *Contas de usuário padrão.* Certas vulnerabilidades podem ser criadas pela existência de contas padrão, como a do usuário "convidado" em servidores Windows ou as de aplicações instaladas posteriormente no servidor, sobretudo se essas contas são esquecidas pelos administradores do sistema. Uma grande variedade de recursos web é capaz de identificar essas espécies de backdoors, às vezes integradas aos dispositivos pelos próprios fabricantes. Contas assim devem ser desativadas ou excluídas, caso não estejam sendo usadas.

  Outro problema decorrente de contas padrão é o causado quando os administradores configuram todos os novos usuários com a mesma senha. Na maioria dos casos, esse tipo de prática é inofensivo, tornando inclusive a vida mais fácil. No entanto, e se algum usuário resolve configurar a conta de quem nunca fez login, alterando sua senha padrão? Outra fragilidade importante é a que resulta de configurar as contas de forma que os usuários nunca sejam obrigados a alterar suas senhas.

  Analisadores de protocolos de rede podem entregar a um invasor a lista de usuários que nunca fizeram login. Isso acaba criando um ponto de vulnerabilidade bastante significativo. O hacker pode, por exemplo, usar engenharia social para se aproveitar dessa prática como parte de um plano maior para comprometer um servidor ou site.
- *Permissões de arquivo configuradas incorretamente.* Sistemas operacionais multiusuários normalmente usam o esquema de privilégios para defender a segurança dos usuários em uma rede. Todos os usuários de determinada rede têm uma conta associada a uma política de acesso de grupo. Cada uma dessas contas está atrelada a um conjunto definido de direi-

tos e privilégios, baseados nas diretrizes do grupo ou em sua função, somadas a especificidades de acesso individuais. Algumas contas podem permitir, por exemplo, o direito de ler ou escrever em certos arquivos, de abrir conexões de rede ou de acessar os drivers de dispositivo. Políticas de grupo facilitam a configuração de usuário. No entanto, se um usuário for acidentalmente associado a um grupo cujas permissões ele não deve ter, isso poderá causar problemas de segurança. Além disso, se um grupo tiver seus direitos de acesso ampliados devido a requisitos de um indivíduo específico, cada novo membro desse grupo também terá esse privilégio adicional. Em organizações que usam os serviços de diretório, há uma tendência de que a autenticação e as atividades de controle de acesso sejam estendidas a aplicações corporativas, ao acesso remoto e ao acesso a recursos baseados em internet ou intranet. Para isso, usam-se tecnologias "simplificadas" de assinatura, cada vez mais disponíveis por meio do Active Directory e de aplicações similares.

Proteção contra vulnerabilidades de aplicações web

Esta seção detalha algumas medidas que você pode tomar para proteger seu servidor web contra explorações. Observe que tanto o servidor físico quanto a arquitetura de rede, o sistema operacional do servidor e a aplicação do servidor web devem ser protegidos. Também devem ser atualizados e protegidos diversos sistemas e aplicações necessários em seu servidor, como o Ambiente em Tempo de Execução Java, softwares de hospedagem web, o PHP, a infraestrutura Visual Basic.NET, o JAS, servidores Cold Fusion e aplicações de e-mail, além de muitas outras aplicações web com foco específico. Espera-se que algumas de suas soluções de segurança possam abranger as áreas em que essas aplicações atuam.

Mantendo o sistema operacional e o servidor web em segurança

Servidores web são tradicionalmente instalados em uma **zona desmilitarizada (DMZ)**, ou seja, uma zona neutra entre a LAN privada e a rede pública de uma organização. Essa zona é projetada para impedir que usuários externos tenham acesso direto a quaisquer servidores internos ou a estações de trabalho que contenham dados confidenciais. Isso protege a LAN confiável de invasões a seu servidor web, sejam elas feitas por alguém de dentro da rede ou por um intruso. No entanto, apenas isso não é o suficiente para proteger, por si só, o servidor web de ataques nascidos na rede.

Além de instalar uma DMZ, devem ser verificadas todas as configurações padrão do sistema operacional e do servidor web. Todos os perfis de usuário padrão devem ser desativados ou excluídos, e os serviços que o servidor não precisa manter em execução devem ser desligados ou até mesmo desinstalados. Os grupos de usuários devem ser modificados para garantir que os usuários autorizados tenham somente o nível de privilégio necessário para que executem as funções a eles atribuídas. Devem ser desligados o Telnet e o FTP anônimos. Recomenda-se o uso de serviços codificados, como o shell seguro (SSH) e o FTP autenticado. O firewall de rede deve ser configurado de forma que ignore as conexões HTTP para todas as portas, exceto as HTTP e HTTPS, e as atualizações das correções do sistema operacional devem ser automatizadas para que sejam instaladas assim que estiverem disponíveis.

Monitorando o servidor para atividades suspeitas

Deve-se entender como o tráfego suspeito funciona, monitorando-se os logs do sistema para isso. Com o Snort instalado no servidor, é possível procurar por ataques de assinatura. Isso fornece monitoramento automatizado constante, o que alertará um ser humano se um ataque parecer iminente. Também é uma boa ideia instalar alguns scripts que procurem por ataques no servidor. O Snort pode ser usado como base, adicionando-se a ele filtros em busca de novas explorações. A integridade de arquivos de senha e de entradas de registro pode ser mantida com o uso de scripts ou de ferramentas como o Tripwire, executadas sem supervisão.

Controlando o acesso a documentos confidenciais

O número de usuários que têm acesso como administrador ou em nível de root deve ser limitado. Somente deve ser permitida a administração remota se esta for criptografada via shell seguro. O acesso de usuário deve ser autenticado por meio de painéis de controle de GUIs construídas no software de hospedagem para empresas que fornecem esses serviços a si mesmas ou a outras organizações.

É uma boa prática manter as páginas web em um servidor dentro da rede confiável, fazendo de lá todas as alterações necessárias. Em seguida, uma vez feitas as alterações, é possível carregar as páginas web para o servidor público por meio de uma conexão SSL. Isso impedirá que a LAN fique exposta por ao menos um instante e dará uma "versão book" completa do site, caso o servidor público caia por qualquer motivo. Atualizar um servidor de backup, se o servidor público falhar ou tiver sido comprometido, será algo rápido.

Configurando facilidades remotas de autoria e administração

Facilidades remotas de autoria e administração permitem que um administrador monitore as atividades de um usuário em uma máquina privada de desenvolvimento. Permitem também que ele mantenha um registro de logs do servidor web em uma máquina protegida. Se os logs são guardados no servidor web ou em uma máquina separada, é recomendável que eles estejam criptografados.

Protegendo o servidor web em uma LAN

Antes de conectar o servidor web à internet, vale certificar-se de que ele tenha sido protegido e não possa ser usado como uma área intermediária para atacar os outros computadores da rede. Se for possível, deve-se colocar o servidor web em uma DMZ ou instalar um firewall de hardware entre ele e o restante da LAN.

Se a organização tiver vários servidores web e eles forem mantidos por diferentes departamentos, as relações de confiança que possam existir entre eles devem ser removidas. Caso um dos servidores seja atacado com sucesso, a falta dessas relações de confiança irá diminuir o risco de que outros servidores também sejam comprometidos.

Verificando problemas de segurança

Periodicamente, vale escanear o servidor web com ferramentas como o Nmap ou o Nessus, a fim de verificar se há novas vulnerabilidades em potencial. Um firewall de software, como o Zone Alarm Pro, pode ser adicionado a uma máquina Windows para controlar qualquer tráfego interno imprevisto e monitorar conexões inesperadas ao servidor web. Essas são as mesmas ferramentas que um hacker usaria para descobrir potenciais áreas de vulnerabilidade, o que é mais um exemplo da enorme importância da permissão e intenção na diferenciação entre raqueamento ético e malicioso.

Vulnerabilidades dos navegadores web

Para o lado do cliente, as questões são fundamentalmente as mesmas que as do lado do servidor. Adulterações físicas e fragilidades do sistema operacional existem e devem ser controladas; no entanto, para a maioria dos usuários, o foco principal é o navegador web. Ele é a principal porta de acesso aos recursos da internet e, por isso, o primeiro lugar em que aparecem as vulnerabilidades do cliente. A fonte mais comum de explorações dos navegadores web é a adulteração física. Em casa ou no trabalho, a melhor maneira de evitar esse tipo de problema é usar a proteção por senha e sempre bloquear a tela quando o computador estiver sozinho.

Arquivo cache

Quando um site é acessado, o navegador recebe dados do servidor web e os interpreta como uma página exibível, como um arquivo de música ou como arquivos de outro tipo; em seguida, apresenta os dados de acordo com o melhor de sua capacidade. Um exemplo: em uma página HTML habitual, o código recebido para que seja exibida uma palavra em itálico é Palavra; o navegador exibe esse código como *Palavra*.

Tudo o que é acessado na internet é copiado para um arquivo cache no computador cliente. Como forma de economizar tempo e largura de banda, sempre que o usuário volta a um site web, o navegador irá primeiro comparar a página no servidor com o arquivo em cache. Se os arquivos forem idênticos, o navegador exibirá simplesmente o arquivo em cache, em vez de baixá-lo mais uma vez do servidor. (Um usuário pode forçar que o navegador faça um novo download da página clicando no botão Recarregar ou Atualizar.)

Os dados guardados pelo navegador em arquivos cache, arquivos de histórico ou favoritos podem representar uma ameaça quando acessados por alguém com a intenção de reunir informações sobre o usuário. Essas informações dão ao invasor uma boa ideia dos hábitos de navegação do usuário, levando até a listas de nomes de usuário e senhas para sites de acesso controlado.

Se o navegador suportar extensões HTML 3.0 e Java e não estiver configurado de modo correto, arquivos de histórico, cache e outros poderão ser copiados do disco rígido e enviados diretamente ao servidor do invasor usando Java, JavaScript ou ActiveX. Estes rootkits, uma vez carregados em um sistema, poderão ser usados depois no ataque a outros recursos existentes atrás do firewall da LAN.

Arquivo de histórico

A caixa de diálogo do arquivo de histórico em um navegador contém informações relacionadas a todas as páginas visitadas pelo usuário em um período de tempo definido por ele. Quaisquer consultas feitas por meio de ferramentas de busca também são armazenadas nesse arquivo. Além disso, ele inclui informações sobre formulários salvos em páginas web. O arquivo de histórico pode, assim, incluir detalhes de cartão de crédito, nomes de usuário e até mesmo senhas.

A Figura 15.2 mostra a aba "Privacidade" da caixa de diálogo "Opções" no Firefox.

Favoritos

Os favoritos são semelhantes aos arquivos de histórico, já que armazenam informações sobre as páginas web visitadas; no entanto, eles não expiram, ao contrário dos arquivos de histórico.

Às vezes, quando um site que requer a inserção de uma senha é marcado como favorito, por conveniência o nome de usuário e a senha provavelmente são armazenados na cache, dando-se a opção de salvá-los ao usuário. Um agressor que invada a máquina na qual essas credenciais estão armazenadas pode ser capaz de acessar e comprometer esses sites de ingresso controlado.

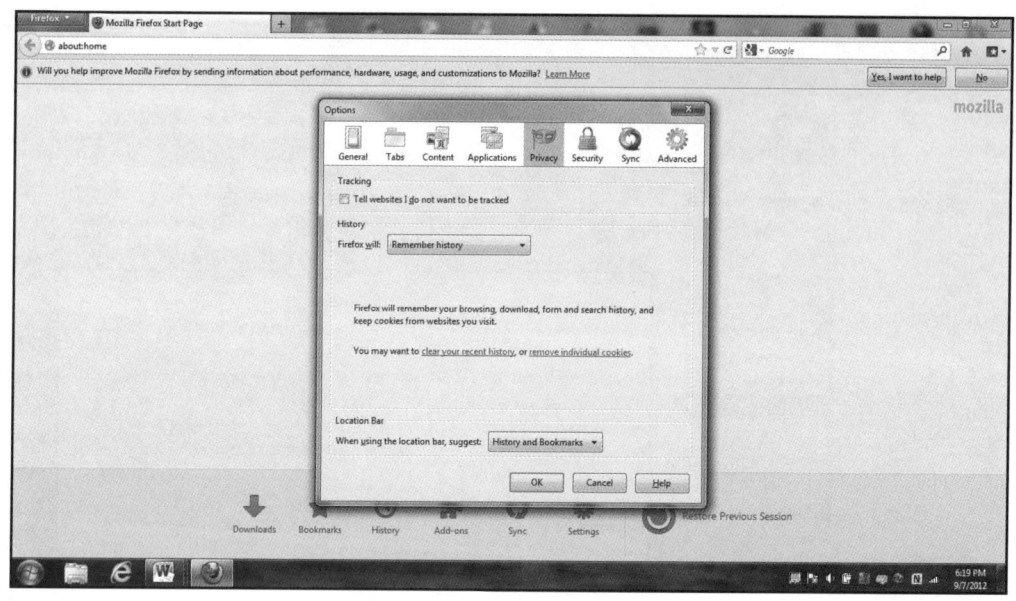

Figura 15.2 Aba Privacidade no Firefox.
Fonte: Firefox

Cookies

Cookie é um pequeno arquivo de texto armazenado em um computador por servidores web, com informações sobre a última sessão de visita a determinado site. Cookies armazenam informações do link e podem salvar nomes de usuário e senhas de alguns sites para que o usuário possa voltar a eles em um curto espaço de tempo e não ter de se autenticar novamente.

Existem dois tipos de cookies:

- *Cookies de sessão.* Esses são cookies temporários, apagados quando o navegador é fechado no final da sessão. Um visitante que retornasse ao site seria percebido como se aquela fosse sua primeira visita. Cookies de sessão mantêm seu estado enquanto o usuário estiver conectado ao site, conservando um controle das páginas visitadas e os marcadores coloridos de links clicados ou não.

- *Cookies persistentes.* Esses são cookies que permanecem em um disco rígido até serem especificamente apagados ou até expirarem. A permanência de um cookie em um disco rígido depende do tempo programado para isso pelo site visitado. Cookies persistentes podem ser usados por anunciantes para controlar o comportamento de usuários na internet. Atualmente, há na rede um tipo de supercookie que não expira, cujo uso vem sendo inclusive questionado por organizações de respeito à privacidade. A legislação federal norte-americana tem sido elaborada em relação a isso, o que restringiria o uso indiscriminado desses novos cookies; no entanto, ainda não há proibições formais decretadas.

A Figura 15.3 ilustra a localização dos arquivos de cookie no computador de um usuário Linux, juntamente com um exemplo de conteúdo de um cookie. Observe que o navegador e o sistema operacional são visíveis perto do topo do arquivo cookies.txt. O diretório .mozilla geralmente está escondido. Um invasor precisaria saber tornar visíveis os arquivos e os diretórios ocultos para que pudesse roubar as informações de lá.

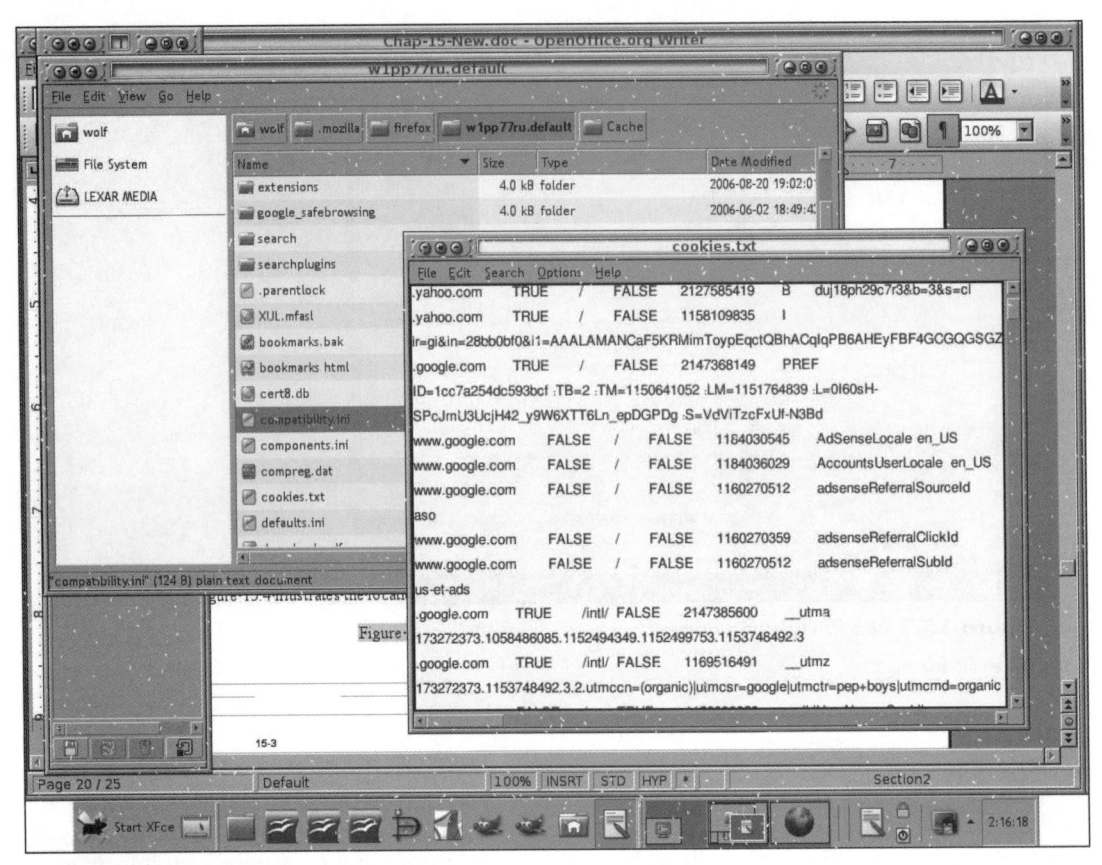

Figura 15.3 Arquivo de cookie do Linux.

Fonte: Linux

Localização da cache de arquivos da web

A informação da cache está localizada em vários diretórios, dependendo do sistema operacional, do navegador e de suas versões. Geralmente a memória é armazenada em uma subpasta do diretório de trabalho do navegador web. Em um host com Windows 7, os Arquivos Temporários da Internet podem ser encontrados via painel de controle, como parte das opções de internet. Em uma máquina com Windows 2000 ou XP, o diretório de Arquivos Temporários da Internet também pode ser localizado no diretório C:/Documents and Settings/username/Local Files/Temporary Internet Files. O diretório de Arquivos Locais normalmente é uma pasta oculta. Para mostrar todas as pastas, o usuário deve acessar Iniciar, Painel de Controle, caixa de diálogo Opções de Pasta. Em seguida, deve clicar em Visualizar e, depois, na apropriada caixa de seleção com a opção de mostrar arquivos e pastas ocultos. Clicando-se em Aplicar, fecha-se a caixa de diálogo Opções de Pasta.

Feito isso, o usuário deve abrir a caixa de diálogo Opções da Internet a fim de ajustar como o Internet Explorer irá lidar com as informações da cache do sistema. Um navegador pode ser configurado para atualizar a memória cache toda vez que uma página for visitada, sempre que o Internet Explorer for iniciado, automaticamente ou nunca. Por padrão, todas as informações das páginas serão armazenadas na cache automaticamente, a não ser que o navegador seja configurado de outra forma.

Informação do navegador

Sempre que um usuário faz login em um site, o navegador automaticamente envia uma série de informações. Por isso, as credenciais de login enviadas a um servidor web podem comprometer a privacidade de um computador. O objetivo dessa funcionalidade é permitir que o servidor envie apenas o nível de conteúdo que seja visível naquela situação específica, considerando-se a configuração de hardware e software do usuário final. No entanto, ela também pode ser usada por um invasor que queira explorar uma fragilidade conhecida para aquela versão de navegador em especial, rodando em determinado sistema operacional. Essa é, de fato, uma informação muito útil para invasores. Um dos sites usados por quem deseja adquirir informações de navegadores web é o BrowserSpy (*www.gemal.dk/browserspy*). Esse site é capaz de fornecer todos os tipos de informações detalhadas sobre um host, bem como um navegador.

Cada vez que um site é visitado, o navegador envia automaticamente os seguintes dados ao servidor web, no qual eles podem ser compilados e analisados:

- Endereço IP do host.
- Versão do navegador.
- Idioma do navegador.
- Arquivos que o navegador aceita.
- Caracteres que o navegador aceita.
- Codificação do navegador.
- Nome do usuário.
- Porta HTTP do computador.

As seguintes informações sobre as configurações de um computador também podem ser obtidas caso o JavaScript esteja ativado no navegador do usuário:

- JVM ou plug-ins Java.
- Senha FTP.
- Resolução atual.
- Máxima resolução.
- Versão.
- Profundidade de cor.
- Plataforma.
- Fontes sem serrilhado.

Explorações de ID de sessão

Uma vez que uma conexão tenha sido estabelecida com um servidor, o usuário fornece informações de autenticação: nome de usuário, senha ou quaisquer outros detalhes da conta. Com base nesses dados, uma sessão é estabelecida entre o computador do usuário e o servidor. Nesse momento, um ID de sessão é gerado e enviado ao cliente, sendo usado como uma chave entre o computador cliente e o servidor. Isso garante que o usuário se comunique com o servidor até que a sessão expire. Com base no ID de sessão, o computador cliente ganha acesso a um conjunto de serviços naquele servidor. O ID de sessão mantém as informações de estado do usuário até que a sessão expire ou até que um dos lados a encerre. Se o ID de sessão expirar antes da hora, o usuário deve restabelecer a sessão com o servidor, caso queira novamente acessar seus serviços.

Um cenário típico envolvendo um ID de sessão seria um usuário que deseja transferir certa quantidade de dinheiro de um banco por meio de uma conta on-line. Para transferir corretamente o valor, o usuário precisa primeiro estabelecer uma conexão com o servidor do banco. Apenas quando uma sessão é estabelecida entre os dois, o usuário será capaz de executar a transação com o servidor.

Às vezes, ainda que uma sessão já tenha expirado, os servidores permitem que o mesmo ID seja usado na próxima abertura de sessão entre cliente e servidor. Nesse caso, os procedimentos iniciais de configuração para que se estabeleça uma sessão entre cliente e servidor são ignorados. Quando o computador cliente envia o mesmo ID ao servidor, este pode simplesmente aceitá-lo e usá-lo para a nova sessão, economizando, assim, um tempo considerável de configuração inicial.

Quando uma sessão é reutilizada dessa forma, todos os controles de acesso, com base nas informações do cliente, são dados ao usuário, supondo-se que a sessão original já tenha feito as verificações de autenticação necessárias. Um invasor pode tirar proveito desse comportamento do servidor para acessar os detalhes da conta, tomando emprestada a chave de sessão e estabelecendo uma conexão. O servidor, nesse caso, reconhece o ID de sessão e o aceita como válido. Em seguida, fornece acesso a seus serviços, admitindo que aquela sessão tenha sido solicitada por um usuário legítimo. Quando um usuário não autorizado consegue acesso a uma máquina ou usa um farejador na rede, essa é uma forma de obter detalhes da conta de uma vítima.

Essa vulnerabilidade afeta servidores que oferecem suporte à reutilização de sessão e quando há vários hosts virtuais servidos por um único servidor. Os hosts virtuais podem usar diferentes verificações de cliente/servidor, algumas das quais incluem pouca ou nenhuma verificação.

Por exemplo, uma memória cache de web ou um servidor proxy que não estejam configurados de forma correta podem armazenar o cabeçalho do cookie inicial, ou até mesmo o cookie propriamente dito. Portanto, um usuário não autorizado que solicita a mesma URL do servidor pode acabar obtendo informações da cache em vez de estabelecer uma nova conexão, adquirindo com isso a sessão de outro usuário em solicitações subsequentes. Como consequência, o usuário não autorizado acessa o site usando detalhes de um usuário válido porque o navegador lhe oferece a sessão como foi deixada pelo usuário original, caso este não a tenha finalizado corretamente.

Proteção de navegador web

Hackers são capazes de aprender muito a respeito de indivíduos e organizações graças às vulnerabilidades de seus navegadores. Um site pode capturar informações sobre sistemas operacionais, navegadores, endereços de e-mail, nomes de hosts e últimos sites visitados, valendo-se de várias opções de login. Para se proteger de diversas fragilidades do navegador, as precauções a seguir devem ser consideradas.

A memória cache deve ser desativada, ou o espaço destinado a ela deve ser definido como 0. Isso exigirá que o navegador sempre carregue a página da internet, ainda que isso possa reduzir o desempenho do sistema. Como alternativa, o navegador pode ser configurado para limpar a cache sempre que for fechado, e deve-se checar o sistema de arquivos para ver se ele realmente está fazendo isso. Uma característica interessante do Windows 2000 e de versões posteriores desse sistema operacional é que os Arquivos Temporários da Internet são mantidos em subdiretórios que não são visíveis no lado direito do Windows Explorer, somente no esquerdo. Isso significa que um usuário sempre deve usar a opção Explorar quando quiser visualizá-los. Essa situação acontece mesmo que o sistema esteja configurado para tornar todos os arquivos e pastas visíveis, incluindo arquivos ocultos de sistema. O Internet Explorer nem sempre apaga esses arquivos duplamente escondidos, seja no final de uma sessão ou antes de visitar um site.

Além disso, o Histórico deve ser definido para manter-se salvo por "zero" dia; ou, melhor ainda, para que o arquivo seja excluído no final de cada sessão.

Não é aconselhável que páginas vulneráveis sejam marcadas como favoritas nem que se salvem senhas. Deve-se limpar o arquivo de cookies e definir que o arquivo cookie.txt seja somente de leitura. Outro passo seria desativar o suporte a JavaScript e os cookies em um navegador, ainda que isso pudesse acabar sendo um pouco irritante, já que impediria que o usuário tivesse uma visualização correta de alguns sites e muito menos que usasse muitos outros. Uma medida menos drástica seria usar o Firefox como navegador padrão, configurando-o para aceitar apenas cookies de sites confiáveis ou do site de origem e definindo a segurança de internet como Alta, exigindo que todos os scripts peçam permissão antes de ser executados.

Resumo do capítulo

- Os protocolos nos quais a internet se baseia são inseguros. Hoje em dia, a velocidade de banda e a transparência são as forças motrizes do desenvolvimento dos softwares de internet, geralmente à custa da segurança.
- Enquanto a ausência de uma infraestrutura essencialmente segura, combinada ao conjunto de expectativas do usuário citadas acima, pode resultar em ataques rápidos, de fácil execução e baratos na web, a prevenção ou a detecção desses ataques se tornem cada vez mais complicadas e difíceis.
- Fatores que levam a vulnerabilidades de dados e aplicações web incluem senhas fracas, configurações inseguras de software, informações prontamente disponíveis sobre novas vulnerabilidades e formas de exploração, disponibilidade de ferramentas de raqueamento cada vez mais sofisticadas e o crescente número de pessoas com acesso à internet com a intenção de usá-la com propósitos maliciosos.
- Existem centenas, talvez milhares, de programas de servidores web. Muitos são programados de forma personalizada, para fins específicos, incluindo os mais populares: Apache e Microsoft IIS.
- Vulnerabilidades de servidores incluem rede insegura, hardware inseguro, ameaças de pessoas internas à rede, falhas nas ferramentas de administração de sites, falhas na aplicação ou no desenvolvimento de protocolos e falhas no software do sistema operacional.
- As vulnerabilidades do software de sistema podem ser divididas em duas categorias, exploradas pelos hackers usando suas próprias ferramentas: codificação e implementação.
- Diversas camadas exigem proteção relacionada a serviços web: o servidor físico, a arquitetura da rede, o sistema operacional, a aplicação do servidor web e quaisquer sistemas e aplicações adicionais necessários no servidor.
- Entre as ações tomadas para a proteção de servidores web estão aumentar a segurança do sistema operacional e do servidor, monitorar o servidor em busca de atividades suspeitas, controlar o acesso a documentos confidenciais, proteger o servidor em uma LAN e sempre verificar a rede em busca de riscos à segurança.
- As principais vulnerabilidades de navegadores web incluem interferências físicas, fragilidades no sistema operacional e outras inerentes ao navegador.
- Os hackers podem aprender muito a respeito de indivíduos e organizações graças às vulnerabilidades de seus navegadores. Um site é capaz de capturar informações sobre sistemas

- operacionais, navegadores, endereços de e-mail, nomes de hosts e últimos sites visitados por meio de várias opções de login.
- Um ID de sessão serve como uma espécie de chave entre computador cliente e servidor. Às vezes, quando uma sessão expira, os servidores permitem que o mesmo ID seja usado no estabelecimento da próxima sessão, pulando a etapa de configuração inicial. Um invasor pode usar esse fato para acessar informações sobre o usuário emprestando a chave de sessão e conectando-se ao servidor.
- Para se proteger das várias vulnerabilidades do navegador, use proteções de senha, bloqueie a tela quando deixar o computador sozinho, desabilite a cache, configure as preferências do Histórico para salvar por "zero" dia, não marque páginas vulneráveis como favoritas, não salve senhas e delete os cookies. Como alternativa, use o Firefox como navegador padrão, configurando-o para aceitar cookies somente de sites confiáveis ou do site de origem e ajustando o nível de segurança da internet para Alta.

Questões de revisão

1. De que forma colocar um servidor web em uma DMZ pode protegê-lo de ameaças de rede?
2. Quais as cinco classes de ataques possíveis a um servidor web?
3. Se cookies são tão perigosos, por que os servidores web legítimos não suspendem seu uso?
4. Um ID de sessão de um servidor web pode ser roubado na internet?
5. Dê um motivo válido para que os servidores sejam configurados para coletar informações sobre seus visitantes.
6. Wget é uma ferramenta que pode ser usada no acesso a arquivos HTTP, HTTPS e FTP na internet. Verdadeiro ou falso?
7. Namedroppers é uma ferramenta usada para capturar informações do servidor web e identificar possíveis fragilidades em páginas de um site, o que pode permitir explorações como injeção de SQL e estouros de buffer. Verdadeiro ou falso?
8. Alguns cookies são potenciais causadores de problemas de segurança porque usuários negligentes podem neles armazenar suas informações pessoais, usadas posteriormente em ataques a um computador ou servidor. Verdadeiro ou falso?
9. Para limitar a quantidade de informação que sua companhia torna pública, você precisa ter uma boa noção sobre o que um concorrente faria para descobrir seus dados confidenciais. Verdadeiro ou falso?
10. Ataques a uma rede normalmente começam com a coleta de informações do site de uma companhia. Verdadeiro ou falso?
11. O método HTTP CONNECT inicia um loopback remoto na camada de aplicação da mensagem de requisição. Verdadeiro ou falso?

Relacione cada termo com a sentença correta abaixo.

a. HTTP 400 Bad Request
b. HTTP 403 Forbidden
c. HTTP 404 Not Found
d. HTTP 405 Method Not Allowed
e. HTTP 408 Request Timeout
f. HTTP 500 Internal Server Error

g. HTTP 502 Bad Gateway
h. HTTP 503 Service Unavailable
12. Solicitação não entendida pelo servidor.
13. Servidor recebeu uma resposta inválida de um servidor acima dele na hierarquia de rede.
14. Solicitação não permitida para o recurso.
15. Servidor não está disponível devido a manutenção ou sobrecarga.
16. Solicitação não pode ser cumprida pelo servidor.
17. Solicitação não foi feita pelo cliente no tempo esperado.
18. Servidor entende a solicitação, mas se recusa a obedecer a ela.
19. Incapaz de corresponder à solicitação.

Projetos práticos

É importante que aqueles que se envolvam nesses projetos entendam as implicações legais de suas atividades. Habilidades nessa área devem ser usadas com cuidado. No servidor Linux principal há diversas aplicações web vulneráveis para ser testadas (versões de aplicações não corrigidas com vulnerabilidades já conhecidas e assim por diante). Não é ilegal procurar por versões de aplicações web ou servidores na internet, mas pode violar a lei executar uma exploração contra um servidor que não esteja sob seu controle. Testes de invasão éticos devem ser feitos mediante uma permissão assinada para isso. Historicamente, seguradoras que começaram seus testes antes de obter as devidas permissões já foram levadas ao tribunal por raqueamento criminoso.

Em geral, hackers primeiro vasculham sites de segurança em busca de novas vulnerabilidades e formas de explorações. Em seguida, procuram na web sites com aquela vulnerabilidade particular. Especialistas em segurança, com permissão dos clientes ou de seus empregadores, fazem a mesma coisa, mas focando especificamente nos sites que pertencem àqueles que solicitaram seus serviços ou são controlados por eles.

PROJETO 15.1

O XXS, também conhecido como CSS, é o alvo mais comum de ataques a aplicações web, superando até o estouro de buffer. Isso possivelmente se dá por existirem muitos novos sites construídos em torno de Microsoft.NET, PHP, Cold Fusion, Java Server Pages e outros. Neste projeto, procuraremos por sites que usam diferentes aplicações, buscando suas assinaturas na web. As páginas entregues por aplicações guiadas por dados não são iguais às que as produzem originalmente.

No google.com, pesquise:

```
document.location.href='index.php'
```

1. Esse é um trecho de código da página do portal Mambo, ou Joomla PHP. Pesquisá-lo no google.com trará um bom conjunto de resultados, mas é muito mais proveitoso pesquisar no code.google.com, como a seguir:

```
http://code.google.com/hosting/
```

PROJETO 15.2

A pesquisa a seguir produzirá arquivos xls contendo os termos "login" e "password". Veja se você consegue encontrar cinco sites assim. Grave os sites que encontrar em um documento de texto e envie-o a seu instrutor.

```
"login: *" "password: *" filetype:xls
```

Atenção: Essa é uma pesquisa legal; no entanto, utilizar ou transferir a informação encontrada nela é algo antiético e provavelmente ilegal.

CAPÍTULO 16

Vulnerabilidades do Windows

Depois de ler este capítulo e realizar os exercícios, você será capaz de:

- Descrever os sistemas operacionais Windows.
- Explicar as vulnerabilidades dos Servidores Windows 2008/XP/Vista/7/8.

A segurança das aplicações executadas em um computador depende, em parte, da segurança do sistema operacional principal. Atualmente, os sistemas operacionais mais usados são o Microsoft Windows, o Mac OS e o Linux. Em servidores maiores, os sistemas operacionais mais frequentes são as várias versões de UNIX.

A Microsoft tem sido alvo de hackers há um bom tempo, e existem muitas razões para isso. Entre as motivações principais, citam-se as diferenças políticas relativas às regras de propriedade intelectual. Outro grande motivo é que as primeiras versões do Windows eram menos seguras, dada a filosofia original da Microsoft de que suas máquinas seriam dispositivos autônomos e com apenas um usuário, como torradeiras ou aparelhos de televisão. No entanto, talvez a maior razão para o nível de interesse em raquear a Microsoft seja sua grande fatia de mercado. Com os surpreendentes recursos de interface gráfica do usuário dos sistemas operacionais Windows e os eficazes instrumentos de marketing da Microsoft (em comparação com o estilo em geral acadêmico adotado por outros provedores de sistema operacional), o Windows tornou-se rapidamente o padrão de milhões de PCs, uma tendência ainda evidente hoje em dia. Aqueles que são capazes de encontrar explorações significativas em sistemas da Microsoft estão aptos a ganhar grande reconhecimento na comunidade hacker.

Sistemas operacionais Windows

Os sistemas operacionais Windows mais importantes são:

- Windows XP.
- Windows Vista.
- Windows Server 2008.
- Windows 7.
- Windows 8.

Cada um deles será discutido nas seções a seguir.

Windows XP

Windows XP (WinXP) é um sistema operacional multiusuário e multitarefa baseado no Windows 2000. Foi originalmente lançado em 2001 e atualizado em 2004 com o Service Pack 2, que incluiu melhorias significativas na segurança do sistema operacional, se comparado às versões anteriores do Windows. Existem versões "casa" e "trabalho" do XP, chamadas de XP Home e XP Professional, respectivamente. Há algumas diferenças significativas entre as duas, sendo o Windows XP Home uma versão reduzida do Windows XP Pro. O Service Pack 2 trouxe melhorias como a adição do firewall Windows, bem como uma mudança na filosofia geral, incluindo a entrega do software com os serviços desativados por padrão. Com essa melhoria na segurança e um melhor apoio a redes sem fio, o Windows XP Pro começou a mostrar algum potencial real.

Windows Vista

A Microsoft lançou o Windows Vista, um sistema operacional para computadores, laptops e dispositivos móveis, em janeiro de 2007. Espremido entre o Windows XP e o Windows 7, o Vista foi construído de acordo com a tendência crescente de que cada vez mais recursos de segurança serem implementados. Essa política começou em 2002, quando Bill Gates anunciou sua Iniciativa de Computação Confiável (TCI) em resposta aos pedidos de clientes por mais atenção à segurança. Antes de 2002, o foco da Microsoft estava na usabilidade de seus sistemas operacionais, garantindo aos clientes o que eles desejavam ter, sendo isso o melhor a fazer do ponto de vista de segurança ou não. A rápida substituição do Windows Vista pelo Windows 7, lançado em 2009, deveu-se, em parte, à publicidade relativamente pobre do Windows Vista e à sua falta de aceitação pelo público geral. Grande parte dos usuários ficou presa ao Windows XP, em vez de aceitar as questões de propriedade intelectual e de restrições de licenciamento (além de outras "características") associadas ao Windows Vista.

Windows Server 2008

Windows Server 2008 (Win2K8) foi desenvolvido depois do Windows Server 2003, sendo destinado estritamente ao uso empresarial. Por ter sido construído usando o Windows Vista como base, tem muitas semelhanças com essa versão, incluindo algumas relacionadas à segurança. Foi comercializado pela primeira vez em fevereiro de 2008. O Windows Server 2008 vem em cinco versões: standard edition, enterprise edition, data center edition, web server edition e uma edição especial para processadores baseados no Intel Itanium 64 bits.

Windows 7

Lançado em 2009, o Windows 7 destinava-se tanto a usuários domésticos quanto empresariais. Cada nova versão dos sistemas operacionais da Microsoft visa a melhorar a versão já existente. No caso do Windows 7, introduzido depois do Windows Vista, os objetivos de melhorias eram relativamente modestos, concentrando-se sobretudo em garantir que nada se quebraria ao serem adicionados aprimoramentos de desempenho e processamento. O Windows 7 apresenta seis versões; no entanto, apenas três delas estão disponíveis para a compra em varejo: Home Premium, Professional e Ultimate. As demais só estão acessíveis no mercado para pré-instalação por fabricantes de equipamentos originais (OEMs).

Windows 8

O Windows 8 é o mais recente sistema operacional lançado pela Microsoft. Embora desenvolvido para ser usado por clientes de PC, todos os indícios sugerem que ele tenha sido projetado especialmente para tablets e outros clientes móveis. Lançado em outubro de 2012, o Windows 8 afasta-se de forma significativa das versões anteriores do Windows. Assim, a grande quantidade de alterações à estrutura base do sistema operacional não permitiu que fossem avaliados todos os seus recursos de segurança, considerando-se o momento da escrita deste livro. Ainda que a recepção do público tenha sido menos entusiasmada do que o esperado, a impressão geral é de que a grande diferença entre o funcionamento dos sistemas Windows 7 e Windows 8 cria uma curva de aprendizagem bastante elevada. A resposta ao Windows Vista foi ficar com o Windows XP; no entanto, a Microsoft parece estar menos inclinada a favorecer esse tipo de decisão dos usuários dessa vez, fornecendo poucas opções para que estes evitem o uso dessa nova versão do sistema operacional.

Vulnerabilidades no Windows Server 2008/XP/Vista/7/8

Atualmente, o Server 2008, o XP, o Vista, o 7 e o 8 são as versões predominantes do sistema operacional Windows, embora o Server 2012 tenha sido lançado no mercado em setembro de 2012 e possa assumir a liderança nos próximos anos. Todos esses sistemas operacionais são úteis para a construção de diversos aspectos das redes, desde as domésticas, de host único, às grandes redes corporativas. Todas as versões possuem recursos e interfaces para aqueles que estão acostumados com o ambiente Windows, mas cada uma tem suas características particulares, adequadas a situações específicas. O suporte da Microsoft para esses sistemas operacionais, em termos de fornecimento de novos patches de segurança, normalmente termina quando uma versão atualizada do sistema operacional é disponibilizada.

Embora cada versão do Windows apresente alguma melhoria no que diz respeito à segurança, o Server 2008, o XP, o Vista, o 7 e o 8 não são totalmente seguros com suas configurações de instalação padrão, como acontece com todas as versões anteriores dos sistemas da Microsoft. A menor negligência de um administrador pode tornar esses sistemas operacionais extremamente vulneráveis. Além das vulnerabilidades já existentes, novas falhas sempre aparecem. Os administradores de sistemas Windows devem manter-se sempre vigilantes, seguindo ativamente todas as medidas possíveis para garantir a proteção a suas redes.

Existem várias fragilidades nos sistemas Server 2008, XP, Vista, 7 e 8. Algumas delas são comuns a todos os sistemas operacionais Windows, enquanto outras são específicas de apenas um ou dois deles.

Senhas

Como o sigilo em relação às senhas é um fator muito importante para a segurança de qualquer sistema, algoritmos de criptografia e valores hash são usados para protegê-las.

A maneira mais fácil de quebrar a segurança de uma senha no Windows 2000 ou em versão posterior é usando um programa de gravação de senha, que pode redefinir a senha de administrador como uma senha em branco. Se a senha pode ser substituída, torna-se desnecessário decifrá-la. Esse é, inclusive, o dispositivo que os próprios administradores de rede usariam, já que a discrição não é uma característica dessa ferramenta.

O Windows 2000 e aplicações posteriores armazenam senhas na forma de valores hash em um banco de dados chamado de **Gerenciador de Contas de Segurança (SAM)**. O sistema operacional bloqueia o banco de dados SAM, tornando impossível sua leitura de dentro de um sistema Windows. No entanto, os hackers possuem à disposição certas ferramentas de craqueamento de senhas capazes de acessar o banco de dados SAM para decifrá-las. A essa altura, hackers já podem importar senhas do registro do Windows de um computador-alvo, mas só podem fazê-lo se o acesso remoto ao registro estiver habilitado em tal computador. Também é possível copiar o arquivo do banco de dados SAM e, depois, usar o cracker de senhas sobre ele. Hackers podem iniciar um sistema operacional a partir de uma versão portátil (também conhecida como **Disco de Sistema**) de um sistema operacional que suporte o Sistema de Arquivos de Nova Tecnologia (NTFS) e, em seguida, copiar o arquivo SAM do computador-alvo. É importante salientar que somente hackers que tenham acesso físico ao computador-alvo do ataque poderão usar esse método para a obtenção de senhas.

O sistema de arquivos NTFS é mais seguro que o FAT32, associado às versões mais antigas do Windows.

O utilitário SYSKEY da Microsoft protege as senhas contra atividades de craqueamento. Ele criptografa as senhas de acordo com um algoritmo de 128 bits, tornando muito difícil que elas sejam decifradas. O utilitário é ativado por padrão no Windows 2000 e em sistemas operacionais mais recentes. Contudo, craqueadores de senha mais atuais, como o Cain & Abel, podem decifrar a criptografia de 128 bits.

Um programa chamado pwdump3 dá acesso remoto ao banco de dados SAM em um computador no qual o utilitário SYSKEY estiver ativo. No entanto, para que o pwdump3 seja usado, os hackers precisam ter privilégios de administrador no computador-alvo.

Apesar de todos os sistemas operacionais Windows, desde o NT 4.0, serem suscetíveis a essa vulnerabilidade, privilégios administrativos ainda são necessários para explorá-la. Por esse motivo, os administradores de sistemas devem sempre ser cuidadosos a respeito dos usuários aos quais concedem direitos de acesso quando se trata de sistemas operacionais Windows 2000 ou de suas versões posteriores. As contas administrativas devem ser protegidas com senhas fortes, e a maior parte do uso dos computadores deve ser feita por usuários com níveis de privilégios inferiores.

Contas padrão

No momento da instalação, o Windows Server 2008 cria uma conta padrão com o nome "Administrador". Por padrão, a senha de acesso a essa conta é uma entrada em branco. Ninguém pode excluir a conta de administrador de um computador com Windows Server 2008, mas é possível alterar sua senha no momento da instalação. Devido a uma melhoria de segurança em relação às versões anteriores do Windows, essa conta é desabilitada por padrão, exigindo que um administrador habilite-a como parte do processo de instalação.

Para obterem acesso a um sistema-alvo em que esteja sendo executado um sistema operacional Windows, os hackers tentam usar a conta nomeada como Administrador. Para evitar essa vulnerabilidade, os usuários podem também alterar o nome da conta de Administrador para outro qualquer. Depois de mudado o nome, deve ser criada uma nova conta denominada Administrador, mas sem privilégios de acesso especial.

O Windows Server 2008 e os sistemas operacionais posteriores também criam uma conta padrão, dando a ela o nome de "Convidado" a fim de permitir que usuários casuais acessem o sistema. Essa conta também tem uma senha em branco por padrão. Se habilitada, os hackers podem usá-la como forma de acessar um computador com Windows Server 2008, XP ou Windows 7. Na configuração padrão, contas de convidados também são desativadas, e por isso devem ser ativadas antes do uso, caso necessário.

A principal desvantagem de contas padrão terem nomes conhecidos é que isso facilita a vida de um cracker de senhas. Se um agressor potencial precisa lidar com nomes de usuário e senhas desconhecidos, a dificuldade envolvida em seu ataque se multiplica.

Compartilhamento de arquivos

Arquivos em uma pasta podem ser compartilhados de forma que permita que sejam acessados por outros usuários na rede. Nos Windows Server 2008, XP e 7, os usuários podem compartilhar arquivos em uma pasta usando a caixa de diálogo Propriedades. Para abrir essa caixa de diálogo, deve-se clicar com o botão direito no ícone da pasta a ser compartilhada e, em seguida, selecionar a opção de compartilhamento no menu de atalho.

Depois de exibida a caixa de diálogo Propriedades, seleciona-se a opção "Compartilhar esta pasta" para habilitar o recurso de compartilhamento. A configuração padrão para o compartilhamento é "acesso total", o que representa um risco considerável. Para definir as permissões de forma mais ativa, deve-se clicar no botão "Permissões" na caixa de diálogo Propriedades. O nível de acesso total significa que qualquer usuário da rede pode alterar o conteúdo dos arquivos na pasta compartilhada. O acesso pode ser restringido com base nos privilégios de certo usuário ou grupo e, por uma questão de segurança, é importante que os direitos de acesso sejam efetivamente definidos, em vez de se manterem as configurações padrão de compartilhamento.

Registro do Windows

O Windows 95 foi a primeira versão do Windows a usar um registro, embora não tenha sido essa a fonte de todas as suas informações de configuração de sistema, como é o caso do WinNT 4.0 e de seus sucessores. Alterar as configurações no registro sem compreender os efeitos desse procedimento pode facilmente tornar inoperante uma instalação do Windows.

O registro do Windows NT 4.0 e de sistemas operacionais posteriores armazena informações do sistema e as relacionadas a usuários sob diferentes chaves. Exemplos dessas chaves são as HKEY_LOCAL_MACHINE e HKEY_USERS. Registros mal configurados levam a falhas que permitem a hackers acessar computadores Windows. Uma vulnerabilidade crítica no registro é a relacionada às informações armazenadas quando o usuário faz uma ação de login. O registro mantém essas informações em uma chave como a HKEY_LOCAL_MACHINE\SOFTWARE\Microsoft\Windows\CurrentVersion\Run. Como o registro do Windows pode armazenar informações em mais de um local, é importante que o administrador esteja ciente de uma possível redundância.

Automaticamente, todos os usuários de um computador XP têm acesso ao SetValue sobre essa chave do registro. Esse acesso permite que qualquer usuário do sistema faça modificações. Portanto, mesmo um usuário sem privilégios de administrador pode alterar essa chave a fim de obter acesso não autorizado. Um verme que infecta o computador, por exemplo, pode adicionar entradas à chave. Para impedir que hackers explorem essa vulnerabilidade, o acesso ao SetValue deve ser restrito a apenas alguns usuários específicos, como os administradores.

Relações de confiança

Os sistemas operacionais Windows Server 2008, XP e 7 autenticam apenas os usuários que acessam os recursos de dentro do domínio. Mesmo assim, todos esses sistemas operacionais têm uma característica comum, conhecida como relação de confiança. Essa funcionalidade permite aos usuários autenticados por um domínio do Windows acessar recursos em outro domínio sem a necessidade de ser novamente autenticados por ele. O domínio que confia em usuários de outro é conhecido como "domínio confiante", enquanto o domínio de origem dos usuários já autenticados é chamado de "domínio confiável".

Esses sistemas operacionais autenticam os usuários por meio da verificação da existência de seus Identificadores de Segurança (SIDs) na lista de controle de acesso. Cada usuário ou grupo possui um SID específico. As listas de controle de acesso armazenam SIDs e os respectivos direitos de usuário relacionados a cada um deles. Todos os vários recursos em uma máquina Windows mantêm sua lista de controle de acesso. Sempre que um administrador do sistema concede direitos a um usuário para que este faça uso de determinado recurso, a lista de controle de acesso correspondente é atualizada com o SID e os níveis de privilégio do usuário em questão. Quando alguém tenta acessar um recurso específico, o sistema operacional compara o SID desse usuário com os armazenados na lista de controle de acesso do recurso, concedendo o direito de uso somente a usuários autorizados.

Quando o usuário de um domínio confiável tenta acessar um recurso em um domínio confiante, este último permite que a autenticação de usuários seja feita pelo próprio domínio confiável. Se este autentica o SID do usuário com sucesso, o domínio confiante permite o acesso ao recurso sem nenhuma necessidade de reautenticação.

Há um risco de um cracker poder raquear uma rede e adicionar SIDs não autorizados à ACL desse domínio. Como o domínio confiante não exige qualquer autorização, se os hackers são bem-sucedidos nessa atividade, podem ser capazes de nele acessar recursos críticos sem qualquer evidência de que não estão autorizados a isso.

São necessários privilégios de administrador no domínio confiável para que um hacker possa explorar essa vulnerabilidade. Além disso, esses agressores precisam de forte conhecimento técnico para alterar as funções e as estruturas de dados de baixo nível do sistema operacional. Para inserir SIDs em um sistema operacional Windows, os hackers devem ser capazes de desenvolver programas personalizados que permitam a modificação dos detalhes de autenticação.

Estouro de buffer do visualizador do Windows Server 2008

Apesar do fato de estouros de buffer quase sempre serem evitáveis, esse tipo de fragilidade continua a afetar os mais diversos softwares, incluindo as versões mais recentes do Windows. De acordo com detalhes fornecidos pelo CVE, um recurso de avaliação de vulnerabilidades de segurança baseado na web *(www.cvedetails.com/vulnerability-list/vendor_id-26/product_id-11366/version_id-77959/year-2012/opgpriv-1/Microsoft-Windows-Server-2008.html)*, em 2010 foram identificadas 11 diferentes vulnerabilidades que permitiriam a um hacker produzir um estouro de buffer nos sistemas operacionais Windows Server 2008 e Windows 7. Em 2011 também eram 11 as vulnerabilidades relacionadas ao estouro de buffer. Em agosto de 2012, foram descobertas outras duas que se relacionavam com a capacidade de o arquivo msvcrt.dll (biblioteca C++ padrão) ser comprometido, usando-o para criar um arquivo de mídia manipulado. Como acontece com quase todas as vulnerabilidades de software, falhas como essas normalmente são reparadas por meio da distribuição de um patch do sistema. No entanto, também é verdade para quase todas as fragilidades de software que existem administradores que, por negligência ou descuido, falham ao aplicar os patches no momento adequado. Assim, um hacker ainda pode se dedicar a examinar vulnerabilidades tempos depois de os respectivos patches serem devidamente disponibilizados.

Vulnerabilidades para obter ou elevar privilégios

As vulnerabilidades mais frequentes nos sistemas operacionais modernos do Windows são as relacionadas à obtenção de permissões ou ao aumento da abrangência de permissões já dadas a certos usuários. Na verdade, essas fragilidades somam quase 50% das razões para o desenvolvimento e a distribuição de novos patches e, portanto, são úteis aos hackers, permitindo o uso de engenharia social ou outros meios não técnicos para ter acesso de baixo nível a uma rede. Usando uma combinação de ferramentas técnicas e de engenharia social, é possível que hackers elevem seus níveis de privilégios, permitindo a intensificação de seus ataques e o acesso a recursos não disponíveis em contas de usuário com níveis de privilégios mais baixos. Espera-se que um administrador ou uma pessoa treinada em TI seja menos vulnerável à engenharia social ou a outras vias de agressão, tornando mais difícil para um hacker externo obter o ambiente necessário a seu ataque em uma rede por meio dessa via.

Entre as várias versões dos sistemas operacionais Windows, o Vista apresentou um número especialmente significativo de vulnerabilidades relacionadas a permissões elevadas. Em 2012, elas representaram 38% de todas as vulnerabilidades referentes a essa versão, superadas apenas por fragilidades de execução de código, que somaram 39%.

As vulnerabilidades que criam uma abertura potencial para um hacker obter privilégios mais elevados variam de acordo com a forma como são criadas e exploradas. Em 2010, foram descobertas 20 vulnerabilidades relacionadas a privilégios elevados. Em 2011, esse número explodiu para 63 erros de código, exigindo o desenvolvimento de patches para corrigi-los. Até agosto de 2012, 14 patches já tinham sido distribuídos para solucionar erros de código que poderiam resultar em privilégios elevados. O mais recente desses patches incluía a correção de erros nos drivers win32k.sys de modo kernel, que permitiam a um hacker explorar os recursos de retorno de chamada usados na validação de um host.

Com o Windows 8, a Microsoft alega ter melhorado ainda mais a segurança de seus sistemas operacionais. Até janeiro de 2013, cinco novas vulnerabilidades tinham sido descobertas no código, sendo três relacionadas à execução de código e duas a problemas de estouro de buffer e de privilégios elevados. Isso sugere que essas áreas vão continuar sofrendo com as maiores vulnerabilidades, fazendo delas um foco importante de um teste de invasão que envolva sistemas operacionais Windows.

Falha de serviço RPC

O serviço de Chamada Remota de Procedimento (RPC) dos sistemas operacionais Windows não valida entradas submetidas ao processamento. Essa vulnerabilidade permite que hackers neguem serviços legítimos do sistema aos usuários.

Hackers podem facilmente enviar solicitações RPC com entradas inválidas a computadores que executam sistemas operacionais Windows. Quando um computador recebe essas entradas inválidas, elas são processadas pelo sistema operacional. Dependendo de sua natureza, entradas como essas podem até fazer que serviços do sistema parem por um tempo. Para minimizar as chances desses ataques, sempre devem ser instalados em computadores Windows os pacotes de serviços mais recentes.

Vulnerabilidade do registro MX no SMTP

Em 2010, foi descoberto que, devido à forma como o Windows resolve registros MX relacionados ao DNS, existe um tipo de fraude que pode ser potencialmente criado usando-se um ID de transação previsível. Isso poderia levar a uma série de possíveis vulnerabilidades, incluindo falsificação de DNS ou envenenamento de sua cache.

Vulnerabilidades de execução de código

Outra área de fragilidade em sistemas operacionais Windows modernos corresponde às falhas de execução de código, que representam 33% dos casos identificados. Em 2010 foram descobertas 23 dessas vulnerabilidades, seguidas por 14 em 2011 e mais 9 apenas no primeiro semestre de 2012. Vulnerabilidades desse tipo são causadas por erros na programação, que criam aberturas para que hackers injetem malware, permitindo a exploração dos sistemas. Como exemplo, uma das mais recentes vulnerabilidades de execução de código consiste em uma falha na forma como o Protocolo de Desktop Remoto do Windows (RDP) lida com a memória. Essa falha permite a um hacker injetar um código que pode ser usado para dar acesso a um objeto não corretamente inicializado. Existem literalmente milhares de aplicações constituindo um sistema operacional moderno. Cada uma delas potencialmente contém áreas de vulnerabilidade que podem ser usadas seja para comprometer um estreito pedaço de um sistema operacional, seja para, às vezes, dar amplo acesso aos componentes da rede.

Foi descoberto que o Windows 8 contém duas vulnerabilidades de execução de código apenas alguns meses depois de seu lançamento, em 2012, o que mais uma vez sugere que essa continuará sendo uma área a ser observada em testes de invasão feitos em ambientes Windows.

Resumo do capítulo

- O Microsoft Windows é o sistema operacional pré-instalado mais comum do mundo.
- A segurança das aplicações executadas em um computador depende da segurança do sistema operacional principal. Como ocorre com todos os sistemas operacionais, novas falhas de segurança aparecem em sistemas Windows a cada dia.
- A crença de que o Windows é menos seguro que outros sistemas operacionais deriva, em parte, da onipresença do Windows no mercado e da filosofia base do projeto original desse sistema, que definia o papel dos computadores como dispositivos autônomos e relacionados a apenas um usuário. Na verdade, o kernel do Linux possui um número significativamente maior de vulnerabilidades reportadas que qualquer sistema operacional do Windows.
- Entre os principais sistemas operacionais do Windows estão os XP, Vista, Server 2008, 7 e 8. Enquanto este livro estava sendo escrito, o Windows Server 2012 tinha acabado de ser lançado; por isso, esse sistema ainda não tinha sido examinado o suficiente para que suas vulnerabilidades pudessem ser aqui analisadas. O Windows Vista, que não foi bem recebido pelo público, desempenha um papel cada vez menor nas organizações hoje em dia e, com o tempo, seguirá o caminho das versões anteriores do Windows, sendo desprovido de suporte e disponibilidade.
- Algumas das principais áreas de vulnerabilidade que afetam um ou mais dessas versões dos sistemas operacionais Windows são: segurança de senhas, contas padrão, padrões de compartilhamento de arquivos, padrões de segurança de registro, relações de confiança entre domínios, estouro de buffer do visualizador, vulnerabilidades para obter permissões ou elevar o nível de privilégios de permissões já concedidas, falhas de serviço RPC, vulnerabilidade do registro MX no SMTP e fragilidades de execução de código.

Questões de revisão

1. Quais sistemas operacionais Windows são suportados por patches de segurança?
2. Liste e descreva três vulnerabilidades do Windows Server 2008.
3. Que características incluídas no Service Pack 2 do Windows XP ajudaram a aprimorar a segurança geral do sistema operacional Windows, quando comparado a suas versões anteriores?

4. Qual a filosofia de projeto original do Windows?
5. Qual a maior diferença entre o Windows Server 2008 e o Windows XP?
6. Quando o Windows Server 2008 foi lançado?
7. Quando o Windows XP foi lançado?
8. Quando o Windows 7 foi lançado?
9. Onde o arquivo SAM está localizado?
10. Que utilitário do Windows criptografa senhas de acordo com um algoritmo de 128 bits?
11. O que há de mau em tornar conhecidos os nomes de contas padrão?
12. Qual a senha padrão do usuário Administrador do Windows?
13. Que sistema operacional Windows é afetado pela exploração de estouro de buffer do visualizador?
14. Dê um exemplo de erro de execução de código.
15. Dê um exemplo de vulnerabilidade que permita a um hacker conseguir privilégios elevados em um ambiente Windows.
16. Quem pode ajustar os privilégios de acesso a pastas compartilhadas em uma máquina Windows?
17. Com que finalidade o Windows Server 2008 foi desenvolvido e lançado?
18. A maneira mais fácil de quebrar a segurança de uma senha em uma máquina Windows é por meio de um programa de gravação de senhas capaz de configurar a senha do administrador como um valor em branco. Não é necessário decifrar a senha se é possível apenas substituí-la. Qual é o aspecto negativo de usar uma ferramenta como essa?
19. Quais as três versões do Windows 7 disponíveis no mercado de varejo?
20. Quais as versões do Windows Server 2008?

Projeto prático

As vulnerabilidades de sistemas operacionais podem ser classificadas como vulnerabilidades padrão ou de utilidade. As primeiras resultam de uma instalação padrão, enquanto as de utilidade são aquelas reveladas pelo uso. Neste projeto, você examinará vulnerabilidades padrão no Windows.

PROJETO 16.1

1. Citando dados a respeito dos três desktops atuais do Windows (Windows Server 2008, XP e Vista), pesquise e descreva as potenciais vulnerabilidades padrão de cada uma dessas versões e como um administrador pode fortalecer esses sistemas operacionais com o objetivo de atenuar essas possíveis áreas de risco.

CAPÍTULO 17

Vulnerabilidades do UNIX/Linux

Depois de ler este capítulo e realizar os exercícios, você será capaz de:

- Identificar sistemas operacionais baseados em UNIX.
- Reconhecer sistemas operacionais Linux.
- Identificar vulnerabilidades de uma instalação padrão.
- Identificar as várias vulnerabilidades de utilitários baseados em UNIX e Linux.

Introdução

Em 1969, na Bell Labs, Ken Thompson e Dennis Ritchie desenvolveram um sistema operacional de uso geral ao qual deram o nome de UNIX. O nome é um trocadilho com o Multics, outro sistema operacional que na época também estava sendo desenvolvido pela Bell Labs. A primeira versão do UNIX foi escrita em linguagem assembly, mas em 1973 os desenvolvedores o revisaram, reescrevendo-o em linguagem C. Depois disso, vários fornecedores de software, como a IBM e a HP, compraram o código fonte do UNIX e desenvolveram suas próprias versões do sistema. A maioria dos usuários acredita que sistemas operacionais baseados em UNIX são bastante seguros. No entanto, isso não é inteiramente verdade: esses sistemas não são de todo seguros, em especial quando se usa o procedimento de instalação padrão.

O Linux, o segundo sistema operacional de microcomputadores baseado em Intel mais usado no mundo, é uma derivação do UNIX, tendo sido desenvolvido por um estudante de engenharia finlandês chamado Linus Torvalds. Em 1991, Torvalds deu início ao projeto do Linux como um emulador de terminal direto no hardware que funcionava em um chip 80386. O código do Linux não é privado, embora os padrões de seu kernel ainda sejam mantidos por Linus Torvalds.

Sistemas operacionais baseados em UNIX

Entre os sistemas operacionais baseados em UNIX mais populares do mercado estão os BSD, HP-UNIX, AIX e SCO Unix. Também o SunOS e o Solaris são sistemas que surgiram basicamente a partir de códigos do BSD. A maior parte desses sistemas operacionais é proprietária, sendo mantida pelos fornecedores de seus respectivos hardwares. Como seu código-fonte não está livremente disponível, desenvolvedores, usuários e administradores de sistemas às vezes precisam esperar até que esses fornecedores lancem as correções de bugs.

Sistemas operacionais Linux

O código-fonte do Linux está disponível livre de custos, assim como algumas distribuições (distros). A arquitetura básica e os recursos do Linux são os mesmos dos demais sistemas operacionais baseados em UNIX. O Linux segue o modelo de desenvolvimento aberto e o código-fonte de seu kernel está disponível na internet para estudos e modificações.

Existem muitas distribuições de Linux. No momento da escrita deste livro, a distro mais comumente procurada era uma versão do Ubuntu chamada Mint. A distro Red Hat, que costumava ser a gigante das distribuições Linux, agora ocupa apenas a 38ª posição entre as mais procuradas. A Tabela 17.1 exibe as 20 principais distros em meados de 2012, segundo o site *www.distrowatch.com*. As distribuições são classificadas de acordo com o número médio de visitas por página (HPD).

▶ **Tabela 17.1** As 20 principais distros do Linux

Classificação	Distribuição	HPD
1	Mint	3492
2	Mageia	2284
3	Ubuntu	2074
4	Fedora	1540
5	openSUSE	1326
6	Debian	1256
7	Arch	1151
8	PCLinuxOS	879
9	CentOS	863
10	Puppy	787
11	Zorin	717
12	Slackware	684
13	Snowlinux	663
14	Lubuntu	646
15	Ultimate	635
16	SolusOS	612
17	Sabayon	604
18	Bodhi	585
19	Chakra	570
20	FreeBSD	524

Fonte: www.distrowatch.com

Uma das principais diferenças entre as várias distros Linux é o tipo de empacotamento utilizado em suas respectivas tecnologias de instalação automatizada de pacotes. As distros podem usar a tecnologia de Gerenciamento de Pacotes Red Hat (RPM) ou pacotes Debian (DEBs). Ubuntu, por exemplo, usa DEBs, enquanto Mandriva, Fedora Core e Red Hat usam RPMs. Todas as distribuições gerais do Linux permitem o uso tanto da **interface em linha de comando (CLI)** quanto da interface gráfica de usuário (GUI).

Tal como acontece com todos os sistemas operacionais baseados em UNIX, o Linux não é totalmente seguro quando se segue o procedimento de instalação padrão. Por essa razão, é importante analisar vulnerabilidades que afetem sistemas operacionais baseados em UNIX ou Linux.

Vulnerabilidades da instalação padrão

Durante a instalação do Linux, certas medidas devem ser tomadas para que se proteja o computador. A maioria dos serviços vem desligada por padrão, seja na instalação do Linux ou de outros sistemas operacionais baseados em UNIX, e o administrador deve configurá-los para sejam devidamente executados. Essa é uma das principais razões para que os sistemas operacionais baseados em Linux/UNIX sejam, historicamente, considerados mais seguros que o Windows.

A maioria das vulnerabilidades baseadas em Linux/UNIX parece ser causada por desleixo ou negligência por parte dos administradores de sistema. Algumas das vulnerabilidades mais conhecidas dos sistemas operacionais Linux serão discutidas a seguir.

Explorações básicas

Os raqueamentos básicos de um sistema operacional Linux começam com acessos físicos. Dessa forma, a primeira medida de segurança a ser tomada é bloquear qualquer tipo de acesso físico aos servidores Linux. É interessante que todos os servidores sejam mantidos em uma sala com boa segurança e acesso restrito. Se isso não for possível, deve-se tomar cuidado especial quando for feita a seleção das opções de inicialização durante a configuração do **sistema básico de entrada/saída (BIOS)**. O BIOS é o componente de software da placa-mãe responsável por algumas das funções básicas do computador, necessárias para a execução de aplicações e dos sistemas operacionais.

Mesmo quando se protege o sistema operacional com senhas complexas e outras medidas de segurança, o sistema ainda pode ser vulnerável a hackers. Deve-se configurar o computador para que este inicialize apenas a partir do disco rígido, definindo-se uma senha da BIOS para que um invasor não consiga inicializar facilmente a máquina usando um disquete ou um CD-ROM. Esse tipo de ataque, na verdade, é conhecido como raqueamento de hardware, não estando necessariamente relacionado ao sistema operacional instalado. É possível raquear qualquer computador baseado em arquitetura x86 usando um disquete ou CD-ROM de inicialização.

Senhas de login

Alguns sistemas operacionais Linux e baseados em UNIX armazenam senhas de login criptografadas em um arquivo chamado /etc/passwd. Esse arquivo também contém os nomes de usuários em formato de texto limpo, o mais vulnerável de todos. Como todos os usuários têm permissão de leitura para o arquivo/etc/passwd, um hacker com acesso ao sistema em questão também será capaz de lê-lo. Essa vulnerabilidade é uma fraqueza crítica porque permite ao hacker obter nomes de usuários e senhas que podem ser usados no acesso ilegal aos sistemas. A maioria das ferramentas de craqueamento de senhas UNIX é capaz de decriptografar o conteúdo armazenado no arquivo /etc/passwd.

Algumas distros Linux e baseadas em UNIX armazenam senhas em um arquivo chamado /etc/shadow que pode ser lido apenas pelo root, ou seja, o usuário administrativo padrão desse tipo de sistemas. Durante os procedimentos de instalação, é possível definir que o arquivo /etc/passwd volte a ser o repositório das senhas, e isso poderia criar uma vulnerabilidade desnecessária no sistema.

Há muitas ferramentas de craqueamento de senhas disponíveis no mercado capazes de decodificar senhas UNIX. Em geral, os usuários escolhem senhas que tenham algum significado para eles, como forma de memorizá-las. Porém, essas senhas são justamente as mais fáceis de adivinhar ou decriptografar. Todos os usuários de um sistema Linux são obrigados a selecionar senhas fortes, com seis ou mais caracteres, incluindo números e caracteres especiais. A senha para o root deve ser especialmente forte porque todo cracker sabe que esse é o usuário administrativo padrão nesses sistemas.

Más práticas de administração de sistemas

Após a instalação do Linux, a configuração padrão e as contas são vulneráveis a tentativas de raqueamento. Isso será discutido mais detalhadamente nas seções a seguir.

Mau gerenciamento da conta root

A conta root é a conta de usuário mais importante no Linux e em outros sistemas operacionais baseados em UNIX. O hacker típico está ciente disso e quase sempre procura, logo no início de suas tentativas de ataque, ter acesso a ela. Um ataque bem-sucedido à conta root pode garantir ao agressor todos os privilégios de acesso ao sistema. Nunca é demais relembrar que a escolha de uma senha complexa é uma estratégia-chave de defesa. Senhas fortes são fundamentais para a conta root.

O acesso ao sistema usando a conta root só deve ser feito quando a atividade realmente precisar desse nível de privilégios. Quase todas as operações necessárias um usuário pode realizar no modo de usuário padrão comum. As outras contas de usuário em geral não têm permissão para realizar atividades decisivas, não podem acessar arquivos críticos do sistema nem escrever muita coisa no diretório /etc, em que ficam armazenadas as configurações do sistema. Se outros usuários forem capazes de executar certas funções administrativas, como backups, por exemplo, o sistema exibirá mensagens de alerta sobre quanto essa atividade é perigosa. Quando um usuário está no modo de usuário root, no entanto, o sistema executa todas as atividades desse tipo sem exibir nenhum aviso. O sistema operacional pressupõe que usuários com acesso à conta root estão plenamente conscientes das funções que estão sendo executadas.

Outra vulnerabilidade óbvia é deixar um sistema sem supervisão após fazer login com a conta root. Um hacker em alerta dentro de uma organização pode rapidamente explorar essa situação descuidada a fim de realizar qualquer atividade de raqueamento. Assim, deve-se sempre desconectar o acesso root quando a tarefa que o exigia estiver completa, ou quando o computador ficar um tempo ocioso ou sem vigilância.

Uma verdadeira interface de linha de comando (modo Terminal, usando tty1 por meio de tty6) nunca entra em modo de proteção de tela. Portanto, ela nunca deve ser deixada sem supervisão. Especifique um período de tempo limite para acesso via conta root no CLI, o que minimiza o risco caso o usuário tenha de sair da estação de trabalho por qualquer motivo.

Uma organização que confere acesso especial a determinados usuários ou grupos não deve conceder a eles quaisquer privilégios de root. Isso inclui até mesmo funcionários que sejam altamente confiáveis, como o CEO ou o CFO. A maioria dos administradores de sistema concorda que, quanto menos indivíduos tiverem acesso ao root, melhor.

Um sistema Linux configurado de forma que permita login remoto é mais vulnerável a atividades de raqueamento. Remotamente, hackers têm tempo suficiente, em segurança e com privacidade, para adivinhar senhas de root e com elas acessar o sistema. Quando crackers ilegais trabalham desde um local distante fisicamente do sistema, têm menos chance de serem pegos, e o tempo estará do lado deles. Para evitar isso, o login remoto à conta root não deve ser autorizado. Se for necessário acessar o sistema Linux a partir de locais remotos com privilégios de root, isso pode ser feito com uma conta normal. Em seguida, usa-se `/bin/su` para qualquer trabalho que exija privilégios desse tipo.

Mau gerenciamento das contas padrão

Algumas contas especiais são criadas por padrão durante a instalação de um sistema operacional Linux. Os fornecedores oferecem essas contas para que sejam executadas atividades específicas do sistema. Se você não precisa de determinado serviço, desative-o e faça a mesma coisa com a respectiva conta de usuário. Entre as contas padrão de Linux estão as adm, lp, halt, sync, news, uucp, operator, games, ftp e gopher.

Como discutido aqui, a conta de root é a preferida dos hackers; em seguida, vêm as contas padrão. Por isso, à medida que o número de contas padrão ativas em um sistema Linux aumenta, também aumenta o risco à segurança.

Alguns grupos padrão de usuários, como adm, lp e popusers, também estão presentes no sistema operacional Linux. Como ocorre com as contas, grupos padrão são vulneráveis a hackers. Para impedir que agressores manipulem essas vulnerabilidades para acessar seu sistema Linux, todas as contas e todos os grupos padrão desnecessários devem ser excluídos imediatamente. Por exemplo, se um administrador não usa o serviço de ftp, a conta de ftp deve ser excluída. Contudo, se o serviço for necessário no futuro, convém simplesmente desabilitá-lo em vez de excluí-lo.

Para deletar uma conta, use a sintaxe abaixo:

`userdel nome_da_conta`

Para deletar um grupo, use a sintaxe abaixo:

`groupdel nome_do_grupo`

Mau gerenciamento da exportação de arquivos

Administradores que usem o serviço de Compartilhamento de Arquivos na Rede (NFS) para exportar arquivos devem estar cientes de que há um risco para a integridade de seus dados. Se o acesso ao arquivo /etc/exports não está restrito a somente leitura, hackers podem acessar informações confidenciais e valiosas de um sistema Linux.

Mau gerenciamento do acesso aos programas de linha de comando

Alguns programas de linha de comando podem ser explorados, incluindo o shutdown, o poweroff, o reboot e o halt. Esses programas são críticos para a integridade de sistemas Linux, e geralmente é necessário o acesso root para executá-los. Esse, aliás, é mais um motivo para que sejam restringidos os privilégios de root.

Mau gerenciamento da distribuição de recursos

Se todos os usuários de um sistema Linux têm acesso ilimitado a recursos como arquivos do núcleo e memória, ataques de negação de serviço no sistema Linux podem ser disparados por usuários mal--intencionados, comprometendo todos os recursos disponíveis. Para evitar ataques desse tipo, é necessário aplicar limites de recursos aos usuários, o que pode ser feito a partir do arquivo /etc/security/limits.conf. Esse arquivo permite que um administrador impeça a criação de arquivos do núcleo por qualquer usuário, restrinja o número de processos que ele pode usar e limite seu uso de memória.

Mau gerenciamento do comando su

O comando switch user (su) permite aos usuários de um sistema operacional Linux alternar temporariamente os privilégios disponíveis no momento com os da conta root. Quando não há restrições ao uso desse comando, usuários comuns podem tentar fazer login como root a fim de executar comandos restritos. É por isso que o acesso ao comando su deve ser sempre restrito, evitando o uso indevido de privilégios de root. A melhor prática de gestão é usar o utilitário *sudo* em vez do comando su. Como regra geral, no entanto, isso pode variar de um sistema operacional para outro. Um passo preliminar importante, durante um teste de invasão, é validar o sistema operacional em uso no ambiente a ser testado, pesquisando em seguida as idiossincrasias específicas de tal sistema.

Serviços desnecessários

Ao instalar o sistema operacional Ubuntu Linux, um administrador irá notar que vários serviços de rede aparecerão como disponíveis em uma série de caixas de seleção. Esses serviços incluem o telnet, o IMAP, o POP3 e o de ftp. Embora sejam úteis à comunicação com outros computadores, esses serviços são altamente vulneráveis a acesso não autorizado. Se determinado serviço não for usado, não deve ser instalado. Alguns deles, como o POP3, são difíceis de ser removidos depois de sua instalação. Os hackers procuram obter acesso não autorizado a sistemas Linux conectando-se justamente a seus serviços de rede.

Vulnerabilidades de utilitários

Um administrador de sistemas operacionais Linux e baseados em UNIX tem à mão diversos utilitários destinados a várias atividades. O utilitário grep, por exemplo, pode ser usado na localização de certas sequências de caracteres dentro de arquivos. No entanto, falhas em alguns utilitários permitem que hackers violem a segurança de um sistema operacional desse tipo.

Vulnerabilidades nos utilitários r

Utilitários *r* permitem aos aos usuários acessar o Linux e outros sistemas operacionais baseados em UNIX a distância. Os dois mais importantes utilitários desse tipo são o *rlogin* e *rsh*. O primeiro permite que um usuário se conecte a um host remoto do terminal de um host local. O utilitário *rsh*, por sua vez, é usado para permitir que usuários confiáveis executem comandos em host remoto de um host local.

Os utilitários *r* usam um mecanismo inseguro chamado de rhosts. Além da questão dos rhosts, esses utilitários transmitem dados sob a forma de texto comum. Invasores podem explorar essas vulnerabilidades, obtendo, com isso, acesso a um sistema operacional Linux ou baseado em UNIX. É recomendável que os utilitários *r* sejam desativados a fim de evitar a exploração de suas vulnerabilidades. Em seu lugar, pode ser usado o SSH ou algum outro protocolo seguro.

Vulnerabilidades do sendmail

Sistemas operacionais Linux e baseados em UNIX usam o processo sendmail para enviar mensagens, utilizando o Protocolo de Transferência de Correio Simples (SMTP). Várias versões do sendmail estão disponíveis no mercado. No entanto, cada uma delas tem vulnerabilidades que permitem a interceptação de mensagens de e-mail por invasores. A versão mais atual do sendmail é a 8.14.5, mas é possível encontrar versões mais antigas ainda em uso. A versão de código aberto 8.13.5 e todas as versões comerciais semelhantes têm uma vulnerabilidade que permite aos hackers disparar comandos em um sistema-alvo, a distância. Se um sistema operacional baseado em UNIX usa a versão 8.13.5 do sendmail ou alguma anterior, invasores podem enviar e-mails malformados a esse sistema para, em seguida, nele executar comandos com privilégios de root.

Para que se evitem riscos de segurança, deve ser instalada a versão mais recente do sendmail, disponível em *ftp://ftp.sendmail.org/pub/sendmail*. Também pode ser usado em seu lugar o qmail ou o postfix, evitando-se assim os raqueamentos conhecidos a esse sistema.

Vulnerabilidades do Telnet

Telnet é um serviço bastante popular que permite a usuários conectar-se remotamente a um computador UNIX, Linux ou Windows. Os hackers o adoram, pois esse serviço envia pela rede dados não criptografados facilmente aproveitáveis, usando a força bruta e ataques de dicionário para que se estabeleça uma conexão a um sistema destino. Portanto, para aumentar a segurança de um servidor Linux ou UNIX, o telnet deve ser desativado. Em vez disso, pode ser usado o SSH se houver a necessidade de uma interface em linha de comando a um computador remoto.

Vulnerabilidade do Protocolo de Transferência de Arquivos Trivial (TFTP)

Sistemas operacionais Linux e baseados em UNIX usam o Protocolo de Transferência de Arquivos Trivial (TFTP) para inicializar computadores sem disco. Esse serviço permite que roteadores obtenham detalhes de configuração de um sistema Linux sem que seja necessário o login. Além disso, o TFTP não requer qualquer tipo de autenticação. Hackers podem se aproveitar das vulnerabilidades desse serviço para obter acesso não autorizado a um sistema UNIX ou Linux que dele faça uso.

Vulnerabilidade do kernel

O próprio código do kernel pode apresentar certas vulnerabilidades. Recentemente, foi descoberta uma falha de projeto no código base do kernel do Linux que pode ser explorada por um hacker a fim de obter privilégios elevados sobre o kernel. De qualquer forma, essa vulnerabilidade requer acesso local ao kernel e já foi resolvida por meio da distribuição de um patch. No entanto, sabe-se muito bem que nem todos os administradores aplicam os devidos patches assim que estes se tornam disponíveis. Dessa forma, um passo fundamental a ser dado em um teste de invasão é identificar todas as falhas existentes ainda não corrigidas. Espera-se que o número de sistemas sem patch diminua ao longo do tempo; contudo, os patches de correção inevitavelmente são sempre substituídos, à medida que surgem novas vulnerabilidades.

Vulnerabilidade de impressão

O recurso de segurança de impressão do Linux Red Hat Empresarial versão 6 é vulnerável a ataques. Essa fraqueza permite que hackers contornem as proteções FORTIFY_SOURCE, possibilitando a execução de malware por meio da exploração de uma falha na string de formatação.

Vulnerabilidade da função mem_write

No kernel Linux 2.6.39, cria-se um erro na função mem_write quando a **randomização do layout do espaço de endereçamento (ASLR)** está desabilitada. A ASLR é uma técnica segura que permite que espaço de endereçamento seja alocado de forma virtual e aleatória, em vez de se atribuírem formalmente espaços de memória específicos a um campo de dados agregados, abordagem típica de uma programação estruturada.

Isso cria uma falha que impede a função mem_write de fazer a verificação correta das permissões. Como resultado, um hacker pode ser capaz de modificar essas permissões, obtendo para si níveis elevados de privilégios.

Vulnerabilidade de estouro de inteiro

O Gerenciador de Renderização Direta (DRM) do kernel do Linux em versões anteriores à 3.3.5 tem um erro de codificação que deixa esses sistemas vulneráveis aos hackers, que podem aproveitar essa abertura e criar uma condição de negação de serviço.

Vulnerabilidade de estouro de buffer

Versões do Samba anteriores à 3.6.4 apresentam uma falha na validação do comprimento de vetores responsável pela manipulação correta da alocação de memória. Hackers podem explorar essa vulnerabilidade usando uma chamada RPC mal-intencionada, o que pode resultar na capacidade de que códigos arbitrários sejam executados para comprometer o sistema.

Vulnerabilidade no UseLogin do OpenSSH

SSH é um programa que fornece uma conexão segura a um computador remoto, distante. Com ele, é possível executar remotamente comandos em computadores, mover arquivos para uma máquina remota ou transferir arquivos dela. O OpenSSH, uma implementação de SSH1 e SSH2, fornece proteção ao tráfego de rede contra todas as possíveis tentativas de acesso não autorizado, implementando formas de autenticação e monitoramento de sessões de rede. Geralmente, servidores SSHD controlam conexões de usuários. Existe uma diretiva no OpenSSH, chamada UseLogin, que pode ser usada para manter o controle de tentativas de login de usuários por meio do comando /usr/bin/login. No entanto, essa diretiva não é habilitada na instalação padrão do OpenSSH.

Em versões anteriores do OpenSSH, a habilitação da diretiva UseLogin levava a uma vulnerabilidade, permitindo a hackers ter acesso root remoto ao sistema operacional Linux. Se o OpenSSH é instalado em um computador em que está sendo executado o Linux, usuários que tenham uma conexão SSH a esse computador podem executar comandos nele de forma remota, de qualquer local. Quando um comando é executado remotamente, o OpenSSH encerra privilégios de root e só em seguida executa o devido comando. Em algumas situações, no entanto, o OpenSSH não consegue encerrar os privilégios de root. Essa vulnerabilidade permite ao hacker obter acesso root ao sistema. A fragilidade de UseLogin não afeta o OpenSSH 2.1.1. Para impedir que hackers remotos explorem essa vulnerabilidade, é necessária a atualização para a versão mais recente do OpenSSH.

Explorações de wu-ftpd

Wu-ftpd é um servidor de ftp que permite aos usuários organizar de arquivos no servidor para que sejam executadas ações de ftp. Quando um usuário envia um comando ftp, o servidor wu-ftpd aloca uma área de espaço de memória para processar o comando usando a função malloc(). Depois de processado o comando, o servidor wu-ftpd passa a reservar a memória a algum outro comando.

No caso de um erro no processamento do comando, o servidor não reserva nenhuma seção da memória a essa solicitação de comando em especial. Em casos como esse, o servidor wu-ftpd armazena as informações de erro em uma variável. No entanto, em versões anteriores o servidor wu-ftpd falha ao definir essa variável com as informações de erro para alguns padrões específicos de arquivos. Essa falha faz que o servidor tente alocar memória para o processo em si, permitindo que invasores executem códigos arbitrários no servidor wu-ftpd em questão. Isso já foi resolvido em versões mais recentes do wu-ftpd.

Exploração BIND

Entre as diversas versões do Linux está a Gentoo, para a qual houve recentemente uma vulnerabilidade reportada, relacionada ao serviço Domínio de Nomes da Internet de Berkeley (BIND): o BIND retém os nomes de domínios revocados devido a problemas na atualização de cache. Há ainda uma questão secundária em que o BIND permite um campo RDATA de comprimento 0. Essas vulnerabilidades deixam os sistemas Linux por elas afetados abertos ao ataque de hackers, estendendo o acesso a nomes de domínios revocados e criando uma condição de negação de serviço.

Resumo do capítulo

- Em 1969, Ken Thompson e Dennis Ritchie desenvolveram o UNIX, um sistema operacional de uso geral.
- Alguns dos sistemas operacionais baseados em UNIX mais populares são os BSD, HP-UNIX, AIX e SCO Unix. Além deles, o SunOS e o Solaris também surgiram a partir do código BSD.
- Derivado do UNIX e criado por Linus Torvalds em 1991, o Linux é o segundo sistema operacional com base em Intel mais usado atualmente.
- O código-fonte do Linux é gratuito, assim como algumas de suas distribuições (distros).
- A arquitetura básica e os recursos do Linux são os mesmos dos demais sistemas operacionais baseados em UNIX.
- Existem inúmeras distribuições de software construídas em torno do kernel do Linux. Enquanto este texto era escrito, a distro mais procurada era uma versão do Ubuntu conhecida como Mint.
- Todas as distribuições gerais do Linux permitem o uso de CLI e GUI.
- A maioria dos serviços é desativada por padrão, devendo ser configurada durante a instalação de sistemas operacionais Linux ou baseados em UNIX para que entre em execução. Essa é uma das principais razões para que esses sistemas sejam considerados mais seguros que o Windows.
- As categorias de vulnerabilidades em sistemas operacionais Linux incluem explorações básicas, senhas de login, más práticas de administração de sistemas e serviços desnecessários.
- Raqueamentos básicos a um sistema Linux começam com acesso físico. Por isso, muito cuidado deve ser tomado a fim de bloquear o acesso físico a servidores Linux.
- Alguns sistemas operacionais Linux e baseados em UNIX armazenam senhas de login criptografadas em um arquivo chamado /etc/passwd, que também contém nomes de usuários em formato de texto limpo, ainda mais vulnerável. Um hacker que tenha acesso a esse sistema é capaz de conseguir esses dados de usuários, podendo usá-los para garantir acesso ilegal.
- Algumas distros de UNIX e Linux armazenam senhas no arquivo /etc/shadow, que pode ser lido somente pelo root. Durante os procedimentos de instalação, é possível definir o arquivo /etc/passwd novamente como o repositório de senhas, criando uma vulnerabilidade desnecessária no sistema.
- Usuários de sistemas Linux devem escolher senhas fortes, especialmente a usada para o acesso root, já que todo hacker sabe que esse é o usuário administrador padrão em sistemas desse tipo.

- Durante a instalação do Linux, a configuração e as contas padrão são vulneráveis a ataques de hackers devido ao mau gerenciamento da conta root ou dessas contas padrão, da exportação de arquivos, do acesso aos programas em linha de comando, da distribuição de recursos e do uso do comando su.
- Vários serviços de rede estão disponíveis como parte de alguns sistemas operacionais Linux; no entanto, eles são altamente vulneráveis a acessos não autorizados.
- Falhas em alguns utilitários de sistemas operacionais Linux e baseados em UNIX permitem que hackers violem a segurança do sistema.
- Entre os utilitários conhecidos pela vulnerabilidade estão os r, sendmail, telnet, TFTP, kernel, de impressão, de estouro de inteiro no DRM, de estouro de buffer no Samba, UseLogin, wu-ftpd e as vulnerabilidades relacionadas ao BIND.

Questões de revisão

1. Em que linguagem o UNIX foi escrito?
2. Por que motivo Linus Torvalds inventou o Linux?
3. Qual seria um bom raqueamento de hardware para um sistema x86?
4. Descreva uma vulnerabilidade específica de utilitários. O que a torna diferente de uma vulnerabilidade de kernel?
5. O que é mau gerenciamento da conta root?
6. O que é mau gerenciamento das contas padrão?
7. O que é mau gerenciamento do acesso aos programas em linha de comando?
8. O que é mau gerenciamento do comando su?
9. O comando do Linux usado para alocar arquivos é userdel nome_da_conta. Verdadeiro ou falso?
10. Linux é um sistema operacional. Verdadeiro ou falso?
11. Se não estiver usando telnet em sua máquina Linux essa semana, você deve deletar o usuário telnet. Verdadeiro ou falso?
12. Qual é a diferença entre *rlogin* e *rsh*?
13. Com todos os outros fatores inalterados, a instalação padrão de qualquer sistema operacional não é totalmente segura. Verdadeiro ou falso?
14. O diretório /etc é para onde os arquivos vão quando são deletados. Verdadeiro ou falso?

Relacione cada um dos seguintes termos com a sentença correta abaixo.

a. Onde os arquivos temporários são armazenados.
b. Diretório home do usuário root.
c. Onde os arquivos de configuração são armazenados.
d. Onde os usuários padrão mantêm seus arquivos pessoais.
e. Onde os arquivos de configuração LILO ou GRUB são armazenados.
f. Local padrão para encontrar os logs do sistema.

15. /boot
16. /tmp
17. /var/logs
18. /home
19. /etc
20. /root

Projetos práticos

O Linux tem diversas fragilidades conhecidas que podem ser classificadas em vulnerabilidades padrão (todas as explorações disponíveis depois de uma instalação padrão) ou de utilitários (aquelas que aparecem como resultado do uso). No Projeto 17.1, você fará uma mudança na configuração de um sistema em Fedora como resposta a uma vulnerabilidade padrão conhecida.

PROJETO 17.1

Configurar o intervalo de tempo máximo de uma sessão shell do root é extremamente importante, em especial se houver a possibilidade de um usuário com acesso remoto ou local usar a conta root para fazer qualquer trabalho no computador. Usando o editor vim, você pode adicionar linhas a todos os perfis, conforme mostrado a seguir. (Você precisará de acesso root para fazer essa mudança em /etc/profile.)

1. Na linha de comando, em uma janela de Terminal, digite **vi /etc/profile**.

2. Acrescente as seguintes linhas ao arquivo /etc/profile:

```
export TMOUT=600 // Configura o tempo máximo para dez minutos
readonly TMOUT // Faz que TMOUT não seja alterável por
    // usuários root. Assim, um hacker remoto não
    // será capaz de alterá-lo para algum valor alto
    // arbitrário, nem de desabilitá-lo.
```

Dentro de um script bash existem duas formas comuns de adicionar comentários ao código: começando uma linha com um sustenido (#) ou digitando uma barra dupla (//). Sistemas operacionais UNIX e Linux não executam nada que esteja depois do marcador de comentário na linha.

PROJETO 17.2

1. Usando o conhecimento que você adquiriu neste capítulo e nos anteriores, resuma as vulnerabilidades padrão do Fedora Core 6 quando este é configurado com os pacotes padrão de servidor.

PROJETO 17.3

1. Suponha que o servidor Fedora Core 6 do exercício anterior esteja sendo usado como um servidor de aplicação e executando as seguintes aplicações: Servidor web Apache, Servidor de Aplicação Tomcat, PHP, PERL e SSH. Fazendo uma pesquisa na internet ou em uma biblioteca, encontre cinco vulnerabilidades atuais para cada um desses serviços, bem como formas de corrigi-las ou evitá-las. Insira as informações na tabela a seguir:

Aplicação do servidor	Contagem	Explorações	Como corrigir ou evitar
Servidor Web Apache	1		
	2		
	3		
	4		
	5		
Servidor de Aplicação Tomcat	1		
	2		
	3		
	4		
	5		
PHP	1		
	2		
	3		
	4		
	5		
PERL	1		
	2		
	3		
	4		
	5		
SSH	1		
	2		
	3		
	4		
	5		

CAPÍTULO 18

Tratamento de incidentes

Depois de ler este capítulo e realizar os exercícios, você será capaz de:

- Explicar a necessidade de que incidentes sejam tratados.
- Identificar diferentes tipos de incidentes.
- Descrever as fases do tratamento de incidentes.
- Descrever as fases de preparação para o tratamento de incidentes.
- Descrever os passos da identificação de incidentes.
- Explicar a necessidade de que incidentes sejam devidamente reportados e comunicados.
- Reconhecer as etapas de remoção de um problema.
- Identificar as etapas de recuperação de um incidente.
- Explicar a importância de acompanhamento após o tratamento de incidentes.
- Descrever o processo de rastreamento de hackers.
- Identificar as medidas de emergência que seguem um incidente.

Introdução

Em um ambiente de segurança de computadores, dá-se o nome de incidente a qualquer evento que teste as soluções de segurança em funcionamento em uma rede ou, no caso de uma máquina autônoma, naquele computador em particular. Um incidente de segurança pode ter um ou mais resultados, e entre as consequências negativas da ocorrência de um incidente estão a fraude, o vazamento de informações ou a destruição de recursos de uma rede.

A resposta a incidentes é muitas vezes gerenciada por meio de **sistemas de detecção de intrusão (IDSs)** e de tecnologias de firewall. Instalar e gerenciar essas tecnologias pode representar um trabalho particularmente pesado; no entanto, o crescimento do número de leis e de regulamentações direcionadas à indústria, tanto em âmbito federal quanto estadual e municipal, exigindo certos procedimentos específicos de resposta a incidentes tem levado cada vez mais organizações a adotá-los.

Incidentes assumem muitas formas. Os mais comuns a afetar a segurança de rede são os ataques por códigos maliciosos, como vírus e cavalos de Troia, e os propagados por funcionários, fornecedores e consultores. Os ataques mais raros, embora mais amplamente divulgados, são aqueles efetuados por invasores externos, sendo esses também tratados como incidentes.

Qualquer incidente pode representar uma séria ameaça à rede de uma organização. Uma gestão de risco sofisticada permite que as organizações prevejam a extensão do dano que poderia ocorrer nos mais diversos casos. Esse dano potencial pode variar de uma pequena interrupção do trabalho a uma parada total da rede principal, exigindo períodos de recuperação que podem levar de dias a até mesmo semanas. Não há nenhuma estimativa consistente da porcentagem de empresas que falham no acompanhamento de um incidente importante, mas é algo entre 40% e 70% dos casos. Desastres de alta relevância e um aumento nas regulamentações a esse respeito têm realçado a necessidade de respostas cada vez mais eficazes a incidentes.

A seguir, uma lista de eventos que podem indicar que um ataque está em andamento e dos incidentes de segurança aos quais eles estariam relacionados:

- A execução de um processo incomum usando os recursos da rede pode ser um sinal de ataque de negação de serviço (DoS).
- Um padrão nas reclamações de empregados sobre o mau funcionamento do computador em seus sistemas pode caracterizar um ataque de vírus ou vermes.
- Um aumento incomum na solicitação de recursos, resultando na redução de velocidade de uma rede, pode indicar um ataque DoS.
- Uma solicitação de autenticação por um endereço IP que não faz parte da rede pode representar a presença de um hacker na tentativa de acessar a rede em busca de informações confidenciais.

Para prevenir a ocorrência de tais incidentes e reagir de forma rápida e correta a essas ameaças, um administrador deve desenvolver três documentos:

- Um documento preditivo descrevendo possíveis ameaças à rede e as potenciais perdas que tais riscos causariam à organização.
- Uma lista do que prevenir, do que corrigir e do que tolerar. Esse documento serve como recomendação de que treinamento, somado à segurança física ou tecnológica, é a medida preventiva mais adequada, identificando a equipe de resposta da organização e definindo a cadeia de comando ou de informação.
- Uma política de resposta a incidentes para garantir a reação mais suave possível a qualquer ameaça.

Indivíduos e organizações podem obter os modelos americanos de resposta e de tratamento de incidentes nas publicações do Instituto Nacional de Normas e Tecnologia dos Estados Unidos (NIST), em especial as de números 800-61, 800-63 e 800-86 (*http://csrc.nist.gov/publications/PubsSPs.html*).

Necessidade de tratamento de incidentes

Crackers aprendem a invadir redes ilegalmente por muitas razões, indo do puro divertimento a uma potencial renda. Infelizmente, o número de agressores vem aumentando, à medida que mais pessoas entram na internet e dados sobre redes e computadores tornam-se mais comuns. As organizações, grandes ou pequenas, em geral confiam no processamento de computadores para executar seus negócios, usando a internet como uma parte crítica de seus processos. Também é verdade que administradores menos treinados ocupam mais e mais posições de TI a cada ano. Naturalmente, essas tendências também elevam o potencial de ataques a dados ou hardware. As empresas podem sofrer perdas consideráveis se seus administradores de sistemas não estiverem cientes dos potenciais problemas. Consequentemente, uma organização deve sempre seguir a orientação de especialistas a fim de usar as melhores práticas do setor para que os incidentes sejam tratados com o mínimo de esforço e custo.

Há muitas razões para desenvolver políticas eficazes de tratamento de incidentes:

- Se uma organização está familiarizada com sua política de segurança e os respectivos procedimentos, há menos descontrole e confusão quando ocorre um incidente.
- O número de tentativas de violação que acabam se tornando incidentes de segurança é reduzido quando as organizações tomam medidas preventivas.
- Organizações que tratam e documentam incidentes podem ser menos propensas à reincidências.
- A gestão adequada de incidentes ajuda as organizações a avaliar pontos fortes e fracos em seu sistema e seus funcionários.
- O tratamento documentado de incidentes, utilizando práticas padrão da indústria, protege uma organização de potenciais desdobramentos legais a eles relacionados.
- Equipes de resposta a incidentes devidamente treinadas garantem mais tempo de gerenciamento para que uma resposta oficial seja dada depois de uma falha de segurança de forma eficaz e envolvendo toda a comunidade da organização.

Tipos de incidentes

Cada organização tem seu próprio conjunto de recursos e de vulnerabilidades, classificado de acordo com o custo de substituição desses recursos e com o esforço necessário para se recuperar de um incidente em particular. Uma avaliação de risco mede as vulnerabilidades da organização por seu grau de impacto e pela probabilidade de que um incidente específico, resultante daquela vulnerabilidade, realmente ocorra. Listamos alguns incidentes comuns que podem ocorrer em uma rede ou em um computador:

- Páginas desfiguradas.
- Ataques DoS.
- Erros e omissões.
- Fraude e roubo.
- Intrusão.
- Intrusão silenciosa.
- Código malicioso.

Páginas desfiguradas

Esse incidente ocorre quando um invasor raqueia um servidor da web. Incidentes de página desfigurada resultam em perda de receita, de reputação e de moral da empresa. Hackers podem desfigurar páginas como uma forma suave de advertência, alertando que um servidor da web não é totalmente seguro, de vingança, de protesto político ou de brincadeira. Imagine que você digitou o endereço de uma lavanderia e a página listou preços exorbitantes, mostrou imagens de roupas danificadas ou forneceu informações de contato erradas. Esse tipo de ataque, se feito de forma sutil, pode passar despercebido por várias horas ou dias.

Ataques de negação de serviço

Ataques de negação de serviço são voltados a servidores que processam solicitações de usuários ou fornecem determinados serviços em uma rede. Nesse tipo de incidente, envia-se grande quantidade de pacotes a um servidor para que haja uma sobrecarga em seus recursos. Consequentemente, o servidor alvo do ataque passa a não ser capaz de processar pedidos legítimos, enviados por usuários válidos.

Um ataque DoS geralmente é causado por pacotes malformados, por erros e omissões no projeto da aplicação do servidor ou por vulnerabilidades TCP/IP. Esse ataque pode ser dividido em três subcategorias: estouro de buffer, inundação de rede e erros de pilha.

Estouro de buffer

Esses ataques submetem dados de entrada de tamanho maior que a capacidade de uma variável não verificada na aplicação do servidor. Geralmente, resultam em falha da aplicação ou na execução de algum código malicioso. Essa ação força o servidor a negar quaisquer solicitações enviadas a ele pelos demais computadores da rede.

Inundação de rede

Trata-se da forma mais básica de ataque DoS. Um grande número de solicitações é enviado ao servidor, resultando em uma perda de velocidade ou na falha da rede.

Erros de pilha

Esses ataques focam na pilha de TCP/IP. Hackers usam as vulnerabilidades de TCP/IP conhecidas para corromper a pilha, resultando em falha das aplicações de servidor.

Erros e omissões

O termo "erros e omissões" refere-se a qualquer configuração incorreta, intencional ou não, de um recurso da rede, seja de um roteador de gateway ou de uma instalação de patch automatizada em um servidor. Também se refere a erros ou omissões na base de código de todas as aplicações e de softwares de sistemas em qualquer lugar na rede. Erros e omissões nem sempre levam a incidentes, mas, para garantir que o risco seja reduzido, um profissional ou um técnico experiente deve sempre inspecionar o software, tanto ao longo do desenvolvimento de seu ciclo de vida quanto após sua implantação. Erros e omissões frequentemente são intencionais a fim de criar uma porta de entrada no programa como forma de auxílio à solução de problemas em longo prazo. Em teoria, essa porta deve ser removida antes que o software seja certificado para a entrega ao consumidor, mas muitas vezes isso não é feito. Hackers encontram esse tipo de informação e usam-na para direcionar ataques. Erros e omissões muitas vezes permanecem sem ser detectados por semanas antes que sejam efetivamente usados em uma exploração, e às vezes permanecem por um bom tempo mesmo depois disso.

Fraude e roubo

Esses incidentes são executados por meio de práticas tradicionais ou do uso de novas ferramentas, com foco nas lacunas de segurança e de planejamento. Estatísticas revelam que a maioria dos incidentes de fraude envolve indivíduos "internos" com conhecimento sobre a hierarquia e o funcionamento da organização alvo do ataque. Esses criminosos de colarinho-branco podem praticar suas fraudes por décadas antes de ser capturados. Além disso, é possível que nunca sejam pegos, caso tenham uma compreensão profunda o suficiente do sistema ou disponham de grande poder dentro da organização.

Intrusão

Aqui a palavra "intrusão" refere-se a qualquer tentativa de obter acesso não autorizado a uma rede. Normalmente, o intruso é alguém "de dentro" da organização que ganhou acesso a informações de autenticação de um usuário com mais privilégios que você. No entanto, o invasor também pode ser um agente externo com habilidade e nível de discrição suficientes para obter os dados de autenticação de um usuário válido. Além disso, o intruso pode ter um endereço IP de rede válido do qual ele é capaz de acessá-la. Em caso de ataques externos, o administrador inicialmente deve verificar se a tentativa foi de fato feita por um estranho, sempre considerando a possibilidade de um funcionário da própria organização estar tentando acessar a rede de forma remota. Uma intrusão feita de modo remoto por um empregado não tem necessariamente más intenções. Orientações cuidadosas devem garantir que os empregados tenham acesso a algumas áreas de rede da empresa, ainda que outras permaneçam restritas a eles. Isso acaba representando um desafio maior em organizações que tenham adotado uma política de **Traga seu Próprio Dispositivo (BYOD)**, tornando menos claro que dispositivos são permitidos em uma rede confiável.

Intrusão silenciosa

Esses ataques podem ser os mais devastadores para as organizações. Eles ocorrem quando um hacker invade a rede de uma organização de forma não detectável, deixando pouco ou nenhum vestígio de suas ações. Raqueamentos de intrusão silenciosa se enquadram em três categorias:

- *Coleta de informações.* O invasor coleta informações confidenciais. Muito disso pode ser feito usando um farejador de pacotes. Farejadores são dispositivos passivos e praticamente indetectáveis, caso o invasor saiba como configurar o ataque da forma correta. Nessas situações, os administradores de rede podem nem mesmo notar a presença do hacker. Isso é comparável a colocar uma escuta no telefone de alguém para, gravar todas as conversas que ocorrerem.

- *Corrupção de dados.* O invasor corrompe dados em uma rede. A menos que as máquinas sensíveis estejam executando softwares que monitorem alterações nos tamanhos dos arquivos, o administrador pode nem estar ciente do ataque, pelo menos até que o sistema trave ou que dados corrompidos sejam solicitados e isso cause a falha em uma aplicação. Em alguns casos, o administrador pode não ser capaz de classificar essa condição propriamente como um ataque, e a vulnerabilidade acaba não sendo corrigida. Um exemplo desse tipo de ataque seria o causado por um administrador insatisfeito, de saída da empresa, que escreve uma pequena aplicação instruindo que todos os dados armazenados em determinada unidade sejam excluídos a partir de certas hora e data especificadas por ele, depois de sua demissão.

- *Criando ou identificando portas de entrada.* Aqui, o invasor está planejando atacar a rede destino no futuro. Para um ataque mais suave e eficaz, ele procura usar ou até mesmo criar uma porta de entrada no sistema ou na rede. O administrador de rede pode não perceber que o invasor está fazendo o reconhecimento da rede, ficando surpreso quando o ataque for efetivamente executado no futuro. O tempo é inimigo do hacker. Se o agressor é capaz de inserir um rootkit ou outros meios de reentrada em uma rede, isso dá a ele uma grande vantagem, permitindo-lhe vencer uma série de controles baseados em temporização. Por exemplo, se o arquivo de senha é definido para se autobloquear durante 30 minutos depois de três tentativas incorretas de autenticação, o hacker tem uma chance muito maior de comprometer aquela senha do que se houvesse um momento único e limitado para se manter dentro da rede.

Códigos maliciosos

Códigos maliciosos são usados apenas com fins destrutivos. Nessa categoria se incluem vermes, vírus e programas cavalos de Troia. Muitas razões podem levar alguém a escrever um código malicioso: entrar em um sistema e coletar informações confidenciais, interromper a rede ou criar uma porta de entrada. Um código malicioso é projetado para entrar na rede sem ser notado. Esse código também pode ser projetado para ser executado em um horário específico ou por controle remoto, quando os administradores do sistema estiverem menos alertas. Muitos ataques desse tipo são especialmente perigosos, pois são desenvolvidos de forma que se replicam e se distribuem automaticamente.

Abordagem de detecção de incidentes

A maneira como uma organização aborda sua política de detecção de riscos pode afetar seriamente o número e os tipos de incidentes que ela é capaz de identificar. O primeiro passo é o monitoramento. É importante que uma rede seja constantemente monitorada em busca de atividades incomuns. O monitoramento pode até ser realizado de forma *ad hoc*, checando-se por atividades incomuns quando a rede parece não estar funcionando conforme o esperado, ou depois de um usuário ter feito uma queixa explícita. No entanto, esse tipo de abordagem é essencialmente reativa, e não é a melhor escolha para uma rede de grande porte. Essa atividade de monitoramento também pode empregar ferramentas "sempre ativas".

O próximo passo na detecção de incidentes é verificar os detalhes de uma possível ocorrência. Se um incidente em potencial não pode ser explicado como uma anomalia benigna, a equipe de resposta a incidentes deve ser chamada para executar a última etapa: tomar medidas que finalmente erradiquem o problema.

Além dos passos acima mencionados, existem procedimentos específicos a ser incorporados de modo que garanta que os incidentes sejam detectados antes que danifiquem a rede ou um computador:

- Segurança em camadas, envolvendo vários controles preventivos.
- Implementação de ferramentas de monitoramento adequadas na rede, sempre atualizando-as com os patches mais recentes e certificando-se de que elas não tenham sido comprometidas.
- Armazenamento de arquivos confidenciais em uma área segura, verificando esse local seguro em intervalos regulares.
- Leitura dos registros de sistema para todos os recursos na rede, regularmente coletando informações de vários registros e comparando-as em busca de possíveis ataques.

Ferramentas de detecção

Ferramentas específicas são instaladas em uma rede para possibilitar a detecção de incidentes em seus estágios iniciais. Essas ferramentas procuram por vírus, monitoram e inspecionam arquivos de registro e verificam a integridade de arquivos de dados.

Ferramentas de monitoramento de sistemas acompanham certos tipos de ataques feitos a computadores, como o craqueamento de senha ou a execução de programas não autorizados. Ferramentas de análise de rede gravam qualquer atividade incomum em uma rede, o que pode simplificar o diagnóstico e a identificação de incidentes. Ferramentas de análise de usuário gravam atividades incomuns realizadas pelos usuários, incluindo tentativas repetitivas de conexão ao servidor ou de acesso a recursos restritos. Ferramentas de análise de registros verificam os arquivos de registros, relatando quaisquer entradas excepcionais. Para grandes organizações, há disponível um número crescente de ferramentas capazes de integrar esses registros em uma solução central. Assim, podem ser encontrados padrões de atividades ou anomalias que não sejam óbvios a dispositivos mantidos em sistemas de armazenamento separados.

Fases do tratamento de incidentes

As fases-chave do tratamento de incidentes são:

- Preparação.
- Classificação de incidentes.

- Determinação do impacto.
- Definição da probabilidade.
- Erradicação.
- Recuperação.
- Pós-morte.

A Figura 18.1 mostra um fluxograma básico do tratamento de incidentes.

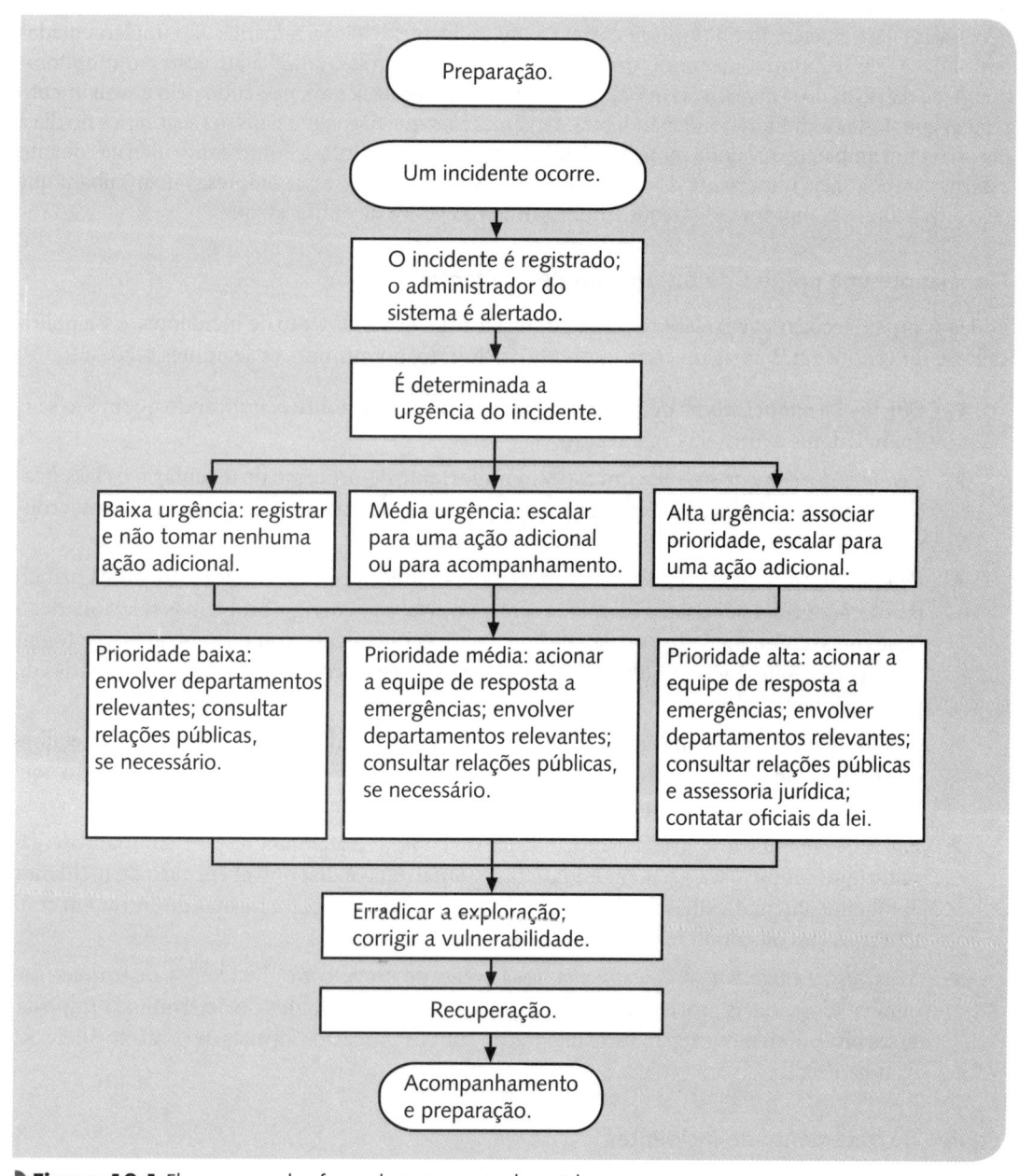

Figura 18.1 Fluxograma das fases do tratamento de incidentes.
© Cengage Learning 2014

Preparação

A preparação para o tratamento de incidentes começa com o desenvolvimento de um inventário de recursos, classificando-os de acordo com seu valor para a organização. Um dos conceitos fundamentais de segurança da informação é encontrar o equilíbrio adequado entre o valor do ativo e o custo para protegê-lo.

A capacidade de tratar um incidente de forma eficaz depende muito do controle que uma organização oferece cotidianamente a seus ativos de informações. Organizações que sejam atentas às melhores práticas ou implementem modelos de gestão de segurança são as mais propensas a ter as ferramentas necessárias para a detecção e a resposta correta a um incidente. Essas ferramentas são implementadas em camadas de segurança, incluindo grande variedade de controles, desde a ativação e o monitoramento de registros do sistema até o reforço de controles rígidos de acesso, passando pelo envolvimento regular com testes e auditorias independentes. Organizações que não gerenciam sua segurança no dia a dia criam um ambiente que pode ser facilmente comprometido, a partir de fontes tanto internas quanto externas. Ainda mais importante do que isso: é menos provável que essas empresas nem saibam que seus ativos foram comprometidos e que é necessário protegê-los de outros ataques.

Planejando uma política de tratamento de incidentes

Todas as organizações devem elaborar uma política formal de tratamento de incidentes. Essa política deve ser escrita em linguagem clara e concisa, incluindo, no mínimo, as seguintes seções:

- *Objetivos e financiadores*: definem-se aqui os objetivos da política, indicando quem são seus financiadores dentro da organização.
- *Detalhes de rede e de sistema*: um aspecto importante do processo de inventário e classificação de ativos inclui a coleta de informações a eles relacionadas, tais como seus fornecedores, detalhes de suporte, versões e níveis de correção.
- *Papéis e responsabilidade*: define a cadeia de comando ou de informação. Inclui os principais tomadores de decisão e identifica o responsável por corrigir problemas relacionados a incidentes. Também define os passos que a pessoa que identificou o problema deve tomar em seguida. Referências a quaisquer organizações externas que precisem ser informadas do problema também estão incluídas nessa seção.
- *Procedimentos*: trata-se da seção mais importante, incluindo todos os intrincados detalhes dos passos que um gestor de incidentes deve tomar. Todos os possíveis incidentes são aqui definidos, assim como os métodos para corrigi-los da forma mais rápida e segura.
- *Plano de comunicação*: traz as informações de contato e atribui a responsabilidade de garantir que a informação seja mantida sempre atualizada e disponível em caso de incidente. Também contém detalhes sobre os funcionários da organização e formas de entrar em contato com eles ou com terceiros por eles designados.
- *Métricas de qualidade e desempenho*: essa seção descreve como incidentes devem ser documentados e quais procedimentos usar para avaliar os resultados de determinada resposta. Esses procedimentos exigem forte integração com os processos formais de controle-alteração da organização.

Equipe de tratamento de incidentes

São equipes responsáveis por identificar incidentes e reagir a eles da forma mais eficaz possível. As habilidades representadas em uma equipe de tratamento de incidentes ultrapassam as fronteiras de departamento, passando pela segurança, pela técnica, pela administração ou pela comunicação. Dependendo do tamanho da organização, a equipe pode ser pequena ou grande. No mínimo, ela precisa de alguém com experiência e habilidades para identificar os indícios de um ataque e suas possíveis respostas, alguém que tenha bastante influência dentro da organização para garantir que as políticas de segurança não sejam ignoradas pela administração, e alguém que seja capaz de sistematizar a comunicação seja dentro da equipe ou com entidades externas. Em uma organização muito pequena, isso pode ser feito por apenas uma pessoa; no entanto, o funcionamento adequado de uma equipe assim requer alguns controles que em organizações maiores são gerenciados por meio da separação de funções.

Equipes de gestão de incidente devem continuamente praticar exercícios e treinamentos a fim de certificar-se de que seus membros são capazes de agir bem no caso de uma emergência. Além de ser treinada para cada uma das várias fases do tratamento de um incidente de segurança, a equipe deve ser orientada a manter as evidências de um incidente. Ela deve, por exemplo, gravar o estado dos sistemas afetados ou proteger a área física alvo do problema para evitar que a prova seja removida. A maioria das organizações não divulga a todos os seus funcionários quem é bem treinado na manipulação de evidências. É importante que os funcionários na equipe de tratamento de incidentes tenham formação para saber lidar com os problemas assim que estes acontecem, estando preparados para proteger o ambiente até que um profissional forense esteja disponível e possa providenciar a coleta formal de provas. Quanto mais eficiente e eficaz a equipe de tratamento de incidentes for, menores serão as perdas de produtividade, tempo, dinheiro e trabalho.

Classificação de incidentes

O primeiro passo para uma resposta a incidentes é identificar se de fato está ocorrendo um e, em caso afirmativo, como ele se classifica em importância a fim de saber quais recursos serão utilizados para resolvê-lo. Uma infraestrutura de rede devidamente preparada possui IDS e firewalls no local, podendo muito bem ainda ter o Snort ou o Tripwire instalado. Aplicações como essas enviam aos administradores mensagens de alerta. Essas mensagens, como a de "pacotes originados de fora da rede com cabeçalhos informando uma origem de dentro da rede", derivam de filtros. Define-se a aplicação de segurança de modo que escolha entre apenas registrar o incidente ou registrar e notificar o usuário. Algumas organizações adotaram **sistemas de prevenção de intrusão (IPS)** que se destinam a evitar um incidente, rejeitando ou descartando pacotes que pareçam suspeitos. Isso inclui anomalias de tráfego irrelevante na rede, e as aplicações provavelmente não irão notificar incidentes como esse. As notificações também podem ocorrer em caso de incidentes estruturais e acidentais, como quando um NIC trabalha mal e envia continuamente dados aleatórios para a rede, como um broadcast (255.255.255.255). Erros ou bugs assim podem parecer um ataque. Alguns falsos sinais são resultado de erros do usuário, como o envio acidental de 45 cópias de um documento de 300 páginas a uma impressora. Isso causa uma condição de DoS, mas não exige esforços da equipe de resposta. Os administradores de sistema podem solucionar essas falsas emergências com facilidade. Verificar se houve um ataque não é o mesmo que identificar um incidente.

Para confirmar se um problema é de fato um incidente de segurança, e não apenas mais um evento de tráfego de rede, ele deve ser primeiro registrado. Em seguida, um especialista em segurança deve ser informado sobre seus detalhes. Tal especialista decide se a equipe de resposta a incidentes deve ser acionada, e ele deve estar preparado para o evento. Além disso, um especialista em segurança de Windows pode não ser a pessoa mais adequada para lidar com um evento envolvendo um servidor Linux, por exemplo.

Na sequência, devem ser identificados os serviços de rede possivelmente afetados. É importante determinar o que foi ou ainda pode estar sendo afetado pelo incidente. Se há chances de ele se replicar dentro da rede, os funcionários responsáveis devem ser informados, tomando, então, medidas para impedir que outros segmentos de rede ou de tecnologias sejam comprometidos.

Depois disso, toda a documentação, como o histórico de manutenção mais recente dos ativos e os alertas de vulnerabilidade mais atuais, deve ser checada. A política de resposta a incidentes da organização é um bom documento a ser revisto, já que descreve as etapas de ação necessárias e identifica quem deve ser notificado a respeito do incidente. No entanto, é importante que os responsáveis por responder a um incidente estejam suficientemente familiarizados com as expectativas contidas nesses documentos a fim de reagir com rapidez quando um incidente ocorrer.

Finalmente, a equipe de resposta a incidentes avalia e classifica o tipo e o nível do incidente ocorrido, bem como as possíveis respostas. A abordagem de resposta ao incidente e as ferramentas disponíveis para avaliá-lo e classificá-lo dependem de como ele foi descoberto. Se a resposta é desencadeada por um alerta de um IDS ou firewall, um perito de segurança em geral começará com os registros gerados por esse dispositivo. Outra fonte comum de relato de incidentes é uma chamada feita por um usuário ao pessoal de suporte de primeiro nível. Esses membros da equipe de suporte devem ter um sistema de comunicação em prontidão para entrar em contato com um especialista de segurança associado que possa identificar um possível incidente. Esse especialista provavelmente começaria sua avaliação analisando as descobertas iniciais do pessoal de suporte.

Determinação do impacto

É muito importante entender o potencial impacto de um incidente porque a escala de variações de respostas se baseia no grau do problema. O impacto de um ataque a um mesmo tipo de ativo difere entre as organizações. Um dos passos iniciais da avaliação de impacto é identificar no inventário de ativos os que sejam fundamentais aos principais processos de negócios da organização. Danos potenciais de um ataque podem incluir prejuízos monetários, mas também perda de produtividade, da posição da empresa no mercado ou da confiança do cliente.

O impacto também é determinado pelo número de recursos de rede envolvidos no incidente, tanto direta quanto indiretamente. Se muitas máquinas são afetadas, isso pode elevar o nível de gravidade do problema e exigir um maior grau de resposta.

Alguns ataques são capazes de se autorreplicar, transmitindo malware a outros ativos por meio da rede. Um vírus que se replica por meio de e-mails é uma ameaça comum e bastante grave. Esse tipo de ataque dificulta determinar o número de computadores potencialmente afetados. Ataques com habilidades de autorreplicação são com frequência considerados de alta gravidade.

O impacto também pode ser avaliado de acordo com as intenções do atacante. Se um invasor está simplesmente tentando provar que pode invadir uma rede, sem procurar danificar ou extrair dados, o impacto é menor se comparado quando há intenção de roubar ou comprometer ativos.

Definição da probabilidade

Para que se calcule o risco de um ativo de informação, deve-se combinar o impacto descrito há pouco com um segundo fator, que é a probabilidade de esse incidente ocorrer. Um exemplo é uma organização que abrigue sua sala de servidores no estado da Flórida, em vez de em Montana. Embora o impacto causado por furacões seja semelhante nos dois lugares, a probabilidade de um deles acontecer é muito maior na Flórida. Algumas organizações gerenciam esses cálculos com o uso de uma matriz parecida à mostrada na Figura 18.2.

Os riscos que caem na categoria de alto impacto/alta probabilidade são cruciais, devendo sempre figurar em uma avaliação global de riscos sobre os ativos de informação.

Alto impacto – alta probabilidade	Alto impacto – baixa probabilidade
Baixo impacto – alta probabilidade	Baixo impacto – baixa probabilidade

▶ **Figura 18.2** Matriz de avaliação de riscos.
© Cengage Learning 2014

Avaliação

Depois de uma resposta a incidentes, segue-se um período de restauração que inclui uma avaliação inicial a fim de determinar se o computador afetado deve voltar a ser usado na rede. Existem três opções para tratar o computador alvo do incidente: desligando-o, desconectando-o da rede ou continuando com as operações de tratamento de incidente, permitindo que o computador seja mantido na rede.

Quando um incidente é descoberto, uma das primeiras fontes de informação são os arquivos de registro da máquina afetada e os registros gerais de tráfego de rede de roteadores e switches. Esses arquivos podem conter dados úteis sobre atividades suspeitas ou incomuns na rede e, em geral, dão evidências sólidas a ser usadas para rastrear um raqueamento. Eles também podem fornecer informações sobre a extensão dos danos. O tipo de ataque pode ser detectado pelas "marcas de ataque" disponíveis nesses arquivos. Exemplos de arquivos de registro disponíveis em UNIX/Linux e Windows serão discutidos a seguir.

Arquivos de registro no UNIX e Linux

Alguns arquivos de registro essenciais do Linux são armazenados no diretório /var/log. Seguem alguns dos mais úteis, bem como as descrições do que eles fazem:

- *syslog*: é uma lixeira para tarefas CRON automatizadas, assim como para várias funções registradas de aplicações que não mantêm seus próprios arquivos de registro. (**CRON** é um utilitário de agendamento automático; uma tarefa CRON é qualquer tarefa atribuída a CRON.)
- *auth.log*: fica de olho nas tentativas de conexão, sejam elas bem ou malsucedidas.
- *checksecurity.log*: registra os acessos root a dispositivos.
- *mail.err*, *mail.log*, e *mail.warn*: juntos, mantêm registro do comportamento do servidor de e-mail.
- *apache (ou apache2)*: monitora as mensagens de erro em servidores web.

Também existem registros para ferramentas de monitoramento, como o Snort e o Nessus.

Arquivos de registro no Windows

Para ver os registros no sistema Windows, deve-se abrir a interface do Visualizador de Eventos no Painel de Controle, em Ferramentas Administrativas. Lá estão os registros de sistema, segurança e aplicações. Os registros do servidor web contêm dados sobre as conexões com aplicações baseadas na web ou em navegadores.

Além disso, deve ser executada uma verificação em busca de arquivos suspeitos. No caso de um incidente, vale uma checagem dos arquivos criados mais recentemente. Os nomes desses arquivos provavelmente incluem uma extensão "executável", tal como pif, dll, exe ou drv.

Relatando e comunicando incidentes

Todos os usuários de uma rede devem saber como relatar um possível incidente. Mesmo incidentes aparentemente pequenos devem ser percebidos, pois isso ajuda a prevenir futuros incidentes graves. A política de segurança de uma organização tem de listar claramente quem deve ser notificado em cada um dos casos. Incidentes devem ser comunicados de forma uniforme. É comum em muitas organizações que relatórios desse tipo sejam filtrados pelo pessoal de suporte de primeiro nível, que documenta detalhes iniciais em um sistema de gestão de eventos. Uma vantagem dessa abordagem é que esses sistemas são integrados com as informações de controle de alterações, destacando rapidamente quando uma chamada se refere a um dispositivo que foi adicionado ou modificado recentemente.

Relatando o incidente

Se um incidente for percebido, os seguintes especialistas devem ser informados:

- Administrador do sistema.
- Alta gerência.
- Assessoria jurídica.
- Departamento de segurança física.
- Departamento de recursos humanos.
- Departamento de relações públicas.
- Agências e autoridades federais, estaduais ou municipais.

O relator do incidente precisa empregar linguagem clara e direta, descrevendo os fatos. Isso ajuda os especialistas a reagir de forma eficiente.

Todas as informações sobre o incidente devem ser relatadas. Ocultar ou omitir fatos pode resultar em ainda mais confusão, retardando a investigação. O incidente deve ser relatado em tom neutro, usando uma linguagem não técnica em relatórios à alta gerência ou a qualquer membro da equipe que possa não entender bem o uso de jargões. Organizações com funcionários que falam várias línguas na execução de seus trabalhos precisam tomar medidas adicionais para garantir que todos compreendam a situação e as respectivas políticas.

Como o suporte de primeiro nível está frequentemente envolvido no relato inicial de um potencial incidente, é fundamental que os membros mais especializados da equipe técnica sejam respeitosos e sensíveis a esses relatórios. Se os responsáveis por identificar incidentes em seus primeiros estágios são punidos ou desafiados, eles rapidamente recuam na prestação de contas, tornando mais provável que esses incidentes não sejam resolvidos em tempo hábil.

O recurso raqueado em si não é a melhor ferramenta para que se obtenham informações sobre o ataque. Se, por exemplo, um servidor de e-mail foi raqueado ou infestado por vermes, não seria sábio usar justamente o e-mail para informar os funcionários sobre o progresso do incidente. Perder o acesso a um fluxo de comunicação importante pode aumentar o desafio de uma resposta a incidentes; no entanto, a resolução do problema será muito mais difícil se tudo o que o hacker tem de fazer é ler os e-mails da companhia para acompanhar o progresso de seu ataque.

Comunicando o incidente

O termo "comunicação de um incidente" refere-se à comunicação oficial com os indivíduos que estão resolvendo o problema. Difere bastante do relato do incidente. Refere-se às instruções internas enviadas aos responsáveis pela resolução do incidente. Comunicar corretamente um incidente inclui as seguintes tarefas:

- Identificar pessoas com habilidades que as tornam úteis no tratamento do incidente.
- Determinar quanta informação deve ser comunicada aos especialistas relevantes.
- Definir o grau de responsabilidade a ser delegada aos indivíduos.
- Determinar o modo de comunicação e fortalecê-la.
- Identificar um líder para a equipe de tratamento de incidentes responsável por levá-lo a um encerramento bem-sucedido.

Eliminando o problema

A primeira etapa no processo de erradicação do problema é criar cópias de segurança de arquivos. Fazer cópias de segurança significa gravar o estado do sistema para que este seja armazenado e preservado. Cópias de segurança são úteis para diversas finalidades, como o rastreamento do hacker após o incidente ser corrigido e a recuperação de dados ao se retomar o trabalho. É muito raro um hacker que não tenha deixado uma porta de entrada ao executar um ataque. Gravar o estado do sistema torna possível rastreá-lo. É fundamental entender que o hacker pode ter modificado os comandos que precisam ser usados nesse processo. Para a exibição dos dados, um CD-ROM separado apoiando a execução de comandos deve ser usado. Devem ser obtidos os seguintes conjuntos de informações:

- Um relatório sobre o *status* dos processos com a identificação do "processo pai" de cada um deles.
- Um relatório sobre todas as conexões abertas.
- Uma cópia de segurança do diretório de temporários, que será excluído se o computador for reiniciado.

Todos esses relatórios e dados devem ser armazenados em um arquivo de segurança. No Linux, podem ser usados os seguintes comandos de arquivamento para efetuar cópias de segurança:

`tar`: utilizado somente quando os dados precisam ser salvos.

`dump`: usado quando a imagem em disco precisa ser arquivada. Essa imagem pode ser solicitada para obter informações forenses.

`dd`: o programa "disco para disco" é exigido para fazer backups rápidos.

Corrigindo o problema raiz

Corrigir o problema raiz é outro passo essencial. Para limpar corretamente a rede dos problemas causados pelo incidente, é necessária uma análise cuidadosa, e o conhecimento obtido de incidentes anteriores deve sempre ser consultado. Nessa fase crucial, a precisão na análise do problema é importante. As medidas tomadas para que o problema seja reparado devem ser abrangentes, levando em consideração todos os ativos que o dispositivo original comprometido possa ter acessado. Um passo inicial pode ser necessário para gerenciar o incidente específico, que deve depois ser acompanhado por meio de uma revisão pós-morte. Às vezes, serão exigidas mudanças mais robustas em seguida, como parte dos procedimentos de controle de alterações organizacionais.

Identificando e implementando os passos para resolver o problema

Ataques causam vários tipos de problemas, alguns dos quais serão discutidos a seguir, juntamente com suas soluções.

Ataques de vírus e vermes

A principal diferença entre um vírus e um verme é que apenas os vermes se autorreplicam em uma rede. Por causa do fator de replicação, os vermes podem causar muito mais danos que os vírus. Se houver qualquer dificuldade em determinar se uma agressão é por verme ou vírus, uma boa ideia é tratar o incidente como se fosse um ataque por verme.

Como tratar um incidente de vírus ou verme:

- Isole os computadores afetados. É importante que qualquer potencial evidência seja mantida com o uso de serviços de espelhamento que não alterem as configurações do sistema nem percam dados armazenados em processos dinâmicos.
- Desconecte os computadores afetados da rede a fim de impedir a propagação do vírus ou do verme. Se for um verme, desconecte completamente o servidor da internet. Essa é a melhor e mais fácil maneira de fazer que ele pare de se espalhar para fora da rede; no entanto, isso significa que conseguir os patches para corrigir o problema será uma tarefa ainda mais difícil.

Uma vez que o problema esteja pronto para ser corrigido, os responsáveis devem ser informados. Além disso, devem ser feitas cópias de segurança dos discos rígidos afetados.

Ataques de hacker ou cracker

Ataques de hackers ou crackers devem ser tratados de forma diferente das agressões causadas por vírus ou vermes. Vírus e vermes são arquivos executáveis, mas capazes de fazer apenas uma coisa ou um conjunto limitado de coisas para atacar uma rede. Um cracker dedicado tem à mão uma seleção muito maior de ataques para experimentar na rede, e muitas vezes o invasor pode monitorar as respostas tomadas por um administrador, ajustando seu ataque a elas. O hacker também pode ser um especialista em programação, sendo, portanto, capaz de tomar as medidas necessárias para que não seja pego, como alterar datas e horas em arquivos ou apagar e modificar arquivos de registro.

As ações de um hacker não qualificado podem ser rastreadas pela observação dos arquivos de registro, que refletem atividades como tentativas de conexão ou falhas de autenticação SSH. Nessas situações, informações sobre o hacker podem ser conseguidas a partir do endereço de rede usado ou de outros dados disponíveis nos diferentes arquivos de registro.

Um ataque de hacker pode ser feito de três maneiras diferentes: ativando uma nova sessão, encerrando uma sessão ativa ou sequestrando uma sessão ativa. Se o hacker encerrou a sessão, o primeiro passo da equipe de tratamento de incidentes é identificar a parte da rede que foi afetada. Depois de gravar o estado do sistema, a equipe precisa corrigir o problema, usando os comandos adequados.

A melhor chance de pegar um cracker é quando ele está trabalhando por meio de uma sessão aberta. A equipe de tratamento de incidentes pode ter apenas alguns minutos para agir, identificar o hacker e detê-lo. Porém, se os especialistas adequados não estiverem disponíveis, a solução mais fácil é interromper o trabalho do hacker na rede. Essa abordagem pode não levar a uma identificação do hacker, mas impede-o de obter qualquer outra informação da rede ou de corrompê-la ainda mais.

Ataques de negação de serviço

Ataques de negação de serviço inundam os servidores de uma rede com um grande número de pacotes inúteis, bloqueando, assim, o processamento de solicitações válidas. Apesar de os ataques DoS não serem uma ameaça direta aos dados de uma empresa, a interrupção de serviços de rede prejudica a organização e a reputação da equipe de segurança de rede.

Abaixo, segue uma lista de verificações para o gerenciamento de um ataque DoS:

1. Identificar as áreas afetadas caso o ataque ocorresse com sucesso.
2. Determinar o método de ataque usado pelo hacker.
3. Localizar um ponto em que o ataque possa ser interrompido, causando o mínimo de interrupção.
4. Implementar os procedimentos necessários para que o ataque seja bloqueado.
5. Restabelecer as condições normais da rede.
6. Analisar quaisquer lacunas na segurança da rede.
7. Identificar soluções permanentes para cobrir lacunas de segurança.
8. Implementar as soluções escolhidas.

Recuperando-se

Após um incidente, o objetivo é a recuperação do sistema sem danos permanentes. A rede deve ser colocada em funcionamento para que a organização siga sem mais perdas de receita. As quatro fases de recuperação de incidentes são: reinstalação, reautenticação, escaneamento para verificar a erradicação do problema e reinício do trabalho.

Reinstalação

Depois de corrigidos os erros, todos os computadores infectados devem ser reinstalados ou corrigidos com um patch. Uma vez que um sistema tenha sido comprometido, em geral é difícil garantir que o hacker não tenha deixado para trás um malware. Isso significa que a reconstrução do sistema é a abordagem ideal. Todos os computadores não infectados também devem ser corrigidos.

Reinstalar é mais seguro que usar patches porque envolve a formatação do disco rígido e não deixa chance para qualquer porta de entrada. Reinstalar um sistema leva bem mais tempo que atualizar um patch, e a reinstalação de todos os computadores na rede pode demorar ainda mais. Durante a reinstalação, deve ser feito o seguinte:

1. Verificar se não restaram vestígios do incidente.
2. Implementar verificações de segurança na rede, para que o problema não volte.
3. Alterar a senha administrativa e as senhas de usuários antes que o sistema seja reconectado à rede.
4. Fazer uma cópia de backup das configurações recém-instaladas. Dessa forma, caso um hacker ataque novamente, o processo de reinstalação será mais rápido.

Se um patch é usado para corrigir um problema, primeiro teste-o, simulando o método utilizado pelo hacker no ataque anterior. Se o analista for incapaz de invadir o sistema por causa da presença do patch, ele pode ser considerado seguro para uso. Muitas vezes é aplicada uma correção, mas sem que o problema seja reanalisado. Se a correção não funciona, o sistema falhará novamente, levando a perdas de tempo e dinheiro.

Reautenticação

Pode ser necessário desativar todas as contas e então reabilitá-las novamente, cortando as desconhecidas ou não utilizadas. Se um hacker craqueia um sistema usando detalhes de conta autênticos, ele pode ter entrado com informações secretas de usuário e uma senha válida. A desabilitação de contas, seguida pela reabilitação, incluindo a redefinição de senhas, cuida desse problema.

Escaneamento

Escaneamentos de verificação devem ser realizados depois das etapas de recuperação, reinstalação e reautenticação. Os administradores precisam executar verificações como forma de garantir que nenhuma falha de segurança tenha ficado em aberto. Eles não podem presumir que o ativo comprometido e devidamente descoberto tenha sido o único na rede. A implementação de procedimentos e tecnologias de escaneamento impede que vulnerabilidades sejam negligenciadas por acidente.

Reinício do trabalho

Os usuários podem retomar seu trabalho apenas depois de concluídas todas as etapas. Se os administradores do sistema fizeram bem seu trabalho, a chance de um novo ataque é menor.

Pós-morte

É importante aprender com os sucessos, bem como com os erros. Depois que o problema foi corrigido, o próximo passo é reunir as lições a ser implementadas no futuro. Para aprender com os incidentes de raqueamento, as equipes devem analisá-los bem a fim de que a possível causa raiz do problema seja identificada. Isso ajuda a organização a evitar casos semelhantes no futuro, apontando as áreas de segurança de rede mais fracas e fornecendo um mapa que leve à próxima vulnerabilidade a ser corrigida.

Algumas etapas devem ser seguidas para que lições precisas sejam tiradas de incidentes de raqueamento, a saber: identificar a causa raiz do problema, incorporar alterações em curto e longo prazo, incorporar ações para incidentes imprevisíveis e aprender com o problema.

Identificando a causa raiz do problema

Entender a causa raiz do problema é um passo muito importante, e equipes de tratamento de incidentes precisam executá-lo de forma predeterminada, usando um dos vários métodos possíveis. Há uma multiplicidade de técnicas e ferramentas capazes de ajudar na realização dessas tarefas. Deve-se evitar a abordagem a esse trabalho com a ideia de descobrir quem merece ser responsabilizado ou punido. Pesquisas sobre gerenciamento de incidentes sugerem que é mais eficaz abordar a identificação da causa raiz como uma falha de processo ou de sistema.

Uma das técnicas para isso é a **análise da causa raiz (RCA)**, na qual as equipes questionam como e por que determinado problema ocorreu. Os participantes desse processo devem concordar em manter o tom de sua RCA sempre neutro. Emoção, ressentimento, raiva e frustração podem realmente diminuir a capacidade de pensar claramente, e isso muitas vezes acaba levando os indivíduos a ignorar o óbvio. O objetivo da identificação de um problema deve ser caminhar do genérico para o específico, sendo a aprendizagem devidamente medida e implementada. Depois de erradicado um problema, é importante realizar uma RCA logo que possível, a fim de evitar a perda de informações importantes.

Entre as perguntas a ser abordadas em uma análise da causa raiz estão:

1. Como o hacker conseguiu raquear a rede, ou como o verme/vírus entrou nela?
2. Como a rede pode se tornar mais segura para evitar incidentes no futuro?
3. Que ferramentas e correções estavam faltando, permitindo que o hacker detectasse uma brecha na rede?
4. Que processos ou tecnologias teriam ajudado a equipe de tratamento de incidentes a resolver a questão de forma mais rápida e eficiente?
5. Existem algumas mudanças a ser feitas na política de resposta a incidentes? Elas dizem respeito a mais experiência ou é preciso cogitar um modelo organizacional diferente?
6. Existe um projeto de rede melhor que poderia impedir os hackers de executar suas operações, mesmo que conseguissem invadi-la?

Identificando mudanças em curto e longo prazo

Depois de concluída a análise da causa raiz, uma lista de ações deve ser desenvolvida. Os resultados da RCA podem fornecer pontos genéricos demais, que acabariam não sendo convertidos em ações imediatas. Por exemplo, jogar fora o sistema TCP/IP e inserir algo mais seguro em seu lugar causaria o desaparecimento de muitos dos problemas de segurança que vemos hoje. Por mais que isso soe tentador, provavelmente não é algo que uma organização única e pequena consiga fazer em um prazo razoável. Uma progressão lógica das etapas economicamente viáveis deve ser gerada e então convertida em ações. Depois disso, essa lista de ações precisa ser integrada ao processo formal de controle de alterações da organização. Cada um desses itens deve ser avaliado e transformado em recurso adequado, sendo o trabalho dividido entre grupos de forma apropriada. Tarefas de tratamento de incidente devem ser delegadas aos membros da equipe responsável por esses procedimentos, mas também aos membros das equipes de TI, treinamento, relações públicas e recursos humanos, que também terão funções específicas, atribuídas de acordo com suas áreas de atuação. As orientações pós-morte são controladas pela equipe de resposta a incidentes até a conclusão do processo. São desenvolvidas medidas de garantia de qualidade apropriadas pelas quais o sucesso das respostas a incidentes possa ser avaliado.

Identificando ações para qualquer incidente imprevisível

O conhecimento obtido a partir da RCA deve ser implementado em áreas afetadas pelo incidente anterior, bem como em outras que também estejam vulneráveis a ataques. Hackers exploram vulnerabilidades; assim, nenhuma área da rede deve ser deixada sem defesa.

Implementando o aprendizado

Nessa última etapa da fase pós-morte, os envolvidos implementam ações de acordo com a aprendizagem decorrente do incidente. Não há valor algum na resposta a incidentes se as lições aprendidas não forem traduzidas em ações.

Rastreando hackers

Quem administra a segurança em uma organização típica nem sempre tem tempo ou recursos para se manter atualizado em relação às práticas correntes do mundo dos hackers e crackers. Os profissionais que optam por se envolver em testes de invasão, por outro lado, têm uma participação maior no estado geral da área e, assim, costumam ter mais motivações para entendê-la.

Há alguns anos, havia um famoso projeto chamado "Projeto HoneyNet" no qual especialistas em segurança criavam pontos de falha com o objetivo de entender melhor o que motivava os hackers em geral. O projeto proporcionou uma série de ideias úteis a respeito dessas motivações. Entre os resultados está um livro chamado *Know your enemy* (*Conheça seu Inimigo, disponível em: http://project.honeynet.org/book/index.html*), que inclui várias informações sobre como e por que hackers fazem o que fazem.

Conforme aqui discutido no Capítulo 1, hackers antiéticos são muitas vezes pessoas educadas, mas com más intenções. Esses hackers podem ser divididos em duas categorias: amadores e especialistas. Os amadores são identificados mais facilmente porque desconhecem os métodos utilizados para rastrear comportamentos de raqueamento, não tendo, portanto, o conhecimento necessário para a remoção dos vestígios de suas operações. Já os especialistas conhecem várias técnicas de raqueamento em detalhes, visando garantir que nunca sejam pegos. Seu conhecimento profundo é uma das razões para causarem muito mais danos que os amadores.

O rastreamento de hackers requer paciência e coordenação, bem como o apoio de pessoas e organizações em todo o mundo. A obtenção de informações sobre um tipo específico de pacote e a localização do ponto de origem de um hacker podem exigir um tedioso processo de busca de dados. Por esse motivo, o coordenador do processo precisa garantir que a análise de dados seja sempre executada corretamente.

Para reconhecer um hacker, devem ser aplicadas a tecnologia e a psicologia. Especialistas técnicos podem identificar as brechas de segurança e os métodos gerais utilizados por hackers, mas é preciso um especialista em psicologia forense para fornecer uma contribuição valiosa sobre a mentalidade do hacker, levando à sua localização geográfica. A equipe responsável pelo rastreamento da origem de um código malicioso deve executar o procedimento de raqueamento em ordem inversa. No entanto, talvez seja mais eficaz gastar esse tempo no desenvolvimento de protocolos de rede mais seguros. Podem existir maneiras simples de evitar que o raqueamento malicioso resulte em benefícios financeiros, o que leva os criminosos profissionais a procurar suas presas em outros lugares. Há quem prefira punir os infratores a simplesmente tornar os crimes não rentáveis, e essa mentalidade entre as autoridades pode acabar incentivando o comportamento criminoso.

Existem duas abordagens para o rastreamento de hackers: a genérica-específica e a específica-genérica-específica, classificadas de acordo com o tipo de informação utilizada.

Genérica-específica

Essa abordagem usa dados cujas linhas gerais são amplas no início, mas, confiando na evidência e na lógica, tornam-se específicas ao longo do processo. Considere-se o problema da localização de um hacker. Inicialmente, a equipe de rastreamento só sabe que um ataque foi realizado. Mais tarde, descobre detalhes sobre a tecnologia utilizada. Após a coleta de dados na internet e uma análise nesses dados, a equipe pode ser capaz de localizar o indivíduo.

Específica-genérica-específica

Essa abordagem pode ser confundida com a anterior. No entanto, o que as diferencia é que, nessa abordagem, a informação coletada antes do rastreamento é específica, levando em seguida a uma análise genérica sobre o hacker. Os dados específicos são detalhados e circulados pelo grupo que estiver tratando o incidente. Essas pessoas realizam análises, de acordo com várias suposições, para, em seguida, tentar localizar o hacker. A abordagem específica-genérica-específica pode ser comparada com o conceito de integração da matemática. Na integração, primeiro a questão do problema precisa ser expandida. Depois, por meio da aplicação de vários conceitos matemáticos lógicos, é reduzida para a formulação de uma resposta.

Documentos como arquivos de registro, dados de servidor ISP e avaliações de vulnerabilidades existentes fornecem informações sobre o hacker. A escolha da tecnologia e da técnica usadas para o rastreamento depois de um incidente é específica a cada caso, não fazendo sentido listar todas as escolhas possíveis. Aqui seguem algumas etapas genéricas a ser seguidas para rastrear um hacker:

- Analisar arquivos de registro em busca de sinais relativos ao hacker. A análise completa pode revelar informações que levem à identificação do hacker de forma direta, ou pelo menos fornecer dados importantes sobre ele. A fase de análise continua até que o hacker seja preso.
- Examinar a possível motivação do invasor, com base nos resultados do raqueamento.
- Dividir cronogramas. Distribuir a tecnologia e os métodos usados por um hacker de acordo com cronogramas de ação pode ajudar a identificar quando o agressor criou e testou a ferramenta. Isso também pode indicar o período de tempo que deve ser verificado nos arquivos de registro, dando até uma ideia do fuso horário de onde o hacker reside.
- Definir setores geográficos. A internet pode ser dividida em setores geográficos baseados nas entradas dos arquivos de registro e na análise psicológica. Usando evidências e suposições, um setor pode ser selecionado a fim de definir a possível localização do hacker. O processo de definição geográfica de setores pode ser comparado a um Sistema Global de Posicionamento (GPS) da internet.
- Identificar todos os links que transmitiam dados semelhantes. Ao criar e testar seu código, o hacker pode ter transmitido dados pela rede em um formato compactado ou criptografado. Deve ser feita uma pesquisa de arquivos transmitidos em tais formatos a fim de identificar a localização dos computadores usados pelo hacker.
- Apontar a localização do hacker. Com os dados recebidos dos vários relatórios de análise, o código de raqueamento pode ser endereçado, fornecendo evidências completas e apontando para um indivíduo específico.

Passos de emergência

Mostramos a seguir um guia de emergência para uso em caso de ataque.

- *Manter a calma.* Ficar nervoso só piora para o problema. Os empregados não técnicos podem acabar entrando em pânico por não entender a situação. Cabe ao técnico manter a compostura em uma situação de mudanças rápidas.
- *Tomar notas precisas e abrangentes.* Tome nota do máximo possível de informações para uso posterior no processo de resposta a incidentes.
- *Notificar o conjunto relevante de pessoas.* Organizações já devem ter uma lista de pessoas a ser notificadas, devidamente indicadas na política de tratamento de incidentes. A comunicação concisa às pessoas adequadas na cadeia de comando aumenta o tão necessário sentido de calma, facilitando a tomada das decisões certas. Esse NÃO é o momento para uma postura política destrutiva.
- *Confirmar que se trata de um incidente e não de um evento.* Não tome automaticamente um problema como um incidente de segurança. Muitos funcionários entram em pânico e ignoram a possibilidade de o evento ser benigno e/ou apenas mais uma falha no computador. Deixe o perito confirmar oficialmente a existência de um incidente.

- *Usar modos seguros de comunicação.* Não é aconselhável usar um modo de comunicação que esteja potencialmente sendo monitorado por um hacker. Quando um computador em uma rede é usado como meio de comunicação, o hacker pode ser capaz de acessar essa troca de mensagens, podendo até parar ou alterar a comunicação antes que a equipe tenha a oportunidade de pelo menos começar a trabalhar em uma solução para o problema.
- *Evitar a propagação do problema.* Uma vez que um problema tenha sido identificado em determinado computador, essa máquina deve ser removida da rede. Isso pode parecer ser o curso lógico de ação, mas, se a máquina fornece um ou mais serviços críticos para a rede, deixá-la inacessível pode ser outro problema. Melhor prática: ter sempre máquinas extras para tratar os serviços críticos, mantendo um serviço por servidor. A rede é mais bem gerenciada quando os servidores web, de e-mail, de aplicações e de autenticação ou domínio estão hospedados em máquinas separadas.
- *Faça backups.* Cópias do estado do sistema no momento do incidente devem ser feitas para auxiliar na análise posterior. Hackers podem tentar editar ou excluir informações mais tarde. Preservando-se os dados, a situação pode ser arquivada para pesquisa e uso futuro.

Resumo do capítulo

- Um incidente em um ambiente de segurança da computação é um evento que testa as soluções de segurança em funcionamento na rede ou, no caso de uma máquina autônoma, nela própria. As consequências negativas de um incidente de segurança incluem fraudes, vazamento de informações ou a destruição dos recursos de rede.
- Os incidentes mais comuns são ataques de códigos maliciosos, como vírus e cavalos de Troia, e ações de funcionários internos, fornecedores e consultores. Os ataques mais raros, mas mais divulgados, são os feitos por agentes externos.
- Os danos por incidentes podem variar de uma pequena interrupção do trabalho até uma parada maior da rede, com períodos de recuperação que podem ir de dias a até semanas.
- Eventos comuns que podem apontar para um ataque em curso incluem: a execução de um processo incomum usando os recursos da rede, um padrão de reclamações de funcionários sobre o mau funcionamento de seus sistemas, um aumento incomum nas solicitações de recursos, ou a solicitação de autenticação por um endereço IP que não faz parte da rede.
- Para prevenir os incidentes e reagir de forma apropriada, um administrador deve desenvolver um documento preditivo que inclua a matriz de potenciais riscos à rede e as descrições das prováveis perdas, uma lista com ações a ser evitadas, um inventário do que deve ser corrigido e do que pode ser tolerado e uma política completa de resposta a incidentes.
- Cada organização tem seu próprio conjunto de recursos e de vulnerabilidades, classificado de acordo com o custo de substituição desses recursos e com o esforço necessário para se recuperar de um incidente em particular. Uma análise de riscos avalia as vulnerabilidades de uma organização pelo impacto e pela probabilidade de determinado incidente.
- Entre os incidentes que podem ocorrer em uma rede ou um computador estão páginas desfiguradas, ataques de negação de serviço, erros e omissões, fraude e roubo, intrusão, intrusão silenciosa e código malicioso.
- As etapas-chave do tratamento de um incidente são preparação, classificação de incidentes, determinação do impacto, definição da probabilidade, erradicação, recuperação e pós-morte.

- Todos os usuários da rede devem saber como relatar um possível incidente. Até os incidentes aparentemente menores devem ser notificados.
- Quando erradicam os problemas, as equipes de gestão de incidentes precisam criar cópias de segurança de arquivos, gravando o estado do sistema.
- Depois de um incidente, a recuperação sem danos permanentes é a meta. A rede deve ser mantida em funcionamento para que a organização não enfrente uma perda de receita adicional.
- As quatro fases da recuperação de incidentes são: reinstalação, reautenticação, escaneamento para verificar a erradicação e reinício do trabalho.
- É importante aprender com os sucessos e com os erros. Alguns passos devem ser seguidos para que as devidas lições sejam tiradas de incidentes de raqueamento, a saber: identificar a causa raiz do problema, incorporar mudanças em curto e longo prazo, incorporar ações para incidentes imprevisíveis e aprender com os problemas.
- Existem duas abordagens para rastrear hackers: a genérica-específica e a específica-genérica-específica.
- Em uma emergência, mantenha a calma, tome notas precisas e abrangentes, notifique o conjunto relevante de pessoas, confirme que se trata de um incidente e não de um evento, use modos seguros de comunicação, evite a propagação do problema e faça becapes.

Questões de revisão

1. Por que uma política de tratamento de incidentes é necessária?
2. Cite alguns dos diferentes tipos de incidentes.
3. Quais as fases do tratamento de incidentes?
4. Quais as fases de preparação para o tratamento de um incidente?
5. Quais os passos para a identificação de um incidente?
6. Por que é importante que canais seguros de comunicação sejam mantidos?
7. Quais as etapas de remoção de um problema?
8. Quais as etapas da recuperação de um incidente?
9. Qual a utilidade de uma investigação pós-morte depois de o incidente ter sido solucionado?
10. Quais as etapas de resposta a um incidente?
11. A primeira pessoa a quem se deve ligar no caso de um possível incidente é o CEO da companhia. Verdadeiro ou falso?
12. Uma política eficiente de tratamento de incidentes deve conter os procedimentos adequados para todas as eventualidades. Verdadeiro ou falso?
13. Se você descobrir uma anomalia nos registros da rede, a primeira coisa a ser feita é manter a calma. Verdadeiro ou falso?
14. A maioria dos hackers deixa algumas pistas. Cabe a você manter o cenário intacto para que os especialistas forenses tenham a chance de descobri-las. Verdadeiro ou falso?

Coloque os passos envolvidos no rastreamento de hackers na ordem correta.
a. Identificar todos os links que transmitiram dados parecidos.
b. Dividir cronogramas.

c. Examinar a possível motivação do invasor com base nos resultados do raqueamento.
d. Definir setores geográficos.
e. Analisar arquivos de registro em busca de sinais relacionados ao hacker.
f. Identificar a localização do hacker.

15. Passo 1 _____
16. Passo 2 _____
17. Passo 3 _____
18. Passo 4 _____
19. Passo 5 _____
20. Passo 6 _____

Projeto prático

Políticas de recuperação de desastres, tratamento de incidentes e continuidade de negócios são documentos que devem ser criados durante a fase de planejamento de uma organização para garantir sua saúde contínua. Com uma boa política em vigor, qualquer interrupção das operações normais é minimizada, tendo sua gravidade reduzida. Isso é parecido com o sistema de notificação de emergências 911 em muitas áreas dos Estados Unidos. Nem mesmo um complexo e poderoso sistema em operação, com todos os recursos financeiros, de pessoal e tecnológicos que isso implica, pode ser capaz de fazer qualquer coisa se os potenciais usuários não estiverem cientes dos procedimentos necessários para acessar seus serviços.

PROJETO 18.1

1. Tarefa escrita: desenvolva um documento de tratamento de incidentes. A Weezle Corporation, uma companhia de moldagem de plásticos, já foi raqueada uma vez e uma grande quantidade de dados foi roubada ou corrompida. Não havia nenhuma política de tratamento de incidentes em vigor, e os acionistas estavam em alvoroço. Eles nem sabem se sua rede foi raqueada várias vezes ou se esse foi um incidente isolado.

   O presidente da Weezle Corp., Ima Weezle, solicitou que você criasse um plano de recuperação de desastres para a companhia. Ela tem duas localizações, uma em Ableton e uma em Brazelton, separadas por mais de 30 quilômetros. A unidade de Ableton consiste em um depósito e uma fábrica com linhas injetoras de moldagem, contando com 590 empregados. Todas as linhas são conectadas à rede IP e existem 20 PCs e quatro impressoras Okidata de alta velocidade em rede. A unidade de Brazelton abriga os escritórios principais, 12 depósitos e uma área de fábrica com 15 linhas de moldagem por sopro. Em rede, existem 85 computadores, dois minicomputadores RS6000 (com cópias de segurança em fita feitas diariamente em cada um deles) e quatro computadores legados de grande porte, HP e DEC, carregando apenas dados históricos.

   Seu plano deve cobrir tratamento de incidentes, recuperação de dados, requisitos de armazenamento, notificações de cadeia de comando, erradicação de problemas, recuperação de incidentes e passos a ser tomados em caso de emergência. Quando estiver completo, submeta o plano a seu instrutor.

Glossário

A

adivinhação de sequenciamento: Ataque que envolve um hacker que testa e explora um sistema na tentativa de determinar a abordagem que um sistema particular está usando para gerar números de sequenciamento. Ser capaz de antecipar esses números permite ao hacker implementar um ataque homem no meio e enganar o host para que ele comunique-se com o receptor errado.

agente usuário (UA): Ferramenta de software que facilita a comunicação entre um cliente e um servidor. Por exemplo, um cabeçalho UA pode ser usado para informar o tipo de navegador específico e a versão que está tentando se comunicar com um servidor.

algoritmo: Uma regra precisa (ou conjunto de regras) que determina como resolver determinados problemas.

algoritmo de chave assimétrica: Algoritmo que usa duas chaves para criptografar e decriptografar dados. Cada usuário tem uma chave pública e uma privada.

algoritmo de chave simétrica: Algoritmo que usa a mesma chave para criptografar e decriptografar os dados. Tanto o emissor como o receptor devem ter uma cópia da chave.

Algoritmo de Hash Seguro (SHA), também conhecido como Padrão de Hash Seguro (SHS): Desenvolvido pelo governo dos Estados Unidos, esse padrão FIPS 180-1 produz um valor hash de 160 bits a partir de uma cadeia de comprimento arbitrário.

Algoritmo Resumo de Mensagem 5 (MD5): Um algoritmo hash seguro que pode ser usado para converter uma sequência de bytes de comprimento arbitrário em um valor de 128 bits. O MD5 tem amplo uso e é considerado razoavelmente seguro.

Ambiente em Tempo de Execução JAVA (JRE): Da mesma forma que o CLR, esse ambiente virtual oferece a capacidade de compartilhar objetos e executar programas Java, independentemente do ambiente operacional no qual os programas estão sendo executados.

análise da causa raiz (RCA): Método de resolução de problemas que busca explorar todas as facetas de uma situação até que as causas subjacentes sejam reveladas.

análise de pacotes: Componente de um farejador que oferece análise em tempo real de pacotes capturados.

ARPANET: Precursora da internet, surgiu em 1969.

Arquitetura de Segurança IP (IPSec): Coleção de padrões da Força Tarefa de Engenharia da Internet (IETF) que define a arquitetura na camada IP para proteger o tráfego IP com o uso de vários serviços de segurança.

ataque de modificação da tabela de roteamento: Ataque que envolve a substituição de informações na tabela de roteamento de um roteador de rede com informações falsas a fim de redirecionar pacotes, criando, assim, um intermediário desconhecido entre quem envia e quem recebe os pacotes, que pode ou não encaminhá-los para legitimar o receptor, conforme a sua intenção.

ataque de RIP: Forma de ataque que tira vantagem do Protocolo de Informação de Roteamento (RIP), que é um componente essencial de uma rede TCP/IP e responde pela distribuição de informação roteada dentro das redes.

ataque de software: Tipo de ataque DoS que foca uma vulnerabilidade conhecida em uma aplicação ou sistema operacional existentes.

ataque DoS: Ataque a uma rede que é inundada de tantos pedidos adicionais que o tráfego regular se torna mais lento ou é totalmente interrompido. Diferentemente de um vírus ou verme, que pode causar danos severos aos bancos de dados, um ataque DoS interrompe o serviço da rede por determinado período.

ataque DoS evitável: Ataque DoS que resulta de uma instalação ou gerenciamento de dispositivos impróprios, que torna o dispositivo vulnerável a ataques.

ataque DoS não evitável: Ataque DoS inesperado, que o administrador não é capaz de antecipar ou esperar por ele.

ataque DoS isolado: Ataque DoS que envolve um sistema de ataque único que tenta interferir no funcionamento normal de um sistema único.

ataque por inundação: Uso de pacotes extremamente grandes ou abundantes para interferir no funcionamento normal do sistema-alvo.

ataque SMURF: Ataque DoS cujo nome remete a uma ferramenta específica criada para gerar um grande volume de endereços IP com o endereço original sendo falsificado.

ataque de TCP SYN: Ataque que tira vantagem da forma como a maioria dos hosts implementa o handshake de três passos do TCP. Quando o Host B recebe a solicitação SYN de A, ele deve guardar o caminho da conexão parcialmente aberta em uma fila por pelo menos 75 segundos. A maioria dos sistemas é limitada e só consegue guardar o caminho de uma pequena quantidade de conexões.

ataques de dicionários: Ataques que tentam adivinhar senhas ao experimentar todas as palavras de uma lista de palavras comuns que seriam encontradas em um dicionário.

ataques de ICMP: ICMP significa Protocolo de Mensagens de Controle da Internet. Forma de ataque na qual os pacotes são usados para enviar informações de conexões fraudulentas ou enganadoras entre computadores.

ataques de Serviço DNS: Tipo de ataque de negação de serviço (DoS) que foca as vulnerabilidades conhecidas dos protocolos e do sistema de nomes de domínios.

ataques de força bruta: Ataques que envolvem o uso de tentativas repetitivas e sequenciais de cada uma das possíveis combinações até que a combinação de uma chave ou senha específicas seja identificada.

autenticação: Ação de comprovar que um usuário ou dispositivo é quem diz ser. A autenticação geralmente envolve o uso de um token ou certificado, uma medida biométrica ou (mais frequentemente) uma senha ou frase.

Autoridade para atribuição de números na internet (IANA): A organização responsável pela gestão da alocação de endereços IP.

B

biblioteca de classes da plataforma .NET: Componente que inclui uma variedade de objetos reutilizados e classes que simplificam a programação e permitem aos desenvolvedores evitar retrabalho na construção de objetos comuns.

binários: Programas compilados que destacam as áreas nas quais os dados são armazenados.

bloqueio de pacotes: Opção de configuração em certa quantidade de equipamentos de rede, também conhecida como "filtragem de pacote", que tem a intenção de impedir o fluxo de pacotes com base em critérios como endereços de origem/destino, porta ou serviço; pode ser útil para prevenir o sequestro de sessões.

blowfish: Algoritmo de criptografia desenvolvido por Bruce Schneier como alternativa ao DES, que se tornava obsoleto. Usa cifragem de blocos de 64 bits e tem opções de chave de até 448 bits.

botnets: Redes de computadores comprometidos (zumbis) usados ou vendidos para o uso em atividades ilegais ou maliciosas.

buffer: Componente de um farejador que consiste em uma área dinâmica de RAM que contém dados específicos.

C

cartão de interface de rede (NIC): Componente do hardware que conecta um host específico à rede; o componente principal de um farejador.

cavalo de Troia: Um malware que se disfarça de arquivo legítimo a fim de enganar a vítima para que aceite sua instalação.

chave: Número, palavra ou frase gerados por um algoritmo tanto para criptografar como para decriptografar informações.

chave de uso único (OTP): Em criptografia, chave aleatória que é combinada com um texto comum uma única vez.

cifragem de César: Cifragem simples originalmente usada por Júlio César que funciona trocando cada letra pela terceira posterior do alfabeto.

cifragem de fluxo: Codificação que aplica texto já cifrado sobre um texto comum da mesma forma que a cifragem de blocos faz, mas no qual a criptografia é aplicada sobre cada dígito em vez de combinar blocos de dígitos e aplicar a criptografia sobre eles como unidade.

cifragem de blocos: Solução de criptografia que opera em lotes ou blocos de dados. O algoritmo quebra o documento texto em blocos (em geral de 8 a 16 bytes de comprimento) e opera em cada um independentemente.

compilador: Software que traduz um programa de computador para o formato necessário para o programa executar em uma plataforma operacional específica.

complexidade da senha: Condição obtida pelo uso integrado de caracteres alfabéticos, numéricos e especiais para criar combinações de senha difíceis de adivinhar.

computação em nuvem: Computação que acontece além dos limites da rede confiável.

confiança: Nível de certeza de que ambos os usuários em uma comunicação são entidades conhecidas.

Consulta a DNS: Ferramentas que ajudam os usuários de internet a descobrir os nomes DNS de computadores-alvo.

Controle de Acesso ao Meio (MAC): Endereço codificado em hardware do dispositivo da camada física que é conectado à rede.

Controle Supervisionado e Aquisição de Dados (SCADA): Sistemas criados para tratar infraestrutura crítica.

cookie: Dados do código de computador que o desenvolvedor de website cria para ser imposto a qualquer navegador que visite aquele site, como forma de guardar características específicas ou comportamentos do usuário.

cracker: Alguém envolvido com o craqueamento.

craqueamento: Ato de invadir ilegalmente um sistema de computador sem permissão do proprietário.

craqueamento de senhas: Programas que decriptografam senhas criptografadas. Alguns programas de craqueamento usam análises comparativas para corresponder versões criptografadas de senhas com as originais. Alguns, chamados de mecanismos de "força bruta", fazem testes em relação a um grande arquivo dicionário.

craqueamento de telefone: Craqueamento da rede de telefone para fazer chamadas de longa distância gratuitamente. Também se refere ao craqueamento da segurança, sobretudo (mas não exclusivamente) em redes de comunicação.

criptoanálise: (1) Operações desempenhadas na conversão de mensagens criptografadas para texto sem o conhecimento inicial do algoritmo e/ou da chave utilizados na criptografia. (2) O estudo dos textos criptografados.

criptografar: Codificar dados com finalidade de segurança.

criptografia: Processo de se comunicar com ou decifrar escritas ou códigos secretos, e também uma forma comum de proteger senhas. A criptografia usa um algoritmo para criptografar um documento de texto cifrado a partir de um documento de texto comum. Quando a informação é necessária outra vez, o algoritmo é usado para decriptografar o texto codificado de novo para texto comum.

CRON: Utilitário de escalonamento automatizado.

D

decodificador: Componente do farejador que interpreta a informação e exibe-a em um formato legível.

decriptografar: Decodificar um documento de texto cifrado para um documento de texto comum.

descoberta: Fase de teste de invasão na qual o teste real começa.

Diffie-Hellman: Algoritmo de chave pública comumente usado para troca de chaves. Em geral, é considerado seguro quando chaves longas o suficiente e geradores primários apropriados são usados.

disco de sistema: CD ou USB portáteis que contêm um sistema operacional completo funcional que pode ser usado para inicializar um computador e desviar do sistema operacional hospedeiro.

DoS distribuída (DDoS): Uso de sistemas múltiplos em uma tentativa de interferir no funcionamento normal de um sistema-alvo (ou sistemas).

driver de captura: Componente do farejador que captura o tráfego na rede a partir de uma conexão Ethernet.

mergulho no lixo: Revirar o lixo. Investigação do descarte de um alvo com o objetivo de encontrar qualquer informação que possa ser usada para comprometer redes e sistemas.

E

encapsulamento de dados: Processo de adicionar informações de controle por meio de uma série de cabeçalhos anexados ao pacote original de dados transferido do host emissor para a rede.

endereço IP: Número único designado para cada equipamento que quer transmitir pacotes por uma rede executando o protocolo IP.

endereço de loopback: Endereço especialmente atribuído que é reservado especificamente para o teste de hosts internos.

endereço MAC: Número hexadecimal de 12 dígitos atribuído a cada aplicativo de rede ou PC.

engenharia social: O uso de influência e persuasão para manipular pessoas ou convencê-las de que o engenheiro social é alguém que não é.

escaneador: Ferramenta de software que examina e reporta vulnerabilidades em hosts locais e remotos.

escaneador de portas: Ferramenta de software criada especificamente para examinar e reportar o *status* das portas e qualquer aplicação associada a elas.

escaneamento de conexão TCP: Tipo de escaneamento que tenta criar conexões TCP com todas as portas de um sistema remoto.

escaneamento de ping: O uso de escaneamento para demonstrar se um host remoto está ativo com o envio de pacotes ICMP de requisição de eco para aquele host.

escaneamento de UDP: Tipo de escaneamento que examina o *status* das portas UDP em um sistema-alvo.

escaneamento discreto: Tipo de escaneamento que examina hosts por trás de firewalls e filtros de pacote; de certa forma, é semelhante ao escaneamento semiaberto, em que a maioria dos escaneadores discretos não permite que os hosts-alvo sejam logados nas atividades de escaneamento.

escaneamento do protocolo IP: Tipo de escaneamento que busca determinar quais protocolos IP estão disponíveis em um sistema-alvo específico por meio do escaneamento de portas para identificar números ativos de portas associadas a esses protocolos.

escaneamento semiaberto: Escaneamento da conexão TCP que implica transmitir um pacote SYN para determinar o estado do sistema, seguido de um comando RST ao receber uma resposta, como esforço para enganar o alvo a fim de que ignore a transação.

escuta de tempestade: Configuração de dispositivos de monitoramento de rede, como, por exemplo, para detectar invasões, a fim de alertar o administrador sobre aumento significativo no volume de tráfego gerado em um segmento particular.

estouro de buffer: Condição comum às linguagens estruturadas de programação que envolve a exploração de uma função que falha por causa de uma entrada de tamanho anormal.

exploração: Fase do teste de invasão que testa as informações do dispositivo e as vulnerabilidades que foram coletadas em fases anteriores.

F

falsificação: Método de conseguir acesso não autorizado a computadores pelo envio de pacotes ou mensagens com cabeçalhos falsos indicando que a informação vem de uma fonte confiável.

falsificação ativa: Método de falsificação no qual o hacker pode ver os dois lados da comunicação, observar as respostas do computador destino e assim responder da maneira esperada.

falsificação cega: Qualquer tipo de falsificação no qual apenas um lado da comunicação sob ataque é visível.

falsificação de ARP: Falsificação da tabela ARP com a intenção de raquear.

falsificação de DNS: Ato de falsificar o endereço IP de um website para o endereço IP de um computador de terceiros.

falsificação de IP: Técnica usada por invasores que enviam pacotes para a vítima ou computador-alvo com um endereço de origem falso.

falsificação de web: Ato de falsificar um endereço IP a partir de um website.

farejador: Ferramenta que pode interceptar e ler pacotes de dados criptografados em uma rede.

farejador de pacotes: Aplicação que monitora, filtra e captura pacotes de dados transferidos por uma rede.

farejador embutido: Um farejador de pacotes que vem embutido no sistema operacional.

firewall: Método de segurança de rede amplamente usado para dar aos usuários acesso seguro à internet e separar o servidor web público de uma empresa de sua rede interna enquanto mantém a rede segura contra invasores.

flags do pacote TCP: Há seis possíveis flags de pacotes: URG, ACK, PSH, RST, SYN e FIN. Os pacotes podem ter mais de um conjunto de flags, o que é indicado pela combinação dos nomes das flags, separados por uma barra ("SYN/ACK") ou vírgula

("FIN, ACK"). SYN/ACK quer dizer que o pacote está tentando sincronizar com o emissor e também confirma o pacote recebido. Normalmente, um pacote terá apenas uma flag enviada, exceto no caso de SYN/ACK ou FIN/ACK.

ACK: campo de confirmação

FIN: não há mais dados do emissor

PSH: função push

RST: reinicia a conexão

SYN: sincroniza números de sequenciamento

URG: campo de ponteiro urgente

rastreio de pegadas: Uso do fluxo de informações da internet para descobrir partes dos dados que podem ser agrupadas a fim de criar um perfil de uma organização, oferecendo pontos de entrada úteis para as fases subsequentes do teste de invasão.

fraggle: Ataque DoS parecido com um ataque SMURF; porém, usa grande quantidade de pacotes UDP em vez de pacotes ICMP.

função hash: Cálculo matemático que atribui um número específico a uma mensagem de texto, o que pode ser validado pelo receptor para confirmar que a mensagem enviada não foi alterada no caminho entre o emissor e o receptor.

G

gerenciador de contas de segurança (SAM): Componente dos sistemas operacionais Windows modernos que contém o banco de dados usado para manter e administrar contas e senhas do usuário.

H

Hack-ativista: Hacker ou cracker motivado por patriotismo, nacionalismo ou outra crença profunda, cívica ou social que pode ou proteger redes contra criminosos cibernéticos ou atrapalhar os serviços, causando, assim, medo em populações e comunidades específicas de "inimigos".

hacker: Termo originalmente destinado a descrever um programador ou uma pessoa com competência em computação e escrita de códigos. O termo evoluiu e às vezes é usado como definição pejorativa de um cracker.

heap: Espaço de memória permanente, diferente do espaço de memória temporário que é fornecido pela pilha, mas similar a ela, pois fornece memória às aplicações, permitindo a operação de várias funções internas necessárias à conclusão de suas tarefas.

hibridização: Processo de derivação de palavras por meio da adição de letras e/ou números a cada palavra de um dicionário.

I

identificação por vulnerabilidade: Exploração e descoberta de áreas particulares de vulnerabilidade específicas de uma tecnologia.

infecção por malware: Quando o computador ou equipamento hospedeiro é carregado fraudulentamente por várias vias, incluindo anexos infectados ou visitas a websites mal-intencionados. O objetivo do malware (software malicioso) é ativar alguma funcionalidade no equipamento sem a permissão de seu proprietário. O malware pode assumir várias formas, incluindo vírus, cavalos de Troia, vermes e rootkits.

interface de linha de comando (CLI): Interface que permite aos usuários emitir comandos diretamente pelo computador, em vez de por meio de uma interface de usuário (GUI).

inundação de ping: Um ataque DoS que consiste em gerar e transmitir um alto número de pacotes ICMP sem esperar a resposta.

K

keylogger: Software que captura e documenta cada tecla pressionada que o usuário digita no teclado.

L

linguagem de máquina: Código binário que usa uns ou zeros e visa realizar as funcionalidades mais básicas nas aplicações no nível em que o hardware e o software se encontram.

Linguagem de Marcação de Hipertexto (HTML): Linguagem de marcação de software primária usada para criar páginas e links da web.

linguagem de programação: Um método de escrita de aplicação que exige um compilador, capaz de formatar a aplicação de modo que ela se torne compatível para executar em determinado ambiente operacional.

M

máscara de rede: Terminologia de endereçamento de rede que envolve o uso de zeros e uns para identificar qual segmento de um endereço IP é associado à rede e qual segmento é associado ao host.

modelo de interconexão de sistemas abertos (OSI): Modelo que foi estabelecido pela Organização Internacional de Padronização (ISO) para comunicação em todo o mundo. Divide o processo de rede em sete camadas lógicas: Física, Enlace de Dados, Rede, Transporte, Sessão, Apresentação e Aplicação

modelo de objeto documento (DOM): Especificação de uma interface de programação que permite a criação de páginas HTML e XML como objetos distintos.

modelo TCP/IP: Modelo estabelecido pela Força Tarefa de Engenharia da Internet (IETF) para criar padrões de compatibilidade entre equipamentos. Sua função típica é dividir o processo de rede em quatro camadas lógicas: Enlace, Internet, Transporte e Aplicação.

modo promíscuo: Modo de operação NIC no qual o NIC recupera qualquer pacote de dados que estiver sendo transferido por meio de seu segmento de rede Ethernet.

N

negação de serviço (DoS): Ataque a uma rede que é inundada de tantos pedidos adicionais que o tráfego regular se torna mais lento ou é totalmente interrompido.

netstat: Comando que ajuda a localizar os endereços IP dos computadores, os endereços IP de hosts conectados aos computadores e as portas dos hosts nas quais os computadores estão conectados.

nslookup: Comando que permite a qualquer pessoa inquirir um servidor DNS por informações como nomes de hosts e endereços IP.

número de sequenciamento inicial (ISN): Um número único para cada pacote de uma conexão específica, mantido por um serviço confiável da camada de transporte. O número de sequenciamento permite à camada de transporte identificar se algum dos pacotes se perdeu ou se foi entregue fora da sequência pelas camadas subjacentes da rede ou dos dados.

P

padrão de assinatura digital (DSS): Padrão criado pela Agência de Segurança Nacional dos Estados Unidos (NSA) que especifica o que é necessário para uma assinatura digital ser considerada autêntica.

padrão de criptografia avançada (AES): Padrão de criptografia que substituiu o Padrão de Criptografia de Dados (DES) perto da virada do século 21.

padrões federais de processamento de informação (FIPS): Documentos publicados pelo Instituto Nacional de Padrões e Tecnologias; a AES é descrita no FIPS-197.

phishing: Forma de engenharia social na qual um usuário é enganado a fim de fornecer informações privadas por meio do redirecionamento para um website falso ou outros meios fraudulentos.

pilha da aplicação: Área de um programa de computador na qual a memória temporária é alocada para executar as operações internas das aplicações, como adicionar os valores de dois elementos de dados ou armazenar os valores que são calculados como parte dessas operações.

ping: Utilitário que faz parte do Protocolo de Mensagens de Controle de Internet (ICMP) e ajuda a verificar se um host está ativo.

ping da morte: Uma das primeiras e mais famosas formas de ataque DoS; usa grande quantidade de pacotes ICMP.

projeto aberto de segurança em aplicação web (OWASP): Um dos esforços principais para criar padrões de segurança para desenvolvedores de aplicações web e profissionais de segurança.

protocolo da internet (IP): Protocolo responsável pela transmissão de dados de um computador origem para um computador destino.

protocolo datagrama do usuário (UDP): Protocolo da camada de Transporte definido para uso com o protocolo da camada de Rede IP. No contexto de sequestro de sessão, o UDP é mais vulnerável do que o TCP/IP por causa da falta de checagem de erro.

protocolo de acesso a mensagens da internet (IMAP): Método de recuperar e-mails de um servidor que permite que a mensagem seja vista e alterada enquanto permanece armazenada no servidor.

protocolo de controle de transmissão (TCP): Protocolo responsável por transmitir dados do computador origem para o computador destino final. Difere do IP porque exige um handshake de três passos.

protocolo de correio (POP): Método de recuperar e-mails de um servidor que inclui transferir a mensagem para um host cliente e deletar a mensagem do servidor no qual está armazenada.

protocolo de transferência de correio simples (SMTP): Um dos protocolos mais usados que transmite mensagens de e-mail entre hosts.

R

randomização do layout do espaço de endereçamento (ASLR): Técnica de programação mais segura que permite que o espaço seja alocado de forma virtual e aleatória, em vez de atribuir formalmente espaços de memória específicos para a área do conjunto de dados.

RC4: Criptografia criada pela RSA Data Security, cuja principal vantagem é a velocidade; vários gigabytes por segundo podem ser criptografados em um PC Pentium 4.

reconhecimento: Localização de alvos e desenvolvimento de métodos necessários para atacar esses alvos com sucesso.

rede de área local (LAN): A rede interna de uma organização cuja segurança em geral é feita pelo uso de um gateway central no qual a rede interna se conecta à internet.

rede de área local virtual (VLAN): Segmento de rede que é isolado de outros segmentos de rede pelo uso de um switch.

rede privada virtual (VPN): Equipamento de rede que cria túneis criptografados seguros entre dois pontos, o que permite a transmissão relativamente privada de pacotes por uma rede pública.

reflectometria no domínio do tempo (TDR): Técnica para medir comprimentos de cabo cronometrando o período de tempo entre um pulso teste e o reflexo do pulso a partir de uma descontinuidade de impedância no cabo.

roteador: Equipamento de rede que roteia pacotes de rede por meio da manutenção de uma tabela de roteamento que identifica os endereços IP e MAC de equipamentos de rede próximos um do outro. Um exemplo específico é o roteador gateway responsável por determinar quais pacotes têm entrada permitida em uma rede confiável.

roteamento do remetente: Quando um mensageiro especifica o caminho pelo qual o computador destino mandará sua resposta. Tipicamente, esse atributo é usado tanto para impedir o funcionamento da rede como para melhorar seu desempenho.

RSA (Rivest, Shamir e Adleman): Padrão mais popular de criptografia de chave pública. O RSA desenvolve chaves que são o produto de dois números primos de 1024-bits.

runtime de linguagem comum (CLR): Uma característica da plataforma .NET que inclui componentes de comando e controle, como gestão de memória e segurança. O CLR é semelhante ao JRE e tem a capacidade de compartilhar 359 objetos entre programas usando várias linguagens de programação.

S

script: Método de escrita de aplicações que pode ser executado da forma como foi escrito, sem a necessidade de compilação para um formato adequado.

script kiddies: Grupo de entusiastas do raqueamento que, mesmo com pouco conhecimento ou pouca experiência, encontra e executa scripts que outros disponibilizaram em várias mídias. Os script kiddies são desprezados universalmente por programadores experientes. Referir-se a alguém como script kiddie é uma forma depreciativa.

sequestro: Ato de um indivíduo não autorizado para sequestrar o controle do sistema daqueles que são autorizados a operá-lo.

sequestro de conexão: É o que acontece quando o invasor assume o controle de uma conexão existente ao dessincronizar uma série de pacotes entre os computadores origem e destino.

sequestro de sessão: Tipo de invasão que acontece quando um indivíduo não autorizado assume o controle de um fluxo de comunicação entre o mensageiro e o receptor.

Serviço de Nomes de Domínio (DNS): Função de rede que associa nomes, com os quais os seres humanos têm afinidade, a endereços IP.

servidor proxy: Equipamento intermediário que funciona como proxy entre um host e um servidor, tipicamente envolvendo algum tipo de serviço de intermediação entre hosts pela internet. Ele permite esconder endereços IP, examinar e armazenar conteúdos da internet para aumentar a segurança e o tempo de resposta.

sistema básico de entrada/saída (BIOS): Software integrante da placa-mãe que controla algumas funções básicas do computador necessárias para rodar sistemas operacionais e aplicações.

sistema de arquivos de nova tecnologia (NTFS): Sistema de arquivos que substitui o antigo sistema FAT usado pelo Windows; inclui listas de controle de acesso e metadados para o sistema operacional Windows.

sistemas de detecção de intrusão (IDS): Tecnologias mais tradicionais que usam sondagens por meio das quais os pacotes passam e geram um alarme ou informação em log com base em assinaturas ou anomalias.

sistemas de prevenção de intrusão (IPS): Tecnologias mais modernas que melhoram as tecnologias IDS existentes ao agregar capacidades para evitar ou impedir pacotes de entrar em uma rede confiável.

soma de verificação: Valor designado a um objeto, como um website ou mensagem de e-mail, que é recalculado pelo receptor, o qual receberá o mesmo valor ou saberá que o conteúdo do objeto foi alterado.

spam: Mensagens de e-mail não solicitadas, normalmente relacionadas a marketing de massa, que oferecem uma plataforma de malware e engenharia social.

stuxnet: Verme de computador que infectou drives USB por malwares em carros estacionados em frente às usinas nucleares iranianas com o objetivo de acelerar centrífugas.

substituição: Troca de uma letra ou grupo de letras por outra letra ou grupo de letras.

switch: Dispositivo de rede que em geral funciona nas camadas 2 ou 3 do modelo OSI para direcionar pacotes para o segmento de rede adequado designado por um host no segmento que está enviando ou recebendo esses pacotes.

T

tempestade de ACKs: A transmissão de uma grande quantidade de confirmações TCP/IP, que às vezes é uma tentativa de sequestrar uma sessão.

texto cifrado: Texto em que algoritmos de criptografia foram aplicados.

texto comum: Um documento não criptografado nem codificado, legível por um ser humano que tenha uma compreensão normal.

tradução de endereço de rede (NAT): Atribuição de endereços IP não roteáveis em uma rede interna, o que evita a necessidade de endereços IP públicos, que estão se tornando escassos.

traga seu próprio dispositivo (BYOD): Prática adotada por certas organizações em que os funcionários podem usar seus próprios equipamentos portáteis de informática, tanto externamente como sob o firewall.

transposição: Alteração das posições ou ordem de letras ou palavras, como em um anagrama.

trespassing: Prática de mudar o código do programa para corromper o ponteiro da informação, que guarda o caminho do *status* das funções.

3DES (Triplo DES): Técnica de criptografar o texto comum com DES, pegar o texto cifrado e criptografá-lo novamente com outra chave DES e, depois, pegar o resultado e criptografá-lo mais uma vez com outra chave DES.

V

Voz sobre IP (VoIP): Serviço de rede que permite que o tráfego de voz seja transmitido por meio de redes IP.

W

war dialer: Script que diz a um modem para discar uma faixa de números de telefone e depois identifica aqueles que estão conectados a computadores remotos. A faixa de números de telefone é definida pelo usuário, então o programa começa a discá-los, um após o outro, tentando estabelecer uma conexão remota.

war driving: Prática de dirigir um veículo enquanto usa tecnologia destinada a localizar redes wireless desprotegidas.

WHOIS: Ferramenta da internet que auxilia na recuperação de informações específicas de nome de domínio usando o banco de dados da certificada NSI.

X

XOR: Conceito matemático baseado na manipulação "OU exclusivo" (exclusive-or), que diz que: se um dos bits está marcado, então o resultado é marcado, mas se ambos os bits estão marcados então o resultado não é marcado.

Z

zona desmilitarizada (DMZ): Em termos de segurança da computação, é a região de uma rede (ou sub-rede) que fica entre a rede interna da organização e uma rede externa, em geral, a internet. Essa zona normalmente é criada entre dois firewalls.

Referências bibliográficas

Capítulo 1

1. Computer Security Institute. "CSI 2010/2011 Computer Crime and Security Survey." gocsi.com. Acesso em: 9 abr. 2012. Disponível em: http://gocsi.com/survey.
2. Verizon. "2012 Data Breach Investigations Report." Disponível em: http://www.verizonenterprise.com/resources/reports/rp_data-breach-investigations-report-2012-ebk_en_xg.pdf. Acesso em: 6 ago. 2014.
3. Bednarz, A. "Profiling cybercriminals: a promising but immature science." NetworkWorld 29 November 2004. Disponível em: www.networkworld.com/supp/2004/cybercrime/112904profile.html. Acesso em: 6 ago. 2014.
4. Mitnick, K. "They call me a criminal." Guardian Unlimited. Disponível em: www.guardian.co.uk/Archive/Article/0,4273,3966123,00.html. Acesso em: 6 ago. 2014.
5. Black Hat. "Black hat briefings and training: about black hat." Disponível em: http://blackhat.com/html/about.html. Acesso em: 6 ago. 2014.
6. Thomas, T. Google confronts China's three warfares. *Parameters*, U.S. Army War College, Carlisle PA, v. 40, n. 2, verão de 2010.
7. Brodsky, J.; Radvanovsky, R. Control systems security. In: *Corporate hacking and technology-driven crime: Social dynamics and implications*. Holt, T.; Schell, B. (eds.). Hershey, PA: IGI Global, 2011. p. 187.

Capítulo 2

1. Edmead, M. *Social engineering attacks: What we can learn from Kevin Mitnick*. 18 nov. 2002. Disponível em: http://searchfinancialsecurity.techtarget.com/tip/Social-engineering-attacks-What-we-can-learn-from-Kevin-Mitnick. Acesso em: 6 ago. 2014.

Capítulo 6

1. Burnett, S.; Paine, S. *RSA Security's Official Guide to Cryptography*. Berkeley, CA: RSA Press, Osborne/McGraw-Hill, 2001.
2. Electronic Frontier Foundation (ed.). *Cracking DES: Secrets of Encryption Research, Wiretap Politics, and Chip Design*. San Francisco, CA: Electronic Frontier Foundation, 1998.

3. Frösen, J. *Practical cryptosystems and their strength*. Disponível em: www.boran.com/security/CryptoAlgoStrength.html. Acesso em: 6 ago. 2014.
4. Lucks, S. *Attacking triple encryption*. Disponível em: http://link.springer.com/chapter/10.1007%2F3-540-69710-1_16#page-2. Acesso em: 6 ago. 2014.
5. Schneier, B. et al. Performance comparison of the AES submissions. *Proc. 2nd AES Conf., Nat'l Inst. Standards and Technology*, 1999, p. 15-34. Disponível em: http://citeseerx.ist.psu.edu/viewdoc/summary?doi=10.1.1.41.8948 . Acesso em: 6 ago. 2014.

Capítulo 10

1. Krebs, B. *Inside a modern Mac Trojan*. KrebsonSecurity. 28 set. 2001. Disponível em: http://krebsonsecurity.com/2011/09/inside-a-modern-mac-trojan. Acesso em: 6 ago. 2014.
2. Krebs, B. *ZeuS: "A virus known as Botnet"*. KrebsonSecurity. 19 fev. 2010. Disponível em: http://krebsonsecurity.com/2010/02/zeus-a-virus-known-as-botnet. Acesso em: 6 ago. 2014.

Capítulo 13

1. Seacord, R. C. *Secure coding in C and C++: C-style strings*. Disponível em: www.sei.cmu.edu/library/abstracts/news-at-sei/feature120061.cfm. Acesso em: 6 ago. 2014.
2. Babu, S.; Shahgholi, A.; Barzegar H. *HTML5 web security*. Disponível em: www.scribd.com/doc/87091142/Html5-Security. Acesso em: 6 ago. 2014.
3. Chickowski, E. Top 3 HTML5 vulnerability risk categories. *Dark Reading*, 8 August 2012. Disponível em: www.darkreading.com/vulnerability-management/167901026/security/vulnerabilities/240005129/top-3-html5-vulnerability-risk-categories.html. Acesso em: 7 ago. 2014.

Capítulo 16

1. "Microsoft Windows Server 2008: Vulnerability Statistics." *CVE Details*. Disponível em: www.cvedetails.com/product/11366/Microsoft-Windows-Server-2008.html?vendor_id=26. Acesso em: 7 ago. 2014.
2. *Ibid.*

Lista de siglas

Sigla	Inglês	Português
ACK	Acknowledgment Message	Código de Confirmação
ACL	Access Control List	Lista de Controle de Acesso
AES	Advanced Encryption Standard	Padrão de Criptografia Avançada
AIDS	Acquired Immune Deficiency Syndrome	Síndrome da Imunodeficiência Adquirida
AIM	AOL Instant Messaging	Mensagens Instantâneas AOL
API	Application Programming Interface	Interface de Programação da Aplicação
ARP	Address Resolution Protocol	Protocolo de Resolução de Endereço
ASCII	American Standard Code for Information Interchange	Código Padrão Americano para o Intercâmbio de Informação
ASLR	Address Space Layout Randomization	Randomização do Layout do Espaço de Endereçamento
BBS	Bulletin Board System	Sistema de Quadro de Avisos
BIND	Berkeley Internet Name Domain	Domínio de Nomes da Internet de Berkeley
BIOS	Basic Input/Output System	Sistema Básico de Entrada/Saída
BYOD	Bring Your Own Device	Traga seu Próprio Dispositivo
BO2K	Back Orifice 2000	
CA	Certificate Authority	Autoridade de Certificação
CISSP	Certified Information Systems Security Professional	Profissional de Segurança de Sistemas de Informação Certificado
CLI	Comand Line Interface	Interface da Linha de Comando
CRC	Cyclic Redundancy Code	Código de Redundância Cíclica
CSI	Computer Security Institute	Instituto de Segurança de Computadores
CTSS	Compatible Time Sharing System	Sistema de Tempo Compartilhado Compatível
DDoS	Distributed Denial of Service	Negação de Serviço Distribuída
DEBs	Debian packages	Pacotes Debian

DES	Data Encryption Standard	Padrão de Criptografia de Dados
DHCP	Dynamic Host Configuration Protocol	Protocolo de Configuração Dinâmica De Host
DIG	Domain Information Groper	Buscador de Informação de Domínio
DMZ	Demilitarized zone	Zona Desmiltarizada
DNS	Domain Name Service	Serviço de Nomes de Domínio
DNS	Domain Name System	Sistema de Nomes de Domínio
DOM	Document Object Model	Modelo de Objeto Documento
DoS	Denial of Service	Negação de Serviço
DRM	Direct Rendering Manager	Gerenciador de Renderização Direta
DSS	Digital Signature Standard	Padrão de Assinatura Digital
ERP	Enterprise Resource Planning	Planejamento de Recursos da Empresa
ESP	Encapsulating Security Payload	Encapsulamento da Carga Útil de Segurança (ESP)
FAT	file allocation table	Tabela de Alocação de Arquivos
FIN	Finish packets	Pacotes de Finalização
FIPS	Federal Information Processing Standard	Padrão Federal de Processamento de Informação
FTP	File Transfer Protocol	Protocolo de Transferência de Arquivos
GIAC	Global Information Assurance Certification	Certificação de Garantia da Informação Global.
GPG	Gnu Privacy Guard	Guarda de Privacidade Gnu
GPS	Global Positioning System	Sistema Global de Posicionamento
GUI	Graphical User Interface	Interface Gráfica do Usuário
HIPAA	Health Insurance Portability and Accountability Act	Lei de Portabilidade e de Responsabilidade de Seguros de Saúde
HIV	Human Immunodeficiency Virus	Vírus de Imunodeficiência Humana.
HPD	Hits Per Page	Visitas por Página
HTML	HyperText Markup Language	Linguagem de Marcação de Hipertexto
HTTP	Hypertext Transport Protocol	Protocolo de Transporte de Hipertexto
HTTPS	Secure Hypertext Transport Protocol	Protocolo de Transporte de Hipertexto Seguro
IANA	Internet Assigned Numbers Authority	Autoridade para Atribuição de Números na Internet
ICMP	Internet Control Message Protocol	Protocolo de Mensagens de Controle de Internet
IDS	Intrusion Detection System	Sistema de Detecção de Intrusão
IETF	Internet Engineering Task Force	Força Tarefa de Engenharia da Internet

IHL	Internet Header Length	Comprimento do Cabeçalho de Internet
IKE	Internet Key Exchange	Troca de Chaves na Internet
IM	Instant Messaging	Mensagens Instantâneas
IMAP	Internet Message Access Protocol	Protocolo de Acesso a Mensagens da Internet
IP	Internet Protocol	Protocolo da Internet
IPSec	IP Security Architecture	Arquitetura de Segurança de IP
IPS	Intrusion Prevention Systems	Sistemas de Prevenção de Intrusão
ISACA	Information Systems Audit and Control Association	Associação de Controle e Auditoria de Sistemas de Informação
ISAKMP	Internet Security Association and Key Management Protocol	Protocolo de Gerenciamento de Chaves e de Associações de Segurança da Internet
ISO	International Organization for Standardization	Organização Internacional de Padronização
ISN	Initial Sequence Number	Número de Sequenciamento Inicial
JRE	Java Runtime Environment	Ambiente em Tempo de Execução Java
LAN	Local Area Network	Rede de Área Local
MAC	Media Access Control	Controle de Acesso ao Meio
MD5	Message Digest Algorithm 5	Algoritmo Resumo de Mensagem 5
MIT	Massachusetts Institute of Technology	Instituto de Tecnologia de Massachusetts
NASL	Nessus Attack Scripting Language	Linguagem de Scripts de Ataques Nessus
NAT	Network Address Translation	Tradução de Endereço de Rede
NIC	Network Interface Card	Cartão de Interface de Rede
NFS	Network File Sharing	Compartilhamento de Arquivos na Rede
NSA	National Security Agency	Agência de Segurança Nacional
NSI	Network Solutions, Inc.	
NTFS	New Technology File System	Sistema de Arquivos de Nova Tecnologia
OEMs	Original Equipment Manufacturers	Fabricantes de Equipamentos Originais
OOP	Object-Oriented Programming language	Linguagem de Programação Orientada a Objetos
OSI	Open System Interconnection	Interconexão de Sistemas Abertos
OWASP	Open Web Application Security Project	Projeto Aberto de Segurança em Aplicação Web
P&D	Research and Develpoment (R&D) Department	Departamento de Pesquisa e Desenvolvimento
PGP	Pretty Good Privacy	Privacidade Muito Boa
PHP	Hypertext Preprocessor	Pré-processador de Hipertexto

PKI	Public-Key Infrastructure	Infraestrutura de Chave Pública
POP	Post Office Protocol	Protocolo de Agências de Correio
P2P	point-to-point	ponto a ponto
RAS	Remote Access Server	Servidor de Acesso Remoto
RCA	Root Cause Analysis	Análise da Causa Raiz
RIP	Routing Information Protocol	Protocolo de Informação de Roteamento
RNG	Random Number Generator	Gerador de Número Aleatório
RPM	Red Hat Package Manager	Gerenciamento de Pacotes Red Hat
RSA	Rivest, Shamir, and Adleman	Rivest, Shamir e Adleman
RST	Reset packets	Pacotes de Reset
RTT	Round Trip Time	Tempo de ida e volta
S/MIME	Secure/Multipurpose Internet Mail Extensions	Extensões de Correio da Internet de Multipropósito e Segurança
SaaS	Software-as-a-service	Software-como-Serviço
SAINT	Security Administrator's Integrated Network Tool	Ferramenta de Rede Integrada do Administrador de Segurança
SAM	Security Accounts Manager	Gerenciador de Contas de Segurança
SANS	System Administration, Networking and Security	Administração de Sistemas, Redes e Segurança
SCADA	Supervisory Control and Data Acquisition	Controle Supervisionado e Aquisição de Dados
SHA	Secure Hash Algorithm	Algoritmo de Hash Seguro
SHS	Secure Hash Standard	Padrão de Hash Seguro
SLIP	Serial Line Internet Protocol	Protocolo Internet de Linha Serial
SMS	Systems Management Server	Servidor de Gerenciamento de Sistemas
SMTP	Simple Mail Transfer Protocol	Protocolo de Transferência de Correio Simples
SOA	Service-oriented Architecture	Arquitetura Orientada a Serviço
SOAP	Simple Object Access Protocol	Protocolo Simples de Acesso a Objetos
SOX	Sarbanes-Oxley	Lei Sarbanes-Oxley
SSH	Secure Shell	Shell Seguro
SSL	Secure Sockets Layer	Camada de Sockets Segura
TCI	Trusted Computing Initiative	Iniciativa de Computação Confiável
TCP	Transmission Control Protocol	Protocolo de Controle de Transmissão
TDR	Time Domain Reflectometer	Reflectometria no Domínio do Tempo
TFTP	Trivial File Transfer Protocol	Protocolo de Transferência de Arquivos Trivial

TLS	Transport Layer Security	Segurança da Camada de Transporte
TOCTOU	Time of Check and Time of Use	Tempo de Verificação e Tempo de Uso
3DES	Triple DES	Triplo DES
TTL	Time to Live	Tempo de Vida
UA	User Agent	Agente Usuário
UDP	User Datagram Protocol	Protocolo Datagrama do Usuário
VLAN	Virtual Local Area Network	Rede de Área Local Virtual
VoIP	Voice over Internet Protocol	Voz sobre Protocolo da Internet
VPN	Virtual Private Network	Rede Privada Virtual
WEP	Wired Equivalent Privacy	Privacidade Equivalente a Redes Cabeadas
WPA	Wi-Fi Protected Access	Acesso Protegido a Wi-Fi
XOR	Exclusive-or	Ou exclusivo
XSS	Cross-site scripting	Scripts de sites cruzados

Índice remissivo

A

abordagem do genérico para o específico, 326
abordagem específico-genérico-específico, 326
abuso da Interface de Programação de Aplicação (API), 274
acesso administrativo, limites ao, 276-277
acesso impróprio a arquivos, 230
acesso root
    a firewalls, 171-172
    limites ao, 276-277
adivinhação de sequência, 97
Agente Usuário (UA), HTML, 233
AIDS.exe, 182
Aircrack, 119
alertas, 255
Algoritmo de Hash Seguro (SHA), 115
algoritmos, 109
    de chave assimétrica, 111
    de chave simétrica, 109-110, *Ver também* algoritmos específicos
algoritmos de chave assimétrica, 111
Ambiente em Tempo de Execução JAVA (JRE), 228, 234-236
ameaças internas, 271
ameaças pelo VPN, 174
análise da causa raiz (RCA), 324-325
análise de pacotes, 66-67

anexos, 251
anexos de e-mail, 251
AntiSniff, 79
antivírus, 256-258
aplicações compiladas, 228
ARPANET, 44
Arquitetura de Segurança IP (IPSec), 99-101
arquivos cache, 277-278, 280, 282
arquivos de log, 319
arquivos de log do UNIX, 319
arquivos de log do Windows, 319
Arpspoof, 141
assinaturas digitais, 254
    ataques, 248-251
ataque ACK, 146-147
ataque de ARP, 153-155
ataque de transmissão de spam em servidores de e-mail, 244
Ataque do Protocolo de Mensagens de Controle da Internet (ICMP), 97-98
    ataques SMURF e, 203-204
    mensagens inalcançáveis, 46
ataques a contas de usuários em servidores de e-mail, 244
ataques à integridade de arquivos, 236
ataques de dicionários, 115-116
ataques de DoS distribuído (DDoS), 167, 204-208
    ataques conhecidos, 204-206
    botnets, 205

    prevenção e atenuação de, 206-208
    Stacheldraht, 205
    Trinoo, 205-206
ataques de exposição, 236
ataques de força bruta, 117-118
ataques de hibridização, 116-117
ataques de negação de serviço (DoS), 90, 98, 146, 167, 170
    ataques conhecidos, 202-204
    ataques de serviço DNS, 199-201
    ataques de software, 198-201
    ataques isolados, 201
    ataques por inundação, 195
    ataques SMURF, 198, 203-204
    ataques TCP SYN, 202-203
    causas, 193
    em servidores de e-mail, 244
    evitáveis, 195
    gestão de incidentes, 323
    introdução aos, 193
    inevitáveis, 195
    inundação de ping, 198
    Java e, 236
    lista de verificação para controlar, 323
    ping da morte, 199
    prevenção e atenuação de, 206-208
    tipos de, 194-203
    Vulnerabilidades de DNS, 201
ataques de RIP, 97, 99
ataques de serviço DNS, 199-201

ataques de software, 198-201
ataques de solicitação de eco, 196-197
ataques de tempestade, 236
ataques DoS evitáveis, 194-195
ataques DoS não evitáveis, 195
ataques ICMP, 97-98
ataques incômodos, 236
ataques homem no meio, 146
ataque SMURF, 198, 203-204
ataques por inundação, 195
ataques TFN, 205
ataque TCP SYN, 98, 202-203
atividade criminal relacionada à internet, 269
aumentos de ISN, 131-132
autenticação, 127, 274
Autoridades Certificadoras (CAs), 254

B
backdoors, 170-171
Back Orifice, 182
balanceamento de carga, 207
biblioteca de classes da plataforma .NET, 231
Modelos de Chapéu Branco e preto, 4
bloqueio de pacotes, 148-155
Blowfish, 113
Blue Beep, 7
Bomba de Turing, 109
bombardeiro de e-mails, 249
BO2K (Back Orifice 2000), 185
botnets, 205
bots, 11
buffer, 66

C
cabeçalhos IP, 92-94, 128
cabeçalhos TCP, 94, 98
Cain & Abel, 119, 121-122
caixa de diálogo do arquivo de histórico, 278
Camada de Aplicação, 90, 92, 94
camada de Enlace de Dados, 72, 90

camada de rede, 90
Camada de Sockets Segura (SSL), 83, 234
camada de transporte, 90-92
campo de identificação de 16 bits, 129
CANSPAM leide, 249, 2003
cartões de interface de rede (NICs), 65, 73, 79
categorias Chapéu Branco/Chapéu Preto , 4
Cavalos de Troia
    detecção e prevenção de, 185-188
    famosos, 182-186
    funções, 181
    funções de, 180-181
    instalação de, 180
    introdução aos, 179-181
certificações, 8-11
certificações de segurança de fornecedores neutros, 8-10
certificados digitais, 254
Certificados de segurança específicos de fornecedores, 10-13
chamadas de função, 223
chave de uso único (OTP), 110
chaves privadas, 156
chaves públicas, 156
chaves, 110
    assimétrica, 111, 113
    privada, 156
    pública, 156
    simétrica, 110-114
cifragem de fluxo, 110
cifragem de blocos, 110-111
cifras
    bloqueio, 110
    chave assimétrica, 111
    chave simétrica, 110-112
    fluxo, 110
codificação conjunto-de-caracteres, 218-222
Code Red, 8
Código de Redundância Cíclica (CRC), 72

código do lado do servidor, 228
código-fonte HTML, 29
código malicioso, 313
Colossus, 109
    com base na rede, 36-38
    com base no sistema de nome de domínio, 31-36
comando DATA, 243
comando dig, 36
comando EHLO. Ver comando HELO
comando EXPN, 243
comando HELO, 243
comando host, 34-36
comando ifconfig -a, 81
comando locate, 37
comando netstat, 38-39
comando nmap, 48
comando nslookup, 34
comando ping, 36, 133
comando ps aux, 81-82
comando RCPT, 243
comando RSET, 243
comando whois, 31
comandos
    para detectar farejadores, 81-82
    SMTP, 243-244
comandos MAIL, 243
comandos SMTP, 243-244
comando traceroute, 38, 44
comando tracert, 38
comando VRFY, 243
comando whereis, 37
comando which, 37
combatendo a engenharia social, 26
Combs, Gerald, 86
comparações de largura de banda, 194
Compartilhamento de Arquivos na Rede (NFS), 301
compartilhamento de arquivos no Windows, 291
Compatible Time Sharing System (CTSS), 7

Complexidade de senha, 108
compressão de dados, 223
compressão nybble-to-byte, 224
comunicação telefônica, 26
condição de Tempo de Checagem e Tempo de Uso (TOCTOU), 230
conexões USB, 65
configuração de software insegura, 269
configuração imprópria de acesso a servidores web, 275
conformidade, 22
consulta a DNS, 33
consultas a DNS reversas, 80
consumo de largura de banda, 197
consumo de recursos, 197
contas de usuário padrão, 275
contas padrão, 300-301
    Linux, 300-301
    Windows, 291
controlando o acesso a documentos confidenciais, 277
controle de escaneamentos, 324
Conversões de caracteres, 218
cookies, 279-280
cookies de sessão, 279
cookies persistentes, 279
cópias de backup, 321
Correio postal, 24
cotas, 207
crackers, 2
    ataques, 322-323
crackers de senhas, 118-120
craqueamento, 2
craqueamento de computadores, 2
craqueamento de telefone, 7
criação remota, 277
criptoanálise, 112
criptografia, 108-109
    chave assimétrica, 111, 113-115
    chave simétrica, 109-114

e-mail, 255
pacote, 99
para evitar sequestro de sessão, 155-157
senha, 108
criptografia, 255
criptografia de chave simétrica, 109-112
critérios de avaliação, 207
CRON, 319
cross-site scripting (XSS), 232
CSI, Pesquisa sobre Segurança e Crime de Informática, do Instituto de Segurança de Computadores, 2
curiosidade, 5

D

decodificadores, 66
decriptografia. *Ver também* criptografia, 109, 113
descoberta de rota, 152
3DES, 112
DES (Padrão de Criptografia de Dados), 112
    segurança de, 113
desejo por reconhecimento ou fama, 5-6
Diffie-Hellman, 114
    diligência prévia, 254
disco de sistema, 290
dispositivos de rede, 161
Distribuição Live Linux, 58
documento de texto comum, 108
domínio confiável, 291
driver de captura, 66
DSA (Algoritmo de Assinatura Digital), 114
DSS (Padrão de Assinatura Digital), 114
diligência prévia, 254

E

e-mail, 23-24
bombardeio de e-mails, 249
encapsulamento de dados, 90
endereços de IP, 92, 97

endereços IPv4, 92
endereços IPv6, 92
endereços loopback, 150
endereços MAC (Controle de Acesso ao Meio), 69-73, 128, 152-155
enfileiramento, de SMTP, 241-242
engenharia social, 19-26
    combatendo, 26
    definida, 19
    intrusão física, 23
    meios de comunicação, 23-25
    para obter senhas, 118
    técnicas, 20-22
engenharia social reversa, 22-23
Enigma, 109
Enlace de Dados do modelo de Interconexão de Sistemas Abertos (OSI), 72
entrada backdoor, 244
enumeração de rede, 30-31
envenenamento de ARP, 136, 138-139
enviando comandos MAIL corrompidos em servidores de e-mail, 245
época inicial da computação, vulnerabilidades de segurança, na, 43-45
erros de pilha, 312
erros e omissões, 311
escaneadores, 43
    de código aberto, 44
    evolução dos, 43-44
    funções de, 45
    introdução aos, 43
    porta, 43, 45
escaneadores de código aberto, 44
escaneadores de portas, 43, 45
    Ver também escaneadores
escaneadores de vírus, 256-258
escaneamento
    conexão TCP, 45
    discreto, 46
    fase de descoberta, 48-50

fase de exploração, 56-57
Identificação de vulnerabilidades, 53-57
ping, 46
protocolo de IP, 46
reconhecimento, 50-53
semiaberto, 46
tipos de, 45-46
UDP, 46
escaneamento de conexão TCP, 45
escaneamento de ping, 46
escaneamento de UDP, 46
escaneamento discreto, 46
escaneamento do protocolo IP, 46
escaneamento semiaberto, 46
escuta de tempestade, 156
escutas, 117
espionagem, 64, 117
estouro de buffer
    compressão nybble-to-byte, 224
    decodificação conjunto-de-caracteres, 218-222
    detecção e prevenção de, 222-224
    estouros de heap, 217
    estouros de pilha, 214-218
    introdução ao, 211
    Java e, 236
    lidando com incidentes, 311
    maneiras de causar, 218-223
    SMTP e, 244
    tipos de, 214-218
    vulnerabilidade, 304
    Windows Server 2008 Viewer, 291-292
estouro de heap, 217
estouro de inteiro, 231
    vulnerabilidade, 303
estouros de buffer e programas C, 211-214
estouros de pilha, 214-218
estouros de pilha de memória, 214-216
estruturas Ethernet, 72

Ethereal, 52
Ethereal (Wireshark), 73-75, 81, 86, 129-131
ética
    do raqueamento, 3-15
    e craqueamento, 2-15
Ettercap, 138-140
explorações de ID de sessão, 281-282
explorações de programação
    HTML, 232-234
    Introdução às, 228-229
    Java, 234-235
    JavaScript, 235-237, 228-231
    linguagem de programação C, 228-231
explorações de roteador, 166-168
Extensões de Correio da Internet de Multipropósito e Segurança (S/MIME), 83

F

facilidade de distribuição de informações, 269
falha do serviço Chamada Remota de Procedimento (RPC), 292-294
falhas de software, 272-277
falhas no projeto da aplicação, 272
falhas no projeto do protocolo, 272
falhas no software do sistema operacional, 272-275
falsificação, 20, 63, 170, 250
    ativo, 136
    cego, 135
    custos do, 133-134
    da web, 136-137
    de ARP, 136
    de DNS, 137, 200
    de IP, 128-132, 136
    detalhes de autenticação, 163-164
    diagrama do ataque, 132
    e-mail, 250
    endereço-fonte, 207

    ferramentas, 138-141
    introdução ao, 127-129
    prevenção e mitigação de, 141
    processo de, 128-133
    tipos de, 135-136
falsificação ativo, 136
falsificação cega, 135
falsificação de ARP, 136
falsificação de DNS, 137, 200
falsificação de endereço-fonte, 207
falsificação de IP, 97, 128-132, 136 *Ver também* falsificação
    prevenção e mitigação de, 141
    processo de, 128-133
falsificação de web, 136-137
fama, 5-6
farejador em e-mails, 250
farejadores, 19, 23
    comercial, 64
    componentes do, 65-66
    detectando, 79-82
    embutido, 64
    endereços MAC e, 69-70
    função dos, 72-73
    grátis, 65
    introdução aos, 63
    localização de, 67-70
    operação de, 64-73
    para senhas, 117-119
    programas, 73-79
    proteção contra, 82-84
    tipos de, 64
    transferência de dados de, 70-73
farejadores comerciais, 64
farejadores de pacotes, 118 *Ver também* farejadores
farejadores embutidos, 64
farejadores gratuitos, 64
farejamento, 83, 250
fase de descoberta, 48-50
fase de exploração, 56-57
favoritos, 278, 283
    ferramentas antispam, 255

ferramenta BackTrack, 58
ferramenta CORE Impact, 57
Ferramenta de Rede Integrada do Administrador de Segurança (SAINT), 56
ferramenta Fierce, 50
ferramenta Maltego, 50
ferramentas antispam, 255
ferramentas de administração de sites, 271-272
ferramentas de busca, 28-30
ferramentas de detecção, gestão de incidentes, 314
ferramentas de raqueamento, 269
ferramentas de verificação de conteúdo, 255
ferramentas de vulnerabilidade, 53-57
   Nessus, 53
   NeXpose, 53-54
   Nipper, 54
   OpenVAS, 54-55
   QualysGuard, 55
Ferramenta de Rede Integrada do Administrador de Segurança (SAINT), 56
filtragem, 254
firewalls, 168-173
   ataques em, 170-173
   funções dos, 168
   limitações dos, 169
   para proteção contra farejadores, 84
flags de pacotes TCP, 95
Fluke Networks, 78
fontes de informação, 18-19
formulário em código HTML, 220
Fraggle, 205
fraude, 20
   e roubo, 311-312
Fraude da antecipação de recursos, 251
fraudes, 251
função mem_write, 303
funções hash, 114

funções criptográficas de hash, 114

G

ganho financeiro, 6
gerador de número aleatório (RNG), 99
Gerente Certificado de Segurança de Informação (CISM), 4
gestão de incidentes
   cópias de backup e, 321
   corrigindo o problema-raiz, 321
   equipe de, 316-317
   fases da, 314-321
   introdução à, 309
   necessidade de, 310
   passos de emergência, 327-329
   política, 316
   pós-morte, 324-325
   preparação para, 316
   tipos de incidentes, 311-314
GMER, 189
GPG ("Guarda de Privacidade Gnu"), 254
grupos de discussão, 29-30

H

hack-ativista, 4
hacker ético, 12-13
hackers, 2
   ataques, 322-323
   comunidades, 4
   motivações, 4-6
   rastreamento, 326-327
   traçando perfis, 3-5
"handshake de três passos", 89, 92, 95, 97-98
hardware
   inseguro, 271
   farejador, 67
hash, 109
heaps *vs.* pilhas, 217
Hunt, 155

HTML5. *Ver* Linguagem de Marcação de Hipertexto (HTML).
HTML estático, 228

I

IBM Lotus Domino Notes, 247
identidades ocultas, 163-164
Identificadores de Segurança (SIDs), 291
identificando mudanças em curto e longo prazo, 325
impacto do contexto, 19
ilegal, 19
impacto do raqueamento antiético, o, 1
implementando o aprendizado, 325
impressões digitais, 115
incidentes, 309
   classificação de, 317
   detecção de, 314
   probabilidade de, 318-319
   recuperando-se de, 323
   reportar e comunicar, 321
   tipos de, 311-314
incidentes imprevisíveis, 325
inetd.conf, 186-187
infecção por malware, 2
Infraestrutura de Chave Pública (PKI), 234
instalação padrão de sistemas operacionais Linux ou baseados em UNIX, 299-305
Instituto SANS (Administração de Sistemas, Redes e Segurança), 5
interfaces de rede suportadas por TCP/IP, 65
internet
   invadir firewalls pela, 172-173
   lançamento da, 44
   vulnerabilidades da, 267-270
intrusão, 313
intrusão física, 22
intrusão silenciosa, 313
inundação de ping, 198

inundação de rede, 312
inundação de SYN, 99, 130, 138
IP pacotes de dados na rede, 146
IPSec. *Ver* Arquitetura de Segurança IP.

J
Java, 234-235
　combatendo vulnerabilidades, 237
　vulnerabilidades de segurança, 236
JavaScript, 235-237
　combatendo vulnerabilidades, 237
　vulnerabilidades, 236-237
John the Ripper, 120

K
KEEP_ALIVE, 97
keyloggers, 19, 23, 117

L
L0phtCrack, 120
Lc6, 120
Lei de Portabilidade e de Responsabilidade de Seguros de Saúde (HIPAA), 11, 27
Lei Sarbanes-Oxley (SOX), 11, 27
ligação de listas, 247-250
linguagem de máquina, 228
Linguagem de Marcação de Hipertexto (HTML), 232-234, 241
linguagem de programação C, 228
linguagens de programação C e C++, 211, 228-231
linguagem de programação C++
　linguagens de programação vs. scripts, 228
　medidas de segurança, 230-231
　vulnerabilidades, 228-230
linguagens de programação estruturadas, 211
Linux, 297

arquivos de log, 319
práticas administrativas, 300
senhas de login, 299
serviços desnecessários, 302
sistemas operacionais, 297-299
utilitários, 302
vulnerabilidades, 299-305
logs do sistema, 276

M
mau gerenciamento da conta root, 300-301
mau gerenciamento da distribuição de recursos, 301
mau gerenciamento da exportação de arquivos mau gerenciamento do acesso aos programas de linha de comando mau gerenciamento do comando su, 302
malloc(), 304
Máquina Virtual Java, 228
más práticas de administração de sistemas, 300
Mausezahn, 138
McAfee, 189
MD5 (Algoritmo Resumo de Mensagem 5), 114, 186, 188
meios de comunicação, 23-25
mensagens de erro HTTP, 266-267
mensagens sobre a indisponibilidade (*host-unreachable*), 46
mensagens de sucesso da conexão, 46
mensagens instantâneas, 25
mergulho no lixo, 26-28
　prevenção de, 27
MetaSploit, 57-58, 189
método armadilha de detecção de farejadores, 81
Método Reflectometria no Domínio do Tempo (TDR), 82
método rota do remetente para detectar farejadores, 79-81
Microsoft Outlook, 252, 2010

Microsoft Windows. *Ver* Windows.
modelo de Interconexão de Sistemas Abertos (OSI), 90
modelo de objeto documento (DOM), 232, 234
modificação da tabela de roteamento, 149-153, 167
modo promíscuo, 73-74, 79-81
monitor de rede, 63, 77-78
Mozilla Thunderbird, 15, 253

N
navegadores. *Ver* navegadores web.
navegadores web
　informação enviada por, 281
　proteção de, 282-283
　vulnerabilidades, 277-280
Neped.c, 79
Nessus, 53, 277
NetBus, 183-184
netfmt, 64
nettl, 64
Network Solutions, Inc. (NSI)., 31
Newman, Max, 109
newsletters, 30
NeXpose, 53-54
Nipper, 54
Nmap, 277
Norton, 189
número de sequenciamento inicial (ISN), 94, 130, 132
"nuvem", 12

O
observação para senhas, 117
"olhar por cima do ombro",, 117
OpenSSH, 304
OpenVAS, 54-55
Opera Mail, 253

P
PacketlessRecon, 51
pacote ACK, 97, 146-149

ÍNDICE REMISSIVO

pacotes IP roteados na origem, 146
pacotes de solicitação de eco ICMP, 47
pacotes UDP, 197, 204
pacotes FIN, 95, 97, 147-148
pacotes ICMP, 97-98
pacotes SYN, 46, 95, 97-98
pacotes SYN/ACK, 95
Padrão de Criptografia Avançada (AES), 111, 113
Padrão de Criptografia de Dados. *Ver* DES
Padrão de Hash Seguro (SHS), 115
Padrões Federais de Processamento de Informação (FIPS), 113
páginas da web desfiguradas, 311
páginas desfiguradas, 311
paixão por quebra-cabeças, 4
PassiveRecon, 51
passos de emergência, 327-329
patriotismo, 6
PC Cyborg, 182
PC-Write, 182
perdas econômicas por ataques de falsificação, 134
perdas estratégicas por ataques de falsificação, 134
permissões de arquivo configuradas incorretamente, 275-276
pesquisas na web, 28-31
personificação em nível funcional, 20
PGP. *Ver* Privacidade Muito Boa.
phishing, 24-25, 118, 251
pilhas *vs.* heaps, 217
ping da morte, 199
plataforma .NET, 231
plataforma .NET, 231-232
  combatendo vulnerabilidades, 232
  vulnerabilidades, 231
  políticas de segurança, 255

Privacidade Muito Boa (PGP), 83, 254
Pretty Park, 182-183
privilégios administrativos, 275
Profissional Certificado de Segurança em Sistemas de Informação (CISSP), 4
phishing, 251
Projeto Aberto de Segurança em Aplicação Web (OWASP), 270
Projeto HoneyNet, 326
  proteção de, 253-256
proteção contra vulnerabilidades de aplicações web, 276-277
Protocolo da Internet (IP), 89-92
Protocolo Datagrama do Usuário (UDP), 156
Protocolo de Acesso a Mensagens da Internet (IMAP), 246
Protocolo de Configuração Dinâmica de Host (DHCP), 92
Protocolo de Correio (POP), 245
Protocolo de Desktop Remoto do Windows (RDP), 293
Protocolo de Informação de Roteamento (RIP), 99
Protocolo de Transferência de Correio Simples (SMTP), 241-245, 302
  protocolos, 241-247
protocolos criptografados, 156-157
Protocolos de internet, 267
protocolos seguros, 156. *Ver também* protocolos criptografados.
pwdump3, 289

Q

QualysGuard, 55, 419s, 251. *Ver também* Fraude da Antecipação de Pagamentos.
questionável, 19

R

Randomização do Layout do Espaço de Endereçamento (ASLR), 303
raqueamento, 3
  evolução do, 7
raqueamento ético, 6-7, 12
rastreio de pegadas na internet, 28-39
  busca na web, 28-31
  enumeração de rede, 30-31
  reconhecimento com base em sistemas de nome de domínio, 31-36
  reconhecimento com base na rede, 36-39
  redes sociais, 28 perda de dados por ataques de falsificação, 133-135
RC4, 113
rastreio de pegadas na internet, 28-39
reautenticação, 324
reconciliação de objetos, 186
reconhecimento, 18-19, 50-53
reconhecimento baseado em DNS, 31-36
reconhecimento baseado em rede, 36-39
reconhecimento ilegal, 19
reconhecimento legal, 19
reconhecimento questionável, 19
rede privada virtual (VPN), 173-175
redes
  áreas da, 161
  colocação de farejadores em, 67-69
  função dos farejadores em, 72-73
  inseguras, 271
  protegendo-se de ataques por VPNs, 173-175
  transferência de dados, 70-73
redes sociais, 28
Registro do Windows, 291-292
reinstalação, 323-324

relações de confiança no Windows, 291
Retransmissão de mensagens de terceiros em servidores de e-mail, 245
Ritchie, Dennis, 297
RJ-45 NIC, 65
roteadores, 70-71, 164-166
    ataques em, 166-167
    configuração de, 166
roteadores D-Link, 166
roteamento do remetente, 97, 146
roteamentos de fonte solta, 79
roubo, 311-312
roubo de arquivo de senha, 118
RSA (Rivest, Shamir e Adleman), 114
Runtime de Linguagem Comum (CLR), 231

S

saturação de buffer, 230
Schneier, Bruce, 113
script em shell, 45
script kiddies, 6
scripts, 228
    segmentação, 253
Segurança da Camada de Transporte (TLS), 156-157
segurança de e-mails corporativos, 255-257
segurança de firewall, 206
segurança de impressão, 303
sendmail, 302
senhas
    admin, 166
    ataques às, 115-119
    craqueamento de, 119-121
    criptografia, 108
    fracas, 268
    login, 299
    Windows, 289-291
senhas de administrador, 165
senhas de login, 299
senhas fracas, 268-269

sequestro de arquivos de histórico, 278
sequestro de conexão, 97
sequestro de sessão, 170
    ferramentas, 155
    introdução ao, 145
    prevenção e atenuação do, 156
    sequestro de UDP, 156
    TCP, 145-156
sequestro de sessão TCP, 145-155
    ataques ACK, 146-147
    ataques ARP, 153-155
    com bloqueio de pacotes, 148-155
    métodos, 149-155
    modificação de tabela de roteamento, 149-153
sequestro de UDP, 156
Serviço de Nomes de Domínio (DNS), 128
serviços desnecessários, 301
serviço Domínio de Nomes da Internet de Berkeley (BIND), 304
serviços não autorizados, 187
Servidor de Informação da Internet (IIS), 270
Servidor Microsoft Exchange, 247
servidores Apache, 270
servidores de e-mail
    envio de spam, 244
    escaneamento, 243-245
    vulnerabilidades, 245-247
servidores FTP, 266
servidores proxy, 161-163
servidores UNIX, 44
servidores web, 266
    proteção de, 278
    vulnerabilidades, 269-277
servidor *wu-ftpd*, 304
SHA (Algoritmo de Hash Seguro), 115
Shell Seguro (SSH), 83, 156
sistema básico de entrada/saída (BIOS), 299

Sistema de Arquivos de Nova Tecnologia (NTFS), 290
Sistema de Nomes de Domínio (DNS)
    consultas, 80
    transferência de zona, 33-36
Sistemas de Controle Supervisionado e Aquisição de Dados (SCADA), 6
sistemas de Planejamento de Recursos Empresariais (ERP), 12
sistemas de prevenção de intrusão (IPS), 317
sistemas operacionais
    como proteger, 276
    Ver também sistemas operacionais específicos
sistemas operacionais baseados em UNIX, 297
sistemas operacionais Windows
    visão geral dos, 287
    vulnerabilidades, 287-295
sites relacionados à segurança, 30
SniffDet, 79
Snort, 75-77
software antivírus, 254
software de conexão, 161
software de segurança, 161, 255
software de transporte, 161
software específico para rede, 161
solicitações de ARP, 152, 154
solicitações de conexão, 196
soma de verificação, 181, 186
spam, 241, 250
Spybot Search & Destroy, 188
Stacheldraht, 205
Stuxnet, 6
suborno, 21
SubSeven, 184-185
substituição, 109
switches, 164-166
Symantec, 189

T

tabelas ARP, 69, 72, 136, 138, 153-155

TCP/IP, 267
  como proteger, 98-100
  configuração de conexão e lançamento, 94-97
  encapsulamento de dados, 90
  inferfaces de rede suportadas por, 64-66
  introdução ao, 89
  timers, 97
  transferência de dados e, 72
  vulnerabilidades, 97-99

tcpdump, 52, 64, 67, 75

tecnologia de rede de área local virtual (VLAN), 164-166

tempestade de ACKs, 147-148

temporizador FIN_WAIT, 95

testes de ARP, 79

testes de DNS, 79

testes de latência de rede, 79

testes de ping, 80

texto cifrado, 109, 112, 120

texto não criptografado, 108-109

THC Hydra, 120

The art of deception (Mitnick), 20

Thompson, Ken, 297

TIME_WAIT, 97

Torvalds, Linus, 297

Tradução de Endereço de Rede (NAT), 92, 206

transferência contínua de ACKs, 147-149

transferência de dados entre redes, 70-72

Trinoo, 205-206

Triplo DES (3DES), 112

Tripwire, 69, 188, 208

Trojan Remover, 189

Trojans
  distribuindo, 189
  Zeus, 185

Turing, Alan, 109

U

Unicornscan, 49

UNIX, 297 *Ver também* Linux.

UseLogin, 304

usos de escaneamentos de portas, 166

utilitário ping6, 36

utilitário ping, 36-37, 43

utilitários *r*, 302

utilitário *sudo*, 302

utilitário SYSKEY, 290

V

vazamento de informações, 18

VBScript, 235-236
  verificação de conteúdo, 255

vermes, 322

vingança, 6

vírus
  começo dos, 44
  corrigindo, 321

vírus Bagel, 8

VirusBlokAda, 188

Voz sobre IP (VoIP), 267

vulnerabilidade ambiental, 274

vulnerabilidade criptográfica, 274

vulnerabilidade de erro de lógica geral, 275

vulnerabilidade de Kernel, 303

vulnerabilidade de permissão de código, 274

vulnerabilidade de validação de entrada, 275

vulnerabilidade do Protocolo de Transferência de Arquivos Trivial (TFTP), 302

vulnerabilidade do registro MX no SMTP, 293

vulnerabilidade na no tratamento de erro, 274

vulnerabilidades de aplicações de servidor, 247

vulnerabilidades de codificação, 274-275

vulnerabilidades de DNS, 200

vulnerabilidades de execução de código, 293

vulnerabilidades de implementação, 275-277

vulnerabilidades de navegadores, 252-253

vulnerabilidades de qualidade do código, 274

vulnerabilidades de segurança, na época inicial da computação, 43-45vulnerabilidades de utilitários, 302

vulnerabilidades do Telnet, 302

Vulnerabilidades para obter ou elevar privilégios, 293

W

war dialers, 8, 45

war driving, 19

WHOIS, 31-32

Windows 2000, 287, 289

Windows 7, 288

Windows 8, 288
  vulnerabilidades no, 289-294

Windows NT 4.0, 291

Windows Server 2008 (Win2K8), 288
  vulnerabilidades no, 289-294

Windows Vista, 287-289
  vulnerabilidades no, 289-294

Windows XP (WinXP), 288
  vulnerabilidades no, 289-294

Windump, 75

Wireshark, 52

Wireshark (Ethereal), 73-75, 81, 86, 129-131

World Wide Web (WWW), vulnerabilidades da, 267-270

X

XOR ("OU exclusivo"), 111

Z

zona desmilitarizada (DMZ), 68, 169, 276

zumbis, 11